KB217600

엑스포지멘터리

레위기

Leviticus

엑스포지멘터리 레위기

초판 1쇄 발행 2013년 3월 1일
개정판 2쇄 발행 2023년 1월 11일

지은이 송병현

펴낸곳 도서출판 이엠
등록번호 제25100-2015-000063
주소 서울시 강서구 공항대로 220, 601호
전화 070-8832-4671
E-mail empublisher@gmail.com

내용 및 세미나 문의 스타선교회: 02-520-0877 / EMail: starofkorea@gmail.com / www.star123.kr

ISBN 979-11-956324-5-9 93230

「이 도서의 국립중앙도서관 출판시도서목록(CIP)은 서지정보유통지원시스템 홈페이지(http://seoji.nl.go.kr)와 국가자료공동목록시스템(http://www.nl.go.kr/kolisnet)에서 이용하실 수 있습니다. (CIP제어번호:CIP2015000753)」

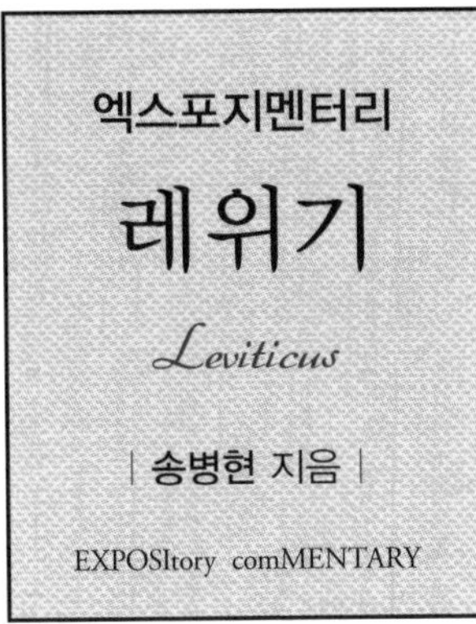

EM Exposi Mentary

한국 교회를 위한 하나의 희망

저의 서재에는 성경 본문 연구에 관한 책이 많습니다. 그중에는 주석서들도 있고 강해서들도 있습니다. 그러나 그중에 송병현 교수가 시도한 이런 책은 없습니다. 〈엑스포지멘터리〉, 듣기만 해도 가슴이 뛰는 책입니다. 설교자와 진지한 성경 학도 모두에게 꿈의 책이 아닐 수 없습니다. 이런 책이 좀 더 일찍 나왔다면 한국 교회가 어떠했을까를 생각해 봅니다. 저는 이 책을 꼼꼼히 읽으면서 가슴 깊은 곳에서 큰 자긍심을 느꼈습니다.

이 책은 지금까지 복음주의 교회가 쌓아 온 모든 학문적 업적을 망라하고 있을 뿐만 아니라 한국 교회 강단이 목말라하는 모든 실용적 갈망에 해답을 던져 줍니다. 이 책에서는 실제로 활용할 수 있는 충실한 신학적 정보가 일목요연하게 제시됩니다. 그러면서도 또한 위트와 감탄을 자아내는 감동적인 적용들도 제공됩니다. 얼마나 큰 축복이며 얼마나 신나는 일이며 얼마나 큰 은총인지요. 저의 사역에 좀 더 일찍 이런 학문적 효과를 활용하지 못한 것이 아쉽기만 합니다. 진실로 한국 교회의 내일을 위해 너무나 소중한 기여라고 생각합니다.

일찍이 한국 교회 1세대를 위해 박윤선 목사님과 이상근 목사님의 기여가 컸습니다. 그러나 이제 한국 교회는 새 시대의 리더십을 열어야 하는 교차로에 서 있습니다. 저는 송병현 교수가 이런 시점을 위해 준비된 선물이라고 생각합니다. 진지한 강해 설교를 시도하고자 하는 모든 이와 진지한 성경 강의를 준비하고자 하는 모든 성경공부 지도자에게 어떤 대가를 지불하고서라도 우선 이 책을 소장하고 성경을 연구하는 책상 가까운 곳에 두라고 권면하고 싶습니다. 앞으로 계속 출판될 책들이 참으로 기다려집니다.

한국 교회는 다행스럽게 말씀과 더불어 그 기초를 놓을 수 있었습니다. 이제는 그 말씀으로 어떻게 미래의 집을 지을 것인가를 고민하고 있습니다. 이 〈엑스포지멘터리 시리즈〉는 분명한 하나의 해답, 하나의 희망입니다. 이 책과 함께 성숙의 길을 걸어갈 한국 교회의 미래가 벌써 성급하게 기다려집니다. 더 나아가 한국 교회 역사의 성과물 중의 하나인 이 책이 다른 열방에도 나누어졌으면 합니다. 이제 우리는 복음에 빚진 자로서 열방을 학문적으로도 섬겨야 하기 때문입니다. 이 책을 한국 교회에 허락하신 우리 주님께 감사와 찬양을 드립니다.

이동원 | 지구촌교회 원로목사

총체적 변화를 가져다줄 영적 선물

교회사를 돌이켜 볼 때, 교회가 위기에 처해 있었다면 결국 강단에서 하나님의 말씀이 제대로 선포되지 못한 데서 그 근본 원인을 찾을 수 있습니다. 영적 분별력이 있는 사람이라면 모두 이에 대해 동의할 것입니다. 사회가 아무리 암울할지라도 강단에서 선포되는 말씀이 살아 있는 한, 교회는 교회로서의 기능이 약화되지 않고 오히려 사회를 선도하고 국민들의 가슴에 희망을 안겨 주었습니다. 백 년 전 영적 부흥이 일어났던 한국의 초대교회가 그 좋은 예입니다. 이러한 영적 부흥은 살아 있는 하나님의 말씀이 강단에서 영적 권위를 가지고 "하나님께서 이렇게 말씀하셨다"라고 선포되었을 때 나타났던 현상입니다.

오늘날에는 날이 갈수록 강단에서 선포되는 말씀이 약화되거나 축소되고 있습니다. 이런 상황 속에서 출간되는 송병현 교수의 〈엑스포지멘터리 시리즈〉는 한국 교회와 전 세계에 흩어진 7백만 한인 디아스포라에게 주는 커다란 영적 선물이 아닐 수 없습니다. 이 시리즈는 하나님의 말씀을 쉽게 이해할 수 있도록 풀이한 것으로, 목회자와 선교사는 물론이고 평신도들의 경건 생활과 사역에도 큰 도움이 될 것입니다. 무엇보다도 저는 이 시리즈가 강단에서 원 저자이신 성령님의 의도대로 하나님 나라 복음이 선포되게 하여 믿는 이들에게 총체적 변화(total transformation)를 다시 경험할 수 있는 계기를 마련해 주리라 확신합니다.

송병현 교수는 지금까지 구약학계에서 토의된 학설 중 본문을 석의하는 데 불필요한 내용들은 걸러내는 한편, 철저하게 원 저자가 전하고자 하는 메시지를 현대인들이 가장 잘 이해할 수 있도록 전하고자 부단히 애를 썼습니다. 이 시리즈를 이용하는 모든 이에게 저자의 이런 수고와 노력에 걸맞은 하나님의 축복과 기쁨과 능력이 함께하실 것을 기대하면서 이 시리즈를 적극 추천합니다.

이태웅 | GMTC 초대 원장, 글로벌리더십포커스 원장

주석과 강해의 적절한 조화를 이뤄 낸 시리즈

한국 교회는 성경 전체를 속독하는 '성경 통독' 운동과 매일 짧은 본문을 읽는 '말씀 묵상'(QT) 운동이 세계 어느 나라 교회보다 활성화되어 있습니다. 얼마나 감사한 일인지 모릅니다. 그러나 상대적으로 책별 성경 연구는 심각하게 결핍되어 있는 것이 사실입니다. 때때로 교회 지도자들 중에도 성경 해석의 기본이 제대로 갖춰져 있지 않아 성경 저자가 말하려는 의도와 상관없이 본문을 인용해서 자신이 하고 싶은 말을 하는 분들이 적지 않음을 보고 충격을 받은 일도 있습니다. 앞으로 한국 교회가 풀어야 할 과제가 '말씀의 진정한 회복'이라면 이를 위해 가장 중요한 것은 바른 말씀의 세계로 인도해 줄 좋은 주석서와 강해서를 만나는 일일 것입니다.

좋은 주석서는 지금까지 축적된 다른 성경학자들의 연구 결과가 잘 정돈되어 있을 뿐 아니라 저자의 새로운 영적·신학적 통찰이 번뜩이는 책이어야 합니다. 또한 좋은 강해서는 자기 견해를 독자들에게 강요하는(impose) 책이 아니라, 철저한 본문 석의 과정을 거친 후에 추출되는 신학적·사회과학적 연구가 배어 있는 책이어야 할 것이며, 글의 표현이 현학적이지 않은, 독자들에게 친절한 저술이어야 할 것입니다.

그러나 솔직히 말씀드리면, 저는 서점에서 한국인 저자의 주석서나 강해서를 만나면 한참을 망설이다가 내려놓게 됩니다. 또 주석서를 시리즈로 사는 것은 어리석은 행동이라는 말을 신학교 교수들에게 들은 뒤로 여간해서 시리즈로 책을 사지 않습니다. 이는 아마도 풍성한 말씀의 보고(寶庫) 가운데로 이끌어 주는 만족스러운 주석서를 아직까지 발견하지 못했기 때문일 것입니다. 그러나 제가 처음으로 시리즈로 산 한국인 저자의 책이 있는데, 바로 송병현 교수의 〈엑스포지멘터리 시리즈〉입니다.

송병현 교수의 〈엑스포지멘터리 시리즈〉야말로 제가 가졌던 좋은 주석서와 강해서에 대한 모든 염원을 실현해 내고 있습니다. 이 주석서는 분명 한국 교회 목회자들과 평신도 성경 교사들의 고민을 해결해 줄 하나님의 값진 선물입니다. 지금까지 없었던, 주석서와 강해서의 적절한 조화를 이뤄 낸 신개념의 해설 주석이라는 점도 매우 신선하게 다가옵니다. 또한 쉽고 친절한 글이면서도 우물 깊은 곳에서 퍼 올린 생수와 같은 깊이가 느껴집니다. 이 같은 주석 시리즈가 한국에서 나왔다는 사실에 저는 감격하지 않을 수 없습니다. 이 땅에서 말씀으로 세상에 도전하고자 하는 모든 목회자와 평신도에게 이 주석 시리즈를 적극 추천합니다.

이승장 | 예수마을교회 목사, 성서한국 공동 대표

시리즈 서문

"너는 50세까지는 좋은 선생이 되려고 노력하고, 그 이후에는 좋은 저자가 되려고 노력해라."

내가 시카고 근교에 위치한 트리니티 신학교(Trinity Evangelical Divinity School) 박사과정을 시작할 즘에 지금은 고인이 되신 스승 맥코미스키(Thomas E. McComiskey)와 아처(Gleason L. Archer) 두 교수님이 주신 조언이었다. 너무 일찍 책을 쓰면 훗날 아쉬움이 많이 남는다며 하신 말씀이었다. 박사 학위를 취득하고 1997년에 한국에 들어와 신대원에서 가르치기 시작하면서 나는 이 조언을 마음에 새겼다. 사실 이 조언과 상관없이 내가 당시에 당장 책을 출판한다는 일은 불가능한 일이었다. 중학교를 다니던 70년대 중반에 캐나다로 이민을 갔다가 20여 년 만에 귀국하여 우리말로 강의하는 일 자체가 당시 나에게는 매우 큰 도전이었으며, 책을 출판하는 일은 사치로 느껴졌기 때문이다.

세월이 지나 어느덧 나는 선생님들이 말씀하신 쉰을 눈앞에 두었다. 1997년에 귀국한 후 지난 10여 년 동안 나는 구약 전체에 대한 강의안을 만드는 일을 목표로 삼았다. 내 자신에게 동기를 부여하기 위하여 내가 몸담고 있는 신대원 학생들에게 매 학기마다 새로운 구약 강해

과목을 개설해 주었다. 감사한 것은 지혜문헌을 제외한 구약 모든 책의 본문 관찰을 중심으로 한 강의안을 13년 만에 완성할 수 있었다는 점이다. 앞으로 수 년에 거쳐 이 강의안들을 대폭 수정하여 매년 2~3권씩을 책으로 출판하려 한다. 지혜문헌은 잠시 미루어 두었다. 시편 1권(1~41편)에 대하여 강의안을 만든 적이 있었는데, 본문 관찰과 주해는 얼마든지 할 수 있었지만, 무언가 아쉬움이 남았다. 삶의 연륜이 가미되지 않은 데서 비롯된 부족함이었다. 그래서 나는 지혜문헌에 대한 주석은 예순을 바라볼 때쯤 집필하기로 작정했다. 삶을 조금 더 경험한 후로 미루어 놓은 것이다. 아마도 이 시리즈가 완성될 때쯤이면, 자연스럽게 지혜문헌에 대한 책들을 출판할 때가 되지 않을까 싶다.

이 시리즈는 설교를 하고 성경 공부를 인도해야 하는 중견 목회자들과 평신도 지도자들을 마음에 두고 집필한 책들이다. 나는 이 시리즈의 성향을 exposimentary("해설주석")이라고 부르고 싶다. Exposimentary라는 단어는 내가 만들어 낸 용어이다. 해설/설명을 뜻하는 expository라는 단어와 주석을 뜻하는 commentary를 합성하였다. 대체로 expository는 본문과 별 연관성이 없는 주제와 묵상으로 치우치기 쉽고, commentary는 필요 이상으로 논쟁적이고 기술적일 수 있다는 한계를 의식해서 이러한 상황을 의도적으로 피하고 가르치는 사역에 조금이나마 실용적이고 도움이 되는 교재를 만들기 위하여 만들어 낸 개념이다. 나는 본문의 다양한 요소와 이슈들에 대하여 정확하게 석의하면서도 전후 문맥과 책 전체의 문형(文形; literary shape)을 최대한 고려하여 텍스트의 의미를 설명하고 우리의 삶과 연결하려고 노력했다. 또한, 히브리어 사용은 최소화했다.

이 시리즈를 내놓으면서 감사할 사람이 참 많다. 먼저, 지난 25년 동안 나의 인생의 동반자가 되어 아낌없는 후원과 격려를 해 주었던 아내 임우민에게 감사한다. 아내를 생각할 때마다 참으로 현숙한 여인을(cf. 잠 31:10-31) 배필로 주신 하나님께 감사할 뿐이다. 아빠의 사역을 기도와 격려로 도와준 지혜, 은혜, 한빛에게도 고마운 마음을 표한다. 평생 기도와 후원을 아끼지 않은 친가와 처가 친척들에게도 감사하다는 말을 전하고 싶다. 항상 옆에서 돕고 격려해 준 평생 친구 장병환·윤인옥, 박선철·송주연 부부들에게도 고마움을 표하는 바이며, 시카고 유학 시절에 큰 힘이 되어 주셨던 이선구 장로·최화자 권사님 부부에게도 이 자리를 빌려 평생 빚진 마음을 표하고 싶다. 우리 가족이 20여 년 만에 귀국하여 정착할 수 있도록 배려를 아끼지 않으신 백석학원 설립자 장종현 목사님에게도 감사하는 바이다. 우리 부부의 영원한 담임 목자이신 이동원 목사님에게도 고마움을 표하고 싶다.

2009년 겨울 방배동에서

감사의 글

스타선교회의 사역에 물심양면으로 헌신하여 오늘도 하나님의 말씀이 온 세상에 선포되는 일에 기쁜 마음으로 동참하시는 김형국, 백영걸, 정진성, 장병환, 임우민, 정채훈, 송은혜, 강숙희 이사님들께 감사의 마음을 전하고 싶습니다. 이사님들의 헌신이 있기에 세상은 조금 더 살맛 나는 곳이 되고 있습니다.

2016년 여름이 시작된 방배동에서

일러두기

엑스포지멘터리(exposimentary)는 "해설/설명"을 뜻하는 엑스포지토리(expository)라는 단어와 "주석"을 뜻하는 코멘터리(commentary)를 합성한 단어이다. 본문의 뜻과 저자의 의도와는 별 연관성이 없는 주제와 묵상으로 치우치기 쉬운 엑스포지토리(expository)의 한계와 필요 이상으로 논쟁적이고 기술적일 수 있는 코멘터리(commentary)의 한계를 극복하여 목회 현장에서 가르치고 선포하는 사역에 실질적으로 도움이 되도록 하는 새로운 장르이다. 본문의 다양한 요소와 이슈들에 대하여 정확하게 석의하면서도 전후 문맥과 책 전체의 문형(文形; literary shape)을 최대한 고려하여 텍스트의 의미를 설명하고 성도의 삶과 연결하려고 노력하는 설명서이다. 엑스포지멘터리는 다음과 같은 원칙을 바탕으로 인용한 정보를 표기한다.

1. 참고 문헌을 모두 표기하지 않고 선별된 참고 문헌으로 대신한다.
2. 출처를 표기할 때 각주(foot note) 처리는 하지 않는다.
3. 출처 표기는 괄호 안에 하되 페이지는 밝히지 않는다.
4. 여러 학자들이 동일하게 해석할 때 모든 학자들을 표기하지 않고

일부만 표기한다.
5. 한 출처를 인용하여 설명할 때, 설명이 길어지더라도 각 문장마다 출처를 표기하지 않는다.

주석은 목적과 주 대상에 따라 인용하는 정보 출처와 참고 문헌 표기가 매우 탄력적으로 제시되는 장르이다. 참고 문헌이 없이 출판되는 주석들도 있고, 각주가 전혀 없이 출판되는 주석들도 있다. 또한, 각주와 참고 문헌이 없이 출판되는 주석들도 있다. 엑스포지멘터리 시리즈는 이 같은 장르의 탄력적인 성향을 고려하여 제작된 주석이다.

선별된 약어표

개역	개역성경
개정	개역성경 개정판
공동	공동번역
새번역	표준새번역 개정판
현대	현대인의 성경
아가페	아가페 쉬운성경
BHK	Biblica Hebraica Kittel
BHS	Biblica Hebraica Stuttgartensia
ESV	English Standard Version
CSB	Nashville: Broadman & Holman, Christian Standard Bible
KJV	King James Version
LXX	칠십인역(Septuaginta)
MT	마소라 사본
NAB	New American Bible
NAS	New American Standard Bible
NEB	New English Bible

NIV	New International Version
NRS	New Revised Standard Bible
TNK	Jewish Publication Society Tanakh
TNIV	Today's New International Version
AAR	American Academy of Religion
AB	Anchor Bible
ABD	The Anchor Bible Dictionary
ABRL	Anchor Bible Reference Library
ACCS	Ancient Christian Commentary on Scripture
AJSL	American Journal of Semitic Languages and Literature
ANET	J. B. Pritchard, ed., The Ancient Near Eastern Texts Relating to the Old Testament. 3rd. ed. Princeton: Princeton University Press, 1969.
ANETS	Ancient Near Eastern Texts and Studies
AOTC	Abingdon Old Testament Commentary
ASORDS	American Schools of Oriental Research Dissertation Series
BA	Biblical Archaeologist
BAR	Biblical Archaeology Review
BASOR	Bulletin of the American Schools of Oriental Research
BBR	Bulletin for Biblical Research
BCBC	Believers Church Bible Commentary
BDB	F. Brown, S. R. Driver & C. A. Briggs, A Hebrew and English Lexicon of the Old Testament. Oxford: Clarendon Press, 1907.
BETL	Bibliotheca Ephemeridum Theoloicarum Lovaniensium
BibOr	Biblia et Orientalia
BibSac	Bibliotheca Sacra

BibInt	Biblical Interpretation
BJRL	Bulletin of the John Rylands Library
BJS	Brown Judaic Studies
BLS	Bible and Literature Series
BN	Biblische Notizen
BO	Berit Olam: Studies in Hebrew Narrative & Poetry
BR	Bible Review
BRS	The Biblical Relevancy Series
BSC	Bible Student Commentary
BT	The Bible Today
BV	Biblical Viewpoint
BTCB	Brazos Theological Commentary on the Bible
BZAW	Beihefte zur Zeitschrift für die alttestamentliche
CAD	Chicago Assyrian Dictionary
CBC	Cambridge Bible Commentary
CBSC	Cambridge Bible for Schools and Colleges
CBQ	Catholic Biblical Quarterly
CBQMS	Catholic Biblical Quarterly Monograph Series
CB	Communicator's Bible
CHANE	Culture and History of the Ancient Near East
DSB	Daily Study Bible
EBC	Expositor's Bible Commentary
ECC	Eerdmans Critical Commentary
EncJud	Encyclopedia Judaica
EvJ	Evangelical Journal
EvQ	Evangelical Quarterly
ET	Expository Times

ETL	Ephemerides Theologicae Lovanienses
FOTL	Forms of Old Testament Literature
GCA	Gratz College Annual of Jewish Studies
GKC	E. Kautszch and A. E. Cowley, Gesenius' Hebrew Grammar. Second English edition. Oxford: Clarendon Press, 1910.
GTJ	Grace Theological Journal
HALOT	L. Koehler and W. Baumgartner, The Hebrew and Aramaic Lexicon of the Old Testament. Trans. by M. E. J. Richardson. Leiden: E. J. Brill, 1994~2000.
HBT	Horizon in Biblical Theology
HSM	Harvard Semitic Monographs
HOTC	Holman Old Testament Commentary
HUCA	Hebrew Union College Annual
IB	Interpreter's Bible
ICC	International Critical Commentary
IDB	Interpreter's Dictionary of the Bible
ISBE	G. W. Bromiley (ed.), The International Standard Bible Encyclopedia. 4 vols. Grand Rapids: 1979~88.
ITC	International Theological Commentary
J–M	P. Joüon–T. Muraoka, A Grammar of Biblical Hebrew. Part One: Orthography and Phonetics. Part Two: Morphology. Part Three: Syntax. Subsidia Biblica 14/I–II. Rome: Editrice Pontificio Istituto Biblico, 1991.
JAAR	Journal of the American Academy of Religion
JANES	Journal of Ancient Near Eastern Society
JNES	Journal of Near Eastern Studies

JBL	Journal of Biblical Literature
JBQ	Jewish Bible Quarterly
JJS	Journal of Jewish Studies
JSJ	Journal for the Study of Judaism
JNES	Journal of Near Eastern Studies
JSOT	Journal for the Study of the Old Testament
JSOTSup	Journal for the Study of the Old Testament Supplement Series
JPSTC	JPS Torah Commentary
LCBI	Literary Currents in Biblical Interpretation
MHUC	Monographs of the Hebrew Union College
MJT	Midwestern Journal of Theology
MOT	Mastering the Old Testament
MSG	Mercer Student Guide
NAC	New American Commentary
NCB	New Century Bible Commentary
NCBC	New Collegeville Bible Commentary
NEAEHL	E. Stern (ed.), The New Encyclopedia of Archaeological Excavations in the Holy Land. 4 vols. Jerusalem: Israel Exploration Society & Carta, 1993.
NIB	New Interpreter's Bible
NIBC	New International Biblical Commentary
NICOT	New International Commentary on the Old Testament
NIDOTTE	W. A. Van Gemeren, ed., The New International Dictionary of Old Testament Theology and Exegesis. Grand Rapids: Zondervan, 1996.
NIVAC	New International Version Application Commentary

OBC	Oxford Bible Commentary
Or	Orientalia
OTA	Old Testament Abstracts
OTE	Old Testament Essays
OTG	Old Testament Guides
OTL	Old Testament Library
OTM	Old Testament Message
OTS	Oudtestamentische Studiën
OTWAS	Ou-Testamentiese Werkgemeenskap in Suid-Afrika
PBC	People's Bible Commentary
PEQ	Palestine Exploration Quarterly
PSB	Princeton Seminary Bulletin
RevExp	Review and Expositor
RTR	Reformed Theological Review
SBJT	Southern Baptist Journal of Theology
SBLDS	Society of Biblical Literature Dissertation Series
SBLMS	Society of Biblical Literature Monograph Series
SBLSymS	Society of Biblical Literature Symposium Series
SHBC	Smyth & Helwys Bible Commentary
SJOT	Scandinavian Journal of the Old Testament
SJT	Scottish Journal of Theology
SSN	Studia Semitica Neerlandica
TBC	Torch Bible Commentary
TynBul	Tyndale Bulletin
TD	Theology Digest
TDOT	G. J. Botterweck and H. Ringgren (eds.), Theological Dictionary of the Old Testament. Vol. I-. Grand Rapids:

	Eerdmans, 1974–.
THAT	Theologisches Handwörterbuch zum Alten Testament. 2 vols. Munich: Chr. Kaiser, 1971~1976.
TJ	Trinity Journal
TOTC	Tyndale Old Testament Commentaries
TS	Theological Studies
TUGOS	Transactions of the Glasgow University Oriental Society
TWAT	Theologisches Wörterbuch zum Alten Testament. Stuttgart: W. Kohlhammer, 1970–.
TWBC	The Westminster Bible Companion
TWOT	R. L. Harris, G. L. Archer, Jr., and B. K. Waltke (eds.), Theological Wordbook of the Old Testament, 2 vols. Chicago: Moody, 1980.
TZ	Theologische Zeitschrift
UBT	Understanding Biblical Themes
VT	Vetus Testament
VTSup	Vetus Testament Supplement Series
W–O	B. K. Waltke and M. O'Connor, An Introduction to Biblical Hebrew Syntax. Winona Lake: Eisenbrauns, 1990.
WBC	Word Biblical Commentary
WBCom	Westminster Bible Companion
WCS	Welwyn Commentary Series
WEC	Wycliffe Exegetical Commentary
WTJ	The Westminster Theological Journal
ZAW	Zeitschrift für die alttestamentliche Wissenschaft

선별된 참고 문헌
(Select Bibliography)

Alexander, T. D. *From Paradise to the Promised Land*. Carlisle: Paternoster, 1995.

Anderson, G. A.; S. M. Olyan, eds. *Priesthood and Cult in Ancient Israel*. JSOTSup 125. Sheffield: JSOT, 1991.

Archer, G. *A Survey of Old Testament Introduction*. Chicago: Moody Publishers, 2007.

Auld, G. "Leviticus: After Exodus and Before Numbers." Pp. 41–54 in *The Book of Leviticus: Composition and Reception*. Ed. by R. Rendtorff and R. A. Kugler. VTSup 93. Leiden: Brill, 2003.

Balantine, S. E. *Leviticus*. Interpretation. Louisville: John Knox, 2002.

Bamberger, B. J. *The Torah, a Modern Commentary: Leviticus*. New York: Union of American Hebrew Congregation, 1979.

Beckwith, R. T.; M. J. Selman, ed. *Sacrifice in the Bible*. Carlisle: Paternoster, 1995.

Bergsma, J. S. "The Jubilee: A Post-Exilic Priestly Attempt to Reclaim Land?" Biblica 84 (2003): 225–46.

Bonar, A. A. *Commentary on the Book of Leviticus*. rep. ed. Grand Rapids: Baker, 1978.

Boyce, R. N. *Leviticus and Numbers*. WB. Louisville: Westminster John Knox Press, 2008.

Budd, P. J. *Leviticus*. NCBC. London: Marshall Pickering, 1996.

Calvin, J. *Commentaries on the Last Books of Moses*. Trans. by C. W. Bingham. Grand Rapids: Baker, 1979.

Carmichel, C. M. "Forbidden Mixtures in Deuteronomy XXII 9–11 and Leviticus XIX 19." VT 45 (1995): 433–48.

Clines, D. J. A. *The Themes of the Pentateuch*. JSOTSS. Shefffield: JSOT Press, 1978.

Cochrane, R. G. *Biblical Leprosy: A Suggested Interpretation*. London: The Tyndale Press, 1963.

Cody, A. *A History of Old Testament Priesthood*. Rome: Pontifical Biblical Institute, 1969.

Cole, H. R. "The Sabbath and the Alien." AUSS 38 (2000): 223–29.

Coote, R. "Review of the Book of Leviticus, by Gordon J. Wenham." Interpretation 35 (1981): 423.

Cross, F. M. *Canaanite Myth and Hebrew Epic*. Cambridge, MA: Harvard University Press, 1973.

Damrosch, D. "Leviticus," in The Literary Guide to the Bible. Ed. by R. Alter, F. Kermode. Cambridge, MA: Harvard University Press, 1987.

Darretta, M. *God Is Closer Than You Think: Discovering the Nearness of God from the Book of Leviticus*. BRS. San Diego, Cal.: Aventine Press, 2006.

Davies, D. J. "An Interpretation of Sacrifice in Leviticus." ZAW 89 (1977):

387–99.

De Vaux, R. *Ancient Israel: Its Life and Institutions*. Trans. by J. McHugh. Grand Rapids: Eerdmans, 1997.

De Vries, H. ed. *Religion: Beyond a Concept*. New York: Fordham University Press, 2007.

Demarest, G. W. *Leviticus*. CC. Waco, TX: Word, 1990.

Dever, W. *What Did the Biblical Writers Know & When Did They Know It? What Archaeology Can Tell Us about the Reality of Ancient Israel*. Grand Rapids: Eerdmans, 2001.

_______. "The Forbidden Animals in Leviticus." JSOT 59 (1993): 3–23.

_______. *Leviticus as Literature*. Oxford: Oxford University Press, 1999.

_______. *Purity and Danger: An Analysis of the Concept of Pollution and Taboo*. London: Routledge & Kegan Paul, 1966.

Eichrodt, W. *Theology of the Old Testament*. Philadelphia: Westminster, 1961.

Eisenberg, R. L. *The JPS Guide to Jewish Traditions*. Philadelphia: Jewish Publication Society, 2004.

Eisfeldt, O. *The Old Testament: An Introduction*. Trans. by P. R. Ackroyd. New York: Harper & Row, 1965.

Feder, Y. *Blood Expiation in Hittite and Biblical Ritual: Origins, Context, and Meaning*. Leiden: Brill, 2011.

Feinberg, C. L. "The Scapegoat of Leviticus Sixteen." BibSac 114 (1958): 320–333.

Finkelstein, J. J. *The Ox That Gored*. Philadelphia: American Philosophical Society, 1981.

Firmage, D. "The Biblical Dietary Laws and the Concept of Holiness." Pp. 176–208 in *Studies in the Pentateuch*. Ed. by J. A. Emerton.

VTSup. Leiden: Brill, 1990.

Fleming, D. E. *The Installation of Baal's High Priestess at Emar*. Atlanta: Scholars, 1992.

Flint, P. W., ed. *The Bible at Qumran: Text, Shape, and Interpretation*. Grand Rapids: Eerdmans, 2001.

Fox, E. *The Five Books of Moses*. New York: Schocken Books, 2000.

Gane, R. *Leviticus*. NIVAC. Grand Rapids: Zondervan, 2004.

Gardiner, F. "The Relation of Ezekiel to the Levitical Law." JBL 1 (1881): 172–205.

Geller, S. A. "Blood Cult: Toward a Literary Theology of the Priestly Work of the Pentateuch." Prooftexts 12 (1992): 97–124.

Gerstenberger, E. *Leviticus*. Trans. by D. Stott. Louisville: Westminster, 1993.

Goldingay, J. *Exodus and Leviticus for Everyone*. The Old Testament For Everyone. Louisville: Westminster John Knox Press, 2010.

Gorman, F. H. *The Ideology of Ritual: Space, Time and Status in the Priestly Theology*. JSOTSup. Shefffield: Sheffield Academic Press, 1990.

Grabbe, L. "The Scapegoat Tradition: A Study in Early Jewish Interpretation." JSJ 18 (1987): 152–67.

Green, A. R. W. *The Role of Human Sacrifice*. Atlanta: Scholars Press, 1975.

Gruber, M. "Women in the Cult according to the Priestly Code." Pp. 35–48 in *Judaic Perspectives on Ancient Israel*. Ed. By J. Neusner. Philadelphia: Fortress, 1987.

Grunfeld, I. *The Jewish Dietary Laws*. 2 vols. New York: Soncino Press, 1973.

Hallo, W. W. "Leviticus and Ancient Near Eastern Literature." Pp. 740–48 in *The Torah: A Modern Commentary*. New York: Union of American Hebrew Congregation, 1981.

Hamilton, V. *Handbook on the Pentateuch*. Grand Rapids: Baker, 1982.

Haran, M. *Temples and Temple Service in Ancient Israel: An Inquiry into the Character of Cult Phenomena and the Historical Setting of the Priestly School*. Oxford: Oxford University Press, 1978.

Harper, G. G. "The Theological and Exegetical Significance of Leviticus as Intertext in Daniel 9." JESOT 4 (2015): 39–61.

Harris, R. L. "Exegetical Notes: Meaning of Kipper." BETS 4 (1961): 3.

_______. "Leviticus." Pp. 499–654 in *The Expositor's Bible Commentary*. vol. 2. Ed. by F. E. Gaebelein et al. Grand Rapids: Zondervans, 1990.

Harrison, R. K. *Leviticus: An Introduction and Commentary*. TOTC. Leicester, InterVarsity Press, 1980.

_______. *Introduction to the Old Testament*. Peabody, MA: Hendrickson Publishers, 2016.

Hartley, J. E. *Leviticus*. WBC. Dallas: Word, 1992.

Hason, K. C. "Blood and Purity in Leviticus and Revelation." LJRC 28 (1993): 215–30.

Helm, R. "Azazel in Early Jewish Tradition." AUSS 32 (1994): 217–26.

Hertz, J. H., ed. *Pentateuch and Haftorahs: Genesis, Exodus and Leviticus vol. 1*. Oxford: Oxford University Press, 1940.

Hess, R. S. "Leviticus 10:1: Strange Fire and an Odd Name." BBR 12 (2002): 187–98.

_______. "Leviticus." Pp. 563–826 in *The Expositor's Bible Commentary Revised Edition*. Grand Rapids: Zondervan, 2008.

Hoenig, S. B. "Sabbatical Years and the Year of Jubilee." JQR 59 (1969): 222–36.

Hoffner, H. A. *The Laws of the Hittites: A Critical Edition.* Leiden: Brill, 1997.

Houston, W. J. *Purity and Monotheism: Clean and Unclean Animals in Biblical Law.* JSOTSup 140. Sheffield: Sheffield Academic Press, 1993.

Hui, T. K. "The Purpose of Israel's Annual Feasts." BibSac 147 (1990): 143–54.

Hurvitz, A. *A Linguistic Study of the Relationship between the Priestly Source and the Book of Ezekiel.* Paris: Gabalda, 1982.

Hutton, R. R. "The Case of the Blasphemer Revisited (Lev. xxiv 10–23)." VT 49 (1999): 532–41.

Ibn Ezra. *The Commentary of Ibn Ezra on the Pentateuch: Volume 3: Leviticus.* Trans. and ed. by J. F. Shaghter. Hoboken, NJ: Ktav Publishers, 1986.

Jastrow, M. "The So–Called 'Leprosy' Laws." JQR (1913–14): 357–418.

Jastrow, M. *A Dictionary of the Targumim, the Talmud Babli and Yerushalmi, and the Midrashic Literature.* 2 vols. New York: Shalom, 1967.

Jenson, P. *Graded Holiness.* JSOTSS. Sheffield: JSOT Press, 1992.

Johnson, L. K. "The Use of Leviticus 19 in the Letter of James." JBL 101 (1982): 391–401

Johnstone, W. *1 and 2 Chronicles. Volume 2. 2 Chronicles 10–36. Guilt and Atonement.* JSOTSS. Sheffield: Sheffield Academic Press, 1997.

Joosten, J. *People and Land in the Holiness Code: An Exegetical Study of the Ideational Framework of the Law in Leviticus 17–26*. VTSup. Leiden: Brill, 1996.

Kaiser, W. "The Book of Leviticus: Introduction, Commentary, and Reflections." Pp. 983–1191 in *The New Interpreter's Bible: A Commentary in Twelve Volumes*, vol. 1. Nashville: Abingdon Press, 1994.

_______. *Toward Old Testament Ethics*. Grand Rapids: Zondervans, 1983.

Kaufmann, Y. *The Religion of Israel*. Chicago: University of Chicago Press, 1960.

Keil, C. F. *The Pentateuch II—III, Biblical Commentary on the OT*. Grand Rapids: Eerdmans, 1968 rep.

Kellogg, S. H. *Studies in Leviticus*. Grand Rapids: Eerdmans, 1988 rep.

Kennedy, A. R. S.; J. Barr. "Sacrifice and Offering." Pp. 868–76 in *Dictionary of the Bible*. Ed. J. Hastings; rev. ed. F. C. Grant and H. H. Rowley. New Yokr: Scribner's 1963.

Key, T.; R. Allen. "The Levitical Dietary Laws in the Light of Modern Science." Journal of the American Scientific Affiliation. 26 (1974): 61–64.

Kidner, F. D. *Sacrifice in the Old Testament*. London: The Tyndal Press, 1952.

Kinnier–Wilson, J. V. "Medicine in the Land and Times of the Old Testament." Pp. 337–65 in *Studies in the Period of David and Solomon and Other Essays*. Ed. by T. Ishida. Winona Lake: Eisenbrauns, 1982.

Kiuchi, N. "The Paradox of the Skin Disease." ZAW 113 (2001): 505–14.

_______. *Leviticus*. AOTC. Nottingham: Apollos, 2007.

_______. *The Purification Offering in the Priestly Literature: Its Meaning and Function*. JSOTSup 53. Sheffield: Sheffield Academic Press, 1987.

Klawans, J. *Impurity and Sin in Ancient Judaism*. Oxford: Oxford University Press, 2000.

Kleinig, J. W. *Leviticus*. Concordia Commentary. St. Louis: Concordia, 2003.

Klingbeil, G. A. "The Anointing of Aaron: A Study of Leviticus 8:12 in Its OT and ANE Context." AUSS 38 (2000): 231-43.

_______. *A Comparative Study of the Ritual of Ordination as Found in Leviticus 8 and Emar 369: Ritual Times, Space, Objects and Action*. Lewiston, NY: Mellen, 1998.

Knierim, R. *Text and Concept in Leviticus 1:1-9: A Case in Exegetical Method*. Tűbingen: J. B. C. Mohr, 1992.

Knight, G. A. F. *Leviticus*. DSB. Philadelphia: Westminster, 1981.

Knohl, I. *The Sanctuary of Silence*. Minneapolis: Fortress, 1995.

Kurtz, J. J. *Sacrificial Worship of the Old Testament*. Grand Rapids: Baker Book House, 1980 rep.

Lambert, W. G. "Prostitution." Pp. 127-57 in *Aussenseiter und Randgruppen: Beiträge zu einer Sozialgeschichte des Alten Orients*. Ed. by V. Hass. Xenia. Konstanz: Universitätsverlag, 1992.

Leder, A. C.; D. A. Vroege. "Reading and Hearing Leviticus." CTJ 34 (1999): 431-42.

Levine, B. *In the Presence of the Lord*. Leiden: Brill, 1974.

_______. *Leviticus*. JPSTC. Philadelphia: JPS, 1989.

Lewis, T. J. "Covenant and Blood Rituals: Understanding Exod. 24:3-8 in Its Ancient Near Eastern Context." Pp. 341–50 in *Confronting the Past: Archaeological and Historical Essays on Ancient Israel in Honor of William G. Dever*. Ed. by S. Gitin. Winona Lake: Eisenbrauns, 2006.

Lipinski, E. "Urim and Thummim." VT 20 (1970): 495–96.

Liverani, M. "The Deeds of Ancient Mesopotamian Kings." CANE 4: 2353–66.

Livingston, H. *The Pentateuch in Its Cultural Environment*. Grand Rapids: Baker, 1974.

Longman, T.; R. B. Dillard. *An Introduction to the Old Testament*. Grand Rapids: Zondervan, 1994.

Macht, D. I. "A Scientific Appreciation of Leviticus 12:1–5." JBL 52(1993): 253–60.

Magonet, J. "'But If It Is a Girl, She is Unclean for Twice Seven Days…' The Riddle of Leviticus 12.5." Pp. 144–52 in *Reading Leviticus: A Conversation with Mary Douglas*. Ed. by J. F. A. Sawyer. JSOTSS. Sheffield: Sheffield Academic Press, 1996.

Martin, G.; Anders, M. *Exodus, Leviticus, Numbers*. HOTC. Nashville: Broadman & Holman, 2002.

Master, J. R. "The Place of Chapter 24 in the Structure of the Book of Leviticus." BibSac 159 (2002): 415–24.

McCarthy, D. J. "The Symbolism of Blood and Sacrifice." JBL 88 (1969): 166–76.

Meyers, C. L. *The Tabernacle Menorah: A Synthetic Study of a Symbol from the Biblical Cult*. Missoula: Scholars Press, 1976.

Milgrom, J. *Cult and Conscience: The 'Asham' and the Priestly Doctrine of Repentance*. Leiden: Brill, 1976.

________. *Leviticus 1–16*. AB. New York: Doubleday, 1991.

________. *Leviticus 17–22*. AB. New York: Doubleday, 2000.

________. *Leviticus 23–27*. AB. New York: Doubleday, 2001.

Mishnah. *The Mishnah: Translated from the Hebrew with Introduction and Brief Explanatory Notes*. Trans. by H. Danby. Peabody, MA: Hendrickson Publishers, 2012.

Moskala, J. *The Laws of Clean and Unclean Animals in Leviticus 11: Their Nature, Theology and Rationale*. Berrien Springs, MI: Adventist Theological Society, 2000.

Moucarry, G. C. "The Alien According to the Torah." Themelios 14 (1988): 17–20.

Munk, E. *The Call of Torah: An Anthology of Interpretation and Commentary on the Five Books of Moses—Vayikra*. Trans. by E. S. Mazer. New York: Mesorah, 1992.

Negev, A.; S. Gibson, eds. *Archaeological Encyclopedia of the Holy Land*. Rev. Ed. New York: Continuum, 2001.

Neusner, J. *Leviticus Rabbah*. Vol. 4 of A Theological Commentary to the Midrash. Lanham, MD: University Press of America, 2001.

Noortzij. A. *Leviticus*. BSC. Trans. by R. Togtman. Grand Rapids: Zondervan, 1982.

Nuesner, J. *The Idea of Purity in Ancient Judaism: The Haskell Lectures 1972–73*. Leiden: Brill, 1973.

Oden, T. C. *Exodus, Leviticus, Numbers, Deuteronomy*. ACCS. Downers Grove, Ill.: InterVarsity Press, 2001.

Oheler, G. F. *Theology of the Old Testament*. Minneapolis: Klock & Klock, 1978 rep.

Olyan, S. M. *Biblical Mourning: Ritual and Social Dimension*. Oxford:

Oxford University Press, 2004.

Oppenheim, A. L. *Letters from Mesopotamia*. Chicago: University of Chicago Press, 1967.

Owens, E. *Leviticus*. NCBC. Collegeville, Minn.: Liturgical Press, 2011.

Parry, D. W. "Garden of Eden: Prototype of Sanctuary." Pp. 126–52 in *Temples of the Ancient World*. Ed. by D. W. Parry and S. D. Ricks. Salt Lake City: Deseret Press, 1994.

Paton, L. B. "The Holiness–Code and Ezekiel." PRR 26 (1896): 98–115.

Porter, J. R. *Leviticus*. CBC. Cambridge: SPCK, 1976.

Poythress, V. G. *The Shadow of the Cross in the Law of Moses*. Brentwood, Tenn.: Wolgemouth & Hyatt, 1991.

Pritchard, J., ed. *Ancient Near Eastern Texts Relating to the Old Testament*. 3rd ed. Princeton: Princeton University Press, 1969.

Radner, E. *Leviticus*. BTCB. Grand Rapids: Brazos Press, 2008.

Rashi. *Commentaries on the Pentateuch*. Trans. by C. Pearl. New York: W. W. Norton, 1970.

Rashbam. *Rashbam's Commentary on Leviticus and Numbers*. Trans. and ed. by M. I. Lockshin. Providence, RI: Brown Judaic Studies, 2001.

Rainey, A. F. "Sacrifice and Offerings." Pp. 194–211 in vol. 5 of *The Zondervan Pictorial Encyclopedia of the Bible*. Ed. by Merrill C. Tanny. Grand Rapids: Zondervan, 1975.

Rashi. *Pentateuch with Targum Onkelos, Haphtaroth, and Rashi's Commentary, vol. 3: Leviticus*. Trans. and ed. by M. Rosenbaum and A. M. Silbermann. London: Routledge & Kegan Paul, 1932.

Rattray, S. "Marriage Rules, Kinship Terms and Family Structure in the

Bible." Pp. 537–42 in *Society of Biblical Literature 1987 Seminar Papers*. Ed. by K. H. Richards. Atlanta: Scholars Press, 1987.

Ringgren, H. *Religions of the Ancient Near East*. Philadelphia: Westminster Press, 1973.

Robertson, E. "The Urim and Tummim: What Were They?" VT 14 (1964): 69–72.

Rodriguez, A. M. "Leviticus 16: Its Literary Structure of Leviticus." AUSS 34 (1996): 269–86.

_______. *Substitution in the Hebrew Cultus*. Berrien Springs: Andrews University Press, 1979.

Roo, J. C. R. "Was the Goat for Azazel Destined for the Wrath of God?" Biblica 81 (2000): 233–42.

Rooker, M. F. *Leviticus*. NAC. Nashville: Broadman & Holman, 2000.

Ross, A. P. *Holiness to the Lord: A Guide to the Exposition of the Book of Leviticus*. Grand Rapids: Baker Academic, 2002.

Roth, M. T. *Law Collections from Mesopotamia and Asia Minor*. SBL Writings from the Ancient World Series. Atlanta: Scholars, 1995.

Ryrie, C. C. "The Cleansing of the Leper." BibSac 113 (1956): 262–67.

Sailhamer, J. H. *The Pentateuch as Narrative: A Biblical–Theological Commentary*. Library of Biblical Interpretation. Grand Rapids: Zondervan, 1992.

Sarna, N. M. *Exodus*. JPSTC. Philadelphia: Jewish Publication Society, 1991.

Sawyer, F. A., ed. *Reading Leviticus: A Conversation with Mary Douglas*. JSOTSS. Sheffield: Sheffield Academic Press, 1996.

Schwartz, B. J. "The Prohibition Concerning the 'eating' of Blood in Leviticus 17." Pp. 34–66 in *Priesthood and Cult in Ancient Israel*.

Ed. by Anderson, G. A.; S. M. Olyan. JSOTSup 125. Sheffield: JSOT, 1991.

Scurlock, J.; B. R. Anderson. Diagnoses in Assyrian and Babylonian Medicine: Ancient Sources, Translations, and Modern Medical Analyses. Urbana: University of Illinois Press, 2005.

Selman, M. J. "Sacrifice in the Ancient Near East." Pp. 88–104 in *Sacrifice in the Bible*. Ed. by R. T. Beckwith, M. J. Selman. Grand Rapids: Baker Book House, 1995.

Shapiro, S. E. Leviticus: Drawing Near the Other." Judaism 48 (1999): 228–33.

Shea, W. H. "Literary From and Tehological Function in Leviticus." Pp. 1330–68 in *70 Weeks, Leviticus, Nature of Prophecy*. Ed. by F. B. Holbrook. Washington DC: Biblical Institute Research, 1986.

Sherwood, S. K. *Leviticus, Numbers, Deuteronomy*. BO. Collegeville, Minn.: Liturgical, 2002.

Sklar, J. *Sin, Impurity, Sacrifice, Atonement*. Sheffield: Sheffield Phoenix Press, 2005.

Smith, C. R. "The Literary Structure of Leviticus." JSOT 70 (1996): 17–32.

Snaith, N. H. *Leviticus and Numbers*. NCB. London: Oliphants.

_______. The Sprinkling of Blood." ET 82 (1970): 23–24.

Sommer, B. D. "Conflicting Construction of Divine Presence in the Priestly Tabernacle." BI 9 (2001): 41–63.

Speiser, E. A. *Oriental and Biblical Studies*. Philadelphia: University of Pennsylvania Press, 1967.

_______. "Leviticus and the Critics." Pp. 29–46 in *Yehezkel Kaufman Volume*. Ed. by M. Haran. Jerusalem: Hebrew University Press,

1960.

Sprinkle, J. M. *Biblical Law and Its Relevance: A Christian Understanding and Ethical Application for Today of the Mosaic Regulations.* Lanham, MD: University Press of America, 2006.

______. *The Book of Covenant: A Literary Approach.* JSOTSS. Sheffield: JSOT Press, 1994.

______. *Leviticus and Numbers.* TTC. Grand Rapids: Baker Book House, 2015.

Stuhlmueller, C. Leviticus: The Teeth of Divine Will into the Smallest Expectations of Human Courtesy." BT 88 (1977): 1082–88.

Tidball, D. *The Message of Leviticus: Free to Be Holy.* BST. Downers Grove, Ill.: InterVarsity Press, 2005.

Valiquette, H. P. "Exodus–Deuteronomy as Discourse: Models, Distancing, Provocation, Praenesis." JSOT 85 (1999): 47–70.

Vasholz, R. I. Leviticus. MenCom. Fearn, Scotland: Mentor, 2007.

Van der Toorn, K. *From Her Cradle to Her Grave: The Role of Religion in the Life of the Israelite and the Babylonian Woman.* Sheffield: Sheffield Academic Press, 1994.

Von Rad, G. *The Problem of the Pentateuch and Other Essays.* Trans. by E. W. Trueman. London: Oliver & Boyd, 1966.

Walton, J. H. "Equilibrium and the Sacred Compass: The Structure of Leviticus." BBR 11 (2001): 293–304.

______. *Ancient Near Eastern Thoughts and the Old Testament: Introducing the Conceptual World of the Hebrew Bible.* Grand Rapids: Baker Academic, 2006.

Warning, W. *Literary Artistry in Leviticus.* Biblical Interpretation Series. Leiden: Brill, 1999.

Watts, J. W. *Reading Law: The Rhetorical Shaping of the Pentateuch*. Sheffield: Sheffield Academic Press, 1999.

Weinfeld, M. "Social and Cultic Institutions in the Priestly Source Against Their Near Eastern Background." Pp. 95–129 in *Proceedings of the Eighth World Congress of Jewish Studies, and Hebrew Language*. Jerusalem: World Union of Jewish Studies, 1981.

Wenham, G. J. "The Old Testament Attitude to Homosexuality." ET 102 (1991): 259–363.

________. "The Theology on Unclean Food." EQ 53 (1981): 6–15.

________. *The Book of Leviticus*. NICOT. Grand Rapids: Eerdmans, 1979.

West, J. *Introduction to the Old Testament*. New York: Macmillan, 1971.

Whitekettle, R. "Levitical Thought and the Female Reproductive Cycle: Wombs, Wellsprings, and the Primeval World." VT 46 (1996): 376–91.

Whybray, R. N. *Introduction to the Pentateuch*. Grand Rapids: Eerdmans, 1995.

Wiersbe, W. *Be Holy*. Wheaton: Victor Books, 1979.

Wilkinson, J. "Leprosy and Leviticus: A Problem of Semantics and Translations." SJT 31 (1978): 153–66.

Willis, T. M. *Leviticus*. AOTC. Nashville: Abingdon Press, 2009.

Wilson, E. J. *"Holiness" and "Purity" in Mesopotamia*. Neukirchen–Vluyn: Neukirchener Verlag, 1994.

Wyatt, N. *Religious Texts from Ugarit: The Words of Illimilku and His Colleagues*. Shefffield: Sheffield Academic Press, 1998.

Yamauchi, E. "Slaves of God." BETS 9 (1966): 125–30.

Ziskind, J. R. "The Missing Daughter in Leviticus XVIII."

차례

레위기

20 그 지성소와 회막과 제단을 위하여 속죄하기를 마친 후에 살아 있는 염소
를 드리되 21 아론은 그의 두 손으로 살아 있는 염소의 머리에 안수하여 이스라
엘 자손의 모든 불의와 그 범한 모든 죄를 아뢰고 그 죄를 염소의 머리에 두어
미리 정한 사람에게 맡겨 광야로 보낼지니 22 염소가 그들의 모든 불의를 지고
접근하기 어려운 땅에 이르거든 그는 그 염소를 광야에 놓을지니라(16:20–22)

1 여호와께서 모세에게 말씀하여 이르시되 2 너는 이스라엘 자손의 온 회중에
게 말하여 이르라 너희는 거룩하라 이는 나 여호와 너희 하나님이 거룩함이니
라 3 너희 각 사람은 부모를 경외하고 나의 안식일을 지키라 나는 너희의 하나
님 여호와이니라 4 너희는 헛된 것들에게로 향하지 말며 너희를 위하여 신상들
을 부어 만들지 말라 나는 너희의 하나님 여호와이니라(19:1–4)

소개

헬라어와 라틴어를 거쳐 오늘날 우리에게 '레위기'(Leviticus)로 알려진 이 책의 히브리어 제목은 '바이크라'(וַיִּקְרָא)이다. '그리고 그[하나님]가

[모세를] 부르셨다'라는 문장으로 시작되는 이 책의 첫 단어이다. 이것은 레위기의 전권(前卷)인 출애굽기의 중심인물 모세와의 연관성을 염두에 둔 이름이기도 하다. 또한 오경에서 하나님의 말씀을 직접 화법으로 가장 많이 묘사하는 책이 레위기이기 때문에 '바이크라'라는 히브리어 제목이 책의 내용에 잘 부합된다고 할 수 있다.

레위기에서 레위인들에 대한 언급은 단 한 차례밖에(25:32–33) 없음에도 불구하고 책 제목이 레위인과 연관되어 있기 때문에, 전통적으로 학자들은 이 책을 성전에서 사역하던 레위인들만을 위한 일종의 예배 매뉴얼로서 취급했다(Kiuchi). 일부 랍비들은 오래전부터 레위기를 '제사장들을 위한 규례'(תּוֹרַת כֹּהֲנִים)로 부르기도 했다. 제사장들이 예배를 드릴 때 어떻게 해야 하는가를 알려 주는 일종의 매뉴얼, 즉 '예배 모범'으로 간주한 것이다(Levine).

그러나 레위기를 '제사장들을 위한 규례'로 간주하는 것은 옳지 않다. 제사장들이 따라야 할 제사법이 실려 있기는 하지만(cf. 6–7장) 이스라엘 백성들, 즉 '평신도들'을 위한 내용이 더 많다. 레위기는 제사장들을 위한 책일 뿐 아니라 온 이스라엘 예배자들을 위한 책인 것이다. 그래서 유태인 가정에서는 자녀에게 율법을 가르칠 때 레위기 1장에서부터 시작하곤 했다(Munk, cf. Leviticus Rabbah 7:2).

또한 레위기의 아람어 이름이 '그 책'(siphrâ; 'the book')인 것을 보면 유태인들이 이 책을 어떻게 간주했는지를 알 수 있다(Kiuchi). 오경 중에서도 레위기의 중요성을 인정한 것이다. 사해 사본에서 가장 많이 발견된 문헌 중 하나가 레위기라는 사실이 유태인들의 삶에서 이 책이 차지한 위치가 어떠했는지를 시사한다(cf. Flint). 레위기는 유태인들의 율법 이해의 중심에 있었던 것이다. 구약의 기초가 되는 모세 오경의 한가운데에 레위기가 위치한 것도 그 중요성을 암시한다(Gane).

레위기는 이스라엘이 시내 산에 도착해서(출 19:2) 떠날 때까지(민 10:11) 있었던 일을 기록하고 있으므로 일명 '시내 산 이야기'(Sinai pericope)의 중심부에 있다(Smith). 한편 레위기 8장 8절은 구조상 모세 오경의 정중앙에 있으며, 레위기 10장 16절에서 쓰인 히브리어 '죄'(חַטָּאת)는 오경에서 사용된 히브리어 단어 중 가장 중간에 자리했다. 또한, 레위기 11장 42절의 히브리어 '배'(גָּחוֹן)(belly)의 세 번째 철자인 'ו' 가 오경의 히브리어 철자 중 정가운데에 있다는 점도 이 책의 중요성을 부각시켰다(Sherwood). 이처럼 성경에서 중요한 위치를 차지하는 레위기를 연구하고 묵상하는 것은 당연히 해야 할 일일 뿐 아니라 많은 사람을 생명의 길로 인도하는 행위라고 할 수 있다.

1. 기독교인과 레위기

현대를 살아가는 크리스천이 레위기를 공부해야 하는 이유를 설명하기란 결코 쉽지 않다. 단순히 고대 이스라엘 사람들이 장막과 성전에서 어떻게 예배를 드렸는가에 대한 호기심을 채우기 위해 이 책을 연구하기에는 치러야 할 대가가 너무 크기 때문이다(Coote). 심지어 학구적인 적극성을 가지고 레위기를 읽기 시작한 사람들조차 오래지 않아 흥미를 잃기 쉽다(Kaiser). 그럼에도 불구하고 현대 크리스천이 왜 이 책을 읽어야 하는가? 여기에는 여러 가지 이유가 있다.

첫째, 기독교가 유대교에 뿌리를 두고 있는 점을 감안할 때, 레위기는 우리의 종교적 뿌리를 이해하는 데 도움을 준다. 특히 하나님께 드리는 예배에 관한 이해를 제공한다. 레위기를 공부하다 보면, 이스라엘이 성전에서 드렸던 예배와 제물이 뜻하는 바가 예수 그리스도께서 우리 죄를 대속하신 것을 기념하는 크리스천의 예배와 비슷한 점이 많다는 사실을 깨닫게 된다. 예를 들어, 속죄일에 대제사장이 온 이스라엘을 대표해서 한 염소에 손을 얹어 자신들의 모든 죄를 그 염소에게 옮겨 속죄하고 광야로 내보내는데, 이 일은 구약에서 예수 그리스도의 사역을 예고하는 대표적인 사례로 꼽힌다(16:8, 10, 26). 아울러 공동체 예배에 초점을 맞추고 있는 레위기는 개인 신앙생활과 예배에 익숙해져 있는 오늘날 성도에게 신선한 자극이 된다.

둘째, 레위기는 세상에서 하나님의 백성으로 살아가는 것의 의미를 가르쳐 준다. 이스라엘의 광야 생활뿐 아니라 장차 정착하게 될 가나안에서도 준수해야 할 규칙들을 담고 있기 때문이다. 하늘나라 시민으로서 우상과 죄로 얼룩진 세상에서 어떻게 살아야 하는가를 배울 수 있다. 하나님이 이스라엘 백성들에게 하시는 말씀에서 레위기가 쓰인 목적이 역력히 드러난다. "너희는 너희가 거주하던 애굽 땅의 풍속을 따르지 말며 내가 너희를 인도할 가나안 땅의 풍속과 규례도 행하지 말고"(18:3).

셋째, 레위기는 오늘날 하나님의 용서와 은혜를 지나치게 강조하여 성도의 도덕적 책임과 의무를 등한시하는 사람들에게 크리스천이 지향해야 할 삶의 자세를 일깨워 준다. 즉 성도는 하나님의 백성만이 누릴 수 있는 특권을 받기도 하지만, 동시에 경건한 삶을 살도록 부르심을 받는다는 사실을 강조한다. 세상 사람들에게서나 볼 수 있는 부도덕하고 비윤리적인 일들이 성도의 삶에서 일어나서는 안 된다는 것이다.

이러한 원칙은 책의 곳곳에서 강조되고 있다. 하나님은 수차례나 비윤리적인 행동을 한 사람들뿐 아니라(20:6, 18; 23:29) 음식에 대한 규례를 무시하는 사람들까지도 공동체에서 끊으라고 하셨다(7:20, 21, 25, 27; 17:4, 9, 10, 14; 18:29; 19:8; 20:3, 5, 6). 하나님의 백성으로서 살아가는 데는 많은 특권이 동반될 뿐만 아니라 특별한 신분에 걸맞은 책임과 의무 또한 뒤따른다는 것이다. 이것은 오늘날 크리스천들에게도 지속적으로 선포되어야 할 메시지이다.

넷째, 레위기는 구약에서 성결에 대해 가장 자세하게 가르치며 강조하고 있다. 세상에서 하나님의 백성으로서 죄에 오염되지 않고 경건하게 살아가는 것에 대해 가르쳐 준다. 레위기에는 "내가 거룩하니 너희도 거룩하라"(וִהְיִיתֶם קְדֹשִׁים כִּי קָדוֹשׁ אָנִי)라는 하나님의 명령이 수차례 등장한다(11:44, 45; 19:2, 24; 20:7, 26; 21:6, 8; 23:20; 25:12; 27:9, 21, 32). 레위기는 '거룩'이 무엇인가를 가장 확실하게 정의하는 책이다.

'거룩'을 의미하는 히브리어 단어(קדשׁ)가 레위기에서만 동사, 명사, 형용사 등 다양한 품사로 무려 150차례나 사용되고 있다(Kaiser). 이 단어의 가장 기본적인 의미는 '구분하다'이다. 그러므로 주의 백성들에게 명령하신 거룩한 삶은 여호와 하나님이 여느 이방신들과 완전히 구분된 것처럼 주의 백성들도 구분된 삶을 살아야 한다는 것을 의미한다.

거룩한 삶에 대한 성경의 요구는 하나님의 성품과 인격에 근거한 권면이다(cf. 벧전 1:15-16). 또한 하나님은 우리 삶의 모든 영역에서 "거룩하고 속된 것을 분별하며 부정하고 정한 것을 분별"할 것을 요구하신다(10:10). 하나님이 세상 신들과 다른 것처럼 우리도 세상 사람들과 다르게 살아야 할 의무가 있다는 것이다.

일명 '성결 법전'(Holiness Code)이라고도 불리는 17-26장은 구약 성도들이 구분된 삶을 살아가는 데 필요한 기본 지침이 되었다. 비록 레위기가 오래전 율법 아래 살던 사람들을 위한 책이긴 하지만 시대를 불문하고 변하지 않는 경건한 삶의 원리와 자세를 가르쳐 준다. 율법은 영원 불변하는 가치와 기준들을 반영하고 있기 때문이다.

다섯째, 레위기는 오늘도 역사하시는 하나님의 말씀이기 때문이다. 27장으로 구성된 레위기는 모세 오경 중 가장 짧지만, 성경에서 하나님이 직접 선포하신 말씀을 가장 많이 담고 있는 책이기도 하다. 하나님의 말씀을 직접 화법(direct speech)으로 가장 적극적으로 들려주고 있다.

레위기의 시작, "그[하나님]가 [모세에게] 말씀하셨다"의 첫 단어를 딴 히브리어 제목 '바이크라'(וַיִּקְרָא)는 책 전체에서 쓰이고 있는 직접화법을 반영한 결과인 듯하다. "여호와께서 모세에게 말씀하셨다"(וַיְדַבֵּר יְהוָה אֶל־מֹשֶׁה)와 같은 표현이 레위기에서 무려 56회나 사용되었다. 레위기의 저자인 모세가 의도적으로 직접 화법을 많이 사용하고 있음을 알 수 있다(Kaiser). 모세는 복잡하고 다소 지루할 수 있는 내용을 하나님이 그에게 직접 주신 말씀임을 잘 살림으로써 백성들이 레위기를 깊이 묵상하고 기록된 말씀대로 살도록 유도한다.

레위기가 오늘날에도 교회에 덕이 되는 하나님의 말씀임을 보여주는 좋은 예가 있다. 미국의 크리스천 리더들을 위한 〈리더십 저널〉(Leadership Journal)은 2002년 겨울 이슈로 미시간 주의 그랜드빌(Grandville)이라는 조그만 도시에 위치한 마스힐 성경 교회(Mars Hill Bible Church)의 롭 벨(Rob Bell) 목사의 글을 실었다. 벨 목사는 1999년에 학교 체육관을 빌려 교회를 개척했다. 교회 개척 후에 주일 설교에서 가장 먼저 다룬 본문이 레위기였다는 점이 특이하다. 1년 동안 레위기만을 설교했다고 한다. 주위 사람들의 만류와 우려에도 불구하고 그가 레위기를 택한 이유는 크게 두 가지였다.

첫째, 벨 목사는 잘 기획된 프로그램이나 인간적인 방법으로 교회를 성장시키길 원하지 않았다. 그는 하나님의 능력 한 가지만으로 교회가 번창되는 것을 보고 싶었다. 그런 뜻에서 현대인에게는 다소 생소한 레위기를 선택한 것이다. 벨 목사는 설교자로서 짊어져야 할 위험부담이 크면 클수록 더욱더 하나님의 능력에 의존해야 하며, 그러한 상황에서 교회가 성장하게 된다면 하나님께 더 많은 영광을 돌리게 될 것이라고 생각했다.

둘째, 교회를 다니지 않는 사람들은 성경을 쓸모없는 고대 유물쯤으로 생각하는데, 벨 목사는 하나님이 레위기에 기록된 율법을 통하여 말씀하신 것을 비신자들이 체험한다면 기독교에 대한 선입견은 물론 그들의 삶까지도 완전히 바뀔 것으로 생각했다. 그는 사람들에게 레위기를 포함한 성경의 모든 구절이 살아있는 하나님의 말씀이며, 말씀에는 사람의 영혼을 살리는 능력이 있다는 진리를 증거하고 싶었던 것이다.

마스힐 성경 교회는 벨 목사가 레위기를 설교하는 동안 3,500명이 앉을 수 있는 크기의 예배당으로 이사했다. 개척한 지 1년 만의 일이었다. 이후에도 성장을 거듭하여 2011년에는 주일에 10,000명 이상이 예배를 드리는 교회가 되었다(www.marshill.org). 교회의 규모가 커진 것에 주목하자는 것이 아니다. 벨 목사의 간증은 오늘날에도 레위기를 통해 얼마나 많은 영혼이 소생되며 치유될 수 있는가를 보여 주는 좋은 예이다.

2. 저자와 저작 시기

전통적으로 레위기는 모세가 창세기, 출애굽기, 민수기, 신명기와 아울러 저작한 책으로 전해져 내려왔다. 그러나 『엑스포지멘터리 모세오경 개론』의 서론에서 이미 언급한 바와 같이 계몽주의 시대를 기점으로 고등 비평학이 활성화되면서 레위기를 포함한 오경의 저작권 논쟁이 학계를 뜨겁게 달구었다. 1876년 우리에게 문서설(Documentary Hypothesis)로 잘 알려져 있는 그라프—벨하우젠 가설(Graf-Wellhausen Hypothesis)이 체계화되면서 진보와 보수 성향의 학자들이 서로 상반되는 주장을 펼치며 오늘에 이르렀다.

진보적인 입장을 취하는 사람들은 오경이 주전 9세기에서 6세기 동안 서로 다른 시대와 지역에 살던 저자들의 의해 저작되었다고 주장한다. 이 주장에 의하면, 저자들은 자신들이 살던 시대의 신학적 필요를 채우기 위하여 여러 가지 관점과 관심사를 염두에 두고 각기 문서를 제작했다. 세월이 흐른 뒤에 4개의 다른 문서들—야웨 문서(J), 엘로힘 문서(E), 신명기 문서(D), 제사장 문서(P)—을 또 다른 사람이 하나의 문서로 편집해 놓은 것이 오경이라는 것이다.

레위기는 위 네 가지 문서 중에서 제사장 문서(P)에 속한다. 이러한 학설을 제일 먼저 체계화한 벨하우젠에 의하면, 이스라엘의 예배는 원래 필요에 따라 그때그때 드리는, 이렇다 할 짜임새가 없는 종교 의식이었다. 그는 사무엘 시대에 이스라엘 백성들이 장소의 제한 없이 아무데서나 즉흥적으로 자유롭게 예배를 드렸던 것을 증거로 삼는다(삼상 16:2). 그러다가 주전 621년, 요시야의 종교 개혁을 계기로 제사장들이 예루살렘 성전 한 곳에서만 예배를 드려야 한다고 주장하게 되었다(왕하 23장).

이러한 제사장들의 입장을 반영한 책이 바로 레위기이다. 제사장들은 바벨론 포로 생활을 거치면서 자신들의 입장을 온 이스라엘 사회에 관철하게 되었다고 한다. 벨하우젠은 레위기가 문서설의 JEDP, 네 문서 중 가장 마지막으로 저작되었으므로 가장 진화된 형태의 이스라엘 종교를 보여주고 있다고 주장한다(Archer, Harrison).

벨하우젠의 학설 이후 많은 학자가 그의 주장을 더 발전시키거나 입증할 수 있는 추가적인 증거를 확보하려고 노력했다. 그들은 레위기를 포함한 제사장 문서(P)가 포로기 이후에 저작된 것이라는 증거로서 열왕기와 역대기의 차이점을 들기도 한다. 바벨론 포로 시대 때 쓰인 열왕기는 예배에 대해 분량을 많이 할애하지 않는다. 반면에 포로기 이후에 쓰인 역대기는 예배가 어떤 것인가를 정의하는 데 많이 할애한다. 성전/장막에서의 예배 및 제사법을 제시하고 있는 레위기는 성향상 당연히 열왕기보다는 역대기에 훨씬 더 가깝다.

벨하우젠과 그 외 학자들의 주장은 겉으로는 상당히 설득력 있어 보이지만, 실제로는 그렇지 않다(Archer). 첫째, 주전 2000년대 무렵의 바벨론, 이집트 등을 포함한 고대 근동 여러 문화권에서 드려졌던 예배 의식과 종교적 절기들을 살펴보면 레위기에 기록된 이스라엘의 예식만큼이나 이미 정교하고 체계적이며 구체적이었다는 사실이 드러난다(Kaufmann, Speiser, Hallo). 주변국들과 비교할 때, 이스라엘의 종교 예식이 시대를 앞서간 것이 아니기 때문에 포로기 이후에야 체계를 갖추게 되었다는 말은 논리적으로도 설득력이 떨어진다. 주변 국가들이 모두 매우 정교하고 짜임새 있는 종교 예식을 갖추고 있던 상황에서 이스라엘만 유독 간결하고 짜임새 없는 예배를 드렸다는 생각이 오히려 더 이상하다. 더구나 사회와 종교는 시간이 지나면서 점점 더 세속화되기 마련인데, 이스라엘 종교만이 시간이 지날수록 더 정교해지고 제의화되었다는 것은 납득이 되지 않는다.

둘째, 만일 레위기를 포함한 소위 '제사장 문서'(P)가 포로기에 제작된 것이라면, 왜 역대기, 에스라, 느헤미야, 에스더와 같은 포로기 이후 문서들과 잘 어울리지 않는 것일까? 포로기 이후 문서들에도 제사와 예식에 대한 언급이 많다. 그러므로 만일 레위기가 포로기에 만들어졌다면 다른 문서들이 레위기의 용어와 개념들을 도입하여 사용함이 당연했을 것이다(cf. Bergsma). 그런데 포로기 이후 문서들이 사용하는 용어들을 보면 레위기의 것과 유사점이 별로 없다. 또한 비평학자들은 레위기가 에스겔서의 영향을 많이 받았다고 하는데(Gardiner, Hurvitz, Paton) 그 반대로 에스겔서가 오히려 레위기를 인용하고 있음이 확실하다(Wenham).

셋째, 예배가 중요한 주제라는 점에서 레위기가 열왕기보다는 역대기에 가깝다는 벨하우젠의 주장에 동의한다. 그러나 중심 주제가 비슷하다고 해서 같은 시대 것으로 보는 것은 논리적이지 않다. 예를 들어, 역사서의 첫 책인 여호수아서는 가나안 정복 이야기를 담고 있지만 중심 주제는 공동체의 성결과 순종이다. 가나안 정복은 하나님의 성전(聖戰)이며, 이스라엘이 성전에 성공적으로 참여할 수 있는 유일한 길은 적절한 성결 예식과 예배 그리고 하나님의 말씀에 대한 절대적인 순종을 통해서라고 말한다. 여리고 성 정복의 성공과 아이 성 전투의 실패는 여호수아서의 중심 주제를 확고히 뒷받침하는 한 쌍의 사건이다. 이러한 관점에서 여호수아서와 역대기는 매우 유사하다. 그러나 대부분의 비평학자는 여호수아서가 역대기보다 훨씬 더 오래된 책이라는 사실에 동의한다. 테마적으로 같다고 해서 동시대에 쓰였을 것이라는 주장은 설득력이 없다. 일부 학자들은 숫자와 세세한 것에 주력하는 역대기가 제사장 문서(P)로서의 레위기와 흡사하다고 주장하지만(Harrison), 묘사법과 관심사가 비슷하다고 해서 같은 시대를 반영한다는 주장 또한 논리적이지 않다.[1]

레위기를 포함한 문서설 전반에 대한 비평학계의 혼돈이 현재 어디까지 와 있는지 한 가지 예를 보며 생각해 보자. 19세기 말에 클오스테르만(Klosterman)이 처음으로 17-26장을 따로 분리하여 '성결 법전'(Holiness Code, H)으로 부른 이후, 학자들은 한결같이 P문서 저자가 H를 편집했다고 말했다(Archer, Harrison). 그러나 최근 들어 H의 저자가 P를 편집했다고 주장하는 학자들이 많아졌다(Knohl, Eissfeldt, cf. Milgrom). 더 나아가 상당수의 학자는 H가 히스기야 시대(주전 716-687년, cf. Thiele)에 저작되었으며, P는 사사 시대(삼상 1장)에 실로에 있던 성막에서 유래한 것이라고 주장한다(Milgrom). 레위기를 여러 문서로 분리하는 것 자체에 문제를 제기하는 학자들도 점차 늘어나고 있다(Warning, Hess, cf. Wenham, Kiuchi). 비평학계는 문서설에 대하여 자체적으로 상당한 진통을 겪고 있다.

반면에 보수적인 성향의 학자들은 아직도 지난 2000여 년 동안 교회가 고수해 왔던 것처럼 모세가 오경의 기본 골격을 갖추었으며 대부분 집필한 것으로 간주한다. 더 나아가 벨하우젠의 방식대로 레위기의 저작 연대를 당시 주변 문화권에서 발견된 문서들과 비교해서 논할 경우, 대부분의 학자는 주전 2000년대에 쓰였다고 결론짓는다. 그 증거로 다음 사항들을 제시한다.

첫째, 레위기에 묘사된 성막과 촛대와 같은 도구들이 주전 2000년대에 꽃피운 우가리트(Ugarit), 히타이트(Hittites), 이집트 유물들과 매우 비슷하다(Milgrom). 이후 유물들은 성막의 유물들과 유사점이 많지 않기 때문에, 만일 성막과 도구들이 주변 문명에서 영향을 받았다면 분명 그 시기가 주전 2000년대일 것이다. 언약궤, 우림과 둠밈, 기름 부음

1 오늘날 대부분 학자는 제사장 문서(P)가 벨하우젠이 주장한 것보다 훨씬 오래전에 저작되었다고 주장한다(Kaufmann, Milgrom, Weinfeld, Hurvitz).

등에 대한 언급은 포로기 이전 문헌들에서나 찾을 수 있고, 포로기 이후 문헌들에서는 아예 보이지 않는다(Milgrom).

둘째, 레위기에서 쓰인 단어나 문구 중에 포로기 이후에는 사용되지 않는 것들이 많다. 실제로 레위기에서 사용된 단어들이 포로기 이후 문헌들에서 새로운 것들로 대체되는 성향을 보인다(Hurvitz, cf. Milgrom).

셋째, 레위기는 고대 근동의 여러 법률 문헌(Ugarit, Nuzi, Egypt, Middle Assyria)과 비슷하거나 유사점을 보이는데, 이 문헌들은 모두 주전 1550–1200년대 청동기시대 말(Late Bronze Age)의 것들이다(Hess). 그러므로 만일 레위기가 주변국의 법전에서 영향을 받았다면 이때 저작되었을 가능성이 크다.

넷째, 주전 13세기 서 셈족(West Semitic)의 도시였던 에마르(Emar)에서 발굴된 문헌들과 레위기 사이에 매우 밀접한 연관성이 보인다. 레위기와 유사한 내용을 고대 근동의 다른 문화권에서는 찾아볼 수 없는데, 에마르에서 발굴된 문헌들에서는 발견되기 때문이다. 예를 들면, 제사장에게 기름을 붙고 피를 뿌리는 것(8:30–35), 7일 동안 진행되는 제사장 임직식(9장), 제사장 임직식 마지막 날에 불을 사용하는 것(10:1), 각종 절기들(23장), 7년 주기 안식년(25:3–4) 등은 고대 근동 문화권에서 레위기와 에마르 문헌들에서만 발견된다(Fleming, Klingbeil, Hess). 이 같은 사실 또한 레위기가 고대 근동의 어느 문화권보다 에마르의 영향을 많이 받았음을 암시한다.

위에 언급된 역사적 증거를 바탕으로, 학자들은 세월이 흐르면서 레위기의 히브리어 문법과 단어들이 편집된 것은 사실이지만, 초판은 주전 14–13세기경에 저작되었을 것이라고 한다(Hess). 레위기는 벨하우젠이 주장한 것처럼 주전 6–5세기 작품이 아니며, 이스라엘이 단일 국가로서 출범할 때부터 그들과 함께했다.

성경의 내부 증거들도 이 같은 결론을 뒷받침한다. 오경을 살펴보면, 하나님이 모세에게 계속 말씀하실 뿐만 아니라(레 1:1; 4:1 등등) 율법을 기록하라고 명령하시고(출 17:14; 34:27), 심지어 모세가 이미 기록된 책을 읽는 모습까지 보인다(출 24:7). 모세는 하나님의 명령을 따라 광야 생활의 여정을 순서대로 자세하게 기록했으며(민 33:2), 이스라엘 백성들에게 이미 문서화된 율법을 준수하라고 권면하기도 했다(신 28:58, 61; 29:20, 21, 27; 30:10; 31:9, 24, 26; 31:30).

특히 레위기의 마지막 문장은 앞서 기록된 모든 내용의 역사적 정황을 이스라엘이 이집트를 떠나 시내 산에 머문 때라고 밝힌다. "이것은 여호와께서 시내 산에서 이스라엘 자손을 위하여 모세에게 명령하신 계명이니라"(27:34). 레위기가 이스라엘의 광야 시절을 역사적 배경으로 하고 있다는 것은 책의 다른 곳에서 자세히 드러난다.

레위기의 이야기가 진행되는 동안에 이스라엘은 광야에서 진(camp)을 치고 살았다(4:12; 9:11; 10:4-5; 14:3; 17:3; 24:10 등등). 그들의 진 밖에는 광야(16:21-22)가 도사리고 있으며, 가나안 입성은 미래에 있을 일이었다(14:34; 18:3; 19:23; 20:22; 25:2). 이때 이스라엘의 성소는 '회막'(tent of meeting)으로 불렸다(1:1; 3:2; 4:4; 6:16; 8:4; 9:5; 10:7; 15:14; 16:7; 19:21; 24:3 등등).

그로부터 한 세대가 지난 시대를 배경으로 하는 여호수아서는 "모세의 율법책" 혹은 "모세를 통해 주신 율법"이란 표현을 사용한다(수 1:7-8; 8:31; 23:6). 그 외에도 "[모세의] 율법책"을 가리키는 말이 구약성경에 자주 등장한다(왕상 2:3; 왕하 18:6; 23:2; 스 6:18; 느 8:1, 18; 13:1; 대하 25:4). 훗날 예수님이 레위기에 기록된 내용을 종종 인용할 때마다 모세를 저자로 언급하심으로써 보수적인 학자들이 모세의 저작권을 주장하는 데 근거가 되었다(눅 2:22[레 12장]; 마 8:4/ 막 1:44/ 눅 5:14[레 13-14장]; 막 7:10[레 20:9]).

3. 다른 책들과의 관계

출애굽기—레위기—민수기는 12개의 '여행 기록'(journeying texts)으로 구성되어 있는데, 이 기록은 책들의 구조(framework)와 통일성을 이해하는 데 매우 중요한 단서를 제공한다(Cross). 출애굽기는 이스라엘이 시내 산에 도착했던 일을 기록하고 있다(출 19:2). 민수기는 이스라엘이 약 1년 동안 시내 산에 머문 후 떠난 일을 수록한다(민 10:11). 내용상 이 사이에 끼어 있는 레위기는 이스라엘이 시내 산에서 머물렀던 1년 동안에 하나님이 모세를 통해 주신 율법과 그곳에서 있었던 일을 회고한다.

이러한 관점에서 출애굽기와 민수기는 레위기를 감싸고 있는 일종의 북엔드(bookends) 역할을 하고 있다. 민수기는 출애굽기의 '속편'이며, 레위기는 전편과 속편 사이에 끼인 특별한 문서이다. 크로스(Cross)가 지적한 출애굽기—민수기의 12개의 여행 기록은 다음과 같다(이외에도 민수기 33장의 여행 기록을 참조하라).

성구	내용
출 12:37	이스라엘 자손이 라암셋을 떠나서 숙곳에 이르니 유아 외에 보행하는 장정이 육십만 가량이요
출 13:20	그들이 숙곳을 떠나서 광야 끝 에담에 장막을 치니
출 14:1-2	여호와께서 모세에게 말씀하여 이르시되 이스라엘 자손에게 명령하여 돌이켜 바다와 믹돌 사이의 비하히롯 앞 곧 바알스본 맞은편 바닷가에 장막을 치게 하라
출 15:22	모세가 홍해에서 이스라엘을 인도하매 그들이 나와서 수르 광야로 들어가서 거기서 사흘길을 걸었으나 물을 얻지 못하고
출 16:1	이스라엘 자손의 온 회중이 엘림에서 떠나 엘림과 시내 산 사이에 있는 신 광야에 이르니 애굽에서 나온 후 둘째 달 십오일이라
출 17:1	이스라엘 자손의 온 회중이 여호와의 명령대로 신 광야에서 떠나 그 노정대로 행하여 르비딤에 장막을 쳤으나 백성이 마실 물이 없는지라

출 19:2	그들이 르비딤을 떠나 시내 광야에 이르러 그 광야에 장막을 치되 이스라엘이 거기 산 앞에 장막을 치니라
민 10:12	이스라엘 자손이 시내 광야에서 출발하여 자기 길을 가더니 바란 광야에 구름이 머무니라
민 20:1	첫째 달에 이스라엘 자손 곧 온 회중이 신 광야에 이르러 백성이 가데스에 이르더니 미리암이 거기서 죽으매 거기에 장사되니라
민 20:22	이스라엘 자손 곧 온 회중이 가데스를 떠나 호르 산에 이르렀더니
민 21:10-11	이스라엘 자손이 그 곳을 떠나 오봇에 진을 쳤고 오봇을 떠나 모압 앞쪽 해 돋는 쪽 광야 이예아바림에 진을 쳤고
민 22:1	이스라엘 자손이 또 길을 떠나 모압 평지에 진을 쳤으니 요단 건너편 곧 여리고 맞은편이더라

또한, 창세기 12장에서 시작된 선조들의 이야기는 출애굽기—민수기를 거치면서 이스라엘의 '청소년기'(adolescence)를 묘사한다(Whybray). 이어 신명기는 성인이 된 이스라엘을, 그리고 여호수아서는 자신의 기업을 찾아 정착하는 이스라엘을 묘사한다. 이러한 관점에서 레위기가 여호수아서와도 연결성을 지니고 있다고 할 수 있다. 더 나아가 창세기 12장에서 시작된 이스라엘의 이야기는 다음과 같은 과정을 통해 여호수아서에서 당당히 한 나라가 된다(Clines).

주제	성경
민족	창 12:10 – 출 19장
법	출 20장 – 민 10:10
영토	민 10:11 – 수 24장

레위기와 출애굽기는 주제와 내용 면에서 서로 연계성을 지니고 있다. 출애굽기 28-29장은 제사장직에 대한 규례를 제시하는데, 제사장들은 이 율법에 따라 정식으로 임직한다(레 8장). 또한 하나님이 현현

하시는 시간이 출애굽기—레위기를 지나며 점차 길어진다. 맨 처음 하나님이 모습을 보이신 것은 호렙 산에서 모세를 부르셨을 때인데 아주 잠시뿐이었다(출 3장). 그 후 시내 산에서 이스라엘과 언약을 맺으실 때에는 7일간 그곳에 머물며 번개와 천둥 등을 통해 모습을 보여주셨다(출 24장).

레위기 8장에서 제사장들이 사역을 시작하자 9장에서 하나님이 이스라엘과 영원히 함께하기 위해 오신다. 출애굽기는 예배의 하드웨어, 즉 성막과 도구들을 제작하는 것으로 마무리되며, 레위기는 소프트웨어라고 할 수 있는 제사장들의 사역으로 연결되고 있는 것이다. 다르게 표현하자면, 출애굽기가 어디서(viz., 성막) 예배를 드려야 하는가를 정의한다면 레위기는 어떻게 예배를 드려야 하는가를 정의하고 있다(Rooker).

레위기와 출애굽기를 비교해 보면 제법 내용이 중복된다. 이것은 레위기만 아니라 출애굽기도 상당한 부분을, 특히 이스라엘이 시내 산에 도착한 이후 내용을 율법에 많이 할애하고 있기 때문에 당연한 현상이라고 할 수 있다. 레위기는 출애굽기에서 언급한 율법을 좀 더 자세히 설명하고 세세한 부분까지 제시하는 성향을 보인다. 예를 들어, 출애굽기 28–29장은 제사장과 백성들이 성막에서 드릴 예물에 대하여 간략하게 언급하는데, 레위기는 이 주제에 대해 1–7장에 걸쳐 자세하게 소개한다.

레위기는 출애굽기에 기록된 율법과 사건들을 전제로 쓰인 것이 분명하다. 예를 들자면, 출애굽기는 성막과 그곳에서 사용되는 물건들에 대한 규례를 소개하며, 오홀리압과 브살렐이 성물들을 어떻게 완성되었는가에 대해 많은 부분을 할애해 묘사한다. 그런데 레위기는 이것들이 이미 완성되었음을 전제하고 이야기를 진행해 나간다. 이처럼 출애굽기와 레위기가 일맥상통하는 동시에 레위기는 출애굽기의 내용 중 일부를 심화하는 역할을 한다(Auld).

레위기와 출애굽기 사이에 존재하는 유기적인 관계는 뒤이은 책들(민수기—신명기)과의 사이에서도 감지된다. 이미 언급한 것처럼 레위기는 출애굽기와 민수기를 관통하는 여정 사이에 있다. 그러므로 레위기와 민수기의 관계는 레위기와 출애굽기의 관계만큼이나 유기적이라 할 수 있다.

모세가 가나안 입성을 앞둔 이스라엘 백성들을 모압 평지에 모아 놓고, 출애굽 사건과 40년 광야 여정을 다시 한번 회고하며 권면하는 설교로 구성된 신명기도 레위기와 밀접한 관계가 있다. 모세는 하나님이 시내 산에서 주신 율법을 이스라엘 백성들에게 끊임없이 상기시키며 권면하는데, 이 율법의 상당 부분이 레위기에 기록되어 있기 때문이다. 마치 이미 문서화된 레위기를 모세가 읽어 내려가며 강론하는 듯한 느낌까지 자아낸다.

언뜻 보면 레위기는 바로 앞뒤 책인 출애굽기와 민수기와는 깊은 관계가 있지만 창세기와는 별로 연관성이 없어 보인다. 그러나 자세히 살펴보면 레위기에도 창세기에 등장하는 이미지와 사상을 배경으로 하는 것들이 많다. 예를 들자면, 가인과 아벨(창 4:3–4), 노아(창 8:20–21), 아브라함(창 22:2, 9) 등이 하나님께 제물을 드린 이야기는 레위기의 제물에 관한 율법의 배경이 된다(Kiuchi). 안식일 법은 천지창조 이야기의 7번째 날을(창 2:1–3), 십일조 법은 아브라함이 멜기세덱에게 십일조를 준 일을(창 14: 18–20), 정결한 짐승과 부정한 짐승에 대한 규례는 노아가 정결한 짐승은 7쌍씩, 부정한 짐승은 2쌍씩 방주에 태운 일을 연상시킨다(창 7:1–3).

레위기는 '언약'(בְּרִית)이라는 단어를 10차례 사용하고 있다. 그중 5차례가 창세기에 등장하는 선조들(아브라함, 이삭, 야곱)과 연관되어 사용되었다(레 26:42–45). 이것은 레위기를 창세기의 연장선상에서 읽어야 함을 암시한다. 그러므로 학자들은 "창세기가 [레위기에 기록된] 율법의 도착을 기대하는 책"이라고 말한다(Sailhamer).

더 나아가 창세기 3장의 이야기는 레위기 율법과 상당한 연관성이 있다(Keil, Wenham, Sailhamer, Parry). 에덴동산에서 쫓겨난 인간들이 다시 들어가지 못하도록 천사들이 지키는 이야기는 레위기 4:2-12과 16:1-22의 배경이 되고 있다. 천사들이 지성소를 지키고 있음을 전제한 것이다. 이것은 또한 지성소, 더 구체적으로 법궤 뒤쪽 어디엔가 에덴동산을 상징하는 공간이 있음을 암시한다(Parry).

지성소(Holy Place)에 비치되는 등잔대는 7개 가지가 뻗은 나무의 형태를 지니고 있는데, 이것은 에덴동산의 생명나무와 연관이 있다(Meyers, Parry). 레위기가 묘사하는 성막은 여러 면에서 에덴동산을 연상시킨다. 또한 출산한 산모가 부정한 것은 창세기 3장에 기록된 아담과 하와의 죄와 심판 이야기와 연관이 있다(Kiuchi). 짐승들의 부정함 또한 이 일로 인하여 벌을 받은 뱀과 연관이 있어 보인다.

4. 메시지와 이슈

레위기는 거룩하신 하나님의 선택을 받아 거룩하게 된 백성이 하나님께 나아갈 때 어떻게 해야 하며, 공동체를 형성하며 살아갈 때 서로를 어떻게 대해야 하는가에 대한 지침서(manual)이다. 오경의 중심에 있으며 유태인들이 가장 소중하게 여겼던 율법 책 레위기는 여러 가지 다양한 메시지와 이슈를 지니고 있다.

그중 다음 몇 가지를 생각해 보고자 한다. (1) 성결 법전, (2) 정결과 부정, (3) 하나님의 임재, (4) 예배, (5) 거룩한 백성, (6) 죄. 이 여섯 가지는 레위기의 핵심 주제인 '성결/거룩' 하나로 모두 묶을 수 있다.

(1) 성결 법전

레위기 내의 성결 법전(Holiness Code)의 위치는 책의 통일성과 직접적으로 연관되어 있다.[2] 1866년 그라프(Graf)가 레위기에서 18–23장과 25–26장을 따로 떼어 독립적으로 취급하며, 이 섹션이 에스겔서와 유사점이 많은 것을 들어 에스겔이 저자일 것이라고 주장했다. 몇 년 후 카이저(Kayser)가 에스겔서와 레위기의 공통점을 추가로 찾아내어 그라프의 주장을 지지하면서 17장도 에스겔의 저작일 것으로 추정했다. 이어 1877년에 클로스테르만(Klosterman)이 17–26장을 처음으로 '성결 법전'이라 명명하며 에스겔서와의 연관성을 더욱 강력히 주장했다. 그로부터 약 12년 후, 벨하우젠은 성결 법전이 제사장 문서 중에서도 독특한 위치를 차지하며 포로기 시대의 마지막 때, 즉 주전 540년대에 완성되었다고 주장했다. 그의 주장은 학계에 큰 영향을 끼쳤다. 이후 많은 학자가 성결 법전 안에서 여러 편집자의 손길을 찾는 데 주력했다. 특히 패톤(Paton)은 여러 편의 논문을 통해 성결 법전이 최소한 4단계의 편집 과정을 거쳐 완성되었다고 결론지었다.

그러나 1912년 어드맨스(Eerdmans)가 레위기에서 17–26장을 분리하여 독립적인 문서로 취급하는 것에 대해 반대 의견을 제시했다. 그의 주장에 의하면, 이 섹션을 하나로 묶을 만한 구조가 없을뿐더러 오경의 다른 텍스트들도 성결 법전처럼 거룩/성결을 요구하고 있으므로(출 19:6; 22:31; 레 11:44–45; 신 7:6; 14:2, 21; 26:19; 28:9), 거룩함의 요구가 성결 법전만의 특징은 아니라는 것이다. 그뿐만 아니라 위 학자들이 성결 법전에서만 사용되었다고 주장했던 히브리어 단어들이 구약의 다른 곳에서도 사용된 점이 이의 제기의 근거가 되었다. 그의 반론은 몇몇 학자들의 지지를 받았으나 이미 벨하우젠의 학설에 설득된 학계의 반응은 대체로 냉담했다.

폰라트(von Rad)의 『신명기 연구』(1947년)는 성결 법전에 대한 연구 방향을 바꾸어 놓았다. 그는 이 섹션이 "나는 여호와이니라"라는 말을 반

2 성결 법전(Holiness Code) 연구의 역사적 흐름에 대하여는 해리슨(Harrison)과 아처(Archer)를 참조하라.

복하고 있다는 점에서 제사장 문서(P)가 아닌 야훼 문서(J)로 구분되어야 한다고 주장했다. 그의 영향으로 학자들이 "만일 야훼 문서와 제사장 문서가 섞여 성결 법전이 되었다면 과연 어떤 과정을 통하여 오늘에 이르렀는가"라는 질문을 던지게 되었다. 그의 주장에 자극을 받은 학계가 성결 법전의 성장과 발달(growth and development)을 밝히는 데 초점을 맞추기 시작했던 것이다.

성결 법전을 낱낱이 연구한 레벤트로브(H. G. Reventlow)는 1961년 저서에서 이 법전은 아주 오랜 옛날 매년 행해졌던 언약 축제에서 비롯된 것이며, 이스라엘이 시내 산에 도착했을 때의 전승을 포함하고 있다고 결론지었다. 더불어 광야 생활 전승도 포함된 이 법전을 이스라엘에 가르친 사람은 모세의 후계자였을 것이라고 주장하기도 했다. 성결 법전이 레위기보다 훨씬 오래된 자료에서 비롯되었다는 결론에 도달한 것이다.

이후에도 성결 법전을 레위기에서 분류하여 독립적으로 취급하려는 시도가 여러 번 있었다. 그러나 엘리거(Elliger)는 1966년 주석에서 성결 법전의 독립성을 전적으로 부인했다. 그는 이 섹션의 내용이 처음부터 두 단계를 거쳐 제사장 문서에 접목되었다고 주장했다. 또 어떤 학자는 성결 법전이 제사장주의적 편집을 광범위하게 거치지 않았으며, 신명기적 사관을 지닌 제사장에 의해 저작되었을 것이라고 주장했다(Cholewiński). 시간이 지날수록 많은 학자가 성결 법전은 독립적으로 존재하지 않으며 처음부터 레위기의 일부였다고 주장하고 있다(Hartley, Kaiser, Gane, Sherwood).

(2) 정결과 부정

레위기는 이스라엘에게 정결한 것과 부정한 것을 구분하도록 지시한다. 그 목적은 10:10에 잘 표현되어 있다. "너희가 거룩하고 속된 것을 분별하며 부정하고 정한 것을 분별하라." 성경의 여러 책 중에서 정결과 부정을 가장 많이 언급하고 있는 책이 바로 레위기이다. 저자는 '부정'(טָמֵא)을 무려 132차례, '정결'(טָהוֹר)을 74차례나 사용한다(Kaiser). 레위기가 이스라엘에게 정결한 것과 부정한 것의 구분을 이처럼 강력하게 요구하는 이유가 무엇인가?

레위기는 인간이 하나님께 나아오는 것을 제한하는 것에는 죄뿐 아니라 부정함(ritual uncleanness)도 포함되기 때문이라고 말한다. 여호와께서 자기 백성에게 요구하시는 거룩함은 윤리적 기준을 제시하는 동시에 의식적인(ritual) 성결도 전제하고 있다. 도덕적으로 청렴하게 살며 예식적으로도 순결하게 사는 사람만이 하나님께 나아갈 수 있다는 것이다.

율법을 읽을 때 항상 마음에 두어야 할 한 가지 중요한 사실은, 정결은 위생적으로 깨끗한 상태를 뜻하는 게 아니며 부정함은 불결하고 비위생적인 것을 의미하는 게 아니라는 것이다. 율법의 정결함과 부정함은 근본적으로 성막/성전 출입과 연관되어 있다. 정결한 사람은 하나님께 예배드리기 위하여 성막에 들어갈 수 있지만, 부정한 사람은 정결하게 될 때까지 들어갈 수 없다. 하나님께 예배를 드릴 수 있느냐 없느냐가 정결과 부정을 정의한다.

그동안 많은 사람이 레위기가 짐승, 곤충, 새 그리고 물건들을 정결한 것과 부정한 것으로 구분하는 기준과 논리를 찾아내려고 노력해 왔지만, 아무도 만족할 만한 결과를 내놓지 못했다. 주요 해석 중 몇 가지를 살펴보자.

첫째, 위생학적인 해석이다(Harrison). 가장 널리 알려진 주장으로 부정한 짐승은 병이나 병균을 옮길 수 있기 때문에 안심하고 먹을 수 없다는 것이다. 따라서 위생상 문제가 없는 것들이 정한 짐승이다.

예를 들어, 부정한 것으로 분류되는 돼지고기는 사람에게 선모충을 옮길 수 있으며, 지느러미가 없는 물고기는 대개 얕은 물이나 바닥에

서식하며 아무거나 먹어 대므로 사체나 썩은 것들을 주로 먹는 새들처럼 위험한 박테리아를 지녔을 가능성이 크다는 것이다. 그러나 사실 정한 짐승들도 여러 가지 균을 지닐 수 있으므로 사람의 건강을 위협할 수 있다. 또한 부정한 짐승이나 생선도 익혀 먹으면 병균 문제를 해결할 수 있지 않은가. 게다가 율법은 부정한 짐승을 금하는 이유로 건강에 해로워서라는 말을 하지 않는다. 심지어 예수님은 부정함의 의미를 전복시키기까지 하셨다(막 7:17-18). 오순절 이후에는 부정한 짐승에 대한 금지령이 완전히 사라진다(Rooker). 만일 사람의 건강에 좋지 않다는 이유로 부정한 짐승을 구분한 것이라면 왜 오순절 이후로 그 구분이 없어졌는가? 따라서 이 해석은 설득력이 없다.

둘째, 신학적 혹은 제의적인 해석이다(Noth, von Rad, Eichrodt). 이방 종교나 우상숭배와 연관 있는 짐승들이 부정하다는 것이다. 여호와와 언약을 맺은 이스라엘은 이방 종교와 연관된 짐승을 피해야 한다. 실제로 율법이 부정하다고 분류한 돼지의 뼈가 이방 종교의 예배터에서 발굴된 적이 있다(cf. 사 65:4-5). 그러나 가나안을 포함한 고대 근동 문화권에서 소는 신성시되거나 우상숭배의 제물로 쓰이기도 했는데 왜 부정한 짐승으로 분류되지 않았는가? 그러므로 이 해석 또한 한계가 있다(Wenham).

셋째, 풍유적 혹은 상징적 해석이다(Bonar). 필로(Philo)가 발전시킨 해석으로, 우리에게 영적 교훈을 주기 위해 정결한 짐승과 부정한 짐승이 나뉘었다는 것이다(Houston). 되새김질하는 정결한 짐승의 경우, 하나님의 백성이라면 말씀을 되새김질해야 함을 상징한다는 것이다. 같은 맥락에서 정결한 물고기의 지느러미가 위로 솟은 이유는 하나님의 백성은 하늘을 바라보며 살아가야 함을 보여 주는 것이다. 반면에 돼지는 자기 배설물 위에서 뒹구는 불결한 습관을 가지고 있기 때문에 하나님의 백성의 정결한 삶과 어울리지 않으므로 부정한 짐승으로 분류되었다고 주장한다. 또한, 부정한 짐승은 죽음을 상징한다는 풍유적 해석도 있다(Wenham, Kiuchi). 그러나 정결한 짐승도 관리하지 않으면 정도의 차이가 있을 뿐 더럽기는 마찬가지이다. 게다가 부정한 짐승으로 분류된 것 중에는 오히려 더 깨끗하고 깔끔한 짐승도 많다.

넷째, 윤리적인 해석이다(Schwartz). 성경이 피를 먹는 것을 금하는 것에서 생명 경외 사상을 찾아볼 수 있듯이 레위기의 음식법 또한 생명 경외를 바탕으로 하고 있다는 주장이다(Milgrom). 하나님이 정결한 짐승만을 먹을 수 있도록 제한하신 것은 생명을 함부로 죽여서는 안 된다는 교훈을 가르치기 위해서이다. 그러나 "하나님께 매일 드리는 제사에서 희생되는 수많은 짐승의 생명은 무엇인가"라는 의문이 들 수밖에 없다. 이 논리대로라면 하나님은 동물이 아닌 곡물이나 기름 제물을 선호하실 것 같은데 말이다. 그러므로 이 해석 또한 정결한 짐승과 부정한 짐승의 차이를 명쾌하게 설명해 주지 못한다.

다섯째, 스캐빈저(scavenger, 죽은 동물을 먹는 동물) 해석이다(Moskala). 부정한 짐승들은 짐승의 사체를 먹을 뿐만 아니라 그 피까지 먹기 때문에 부정하다는 것이다. 또한, 사람이나 동물을 물어 상하게 하여 생명과 번성을 지향하는 자연 세계에 형성된 문화[질서]에 역행하는(destroy the products of culture) 벌레나 짐승도 부정하며, 생김새에 흠이나 결함이 있는 짐승과 벌레 또한 부정하다(Douglas). 이 해석 또한 부정한 짐승 중 일부에 대해 어느 정도 설명하기는 하지만 모두를 설명하지는 못한다.

여섯째, 생김새 해석이다(Eichrodt). 정결한 짐승은 대체적으로 보기에도 좋은데, 부정한 짐승은 혐오감을 안겨 준다는 것이다. 혐오감을 자아내는 짐승이 이스라엘의 식탁에 올라오는 것이 바람직하지 않으니 부정하다고 하는 것이다. 설득력이 떨어지는 해석이다. 잘생겼건 못생겼던 모두 하나님이 창조하신 아름다운 피조물이다. 게다가 어떤 사람에게는 못생겨 보여도 누군가에게는 잘생겨 보일 수도 있다. 미(美)의 기준은 저마다 다르기 때문이다.

주석가들이 가장 많이 지지하는 해석은 더글러스(Douglas)와 크로스(Cross)의 주장이다. 이들은 창세기 1장에 대한 관찰에서부터 이야기를 시작한다. 창세기 1장은 하나님이 하늘을 나는 새와 땅을 걷는 짐승과 물을 헤엄치는 물고기를 창조하셨다고 기록했다. 짐승이 자기가 속한 종(種)의 공통적인 성향을 정상적으로(normal) 온전하게(wholesome) 지니고 있을 때 정결하다고 말할 수 있다. 반면에 공통적인 성향을 정상적으로 지니지 못했을 경우에는 부정하게 되는 것이다. 즉 정한 짐승은 정상적이며, 부정한 짐승은 비정상적이라는 뜻이다.

새는 두 날개와 걸어 다닐 수 있는 두 발을 가지고 있어야 하고, 동물은 뛰어다닐 수 있는 갈라진 굽이 있어야 한다. 그러므로 다리가 많이 달린 나는 곤충은 부정하지만, 날개가 있고 짧은 다리 두 쌍과 펄쩍 뛸 수 있는 다리 두 개를 가진 메뚜기는 새에 가까운 만큼 정결하다. 한편 문어는 물속에 살면서도 다리를 가지고 있기 때문에 부정하다. 이 해석 또한 곧 한계를 드러낸다. 예를 들어, 굽이 갈라진 돼지는 부정한데 되새김질하지 않는 토끼는 왜 정결한가? 그럼에도 불구하고 상당한 설득력을 지녔다고 해서 현재까지 많은 학자의 지지를 받고 있다.

더글러스는 더 나아가 이 원리를 사람에게까지 적용한다. 동물 세계가 인간 세계를 반영하고 있다고 생각한 것이다. 그녀는 모든 짐승과 사람을 세 종류로 분류한다. 동물은 모든 짐승—정한 짐승—희생 제물로, 사람은 모든 사람—이스라엘 백성—제사장으로 나눈다. 각각 거룩의 세 단계인 부정한 영역—정한 영역—거룩한 영역으로 구분한 것이다. 땅도 같은 기준으로 나눌 수 있다. 한 학자(Milgrom)가 그녀의 주장을 정리하여 다음의 다이어그램을 완성했다.

사람 : 모든 사람(A)—이스라엘 백성(B)—제사장(C)
동물 : 모든 짐승(A′)—정한 짐승(B′)—희생 제물(C′)

장소: 모든 땅(A″)—진(B″)—성막(C″)

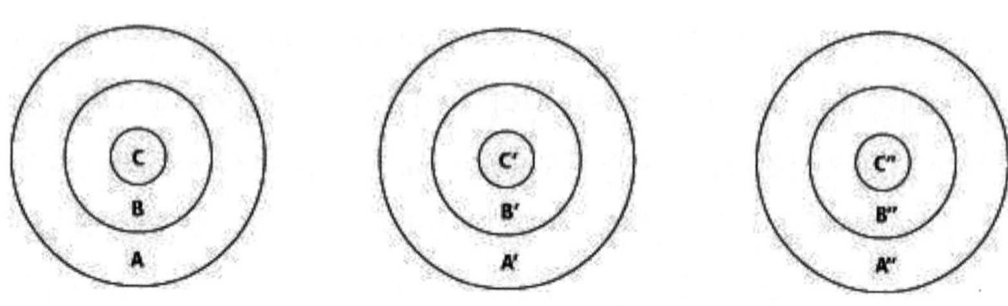

이 해석에 따르면 이스라엘 백성은 정한 짐승과 의미적으로 연결되어 있다. 그렇기 때문에 이스라엘 사람들은 정한 짐승을 먹어야 한다. 더글러스는 이스라엘의 음식법 배후에는 정함—부정함과 연결된 이스라엘의 가치 체계(value system)가 자리 잡고 있다고 주장한다.

더글러스의 모델은 레위기의 세계관과 가장 잘 어울린다. 더 나아가 이스라엘의 율법과 깊은 연관성이 있는 헷 사람들(Hittites)의 법에도 정결한 짐승과 부정한 짐승에 대한 규례가 있는데, 헷 사람들은 자신들이 평소에 가까이하여 익숙한 짐승들(domesticated animal)을 정한 짐승으로, 익숙하지 않거나 낯선 짐승들을 부정하다고 했다(Hoffner). 율법이 말하는 정한 짐승과 부정한 짐승을 보면 이러한 원칙이 상당히 적용된 듯하다.

그렇다면 돼지는 왜 부정한 것일까? 돼지는 유목민이 키우는 짐승이 아니다. 원래 유목민이었던 이스라엘에 돼지가 유입된 시기가 소나 양과 같은 가축들에 비해 상대적으로 늦었기 때문이라고 한다(Hoffner). 말과 낙타 또한 이스라엘의 일상에 소개된 때가 매우 늦기 때문에 부정하다.

더글러스와 크로스의 해석과 위 기준을 함께 생각한다면 현재까지 이론 중에서 가장 설득력 있는 기준이 될 것이다. 그러나 모든 것을 완벽하게 설명해 주지는 못한다. 그러므로 대부분의 주석가가 주장하는 것처럼 레위기의 정함과 부정함에 대한 지침과 구분이 어느 정도는 임의적(arbitrary)이라는 사실을 인정해야 한다.

레위기의 정함과 부정함의 구분이 상당 부분 임의적이라는 해석은 성경에 기록된 사건들도 뒷받침해 주는 듯하다. 모세가 호렙 산에서 하나님을 처음 만났을 때, 하나님은 그에게 거룩한 땅이니 발에서 신을 벗으라고 하셨다(출 3:1-6). 그러나 사실 그곳은 모세가 평소에 양떼를 몰고 다니던 곳이었다. 또한 그 일이 있은 후에도 다른 목동들이 양떼를 이끌고 그곳을 수없이 지나다녔을 것이다.

그러므로 모세가 신을 벗어야 했던 거룩한 땅은 하나님의 임재가 있는 동안만 잠시 거룩했음을 알 수 있다. 모세가 이스라엘을 대표해서 시내 산에서 하나님을 만났을 때에도 하나님은 이스라엘 사람들의 접근을 막기 위하여 산 주위에 경계를 정하라고 하셨다(출 19장). 백성들이 자칫 거룩한 산에 올랐다가는 죽게 될 것이기 때문이다. 이 사건에서도 시내 산이 거룩했던 것은 그곳에 하나님이 임재하시는 동안만이었다는 것을 알 수 있다.

(3) 하나님의 임재

레위기가 무엇을 먹고, 무엇을 입고, 예배를 어떻게 드려야 하는가 등 온갖 것에 대해 율법을 정한 것은 이스라엘이 하나님의 임재를 마음껏 누리며 살 수 있도록 준비시키기 위해서이다. 출애굽기가 끝날 무렵 성막이 완성되었고, 하나님의 영광이 성막에 임했다(출 40:34-35). 하나님이 이스라엘과 함께 살기 시작하신 것이다.

그래서 레위기는 회막에서 말씀하시는 하나님으로 시작되었고(1:1), 하나님은 백성들이 드리는 회막 예배에 임하셨다(레 9:23). 하나님의 영광이 이스라엘의 예배 중에 임하신 것은, 그때까지 레위기를 통해 말씀해 주신 예배 율법이 잘 준수되고 있음을 의미한다. 앞으로도 이스라엘이 율법을 잘 준행하면 그들 예배에 하나님의 임재가 항상 있게 될 것이다.

더 나아가 레위기는 이스라엘 공동체와 각 개인이 삶 속에서 하나님의 함께하심을 누릴 수 있는 비결을 제시한다. 이스라엘이 기록된 규례에 따라 성결한 삶을 추구하면, 하나님이 그들 예배 중에 임하신 것처럼 그들의 삶 속에도 임하실 것이라고 말한다. 하나님의 함께하심은 예배로 제한될 필요가 없으며, 거룩한 사람은 언제든지 하나님과 동행할 수 있다는 것이다.

어떻게 해야 거룩한 삶을 살 수 있는가? 이 질문에 대한 답이 바로 레위기의 율법이다. 다시 말해 레위기는 주의 백성이 예배뿐만 아니라 일상에서도 하나님의 임재를 누릴 수 있는 방법을 제시한 책인 것이다.

(4) 예배

레위기에는 오늘날 크리스천들이 마음에 두어야 할 가르침들이 많이 들어 있기는 하지만, 가장 중요한 것은 하나님의 거룩하심과 거룩하신 하나님께 드리는 예배에 초점을 맞추는 것이다. 즉 레위기의 핵심은 여호와께 드리는 예배를 주의 백성들이 어떻게 준비하고, 어떤 절차를 통해 드려야 하는가에 대한 정의이다.

따라서 이 책은 이스라엘 백성들이 드리는 여러 가지 제사와 제물들, 종교적 절기들 그리고 제사장의 제사법 등에 내용을 많이 할애한다. 한 가지 중요한 것은 성전에서 드리는 예배와 제사에서 제물은 예배자의 형편에 따라 결정된다는 사실이다. 가난한 사람들이 소외되는 것을 막기 위해서이다. 하나님의 백성이 예배에서 소외되는 것은 결코 옳지 않기 때문이다. 또한, 예배자가 드리는 제물보다 마음이 더 중요하다는 것을 강조한다.

이스라엘은 왜 여호와께 드리는 예배가 경건하고 거룩하도록 신경 써야 하는가? 무엇보다도 그들의 하나님이 거룩하시기 때문이다. 레위기에서 하나님의 거룩하심을 직접적으로 언급하는 횟수가 152차례나 된다(Kaiser). 하나님의 거룩하심이 이스라엘에게 어떤 의미인지는 20:26이 잘 표현하고 있다. "너희는 나에게 거룩할지어다 이는 나 여호와가 거룩하고 내가 또 너희를 나의 소유로 삼으려고 너희를 만민 중에서 구별하였음이니라." 이미 언급한 것처럼 '거룩'(קָדוֹשׁ)이란 분별/구분/차별화를 바탕으로 한 개념이다.

우리는 20:26 말씀에서 '거룩'이 내포하는 두 가지 의미를 알게 된다. 첫째, 주의 백성이 거룩하다는 것은 세상으로부터 구분/차별화된다는 뜻이다. 하나님이 이스라엘을 부르셨을 때, 그들은 세상 모든 백성으로부터 따로 구분되었다. 그러므로 주의 백성은 세상 사람들과는 다른 가치관과 원칙에 따라 살아야 한다.

둘째, 주의 백성이 거룩하다는 것은 하나님께 구분/분별되었다는 뜻이다. 하나님을 향한 마음 자세와 열정이 세상 사람들과는 달라야 한다는 것이다. 거룩한 백성은 온 마음을 다하여 온전히 하나님을 섬기고 사랑해야 한다. 거룩하신 하나님이 거룩하게 하신[구분하신] 백성인 이스라엘이 주님에게 거룩한[구분된] 예배를 드리는 것은 당연한 일이다. 또한, 이스라엘의 예배는 개인적인 차원과 공동체적인 차원에서 거룩하게 드려져야 한다.

저자는 여호와께 드리는 거룩한 예배가 어떤 것인가를 설명하기 위해 회막에서 행해지는 예식과 드려지는 제물에 많은 부분을 할애한다. 또한 하나님이 우리에게 요구하시는 예배는, 성전/성막에서 진행되는 예식과 예배자의 경건하고 정의로운 삶이 결합된 것이어야 함을 강조한다. 이스라엘이 하나님께 드리는 예배에는 수직적인 차원뿐 아니라 수평적인 차원도 포함되어야 한다는 것이다. 그런 뜻에서 저자는 이스라엘 사람들의 종교 행위에 대한 규례만 선포하는 게 아니라 일상생활에 적용할 원리들까지도 제시하고 있다. 모세는 백성들이 일상생활에서 서로 관계를 어떻게 유지해야 하는가에 대하여 다음과 같이 구체적으로 말한다. "네 이웃 사랑하기를 네 자신과 같이 사랑하라"(19:18b).

이 말씀을 '황금률'(golden rule)이라고 하는데(눅 6:31), 힐렐이라는 랍비는 이것이 율법 전체의 요약이라고 말했다(Milgrom). 주의 백성의 예배는 성전 제단에서 제물을 드리는 일로 끝나는 것이 아니라 이웃을 보살피고 자비를 베푸는 일로 이어져야 한다. 하나님의 백성은 예배와 삶을 이분화시켜서는 안 되며 경건하고 자비로운 생활의 바탕 위에 예배의 제단을 쌓아야 한다는 것이다.

만일 주의 백성이 하나님의 거룩한 백성으로서 살아가는 일에 신실하지 못했을 때는 어떻게 해야 하는가? 하나님은 이러한 문제를 해결하기 위하여 여러 가지 제사법을 주셨다. 주변 국가들도 신들에게 동물을 제물로 바치는 풍습을 가지고 있었다. 그러나 레위기가 언급하는 5가지 제사는 피에 대한 이해와 피의 대속 효과에 있어서 이웃 나라들의 제사와 비교할 때 상당히 독특하다(IDB, McCarthy). 이스라엘의 제사는 본의 아닌 실수나 과실로 빚어진 죄를 속죄하는 것이지 의도적이고 계획적인 죄에 대해서는 사함을 받기가 쉽지 않았다. 그만큼 이스라엘에서는 평상시 공평과 의를 추구하는 마음 자세를 중요시했다.

(5) 거룩한 백성

레위기에 자주 등장하는 "나는 여호와 너희의 하나님이라 내가 거룩하니 너희도 거룩하라"(11:44)라는 메시지는 이스라엘의 정체성을 확고히 하며 열방으로부터의 차별성을 분명히 선포한다. 이 말씀은 또한 하나님이 아브라함을 맨 처음 불렀을 때 그에게 주셨던 명령과 일맥상통한다. 하나님이 아브라함에게 "땅의 모든 족속이 너로 말미암아 복을 얻을 것이라"(창 12:3)라고 말씀하신 때부터 그의 후손들은 열방에게 하나님의 축복의 통로가 될 사명을 받은 것이다.

레위기는 수백 년이 지난 후 드디어 한 국가/민족으로 출범하는 이스라엘에게 열방을 향한 복의 근원이 되는 길을 제시한다. 이스라엘이 하나님처럼 거룩하게 된다면 그들은 참으로 복의 근원이 될 것이다. 온갖 율법과 규범들로 가득 찬 레위기는 이스라엘이 거룩한 삶을 추구하는 데 필요한 지침서(manual)이다. 거룩한 백성이 서로 가르치고 권면할 법과 규례를 제시하고 있다. 이러한 차원에서 레위기는 이스라엘의 열방 선교(world mission) 준비에 목적을 두고 있다고 할 수 있다(Kaiser).

이스라엘은 거룩하신 하나님의 축복의 통로이므로 다른 민족들하고는 비교할 수 없을 정도로 높은 수준의 성결을 유지해야 한다. 거룩하신 하나님이 정결하지 않은 통로를 통해 열방을 축복하실 수는 없기 때문이다. 레위기는 주의 백성이 하나님을 어떻게 예배하고(1-16장), 서로를 어떻게 대해야 하는가(17-27장)에 대해 정의한다. 또한 내용 중에 '거룩/거룩하다'(קדש)라는 단어가 150차례 이상 사용되었다. 레위기가 구약의 어느 책들보다 '거룩'을 많이 언급한 것은 당연한 일이며 이 책의 성격을 암시한다고 할 수 있다(Rooker).

레위기는 자칫 사소해 보일 수 있는 일에 대해서도 절대적인 순결과 경건을 요구한다. 하나님은 그 기준을 어긴 사람들에게 징계를 내리셨다. 이스라엘이 최고 수준의 성결과 순수성을 유지해야만 열방이 그들로 인해 복을 받을 뿐 아니라 그들이 받은 사명을 완수할 수 있기 때문이다. 그러므로 성결한 삶이 무엇인가를 정의하는 레위기는 이스라엘의 열방 선교를 위한 매뉴얼이라고 할 수 있다(Kaiser).

이스라엘이 거룩해야 하는 또 한 가지 이유가 있다. 이스라엘은 거룩하신 여호와께서 세상의 많은 백성 중에서 택하신 백성이다(20:26; cf. 출 19:6). 보이지 않는 하나님의 선택을 받은 이스라엘은 자신의 삶에서 하나님이 어떤 분이신가를 세상에 보여 주어야 한다. 세상 사람들이 여호와 하나님에 대하여 알 수 있는 유일한 길은 그분의 백성이 지향하는 삶의 방식과 방향을 통해서 찾을 수 있기 때문이다.

만일 이스라엘이 열방과 다른 가치관과 다른 삶의 방식으로 살아간다면, 여호와가 매우 특별한 하나님이시라는 사실을 세상이 알게 될 것이다. 그러나 만일 세상 사람들과 구별되지 못한 채 똑같이 살아간다면, 세상은 여호와에 대하여 큰 매력을 느끼지 못할 것이다. 그러므로 이스라엘은 자신과 열방뿐 아니라 하나님을 위해서라도 거룩하게 살아야 한다.

이스라엘은 하나님의 선민(選民)으로서 세상 사람들에게 철저하게 구별된 삶을 보여 주어야 할 사명을 받았다. 레위기가 그들 삶에서 가장 사소하고 사적인 부분이라고 할 수 있는 영역들에 대해서까지도 규제를 선포한 이유가 이것이다. 주의 백성들은 예배, 연보 등 종교 생활뿐 아니라 먹는 것, 입는 것, 심지어는 성관계를 포함한 부부 생활에서도 세상 사람과 달라야 한다. 더 나아가 거룩한 백성은 육안으로 구분할 수 없는 상황에서도 거룩함을 유지해야 한다. 예를 들어, 주검을 만졌을 경우에는 저녁까지 부정한 상태가 된다(11:24). 만졌는지 안 만졌는지 눈에 흔적이 보이는 것은 아니지만 규례를 지켜야 한다. 이것이 레위기의 가르침이다.

(6) 죄

레위기는 인간의 죄 문제에 대한 해결책을 제시한다. 죄의 영역은 하나님이 주신 율법을 어기는 행동으로만 제한되지 않고 생각까지도 포함한다(Kiuchi). 레위기가 가장 많이 사용하는 개념 중 하나가 '속죄'(כפר)이다. 저자는 이 단어를 45회나 사용하고 있는데, "제사장이 그것으로 회중을 위하여 속죄한즉(כפר) 그들이 사함을 받으리라"와 같은 유형의 표현이 많다(4:20, 26, 31, 35 등등). 특히 16장은 1년에 한 번 대제사장을 비롯한 온 이스라엘이 죄를 용서받는 속죄일 규례를 통해 대속의 개념을 강조한다.

용서는 어떻게 가능한가? 레위기는 짐승의 피를 통한 대속이 가능하다고 말한다. 하나님 앞에 선 예배자는 자신의 죄에 대한 대가를 분명히 치러야 하는데, 짐승의 피가 그 대가를 대신할 수 있다(Wenham). 속죄(כפר)의 근본적인 뜻이 '덮다'(cover)라는 점도 이러한 해석을 지지한다(HALOT). 희생당한 짐승의 피가 사람의 죄를 덮는 것이다.

그런데 왜 피인가? 하나님은 "육체의 생명은 피에 있음이라 내가 이 피를 너희에게 주어 제단에 뿌려 너희의 생명을 위하여 속죄하게 하였나니 생명이 피에 있으므로 피가 죄를 속하느니라"(17:11)라고 말씀하신다. 피가 사람/짐승의 몸에 있을 때에는 생명의 원동력이 되지만, 몸 밖으로 흘러나오면 죽음을 뜻할 뿐이다. 그러나 피가 제단에 뿌려지면 한 생명이 다른 생명을 대신하여 죽었음을 상징하게 된다. 또한, 피의 붉은색은 자극적이다. 죄의 심각성을 자극적으로 강조하기 위해서도 피가 죄 사함과 연관되는 것은 당연하다.

다음은 레위기가 언급하고 있는 제물들이 드려지는 목적과 종류이다(Kaiser).

상황/이유	속죄제	속건제	번제	소제
하나님의 거룩한 물건을 범했을 때(5:14–19)		흠 없는 숫양 + 범한 물건 값 + 20%		
남의 재산권을 침해했을 때(6:1–7)		흠 없는 숫양 + 끼친 손해 + 20%		
피부병 환자가 정결하게 되었을 때(14:4ff)	어린 숫양(14:19)	어린 숫양 + 기름 한 록(요제)(14:12)	흠 없는 일년생 어린 암양	기름 섞은 고운 가루 3/10에바 + 기름 한 록
(가난한 경우)	산비둘기 또는 집비둘기 새끼	어린 숫양 + 기름 한 록(요제)	산비둘기 또는 집비둘기 새끼	기름 섞은 고운 가루 1/10에바 + 기름 한 록

실수로 저지른 죄(4:3–5:10): 제사장 회중 족장 평민 (가난한 경우)	 산비둘기 또는 집비둘기 새끼 고운 가루 1/10에바	수송아지 수송아지 숫염소 암염소/어린 암양	 산비둘기 또는 집비둘기 새끼	
출산 후 정결(12:6–8) (가난한 경우)	집비둘기 새끼 또는 산비둘기 산비둘기 또는 집비둘기 새끼		일년생 어린 양 산비둘기 또는 집비둘기 새끼	
유출병 환자가 정결하게 되었을 때(15:1–33)	집비둘기 새끼		집비둘기 새끼	
자원하여 예물을 드릴 경우(1:3–17)			가축 중 수송아지, 숫양 또는 숫염소 (가난한 경우) 산비둘기 또는 집비둘기 새끼	기름 부은 고운 가루 또는 무교병이나 무교전병(누룩이나 꿀 금지)
화목제(3:1–17) 감사(7:12–15) 서원(7:16–18) 자원			가축 중 흠 없는 소(수컷 암컷 상관없음)	기름 섞은 무교병, 기름 바른 무교전병, 구운 과자, 유교병

한 가지 기억해야 할 것은 제물을 드리는 것도 중요하지만, 제물을 드리는 사람의 마음 자세가 더 중요하다는 사실이다. 자신의 죄에 대하여 회개할 생각이 없는 사람이나 제사 제도를 이용해서 더 많은 죄

를 생각하는 사람의 제물은 하나님이 받으실 수 없다(cf. 사 1:11-15). 그래서 레위기는 제물을 바칠 때 예배자의 고백(회개)을 요구한다(5:5; 16:21).

잠언 21:27은 "악인의 제물은 본래 가증하거든 하물며 악한 뜻으로 드리는 것이랴"라고 하여 이 같은 사실을 확인한다. 또한, 잠언 15:8도 하나님이 악인의 제물을 미워하신다고 말한다. 하나님의 율법에 따라 살려고 노력하지 않으면서 바치는 제물은 "우매한 자들의 제물" (전 5:1)이 되며 하나님은 우매한 자들을 미워하시기 때문이다.

대속 개념에 있어서 가장 중요한 이벤트는 속죄일에 하는 일들이다(16장). 이날 대제사장은 예식을 통해 먼저 자신과 가족들을 위하여(11절), 그다음 온 이스라엘 회중을 위하여(17, 24절) 죄를 대속해야 한다. 여기서 사용되는 히브리어 단어(בַּעַד)를 문자적으로 해석하면 '대신하여'(on behalf of)라는 뜻을 지녔다(HALOT). 성결 의식을 통해 정결하게 된 대제사장이 특별한 의복으로 갈아입고 미리 준비해 둔 염소 두 마리 중 선택된 한 마리를 죽여 그 피를 지성소에 있는 법궤의 뚜껑, 속죄소(כַּפֹּרֶת)에 뿌리고 나온다.

그다음 남은 염소 머리 위에 두 손을 얹어 안수한 다음 광야로 데리고 가서 풀어 준다. '아사셀(עֲזָאזֵל)' 혹은 '아사셀을 위한 염소'(16:8)라고 알려진 두 번째 염소에게 이스라엘의 모든 죄를 지워 광야로 끌고 가 풀어 주는 행위에서 비롯된 영어 단어가 '희생양'으로 번역되는 'scapegoat'(속죄의 염소)이다. 모든 죄/책임을 이 염소에게 지운다는 뜻이다.

대속의 개념에서 볼 때 두 번째 염소의 역할이 더 크다는 것이 학자들의 일반적인 견해이다. 세례 요한도 대속의 관점에서 예수님을 보고 "보라 세상 죄를 지고 가는 하나님의 어린 양이로다"(요 1:29) 하고 외쳤다. 원래 속죄일에 쓰인 것은 염소였지만, 이사야 53장의 대속 개념이 양과 연결되어 있기 때문에 "어린 양"이라고 한다.

속죄일에 두 염소를 제물로 삼아 행해졌던 예식은 하나님이 백성들의 죄를 용서하심에 두 가지 의미가 있음을 시사한다. 첫째, 하나님은 제물이 흘린 피를 통해 백성들을 용서하신다. 둘째, 하나님은 이미 용서한 죄를 백성들에게서 제거하고 다시는 기억하지 않고 잊으신다(시 103:12).

5. 구조와 개요

레위기는 10:1-7과 24:10-16을 제외한 나머지의 거의 모든 부분이 율법과 규례로 구성되어 있다. 특히 하나님의 택하심을 입은 거룩한 백성이 거룩하신 하나님께 예배를 어떻게 드려야 하는가가 중심 주제이다. 1장부터 7장까지는 제물에 대한 가르침인데, 그중 1-3장은 자발적으로 드리는 제물에 관한 규례들이다.

자원제에 속하는 제물은 번제(עֹלָה), 소제(곡물제)(מִנְחָה), 화목제(שְׁלָמִים) 등 세 가지가 있다. 이 중 번제와 소제의 제물은 거룩한 것들로 여겨져 지정된 장소에서 오직 제사장들만이 먹을 수 있었다. 세 번째 제사인 화목제(שְׁלָמִים)는 희생(זֶבַח) 예물에 속하며, 일부는 번제단에서 태우지만 나머지는 제사장들과 예물 드리는 사람이 함께 먹는다. 희생 제물은 성소 밖에서 먹을 수도 있기 때문에 덜 거룩한 것으로 여겨졌다(Levine).

4-5장은 속죄제에 할애되었다. 속죄제(חַטָּאת)와 속건제(אָשָׁם)가 여기에 속한다. 이 두 가지는 각 개인이나 가족 혹은 이스라엘 공동체가 본의 아니게 하나님께 죄를 범했을 때 드리는 제사로 사용된 제물의 일부가 제사장들에게 주어졌다. 6-7장은 1-5장에서 언급된 다섯 가지 제물을 하나님께 드릴 때 제사장들의 역할에 대한 내용이다.

두 번째 주요 섹션인 8-10장은 제사장직에 초점을 맞추고 있다. 아론과 그의 아들들은 8장에서 제사장으로 임직한 다음, 9장에서부터 영광스러운 제사장 사역을 시작한다. 이때 모세가 회막과 제단을 성결하게 했다. 그러나 기쁨도 잠시, 아론의 아들 중 나답과 아비후가 잘못하여 죽는 사건이 10장에 기록되었다. 특권에는 많은 책임과 더 엄격한 기준이 따르는 법이다.

저자는 11–15장에서 주제를 바꾸어 하나님의 백성으로서의 정결한 삶에 초점을 맞춘다. 먼저 정결한 짐승과 부정한 짐승을 구분하여 나열함으로써 거룩한 백성은 먹는 것부터 달라져야 함을 강조한다. 아이를 낳은 산모도 일정 기간 동안 부정하게 되는데 어떻게 다시 정결하게 될 수 있는가에 대한 내용이 12장에 기록되어 있다.

13–14장은 여러 종류의 피부병과 곰팡이로 부정하게 된 사람과 집이 어떻게 정결해질 수 있는가를 가르쳐 준다. 15장은 남녀간 성관계에도 정결과 부정의 원칙이 있음을 강조하며 원칙 준수를 요구한다. 모세는 이러한 규제들을 통해 백성들의 공중위생뿐 아니라 종교적인 헌신 또한 강조한다.

속죄일에 대한 규례를 담고 있는 16장은 책의 가장 중요한 부분이다(Levine, Kaiser, Gane). 오늘날도 속죄일이 되면 유태인들은 회당에 모여서 레위기 16장을 낭독하고 묵상한다. 이날만은 평소에 아무도 출입할 수 없는 지성소에 대제사장이 평상시와 다른 의복을 입고 제물로 잡은 염소의 피를 들고 들어가 법궤를 덮고 있는 속죄소에 피를 뿌리고 나온다. 그다음에는 미리 준비해 두었던 다른 염소에 두 손을 얹어 자신과 이스라엘 온 백성의 죄를 전가시킨 후 광야로 데려가 풀어 주도록 했다.

클로스테르만(Klosterman)이 17–26장을 '성결 법전'(Holiness Code, H)으로 부른 이후 이 섹션의 이름이 되어 버렸다(Harrison). 서문(17장)으로 시작해서 말문(26:3–46)으로 끝맺는데, 서문인 17장은 예배를 어떻게 드려야 하는지를 가르쳐 준다. 그다음 18–20장은 가족 안에서의 성결, 특히 성적(性的) 주제와 연관하여 가족 간의 거룩에 대해 논한다.

21-25장은 공동체의 예배 의식에 대한 여러 규례를 담고 있으며, 제사장 임직, 결혼, 장례식, 거룩한 절기와 날들에 대한 주제들을 언급한다. 마무리 역할을 하는 26장은 이스라엘 앞에 축복의 길과 저주의 길을 제시하여 복된 순종의 삶과 고역스러운 불순종의 삶을 대조시키고 있다. 이처럼 순종과 불순종이 초래하는 언약적 축복과 저주에 대한 경고를 담고 있는 레위기 26장은 선지자들이 가장 많이 인용하곤 했던 율법(Torah) 섹션이다(Kaiser).

27장은 회막/성전을 운영하는 데 필요한 비용을 어떻게 충당할 것인가를 지시하면서 책을 마무리한다. 제사장들이 회막/성전을 잘 운영하기 위해서는 많은 돈이 필요했다. 매일 아침저녁으로 드리는 제물만 해도 만만치 않은 비용이 드니 백성들이 종종 드리는 제물로는 운영이 어려울 수 있으므로 비용 충당에 대한 내용이 필요했다.

레위기를 세분화하는 과정에서 학자들 간에 이견이 있지만, 거시적인 관점에서는 대체로 두 부분으로 나눈다. (1) 제사와 제사장직에 대한 규례(1-16장), (2) 백성들의 일상 생활에 대한 규례(17-27장)(Kaiser, Levine).[3] 혹은 제사장 임직식을 다루고 있는 8-10장과 속죄일에 관한 16장과 저자가 모든 것을 마치고 참조 부분으로 첨부한 듯한 느낌을 주는 27장을 각각 독립적인 섹션으로 취급하기도 한다(Childs). 후자에 따른 분석은 다음과 같다.

I. 제사에 관한 법(1-7장)
II. 장막에서 예배가 시작됨(8-10장)
III. 정결과 부정(11-15장)
IV. 속죄일(16장)

---

3 해리슨(Harrison)은 1-16장을 "하나님께 나아가는 길", 17-27장을 "세상 속에서의 삶"이라고 부른다(cf. Kaiser). 웬함(Wenham)은 1-17장을 예배에 대한 규범으로, 18-26장을 삶에 대한 규범으로, 27장을 언약 준수 여부에 따른 축복과 저주로 구분한다.

V. 성결 법전(17–26장)

VI. 에필로그(Epilogue)(27장)

최근에는 레위기에 대해 여러 가지 다양하고 흥미로운 구조들이 제시되고 있다. 가장 특이한 것은 더글러스(Douglas)가 제안한 원형 구조이다. 그리스 고전에서 종종 각 섹션의 끝에 그 시작을 회상케 하는 단어나 표현을 사용하여 책 전체의 통일성과 흐름을 유지하는 기법이 포착되는데, 여기서 힌트를 얻은 더글러스가 이것을 레위기와 민수기에 적용했다.

더글러스는 레위기가 19장과 26장을 축으로 한 불완전한 대칭 구조를 지니고 있다고 분석했다. 원을 완전히 연결하지 않고 윗부분을 비워 두어 구조의 불완전함을 암시한 대로 그녀가 제안한 구조의 문제는 17장과 26장의 역할이 석연치 않다는 점이다. 또한, 더글러스의 논리를 따르기가 쉽지 않다는 것도 단점이다. 다음 도표를 참조하라.[4]

---

4 최근에 더글라스는 이 도표와 거의 비슷하지만 더 확고한 구조를 새롭게 제시했다. 다음 구조를 참조하라. 그러나 이 구조 또한 납득하기 어려운 부분이 많다. 예를 들면, 흠과 문둥병(11–15장; 21–22장)이 평행을 이루지 않고 각각 다른 섹션의 대칭으로 사용되고 있다.

여호와께 성별(聖別)된 물건과 사람(1–9장)
  거룩한 장소가 더럽혀짐(10장)
    흠, 문둥병(11–15장)
      성막 성결(16장)과 요약(17장)
        성, 몰렉(18장)
          전환(Mid–turn): 백성들 사이의 동등한 가치(equity)(19장)
        성, 몰렉(20장)
      흠, 문둥병(21–22장)
    거룩한 때(절기들), 속죄일(23장)
  거룩한 이름이 더럽혀짐(24장)
여호와께 속한 물건과 사람(25장)
끝(Ending): 하나님과 백성 사이의 동등한 가치(equity)(26장; cf. 19장)
연결 고리(Latch): 여호와께 속한 사람이나 물건의 속량(27장)

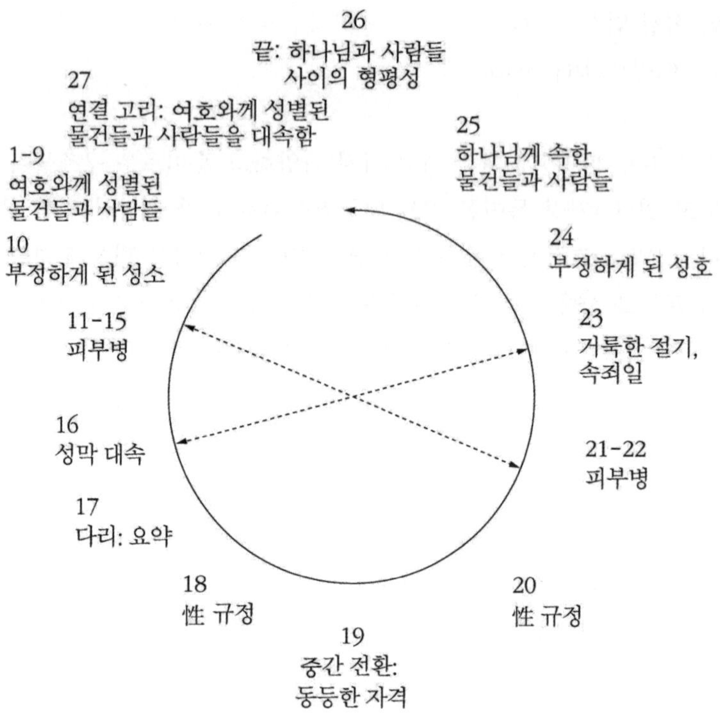

한편 속죄일에 관한 규례가 담긴 16장을 중심으로 1-25장이 교차대구법적 구조를 지니고 있다는 분석도 있다(Shea). 이 구조에 의하면 26-27장은 결론으로 첨부되어 있다. 속죄일이 책의 중심에 있는 것이 매력적이기는 한데, 24장 10-23절이 구조에서 제외되는 것과 26-27장이 서론 없는 결론으로 취급되는 것이 아쉽다.

A. 예식 법(cultic legislation)(1-7장)
　B. 제사장직에 관한 역사(8-10장)
　　C. 개인적인 차원의 부정에 관한 법(11-15장)
　　　D. 속죄일(16장)
　　C′. 개인적인 차원의 도덕에 관한 법(17-20장)

B′. 제사장직에 관한 법(21–22장)
A′. 예식 법(cultic legislation)(23–25장; 24:10–23은 제외)
결론(26–27장)

한 학자는 레위기가 율법(laws)과 설화(narrative)가 교차하는 7섹션으로 구성되었다고 주장한다(Smith). 민수기도 비슷한 구조를 지녔다는 점을 감안할 때(cf. Douglas) 매우 인상적인 분석이다. 그러나 이 구조의 취약점은 속죄일에 대한 규례를 담고 있는 16장을 율법으로 분류하지 않고 설화로 취급한다는 점이다.

A. 법(1–7장): 예제적 예물(ritual offerings)
B. 설화(8–10장): 정결과 부정 구분
A′. 법(11–15장): 정결해질 수 있는 부정(reparable uncleanness)
B′. 설화(16장): 속죄일
A″. 법(17:1–24:9): 거룩/성결
B″. 설화(24:10–23): 신성 모독한 자
A‴. 법(25–27장): 대속(redemption)

일부 학자들은 회막/성전의 공간적 구조에 근거하여 레위기의 구조를 이해하기도 한다(Milgrom). 하나님의 임재가 있는 지성소를 중심으로 회막을 바라보면 지성소에서 멀어질수록 거룩함의 수준이 점점 낮아진다. 이것을 다음과 같이 표현할 수 있다.

지성소 → 성소 → 뜰 → 진(camp) → 진 바깥(outside the camp)
(가장 거룩함) (거룩하지 않음)

레위기는 각기 다른 공간과 시간(절기)에서 균형(equilibrium)을 어떻게 유지할 것인가에 대한 책이라는 것이다. 월톤(Walton)의 경우, 1-23장은 하나님과의 관계에서 균형을 이루는 것에 대한 지침(viz., 지성소, 성소, 뜰에서 이루어지는 일)이며, 24-27장은 이스라엘이 서로의 관계에서 균형을 이루는 것에 대한 지침(viz., 진과 진 바깥에서 이루어지는 일)으로 구분하여 책을 두 섹션으로 나눈다.

이 구조의 매력은 일명 성결 법전에 속한 17장을 앞부분에 속하게 한 것과 전반부에서 중·후반부로 넘어가는 전환(transition)이 전통적인 견해처럼 갑작스럽거나 돌발적이지 않고 상당히 점진적이라는 점이다. 단점은 다른 구조들에 비해 상대적으로 복잡하며, 각 섹션에 대한 요약이 논란의 대상이 될 수 있다는 것이다.

다음 구조를 참조하라(Walton).

I. 신적 균형(Divine Equilibrium)
  A. 거룩한 공간에서의 균형: 관리 절차와 조건
    가장 거룩한 공간을 유지하는 제물(1-7장)
    회막 관리를 위하여 제사장들이 임명됨(8-10장)
    이스라엘이 진을 치고 있는 공간을 정결하게 유지하기 위한 규례(11-15장)
    속죄일: 모든 거룩한 공간을 처음처럼 정결하게 하는 날(16장)
    진 밖에서 성결을 유지하는 법(17장)
  B. 거룩한 공간에서의 균형: 공간으로부터 퇴출
    이스라엘 진에서 퇴출(18-20장)
    회막에서 제사장 퇴출(21-22a장)
    중심 공간에서 제물 퇴출(22b장)
  C. 거룩한 시간에서의 균형
    거룩한 절기들(23장)

II. 인간적 균형(Human Equilibrium)
  A. 회막 공간에서의 인간적 균형(24a장)
  B. 이스라엘 진에서의 인간적 균형(24b장)
  C. 진 밖에서의 인간적 균형(25장)
  D. 각 공간의 균형 유지 혹은 방해(26장)
  E. 하나님께 서원된 것들(모든 공간을 망라함)(27장)

레위기는 속죄일에 대하여 언급하고 있는 16장을 중심으로 이전과 이후, 크게 세 부분으로 구분하는 것이 바람직하다. 책의 전반부인 1-15장은 주의 백성들이 평상시에 하나님께 드리는 일상적인 제사들에 대한 규례를 담고 있다. 16장에 기록된 내용에 비하면, 1-15장은 하나님을 만나기 위한 이스라엘 백성들의 준비 작업인 것이다. 16장은 이스라엘의 절기 중 가장 중요한, 온 백성의 죄를 용서하시는 날에 대한 규례이다. 이날 하나님은 매우 특별한 차원에서 백성들을 만나 주신다. 이날 1년 내내 아무도 출입할 수 없던 지성소의 휘장을 대제사장이 열고 들어가 염소의 피를 속죄소에 뿌린다. 그는 이 특별한 예식을 위하여 특별한 예복을 입고 지성소에 들어간다. 속죄일에 대한 규례를 담고 있는 16장은 하나님이 인간을 만나 주시는 임재의 극적 하이라이트인 것이다. 이후 17-27장은 임재하신 하나님이 이스라엘 백성들에게 요구하시는 도덕적 기준이다.

책의 구조를 정리하자면, 16장을 중심축으로 1-15장은 하나님을 만나기 위한 예식이며 17-26장은 하나님을 만난 후의 삶의 기준이라고 할 수 있다. 마지막 장인 27장은 축복과 저주의 말씀으로 구성되어 있는데, 이는 레위기가 하나님과 이스라엘 사이에 체결된 언약임을 암시할 뿐만 아니라(Wenham), 이스라엘이 언약에 어떻게 반응하느냐에 따라 축복을 내리시는 하나님을 만나거나 아니면 저주를 내리시는 하나님을 만날 수 있음을 경고하는 것이다. 이러한 차원에서 27장은 속죄일에 하나님을 만나는 일을 기록하고 있는 16장과 평행을 이룬다고 할 수 있다.

그렇다면 레위기를 다음과 같이 섹션화할 수 있다.

A. 하나님 앞에서의 거룩(1-15장)
　B. 하나님과 사람의 만남(16장)
A′. 공동체 안에서의 거룩(17-26장)
　B′. 하나님과 사람의 만남: 축복과 저주(27장)

이 같은 이해를 바탕으로 레위기를 다음과 같이 구분하여 주해해 나가고자 한다.

I. 제사에 관한 율법(1:1-7:38)
　A. 백성을 위한 제사 규례(1:1-6:7)
　B. 제사장을 위한 제사 지침(6:8-7:38)
II. 성막에서 예배가 시작됨(8:1-10:20)
　A. 아론과 아들들의 제사장 임직(8:1-36)
　B. 성막에서 예배가 시작됨(9:1-24)
　C. 나답과 아비후의 죽음(10:1-20)
III. 정결과 부정(11:1-15:33)
　A. 정한 짐승과 부정한 짐승(11:1-47)
　B. 출산으로 인한 유출(12:1-8)
　C. 피부병 진단(13:1-59)
　D. 피부병 완치와 정결(14:1-57)
　E. 유출병(15:1-33)
IV. 속죄일(16:1-34)
　A. 서론(16:1-2)

B. 제물과 예복 준비(16:3–5)
C. 속죄일 절차 요약(16:6–10)
D. 속죄일 제사(16:11–28)
E. 결론(16:29–34)
V. 성결 법전(17:1–26:46)
A. 거룩한 예배(17:1–9)
B. 거룩한 식생활(17:10–16)
C. 거룩한 성생활(18:1–30)
D. 거룩한 사회 윤리(19:1–37)
E. 거룩한 예배(20:1–8)
F. 거룩한 가족 관계(20:9–21)
G. 거룩한 땅의 소유(20:22–27)
H. 거룩한 제사장직(21:1–22:16)
I. 거룩한 제물(22:17–33)
J. 거룩한 절기(23:1–44)
K. 거룩한 불과 떡(24:1–9)
L. 거룩한 이름(24:10–23)
M. 거룩한 땅의 경작(25:1–38)
N. 거룩한 주–종 관계(25:39–55)
O. 거룩한 언약(26:1–46)
VI. 하나님과의 만남: 축복과 저주(27:1–34)

I. 제사에 대한 율법
(1:1-7:38)

레위기는 독립적으로 존재하는 책이 아니다. 출애굽기에서 시작된 이스라엘의 시내 산 여정 중에 모세가 하나님께 받아 이스라엘 백성들에게 전달한 율법을 기록한 책이다. 출애굽기 19:1은 이스라엘이 이집트를 떠난 지 3개월 만에 시내 산에 도착했다고 전하며, 40장에 이르러서는 이스라엘이 장막과 그곳에서 사용하는 도구들을 모두 완성했다고 기록한다. 장막과 기구들이 완성된 때는 이스라엘 사람들이 이집트를 떠난 지 2년째 되던 해 첫째 달 1일이었다(출 40:17).

민수기의 이야기는 출애굽기 40장 17절이 언급한 때로부터 정확히 한 달 후인 출애굽 2년째 해 둘째 달 1일에 시작된다(민 1:1). 이때까지도 이스라엘은 시내 광야에 머물고 있었다. 레위기가 장막의 완성을 전제로 이야기를 시작하는 점과 이스라엘 백성의 이동을 전혀 언급하지 않는 점을 감안할 때, 이 책은 출애굽기 40:17(출애굽 2년 1월 1일)과 민수기 1:1(출애굽 2년 2월 1일) 사이의 한 달 동안을 역사적 배경으로 하고 있다.

레위기에 포함된 율법이나 이야기의 일부는 모세가 이미 몇 달 전에 시내 산에서 하나님께 받은 내용을 반영하고 있을 가능성이 있다(7:38;

25:1; 26:46; 27:34). 훗날 광야 생활에서 벌어질 일이 이 책의 주제와 동일하기 때문에 포함되었을 가능성 또한 배제할 수 없다(24:10-23). 그러나 레위기 대부분은 출애굽 2년 초 한 달 동안 하나님이 주신 말씀의 기록이다. 매우 짧은 기간에 선포된 하나님의 말씀을 반영하고 있는 것이다.

레위기의 첫 섹션을 구성하는 1-7장은 제물에 대한 것이다. 그중 1-3장은 자발적으로 드리는 제물에 관한 규례들이다. 이 부류에 속하는 제물은 번제(עֹלָה), 소제(곡물제)(מִנְחָה), 화목제(שְׁלָמִים) 등 세 가지가 있다. 번제와 소제의 제물은 가장 거룩한 것들이며 지정된 장소에서 오직 제사장들만 먹을 수 있었다. 화목제(שְׁלָמִים)의 제물은 희생(זֶבַח) 제물에 속하는데, 예물의 일부가 번제단에서 태워지지만 나머지는 제사장들과 예물 드리는 사람이 먹을 수 있었다. 희생 제물은 성소 밖에서도 먹을 수 있었기 때문에 덜 거룩한 것으로 간주된다(Levine).

모세는 속죄제에 4-5장을 할애한다. 여기에 속하는 제사는 속죄제(חַטָּאת)와 속건제(אָשָׁם) 두 가지이다. 이 둘은 개인, 가족, 이스라엘 공동체가 본의 아니게 하나님께 죄를 범했을 때 드리는 제사이다. 제사에서 사용된 제물의 일부는 제사장에게 주어졌다. 레위기 6-7장은 1-5장에 언급된 다섯 가지 제물을 하나님께 드릴 때의 제사장의 역할에 대하여 지시한다.

각종 제물에 대한 율법을 제시하고 있는 1-7장은 크게 두 파트로 나뉜다. 히브리어 성경과 우리말 번역본들의 장·절 구분이 각각 다르다. 각괄호([ ])는 히브리어 성경의 장·절 표시이다.

A. 백성을 위한 제사 규례(1:1-6:7[5:26])
B. 제사장을 위한 제사 지침(6:8[6:1]-7:38)

위의 두 섹션은 각각 다섯 가지 제물을 언급하는 공통점을 지녔다.

제물들은 예배자가 개인적으로 상시 드리는 것들이다(Milgrom). 절기에 따라 온 이스라엘이 드리는 제물에 대하여는 민수기 28-29장이 기록하고 있다. 두 섹션의 제물 목록에는 차이점도 있다. 첫 섹션에서는 화목제가 세 번째로 등장하는데, 둘째 섹션에서는 다섯 번째로 등장한다. 다음을 참조하라.

섹션	1:1-6:7[5:26]	6:8[6:1]-7:38
내용	번제(1장) 소제(2장) 화목제(3장) 속죄제(4:1-5:13) 속건제(5:14-6:7[5:26])	번제(6:8-13[6:1-6]) 소제(6:14-23[6:7-16]) 속죄제(6:24-30[6:17-23]) 속건제(7:1-10) 화목제(7:11-21) 음식물에 대한 경고(7:22-27) 화목제 중 제사장의 몫(7:28-36)

위 도표에서 보듯이 두 섹션은 같은 제물에 대한 언급을 반복하고 있다고 할 수 있다. 일부 학자들은 두 번째 섹션이 훗날 첨부되었기 때문에 이런 현상이 일어났다고 하지만(Gerstenberger, Hartley) 다른 설명도 충분히 가능하다.

첫 번째 섹션은 제물을 성막으로 가져올 이스라엘 사람들에게 주어진 규례이다. 그래서 이 섹션에서는 하나님이 이스라엘을 상대로 직접 말씀하시거나(1:1-2; 4:1-2), 모세에게 먼저 말씀을 주시고 나서(5:14; 6:1) 온 이스라엘에게 전하라고 하신다. 반면에 두 번째 섹션에서는 하나님이 아론과 그의 아들들(6:8-9; 6:24-25)에게, 혹은 모세에게(6:19), 혹은 온 이스라엘에게(7:22-23; 7:28-29) 말씀하시지만, 모두 제물을 가지고 올 백성들을 맞이할 제사장들에게 주신 규례들이다(Kiuchi). 두 섹션 모두 제물에 관한 것이지만, 첫 번째 섹션은 제물을 바치게 될 온 이스라엘에게, 두 번째 섹션은 백성들로부터 제물을 받아 하나님께 드리게 될 제사장들에게 말씀하시는 것이다(Rooker, Hess).

또한, 두 섹션은 각기 서로 다른 목적으로 제물의 순서를 정했음을 암시한다. 첫 번째 섹션은 하나님이 좋아하시는 순서대로 다섯 가지 제물이 나열되어 있다. 맨 먼저 등장하는 번제는 모든 것을 불살라 바치는 것이며, 모든 제물의 원형(archetype)이다. 소제는 하나님께 향기로운 냄새이며 지극히 거룩한 것이라는 사실을 강조한다(2:2-3). 뒤를 잇는 화목제는 감사할 이유가 있거나 서원할 때 드리는 제물이다. 그러나 소제만큼 영적인 가치를 가지지는 못했다(Kiuchi). 속죄제와 속건제는 하나님의 율법을 어겼을 때 드리는 것들로서 하나님이 기뻐 받으실 제물은 아니다. 자원해서 드리는 것이 아니라 죄를 지었을 때 의무적으로 드려야 하는 것이기 때문이다.

두 번째 섹션은 제물들이 성스러움(sanctity)의 수준에 따라 나열되어 있다(Milgrom, cf. Wenham). 그래서 화목제가 다섯 제물 중 마지막에 등장한다. 이 제물은 제사장과 예배자가 함께 먹을 수 있으므로, 모든 것을 태워 하나님께 바치는 가장 성스러운 제물인 번제에 비해 성스러움이 다소 떨어진다고 할 수 있다. 특히 거룩하지 못한 자가 이 제물을 먹으면 신성 모독죄에 해당될 수 있다.

1-7장이 설명하고 있는 다섯 가지 제물은 주의 백성이 하나님 앞에서 어떻게 살아야 하는가에 대하여 세 가지를 상기시킨다. 하나님의 백성은 (1) 하나님께 절대적으로 헌신적인 삶을 살아야 한다, (2) 하나님과 대화의 채널을 항상 유지해야 한다, (3) 하나님의 정결하게 하심을 받으며 살아야 한다(Wiersbe).

이스라엘 사람들은 죄로 인해 하나님과의 교통이 어려워지면, 죄의 종류에 따라 이 섹션에 나열된 제물 중에 하나를 하나님께 드리며 예배를 드려 주님의 정결케 하심을 받아야 했다. 그래야 하나님과의 대화 채널을 다시 확보할 수 있기 때문이다. 감사하게도 우리 크리스천들은 예수님의 고난을 통하여 레위기에 기록된 복잡한 절차 없이 신실한 기도, 상한 심령의 기도로 주님의 용서와 긍휼을 구할 수 있게 되었다.

I. 제사에 대한 율법(1:1-7:38)

A. 백성을 위한 제사 규례(1:1-6:7[5:26])

모세는 이스라엘 종교 예식의 가장 중요한 요소 중 하나인 제물의 종류를 나열하고, 이 제물들을 언제, 어떤 상황에서, 어떻게 드려야 하는가에 대한 지침으로 책을 시작한다. 1-5장은 하나님께 제물을 드릴 필요가 있거나(4-5장), 자원해서 드리고자 하는(1-3장) 예배자들을 위한 지침으로 구성되어 있다. 저자는 이 섹션에서 각 제물을 어떤 정황에서 하나님께 드리며, 어떠한 절차를 통해 드려야 하는가를 설명한다.

1-3장은 이스라엘 사람들이 항상 드리는 세 가지 주요 제물에 관한 지침으로 구성되어 있다. 이것은 예배자가 자원하여 드리는 것들이다. 그래서인지 "여호와께 향기로운 냄새"라는 표현이 반복된다(Hamilton, cf. 1:9, 13, 17; 2:2, 9, 12; 3:5, 16). 하나님이 가장 기뻐하는 예배와 예물은 의무적으로 드리는 것이 아니라 자원해서 드리는 예배와 예물이라는 것이다. 마치 신약의 "하나님은 즐겨 내는 자를 사랑"(고후 9:7)하신다는 말씀처럼 말이다.

4-5장이 언급하고 있는 두 가지 제물은 하나님의 용서를 구할 때 드리는 제물로 죄를 지었을 때 의무적으로 드려야 하는 것들이다. 즉 죄로 인하여 하나님과의 관계가 어려워졌을 때 자신의 죗값을 짐승의 피로 대신 치르고 관계를 회복하려는 목적으로 드리는 것이다. 그러므로 죄를 지었을 때 드리는 두 가지 예물은 심각한 분위기에서 드려질 수밖에 없다.

한 가지 기억해야 할 것은, 의도적으로 혹은 계획적으로 저지른 죄는 인간이 드리는 제물로는 결코 해결될 수 없다는 사실이다. 고대 유대교에서 죄를 용서받기 위한 목적으로 드린 제물들로는 오직 실수로 혹은 자기도 모르는 상태에서 지은 죄만 해결할 수 있었다(Levine). 선지자들도 짐승의 피로 의도적이고 계획적인 죄까지 용서받을 수 있다는 생각을 강력하게 비판했다(사 1:10-17; 렘 7:3-15; 호 8:11-14; 암 2:6-8). 이스라엘 사람들은 공동체로서, 혹은 개인적으로 1-5장에 기록된 제물들을 드릴 수 있었다.

본 텍스트는 다음과 같이 두 섹션으로 구분된다.

A. 세 가지 자원 제사(1:1-3:17)
B. 두 가지 속죄 제사(4:1-6:7)

I. 제사에 대한 율법(1:1-7:38)
A. 백성을 위한 제사 규례(1:1-6:7[5:26])

1. 세 가지 자원 제사(1:1-3:17)

신들에게 제물을 바치는 것은 모든 문화권에서 가장 오랜 풍습 중 하나이다. 정확히 언제부터, 어디서 신들에게 제물을 바치기 시작했는지는 알 수 없다. 가나안의 주변 지역인 메소포타미아, 아나톨리아, 이집트, 시리아, 그리스 등에서도 제물 드리기는 매우 오랜 역사를 지니고 있다(Selman). 가인과 아벨이 하나님께 드린 제물이 성경의 최초 기록이다(창 4장). 그 후 노아가 방주에서 나와 하나님께 제물을 드렸다(창 8:20).

아브라함 시대부터 하나님께 제물을 드리는 것이 보편화되었는데, 아브라함은 하나님의 명령에 순종하여 아들 이삭을 제물로 드리려고 한 적도 있다(창 22장). 모세는 선조의 시대 이후 이스라엘이 특별한 기준과 지침 없이 산발적으로 드렸던 제물을 종류별로 분류하고, 각 제물이 상징하는 바를 가르쳐 이스라엘 사람들이 체계적이고 조직적인 신앙생활을 할 수 있도록 도왔다.

시내 산 언약을 통해 하나님의 백성이 된 이스라엘이 제일 처음 누리게 된 특권 중 하나는 특별한 지침 없이 제물을 드리던 선조들과 달리 어떤 정황에서 어떻게 드려야 하는가를 정확히 알고, 그 기준에 따라 예물을 드리게 되었다는 사실이다. 하나님이 그들의 예배에서 불확실성과 애매함을 상당 부분 제거해 주셨기 때문에 확신과 정확성을 가지고 하나님을 예배할 수 있게 되었다. 그러므로 율법이 이스라엘에게 안겨 준 여러 가지 축복 중에 하나님이 예배에서 불확실성을 제거해 주신 것도 매우 중요하게 평가되어야 한다.

사람들은 대개 하나님께 제물(sacrifice) 드림을 개인적인 희생(sacrifice) 혹은 신앙생활 중 지불해야 하는 대가로 생각한다. 그러나 성경은 이러한 생각을 결코 지지하지 않는다. 레위기는 제물을 "가치 있는 가축/물건을 하나님께 즐거운 마음으로 드리는 것"이라고 정의한다. 인간이 하나님께 드리는 제물에 관한 가장 일반적이고 포괄적인 히브리어 단어 '제물'(קָרְבָּן)(Levine)은 '하나님의 임재 혹은 제단에 가까이 가져온 것'이란 뜻을 지니고 있다(Kaiser, cf. HALOT).

제물은 주의 백성이 하나님의 주권을 인정한다는 차원에서 드리는 선물이자 신앙 고백인 것이다. 그러므로 주의 백성이 하나님께 제물을 드리는 것은 의무나 희생이 아니라 특권이다. 다른 사람들은 그렇게 하고 싶어도 하지 못하는데, 하나님이 주의 백성들에게는 제물을 가지고 주님께 나아올 수 있는 특권을 주셨다는 것이다.

주의 백성이 주님의 주권을 고백하며 드리기를 원하는 자원 제사에 대한 규례를 담고 있는 본 텍스트는 다음과 같이 세 가지 제사에 관한 규례로 나뉜다. 이 세 가지는 이스라엘 사람들의 종교적 삶에서 가장 큰 비중을 차지하는 기본적인 예물일뿐 아니라 하나님의 미각을 자극하는 향기로운 냄새들이다(1:9).

A. 번제(1:1-17)
B. 소제(2:1-16)
C. 화목제(3:1-17)

I. 제사에 대한 율법(1:1-7:38)
A. 백성을 위한 제사 규례(1:1-6:7[5:26])
1. 세 가지 자원 제사(1:1-3:17)

(1) 번제(1:1-17)

제물(קָרְבָּן)에 대한 가장 기본적인 규례로 이야기가 시작된다. 번제(עֹלָה)는 제물로 드리는 가축(בְּהֵמָה)의 모든 것을 제단에서 완전히 불살라 바치는 제사이다. '올라가다'(עלה)라는 동사에서 비롯된 번제(עֹלָה)는 제물의 모든 것을 불살라 연기가 되게 하여 하나님이 계시는 하늘로 올라가게 한다는 뜻을 지녔다(Levine). 가축(בְּהֵמָה)은 크기에 따라 두 가지로 구분된다. (1) 수소 등 몸집이 큰 가축(בָּקָר)(3-9절), (2) 양과 염소 등 몸집이 작은 가축(צֹאן)(10-13절).

소나 양 등 값비싼 가축을 제물로 드릴 수 없는 가난한 사람들은 산비둘기나 집비둘기 새끼를 제물로 드릴 수 있다(14-17절). 본문에서 언급하는 수소, 양, 염소, 산비둘기, 집비둘기 등 5가지 짐승은 창세기 15장에서 아브라함이 하나님과 언약을 맺을 때 사용했던 제물들이다. 이처럼 이스라엘은 제물을 통해 하나님께 나아가는 일에 이미 익숙해져 있었음을 암시한다(Milgrom).

번제에 대한 율법을 선포하고 있는 본문은 서론(1-2절)과 세 부류의 짐승을 어떻게 번제로 드리는가에 대하여 설명하는 섹션들로 나뉜다(3-9; 10-13; 14-17절). 세 섹션은 "만일"(אם)이라는 단어로 시작하며(3, 10, 14절), "이는 화제라 여호와께 향기로운 냄새니라"라는 말씀으로 마무리된다(9, 13, 17절). 각 섹션이 동일한 시작과 마무리로 자연스럽게 나뉘고 있는 것이다. 또한 동일한 순서로 규칙을 제시한다. (1) 제물을 가져옴(3, 10, 14절), (2) 제물을 죽임(5, 11, 15절), (3) 피의 처리(5, 11, 15절), (4) 살코기의 처리(8-9; 12-13; 15, 17절).

번제에 대한 규례는 다음과 같이 네 섹션으로 구분할 수 있다.

A. 서론(1:1-2)
B. 수소 번제(1:3-9)
C. 양과 염소 번제(1:10-13)
D. 비둘기 번제(1:14-17)

I. 제사에 대한 율법(1:1-7:38)
A. 백성을 위한 제사 규례(1:1-6:7[5:26])
1. 세 가지 자원 제사(1:1-3:17)
(1) 번제(1:1-17)

a. 서론(1:1-2)

1 여호와께서 회막에서 모세를 부르시고 그에게 말씀하여 이르시되 2 이스라엘 자손에게 말하여 이르라 너희 중에 누구든지 여호와께 예물을 드리려거든 가축 중에서 소나 양으로 예물을 드릴지니라

유태인들은 레위기를 '바이크라'(Va-Yikra')라고 부르는데, 이는 책의 첫 단어 "그가 부르셨다"(וַיִּקְרָא)에서 비롯된 이름이다(1절). 여호와께서 모세에게 '말씀하셨다'(דבר)라는 표현은 매우 흔하지만, 모세를 '부르셨다'(קרא)라는 표현은 출애굽기 이후 이번이 세 번째이다. 첫 번째는 하나님이 불타지 않는 떨기나무를 통해 모세에게 소명을 주셨을 때였고(출 3:4), 두 번째는 모세가 출애굽한 이스라엘 백성들을 시내 산 아래에 두고 하나님 앞에 올라갔을 때였다(출 19:3).

저자는 출애굽기에서 두 차례밖에 사용되지 않은 독특한 표현을 사용함으로써 레위기가 출애굽기에서 시작된 이야기의 연속선상에 있다는 사실을 암시하고자 한다. 아울러 이러한 표현은 이스라엘 백성들이 완성한 회막에 하나님의 영광이 가득하여 모세가 들어갈 수 없었다고 기록한 출애굽기 40:34-35의 이야기를 이어 가는 기능도 하고 있다

(Rashbam). 즉 레위기는 출애굽기의 후편인 것이다. 하나님이 기쁨으로 자기 백성과 대화하기 위하여 모세를 부르셨다는 사실이 우리를 흥분하게 한다(Bonar).

하나님이 모세를 부르신 곳을 "회막"(אֹהֶל מוֹעֵד)("만남의 천막")이라고 한다(1절). 이제는 시내 산에서만 말씀하시지 않는다. 회막이 완성된 후에는 지성소에 있는 속죄소에서 말씀하신다. 속죄소는 법궤의 뚜껑으로서 하나님의 영광이 머무는 곳이다.

하나님이 자기 백성과 대화하기 위하여 모세를 회막으로 부르셨다는 사실이 감격스러운 은혜이다. 바로 몇 주 전까지만 해도 하나님과 주의 백성의 관계가 큰 위기에 놓여 있었기 때문이다. 모세가 시내 산 정상에서 하나님의 계시를 받는 동안 산 밑에서는 아론과 백성들은 금송아지를 만들었다(출 32장). 이에 분노하신 하나님이 아론을 죽이려고까지 하셨다(신 9:20). 다행히 모세의 눈물 어린 중보 기도로 하나님이 분노를 가라앉히고 백성들을 용서하셨다.

그러나 하나님은 더 이상 이스라엘 백성과 함께 올라가지 않고 대신 사자를 앞서 보내어 길을 인도하도록 하겠다고 하셨다(출 33장). 이처럼 이스라엘과 하나님의 관계가 서먹서먹한 상황에서 하나님이 자기 백성에게 말씀하려고 모세를 부르신 것은 하나님의 은혜이다. 엇나간 관계를 회복하기 위하여 주님이 먼저 손을 내미셨기 때문이다.

레위기는 하나님이 모세를 부르신 예배 처소를 주로 회막이라고 부르지만 장막이라고도 한다. 이곳은 이스라엘이 하나님을 만나는 곳이며, 그들이 하나님께 예배드릴 때 사용하는 도구들을 간수하는 곳이다. 회막은 이스라엘이 시내 산 아래에 머무는 동안 오홀리압과 브살렐이 중심이 되어 만든 예배 처소이다(cf. 출 31-39장).

한곳에 붙여진 세 개의 이름, 즉 성막, 회막, 장막의 관계를 정리하면 이러하다. 성막은 하나님의 지상 처소(earthly dwelling)로서 기능적으로 두 가지 의미를 지녔다(Levine). 첫째, 회막으로서의 성막은 하나님이 언약 백성 이스라엘에게 말씀하고 그들의 말도 들으시는 대화의 장이다. 둘째, 장막으로서의 성막은 이스라엘이 제물을 통해 하나님을 예배하고 경배하는 예배의 장이다.

회막과 장막의 두 가지 기능을 생각해 보면 성막은 예수님의 모형이라고 할 수 있다(cf. Eichrodt). 우리는 예수님을 통해 하나님의 말씀을 듣기도 하고, 예수님의 이름으로 드리는 기도를 통해 하나님께 우리의 의사를 전달하기도 한다. 예수님이 우리의 회막이신 것이다. 또한 예수님이 우리를 위한 제물이 되심으로써 우리가 하나님을 예배하고 경배하게 되었다. 그러므로 예수님은 우리의 장막이시다. 옛적에 하나님은 성막에서 사람들에게 말씀하셨지만, 신약에서는 예수님을 통해 사람들에게 말씀하셨다(von Rad, cf. 요 1:14; 히 8:2; 9:11). 신약 시대에 이르러 예수님이 성막(성전)을 완전히 대체하신 것이다(요 2:19–22; 골 2:9).

하나님의 영이 머무는 곳이 성전이므로 그리스도의 성전을 대체하심은 예수님 안에 거하는 사람은 성령의 영원한 내재를 누리게 되었다는 것을 의미한다(Rooker). 그러므로 신약은 예수님을 주로 믿고 고백하는 사람들의 공동체와 예수님 안에 있는 각 개인을 성전이라고 한다(요 14:16–17; 고전 3:16–17; 6:19–20; 고후 6:16; 엡 2:19–22).

담으로 둘러쳐진 뜰 안에 성막이 있고, 성막 문 앞에 번제단이 있었다. 번제단은 뜰 한가운데에 서 있었는데, 이곳에서 드려지는 모든 제물이 지성소에 있는 속죄소, 즉 보이지 않는 하나님의 보좌로 열납된다는 뜻에서 그 위치의 상징성이 있다. 성막 뜰을 정사각형 두 개로 나누어 보면 동쪽 정사각형의 대각선이 교차하는 자리에 번제단이 있었다. 서쪽 정사각형의 대각선이 교차하는 곳에는 법궤와 속죄소가 있었다. 뜰에서 드려지는 예물이 속죄소에 있는 하나님의 보좌로 열납됨을 상징하는 것이다.

성막은 동서로 그려지는 두 개의 정사각형 중에서 서쪽에 자리했으며, 크게 두 부분으로 나눌 수 있다. 성막 내부의 동쪽 방향에 공간이

넓은 성소가 있고, 서쪽에 성소 면적의 절반밖에 안 되는 지성소가 자리했다. 성막은 동쪽 문을 통해 들어가서 서쪽으로 갈수록 더 거룩한 공간으로 들어가는 구조였다. 제사장은 성소를 드나들며 일상적인 업무를 보았고, 지성소는 대제사장만 출입할 수 있는데 그것도 1년에 단 한 번만 특별한 의복을 입고 들어갈 수 있었다. 장막의 구조와 주요 기구의 위치는 다음 도면을 참조하라(Sarna).

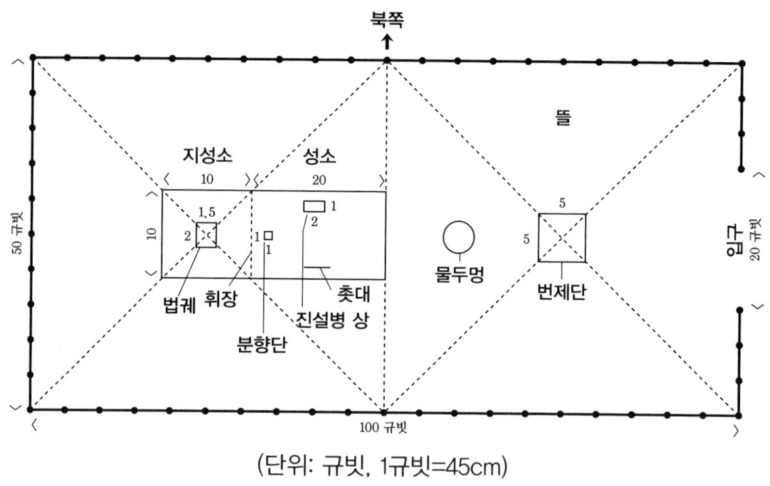

(단위: 규빗, 1규빗=45cm)

한 가지 혼란스러운 것은 오경은 일반적으로 회막(אֹהֶל מוֹעֵד)이 이스라엘의 진 중에 거했던 것을 전제하며 이야기를 진행하는데, 출애굽기 33:6-11은 회막(אֹהֶל מוֹעֵד)이 이스라엘 진의 바깥에 있었으며, 모세가 하나님의 말씀을 들으러 찾았던 곳이라 한다. 또한, 회막에서 사용되었을 기구에 대한 언급이 없고, 매우 간단하게 만들어진 이동식 천막이었을 것이라는 인상을 준다.

일부 학자들은 성경의 회막/장막에 대한 이야기가 이처럼 혼란을 빚는 것은 회막의 유래가 한 가지가 아닌 여러 가지의 전승을 반영하고 있기 때문이라고 말한다(Haran). 그러나 근거 자료가 불충분하기 때문에 출애굽기 33:6-11 내용에 대한 설득력 있는 설명을 들을 수 없을 것이라는 회의적인 견해가 학계를 지배하고 있다. 모든 해석이 추측에 불과하다는 것이다.

'예물'(קָרְבָּן)(2절)은 동사 '나아오다/다가오다'(קרב)에서 유래한 단어로(HALOT), 사람이 하나님께 나아올 때에 하나님이 요구하시는 기준을 충족시켜야 함을 암시한다(Kiuchi). 그러므로 앞으로 살펴볼 여러 가지 예물은 하나님 앞에 나아가고자 하는 사람이 충족시켜야 할 기준의 일부분이다. 성경은 사람이 하나님께 나아갈 때 제물(외형적인 것)을 가지고 가는 것도 중요하지만, 상한 심령(내적인 것)을 가지고 가는 것을 더 중요하다고 말한다.

구름이 회막 위에 덮이고 하나님의 영광이 성막에 충만해서 모세가 들어갈 수 없었다는 이야기로 출애굽기가 끝난다(출 40:35). 레위기가 출애굽기에 기록된 이야기의 연속이라는 점을 감안할 때, 하나님이 모세를 성막으로 부르신 것은 당연한 일이다. 하나님의 영광으로 가득한 성막에 모세 스스로 들어갈 수 없었기 때문이다(Rooker). 하나님이 구름과 영광으로 가득한 성막에서 모세를 부르신 것은 시내 산 정상에서 그를 부르셨던 일을 상기시킨다(Knierim, cf. 출 24장).

I. 제사에 대한 율법(1:1-7:38)
A. 백성을 위한 제사 규례(1:1-6:7[5:26])
1. 세 가지 자원 제사(1:1-3:17)
(1) 번제(1:1-17)

b. 수소 번제(1:3-9)

[3] 그 예물이 소의 번제이면 흠 없는 수컷으로 회막 문에서 여호와 앞에 기쁘게 받으시도록 드릴지니라 [4] 그는 번제물의 머리에 안수할지니 그를 위하여 기쁘게 받으심이 되어 그를 위하여 속죄가 될 것이라 [5] 그는 여호와 앞에서

그 수송아지를 잡을 것이요 아론의 자손 제사장들은 그 피를 가져다가 회막
문 앞 제단 사방에 뿌릴 것이며 6 그는 또 그 번제물의 가죽을 벗기고 각을
뜰 것이요 7 제사장 아론의 자손들은 제단 위에 불을 붙이고 불 위에 나무를
벌여 놓고 8 아론의 자손 제사장들은 그 뜬 각과 머리와 기름을 제단 위의
불 위에 있는 나무에 벌여 놓을 것이며 9 그 내장과 정강이를 물로 씻을 것
이요 제사장은 그 전부를 제단 위에서 불살라 번제를 드릴지니 이는 화제라
여호와께 향기로운 냄새니라

이스라엘이 하나님께 드리는 제물은 다섯 가지 짐승으로 제한되어 있다. 가축 중에서 덩치가 큰 소와 몸집이 작은 양과 염소 그리고 산비둘기와 집비둘기가 제물로 쓰이는 짐승들이다. 야생 짐승이나 사냥해서 잡은 것들은 제물로 드릴 수 없다. 이러한 규정에는 여러 가지 이유가 있을 것으로 추정된다(cf. Kaiser).

첫째, 들짐승은 제물을 드리는 자의 소유가 아니기 때문이다. 하나님께 드리는 예물은 자기 노동의 결실이어야 한다. 그러므로 자신이 키우지도 않고 돌보지도 않은 들짐승을 제물로 바치는 것은 일종의 '무임승차'와도 같다. 들짐승(חַיָּה)은 가축(בְּהֵמָה)에 속한 것이 아니기 때문에 제물로 드릴 수 없다는 해석도 있다(Levine).

둘째, 오직 흠이 없는 짐승들만 제물로 사용될 수 있기 때문이다. 피조물로서 창조주께 예배를 드리는 것이기에 최상품의 예물을 드리는 것이 당연하다. 창조주 하나님은 가장 좋은 제물을 받을 자격이 있으신 분이다. 훗날 말라기 선지자는, 총독이 받아도 기뻐하지 않을 흠이 있는 제물을 하나님께 바치는 이스라엘 백성들을 향하여 맹렬히 비난한다.

셋째, 사람이 다루기에 용이한 온순하고 무해한 가축들만 드릴 수 있다. 예물로 드리는 짐승이 사납고 거칠면 그만큼 다루기가 힘들 것이고, 예배를 드리기 전에 불상사가 일어날 확률이 높다. 그러므로 하나님이 온순한 가축을 제물로 받으시는 것은 예배자들에 대한 배려라고 할 수 있다.

넷째, 제물을 드리는 사람이 희생을 감수하거나 대가를 지불한 짐승들만 드릴 수 있다. 예배와 제물은 창조주께 피조물인 인간이 감사의 마음을 표현하는 것이므로 당연히 대가가 따라야 한다. 그래서 성경은 하나님께 나아올 때 빈손으로 나오지 말라고 한다.

우리말로 '번제'라고 번역된 히브리어 단어 '올라'(עֹלָה)(3절)의 정확한 의미에 대해 다소 논란이 있다. '올라가다'(עלה)라는 동사에서 파생된 이 명사는 구약에서 289차례나 사용되었다(HALOT). '연기가 되어 하늘로 올라가는 제물'이라는 뜻에서 '번제'(the burnt offering)로 풀이된다(Wenham, Levine).

제물(עֹלָה)은 그냥 태우는 것이 아니라 하나도 남김없이 모두 태워 드리는 것이 핵심이다. 따라서 하나도 남김없이 온전히 드리는 제물이라는 뜻에서 '온제'(the whole offering)로 해석해야 한다고 주장하는 사람들도 있다(Hartley, Porter). 그러나 번제에서도 짐승의 가죽은 태우지 않았으므로 '온제'보다는 '번제'가 더 적절한 해석이다.

번제는 백성들이 의무적으로 드리는 것이 아니라 자원해서 드리는 것인데, 크게 두 가지 규제를 지켜야 한다. 첫째, 흠 없는 수놈이어야 하고, 둘째, 장막의 입구에서만 드려야 한다(3절). 흠이 없는/온전한(תָּמִים) 짐승으로 드려야 한다는 첫 번째 규칙은, 예배자는 모름지기 정성이 가득한 마음으로 하나님께 드려야 함을 강조한다. 창조주 하나님께 드리는 것인데 피조물인 인간이 쓰고 남은 찌꺼기를 제물로 드려서는 안 된다는 것이다. 필로(Philo)에 의하면 제사장들은 제물로 바칠 짐승에 어떤 흠이라도 없는지 매우 꼼꼼하게 살폈다고 한다. 어떠한 흠도 없는 온전한 짐승만이 하나님께 바쳐졌다는 사실은 십자가 사건의 모형으로 이해될 수 있다(Rooker, cf. 벧전 1:19). 예수님은 가장 온전하고 완전한 제물이셨던 것이다.

장막 입구에서만 제물을 드리라는 두 번째 규칙은, 예배는 단 한 곳,

즉 성막/성전에서만 드려야 한다는 하나님의 요구를 나타낸다. 오직 여호와의 장막에서만 제물을 드리도록 함으로써 자칫 이스라엘이 우상에게 제물을 바칠 수 있는 가능성을 원천적으로 봉쇄하는 것이다. 또한 예배자가 제물을 드리기 위해 집에서부터 짐승을 장막까지 끌고 오는 동안에 하나님과의 관계에 대해 깊은 묵상과 평가를 해 볼 것을 권유하는 뜻이 내포되어 있는 듯하다(Gane). 세월이 지나면서 먼 곳에서 오는 예배자들은 드릴 짐승의 몸값을 가져와 성전 앞에서 짐승을 사서 드리도록 했다. 짐승을 끌고 며칠 동안 여행해야 하는 번거로움을 배려한 것이다.

번제로 드리는 제물에 따라 세부 사항이 조금씩 다른 부분이 있지만, 여기에 언급된 세 가지 제물을 드리는 절차는 대체로 동일하다. 이것은 이스라엘의 종교 예식이 체계적이고 조직적인 시스템을 갖췄음을 암시한다(Gane). 번제를 드리는 순서/절차는 다음과 같다(4-9절).

1. 제물을 바치는 사람이 짐승 위에 손을 얹음
2. 제물로 바칠 짐승을 죽임
3. 제사장이 피를 받아 제단 둘레에 뿌림
4. 제물을 가져온 사람이 짐승의 가죽을 벗김
5. 제물을 가져온 사람이 짐승의 각을 뜸
6. 제사장들이 제단에 불을 피움
7. 제사장들이 불 위에 장작을 지핌
8. 제사장이 고기, 머리, 기름을 제단에서 불타는 장작 위에 벌여 놓음
9. 제물을 가져온 사람이 내장과 다리를 물에 씻어 제사장에게 줌
10. 제사장은 내장과 다리를 받아서 제단 불에 태움

번제는 이스라엘 종교의 가장 기본적인 제사이자 속죄일에 드리는

속죄제를 제외하고는 가장 중요한 제사였다(Kaiser).[5] 제사장들은 장막에서 매일 아침저녁으로 하나님께 번제를 드렸다. 이것은 매일 하나님 앞에 죄를 고백하고 문제를 해결해야 한다는 사실을 상징하는 듯하다(Hess, Rooker).

번제의 목적은 제물을 태워서 하나님을 기쁘시게 하는 향기를 올려 드리는 데에 있다(9절). 하나님께 '향기로운 냄새'(רֵיחַ־נִיחוֹחַ)란 곧 하나님이 제물을 열납하셨다는 것을 뜻하며 하나님과 예배자 사이에 화평이 있음을 의미한다(Harris). 신약도 하나님은 기꺼이(기쁘게) 드리는 사람을 기뻐하신다고 말한다. 사람 사이에도 선물을 줄 때 기쁜 마음으로 주어야 받는 사람이 더 기뻐한다는 원리가 있다. 더 나아가 하나님이 제물을 기쁘게 받으신다는 사실은 예배자가 하나님의 축복과 자비를 기대해도 좋다는 것을 암시한다(Milgrom).

번제에는 제사장의 몫이 없다. 짐승을 통째로 태워 하나님께 온전히 드리기 때문이다. 그뿐만 아니라 사람이 자원해서 드리는 것이기 때문에 하나님이 가장 귀하게 여기시는 제물이다. 그러므로 번제는 하나님의 관심을 끌기에 가장 효과적인 제물로 간주되기도 한다(Budd, Milgrom). 하나님께 드리는 '희생'의 분량이 큰 만큼 하나님이 가장 귀하게 여기신다는 것이다.

예배자가 짐승을 죽이기 전에 먼저 머리에 손을 얹는 행위는 무엇을 의미하는가? 크게 세 가지 해석이 있다(Rodriguez). (1) 제물을 바치는 사람과 짐승이 상징적으로 하나가 된다는 뜻이다(Kiuchi), (2) 짐승이 안수하는 사람을 대신함을 의미한다(Wenham, Kaiser, Gane), (3) 바치는 사람이 짐승의 소유주라는 것을 확인하기 위한 행위이다(Budd, Milgrom, Hartley, cf. Knierim).

헷 족속(Hittite)과 아카디아 사람들의 제사에서도 짐승에 손을 얹

5 랍비 아키바는 속죄제가 해결하지 못하는 죄(viz., 해야 할 일을 하지 않아서 지은 죄 등)까지 번제가 해결한다고 주장했다(Milgrom).

는 일이 있는데, 항상 소유권을 확인하는 차원에서 그렇게 하였다(Milgrom). 화목제를 드릴 때에도 제물에 안수하는 것을 보면, 세 번째 해석이 가장 합리적인 것으로 보인다. 화목제와 번제에서 안수는 공히 소유권을 확인하는 행위이다. 그렇다고 해서 첫 번째와 두 번째 의미를 부인할 필요는 없다. 특히 속죄제와 속건제에서는 이 두 가지의 의미가 매우 강하기 때문이다(Hess, cf. Wenham).

신약과 연결하여 살펴보면 이 중 가장 설득력이 있어 보이는 해석은 바로 첫 번째이다. 제물을 바치는 사람과 짐승이 상징적으로나마 하나가 되어 제물의 죽음이 곧 예배자의 죽음을 상징한다는 것이다. 그리스도께서 인류를 대신하여 죽으셨다고 하는데, 주님이 십자가에서 죽으실 때 우리는 어디에 있었는가? 바울은 우리가 그리스도와 함께 죽어 묻혔다가 함께 부활했다고 말한다(롬 6:4; 갈 2:19–20). 이러한 정황을 감안하면 제물을 바치는 사람과 짐승이 상징적으로 하나가 된다는 해석에 설득력이 있다(cf. Kiuchi).

칠십인역(LXX)은 "기쁘게 하는 향기"(רֵיחַ־נִיחוֹחַ)(9절)를 "향긋한 향기"(ὀσμὴ εὐωδίας)로 번역했는데, 이 헬라어 표현은 에베소서 5:2에서 예수님의 희생을 묘사할 때 사용된다. 또한, 우리가 하나님의 일에 얼마나 헌신적으로 기꺼이 드려야 하는가를 설명할 때에도 사용된다(빌 4:18). 짐승들은 제단 위에서 하나님을 기쁘게 하는 향기가 되었고, 우리 주님은 십자가 위에서 하나님을 기쁘게 하는 향기가 되셨다(Hess).

짐승의 머리와 함께 태워지는 기름(פֶּדֶר)(8절)은 아카디아어의 pitru와 같은 어원에서 비롯된 것이다(HALOT). 여기서 '기름'이란 간을 둘러싸고 있는 흐물흐물한 기름기를 가리킨다(Levine, cf. Hess). 이 단어는 레위기 안에서 이곳과 1:12, 8:20에서만 사용된다.

대부분 번역본이 9절에 등장하는 히브리어 단어(אִשֶּׁה)를 '화제/불에 태우는 번제'로 번역하는데(개역개정; 새번역; 공동번역; NIV, NAS, NRS, TNK), 이 단어가 '불'(אֵשׁ)에서 비롯된 것이라고 생각하기 때문이다.

그러나 대부분 주석가는 이 단어가 '불'(אֵשׁ)에서 유래된 것이 아니라 '선물'을 뜻하는 우가리트어 itt에서 비롯된 것으로 생각한다(Milgrom, Kaiser, Gane, Hess). 제단에서 통째로 태우는 번제를 종종 하나님의 '음식/식물'(לֶחֶם)로 부르는 데 비해(레 3:11, 16; 21:6; 민 28:2), 속죄제에 대해서는 그렇게 부르지 않는다는 것이 이러한 해석을 뒷받침해 준다(4장). 왜냐하면 선물인 번제와 달리 속죄제는 의무적으로 드리는 것이기 때문이다.

민수기 15:10은 하나님께 드리는 포도주를 '화제'로 부르는데, 사실 포도주는 타지 않는다. 또한 하나님 앞에 전시하는 과자도 화제로 불린다(레 24:7, 9). 그러므로 히브리어 단어(אִשֶּׁה)는 '화제'가 아닌 '선물'로 번역되어야 한다(Hess). 비유적으로 표현하자면, 번제는 인간이 하나님께 선물로 드리는 음식인 것이다.

제사장들은 매일 하나님 앞에 향을 살라 올렸다(출 30:7-10, 34-35; cf. 출 30:24-28). 또한 민수기 19:6은 암송아지를 불태울 때 백향목과 우슬초도 불에 던지라고 하는데, 둘 다 좋은 향기를 낸다. 그러므로 일부 학자들은 번제 자체가 하나님께 향기로운 냄새가 아니라 번제를 태우는 불에 향이 더해져서 하나님께 '향기로운 냄새'로 여겨진 것이라고 풀이한다(Oppenheim, Levine). 실제로 고기를 태울 경우에 향기로운 냄새보다는 악취가 나기 때문이다(Rashbam, cf. Maimonides). 그러나 번제가 인간이 하나님께 드리는 선물이라는 의미에서 보면, 하나님이 인간의 행위를 귀하게 여겨 제물의 실제 냄새와 상관없이 '향기로운 냄새'로 여기신다는 해석도 가능하다.

일부 주석가들은 이 문구의 두 번째 단어(נִיחוֹחַ)가 노아의 이름의 어원이 되는 '안식/편안히 쉼'을 뜻하는 단어(נוּחַ)에서 비롯되었다고 주장한다. 그들은 하나님이 번제를 대할 때 기쁨과 평안함을 누리신다는 뜻으로 이해한다(Levine). 이 해석을 따를 경우, 제물이 하나님께 향기로운 냄새가 된다는 것은 하나님이 제물 자체보다 제물을 드리는 예배자의 정성과 사랑을 더욱 귀하게 여기신다는 뜻이 된다. 그래서 하나님은 모든 사람에게 동일한 제물을 요구하지 않고 예배자의 형편에 따라 소나 양이나 비둘기를 바쳐도 된다고 하신다. 예배에서 중요한 것은 예물의 크기가 아니라 예배자의 마음이기 때문이다.

짐승을 모두 태워 하나님께 바치는 것은 예배자가 가진 세상적인 가치들을 모두 제거함을 상징한다(Kiuchi). 옛적에 형제들이 요셉의 채색옷을 벗김으로써 그가 가졌던 가치를 모두 없애 버린 것처럼 말이다(창 37:23; cf. 겔 16:39; 23:26; 미 3:3).

한 주석가는 번제가 우리 그리스도인에게 주는 메시지를 다음과 같이 말한다(Keil).

> 제단 불에 태운 번제가 하늘로 올라가는 것은 예배자가 성령의 순결케 하는 불에 자기 자신을 드리는 것과 같다. … 번제는 사람이 헌신과 자기 포기(self-surrender)를 통해 하나님께 자신을 온전히 드리는 것이며, 하나님의 자비가 그를 성결하게 하고 정제하는 일을 스스로 원하는 것을 뜻한다.

잘 이해되지 않는 대목은 하나님이 사람에게서 선물로 받는 음식/식물(לֶחֶם)을 태워서 하늘로 보내라고 명령하시는 부분이다. 매일 음식을 섭취해야 하는 우리의 관점에서 보면, 고기를 연소시키기 위해 사용되는 장작이 낭비처럼 보일 수밖에 없다. 그러나 이것은 하나님과 인간의 차이이다. 사람이 하나님의 모양과 형상대로 창조되었다고 해도 결코 하나님과 같아질 수는 없다는 사실을 인정해야 한다. 하나님의 요구가 때로 우리의 이성과 논리로는 도저히 이해할 수 없는 것일 수도 있다. 하나님이 우리와 다르시기(otherness) 때문에 빚어지는 일이다.

c. 양과 염소 번제(1:10-13)

**[10] 만일 그 예물이 가축 떼의 양이나 염소의 번제이면 흠 없는 수컷으로 드
릴지니 [11] 그가 제단 북쪽 여호와 앞에서 그것을 잡을 것이요 아론의 자손 제
사장들은 그것의 피를 제단 사방에 뿌릴 것이며 [12] 그는 그것의 각을 뜨고 그
것의 머리와 그것의 기름을 베어낼 것이요 제사장은 그것을 다 제단 위의
불 위에 있는 나무 위에 벌여 놓을 것이며 [13] 그 내장과 그 정강이를 물로 씻
을 것이요 제사장은 그 전부를 가져다가 제단 위에서 불살라 번제를 드릴지
니 이는 화제라 여호와께 향기로운 냄새니라**

수소(3절)를 번제로 드리는 방법과 절차에 따라 양이나 염소(10절)도 드릴 수 있다. 모세는 번제물 중에 수소를 먼저 언급한 후에(3-9절) 양과 염소에 대해 언급한다. 곧이어 산비둘기와 집비둘기에 대해서도 언급할 것이다(14-17절). 가장 크고 비싼 제물에서부터 가장 저렴한 제물로 진행되는 것이다.

이스라엘 사람들은 제물로 양을 가장 많이 사용했다. 양의 가치가 소보다는 낮고, 비둘기보다는 높다는 사실이 작용했겠지만, 그들이 가장 많이 길렀던 가축이 양이었던 것도 이유이다. 가장 손쉽게 조달할 수 있는 제물이 양이었던 것이다(Hess). 이러한 이유에서 양은 이스라엘 종교에서 가장 보편적인 제물이 되었다. 이러한 사실은 훗날 예루살렘으로 들어오는 성문 중 하나에 '양문'(Sheep Gate)이란 이름이 붙은 것에서도 알 수 있다(느 3:1, 31-32). 사람들이 이곳에서 제물로 드릴 양을 거래했던 것이다.

번제로 사용될 짐승은 흠이 없는 수컷이어야 하며(10절), 제단의 북쪽에서 잡아야 한다(11절). 일부 주석가들은 소는 제단의 앞뜰에서, 양과 염소는 제단의 북쪽에서 잡았다고 하는데(Hartley), 제단의 북쪽에서 모두 잡은 것이 확실하다(Noortzij, Budd). 레위기는 속죄제와 속건제, 정결하게 하기 위한 제에서 사용하는 제물들도 모두 제단의 북쪽에서 잡으라고 한다(4:24, 29, 33; 6:25; 7:2; 14:13).

그러므로 제단의 북쪽은 하나님께 드리는 예배의 시발점이 된다. 훗날 에스겔은 환상 속에서 이곳에 세워진 '질투를 일어나게 하는 우상'을 보았다(겔 8:3, 5). 에스겔 시대에 이르러서는 예배가 시작부터 우상숭배로 오염되었던 것이다.

방향의 상징성으로 보면, 북쪽은 사람의 연약함과 실패를 뜻한다(Porter, Kiuchi). 고대 사람들은 좌우를 정할 때 항상 동쪽을 바라보며 했다. 동쪽을 바라보는 사람의 왼쪽이 북쪽이다. 대부분이 오른손잡이임을 고려할 때 왼쪽은 사람의 연약함을 상징한다. 또한 성경에서 오른쪽은 승리와 강인함을 뜻하지만 왼쪽은 패배와 약함을 상징한다. 따라서 북쪽 또한 패배와 약함을 상징하는 것이다(렘 1:14; 4:6; 겔 1:4; 9:2).

하나님께 드릴 짐승을 북쪽에서 죽이는 것은 곧 사람이 자신의 연약함과 패배를 인정하는 '상한 심령'으로 예배에 임해야 한다는 상징성을 나타낸다. 제사장들이 사역하던 성소 안에 비치된 도구 중에 북쪽에 자리한 것은 진설병을 놓은 상(table)이다. 진설병은 하나님이 드실 양식을 바치는 개념이 아니었다. 반대로 하나님이 당신의 연약한 백성들에게 먹을 것을 주어 살리시는 은혜를 기념하기 위함이다. 이처럼 성막에서의 북쪽은 인간의 연약함과 연관되어 있다.

앞 섹션에서 이미 언급한 것처럼 하나님께 좋은 향기가 되는 번제는 예배자에게도 매우 중요한 효과를 발휘한다. 드리는 사람의 죄를 속죄(לְכַפֵּר עָלָיו)하는 효과가 있기 때문이다(4절). 이러한 차원에서 예배자가 제물을 잡기 전에 제물의 머리에 손을 얹는 것은 매우 큰 의미가 있다.

앞서 수소를 바치기 전에 안수했듯이 양과 염소를 바칠 때도 먼저 예물을 드리는 사람이 안수했다. 짐승에게 손을 얹는 것은 자신이 짐승의 주인이라는 사실을 확인하는 행위이지만(Budd, Milgrom, Hartley), 이것만으로는 그 의미가 충분히 설명되지 못한다.

성경에서 손을 얹는 행위를 자주 볼 수 있다. 모세는 여호수아에게 손을 얹음으로써 이스라엘의 지도자로 세워 그에게 법적 권리와 책임을 위임했다(민 27:18-23; 신 34:9). 백성들이 레위인들에게 안수하여 온 이스라엘을 대표해서 성전과 하나님의 일에 몰두할 수 있는 권한과 의무를 위임하기도 했다(민 8:10). 또 하나님의 이름을 모욕한 사람을 돌로 치기 전에 모두가 그의 머리에 손을 얹기도 했다(레 24:10-16). 자신들의 법적 책임을 그에게 전가하기 위해서이다. 가장 중요한 안수는 속죄일에 대제사장이 광야로 내보낼 염소에게 손을 얹고 이스라엘의 죄를 고백하는 것이었다(레 16:21).

이러한 맥락에서 예배자가 번제에 손을 얹는 것은 자신의 죄에 대한 법적 책임을 제물에게 옮기는 의미인 것이다(Kaiser). 일부 유태인 학자들은 번제의 속죄 효과를 하나님의 진노를 피할 수 있게 하는 것(propitiatory) 정도로 제한해서 해석한다(Levine). 그러나 상당수의 유태인과 개신교 주석가들은 여기에 죄를 씻을 수 있다는(expiatory) 기능을 더한다(Ibn Ezra, Kaiser, Gane).

d. 비둘기 번제(1:14-17)

14 만일 여호와께 드리는 예물이 새의 번제이면 산비둘기나 집비둘기 새끼로

예물을 드릴 것이요 [15] 제사장은 그것을 제단으로 가져다가 그것의 머리를 비틀어 끊고 제단 위에서 불사르고 피는 제단 곁에 흘릴 것이며 [16] 그것의 모이주머니와 그 더러운 것은 제거하여 제단 동쪽 재 버리는 곳에 던지고 [17] 또 그 날개 자리에서 그 몸을 찢되 아주 찢지 말고 제사장이 그것을 제단 위의 불 위에 있는 나무 위에서 불살라 번제를 드릴지니 이는 화제라 여호와께 향기로운 냄새니라

이스라엘에서 가장 보편적인 제물은 양이긴 하지만(Milgrom), 양을 바칠 수 없는 가난한 사람들은 양 대신 비둘기를 제물로 드릴 수 있다(14-17절). 어떤 짐승을 제물로 바치든 간에 제물을 온전히 파괴하는 행위를 통해 예배자의 세상적 욕망을 모두 파괴한다는 것이 상징의 핵심이다(Kiuchi). 그러므로 무엇을 드리는가보다 더 중요한 것은 어떤 자세로 드리느냐이다. 예배자의 마음이 제물의 크기보다 더 중요하다는 것이다.

번제로 드리는 비둘기의 목을 잘랐는가 아니면 자르지 않은 채 몸통과 함께 태웠는가? 우리말 번역본 중에서 개역개정과 새번역은 비틀어 끊은/자른 것으로(Levine), 공동번역은 자르지 않고 목을 부러뜨린 것으로 해석하고 있다(Kaiser). 이러한 혼란은 속죄제에 사용되는 비둘기의 목을 비틀어 죽이되 '끊지는 말라'(לֹא יַבְדִּיל)라는 구체적인 지시 때문에 비롯되었다(5:8-9).[6] 다른 번제물들은 모두 목을 잘랐으므로 일관성을 유지하기 위하여 비둘기의 목도 잘랐을 가능성이 크다. 또한 번제와 속죄제로 드리는 비둘기 예물을 각각 구분하기 위하여 하나는 자르고, 다른 하나는 남겨 두었을 가능성 또한 배제할 수 없다.

---

6 개역개정은 5장 8절의 히브리어 문장 וּמָלַק אֶת־רֹאשׁוֹ מִמּוּל עָרְפּוֹ וְלֹא יַבְדִּיל를 "그 머리를 목에서 비틀어 끊고 몸은 아주 쪼개지 말며"로 해석하여 마지막 문구(וְלֹא יַבְדִּיל)를 "몸을 쪼개지 말라"라는 지시로 풀이하지만 이것은 잘못된 해석이다. 이에 비해 새번역은 "그 제물의 목을 비틀어야 하는데, 목이 몸에서 떨어지지 않도록 하여야 한다"라고 번역하고 있는데 거의 모든 번역본이 이 해석을 따른다(공동번역, NIV, NAS, NRS, TNK).

제단 위에서 불사르지 않고 오물 더미에 던져 버리는 비둘기의 다른 부위(מֻרְאָה)가 어떤 부분인지는 정확하지 않다. 이곳에서 단 한 번만 사용된 단어이기 때문이다. 대부분의 번역본은 비둘기가 되새김질하기 위해 모이를 임시로 저장해 놓는 모이주머니/멱통(crop)으로 해석한다(개역개정; 새번역; 공동번역; NIV, NAS, NRS, TNK, cf. Levine).

하지만 상당수의 학자는 이 부위를 꽁지로 해석한다(Milgrom, Kaiser). '그것의 모이주머니와 그 더러운 것'으로 번역된 히브리어 단어(נוֹצָה)가 새의 깃털을 뜻하기 때문이다(HALOT). 또한 깃털이 달린 새의 꽁지를 잘라 잡아당기면 콩팥 등 내장이 따라나오게 된다(Milgrom). 새를 번제로 드릴 때에는 모이주머니와 그 안에 든 모이를 제거할 게 아니라 꽁지와 깃털을 잘라 오물이 들어 있는 내장을 제거해야 한다. 그리고 비둘기 번제는 털을 함께 불살랐다(Kaiser).

제물을 드리는 사람의 경제적 형편이 여의치 않으면 산비둘기(תּוֹר) 혹은 집비둘기(יוֹנָה) 새끼를 제물로 드릴 수 있다. 이 경우 제물의 크기가 작기 때문에 절차가 생략되는 부분이 있다(14-17절). 산비둘기(תּוֹר)라고 해서 덫으로 잡은 야생 비둘기를 말하는 것은 아니다. 집비둘기처럼 집에서 사육하는 비둘기의 한 종류일 뿐이다(Gane). 산비둘기는 집비둘기에 비해 몸집이 더 크다.

번제는 속죄의 목적과 상관없이 드려지기도 했다. 서원을 이루기 위해 즐거운 마음으로 드리거나(레 22:17-19; 민 15:3) 자원의 예물로 드리기도 한다. 사울은 하나님의 은총을 구하며 번제를 드렸다(삼상 13:12). 아브라함은 하나님의 명령에 순종하기 위해 이삭을 번제로 드리려 했다(창 22장).

아이를 출산한 여인, 병에서 치료된 사람이 번제를 드리는 것도 대속 개념보다는 감사의 의미가 더 크다(레 12:6; 14:13, 19; 15:30). 이와 같이 번제의 사용 범위는 매우 넓다. 그러므로 예배자가 하나님이 그의 예배와 탄원에 관심을 가져 주시기를 갈망하며 예배를 알리는 신호탄으로서 번제(עֹלָה)를 제일 먼저 하늘로 올려 보내는(עלה) 것으로 해석되기도 한다(Levine, Kaiser).

번제는 하나님의 관심을 끄는 데도 목적이 있다(Milgrom). 다른 제물과 달리 모든 것을 하나님께 태워 바치기 때문이다. 온전히 드리는 제물은 예배자가 자신의 온 마음과 정성을 다해 드린다는 상징성을 내포하고 있다. 하나님이 어떤 것보다도 온 마음과 정성을 다해 온전히 드리는 제물을 더 귀하게 여기실 것은 당연하다.

그러므로 속죄제와 속건제를 제외한 다른 제물을 동반하는 예배에서도 제일 먼저 번제부터 드렸다. 그러나 죄 사함이 필요할 때는 속죄제/속건제를 먼저 드렸다. 번제가 제일 먼저 언급되는 이유는 이 제사가 가장 오랜 전통을 가지고 있기 때문이라는 해석도 있다(Kaiser).

구약에서 예수님의 희생을 가장 잘 상징하는 것이 바로 번제이다(Hess). 그리스도가 죽음으로써 가장 완벽한 제물이 되어 주님 안에 사는 사람들의 죄를 모두 씻고, 하나님과의 관계를 회복시켰기 때문이다(히 9:11-22). 그리스도의 희생은 영원한 효과를 발휘하므로 구약의 번제처럼 반복될 필요가 없다(히 9:23-10:18). 신약 곳곳에 번제가 직접 언급되기도 했다(막 12:33; 히 10:6-8).

레위기 1장은 하나님께 흠이 없는 짐승을 온전히 바치는 번제에 대한 규례를 선언하며 우리에게 여러 가지 교훈을 준다(Kaiser). 첫째, 하나님께 드리는 제물은 의무감이 아닌 즐겁고 기쁜 마음에서 자발적으로 드리는 것이 좋다. 처음에는 예배를 드릴 때마다 예물을 함께 드리는 것이 아깝게 여겨지고 불편하게 느껴질 수도 있다. 그러나 하나님과의 관계가 깊어지면 깊어질수록 제물을 드릴 때 감사와 기쁨 또한 커질 것이다.

둘째, 여호와께서는 우리가 주님을 어떻게 예배할 것인가를 이미 가르쳐 주셨다. 예배는 인간의 발명품이 아니라 하나님이 지시하신 방법대로 따르는 순종의 행위이다. 예배와 예물은 인간이 하나님을 위하여 드리는 것이다. 따라서 예배에 있어서 최우선 목표와 이슈는 하나님께 열납되는 것이다.

셋째, 하나님께 최고의 것을 드려야 한다. 다른 곳에 쓰고 남은 시간, 남은 제물을 드리는 것이 아니라 사용하기 전에 먼저 가장 좋은 것을 떼어 구분해 놓는 것이다. 이것이 습관화되어야 한다. 시간과 재물을 어디에, 어떻게 사용하는가는 분명 신앙의 증거가 될 것이기 때문이다.

넷째, 온 마음과 정성을 다하여 하나님께 예배해야 한다. 레위기에서 주의 백성이 하나님께 드리는 여러 제물 중 첫 번째가 제물을 남김없이 온전히 태워 바치는 번제라는 사실이 이 같은 원칙을 상기시킨다. 하나님께 나아가 예배를 드릴 때에는 우리의 모든 것을 온전히 드려 마음껏 예배해야 한다.

다섯째, 예수님이 보여 주신 본을 따라 우리 삶을 하나님이 기뻐하시는 산 제사의 예물로 드리도록 노력해야 한다(롬 12:1). 하나님은 어떤 제물보다 산 제물된 우리 삶을 더 기쁘게 받으신다. 하나님의 살아 있는 제물이란 주님의 뜻에 온전히 순종하며 세상을 살아가는 사람을 가리키는 말이다. 우리 모두가 하나님의 산 제물이 되었으면 좋겠다. 자신을 부인하며 교만을 내려놓고 하나님을 예배하지 않는다면 우리는 하나님께 나아갈 수 없다(Kiuchi).

I. 제사에 대한 율법(1:1–7:38)
A. 백성을 위한 제사 규례(1:1–6:7[5:26])
1. 세 가지 자원 제사(1:1–3:17)

(2) 소제(2:1–16)

곡물을 바치는 소제(מִנְחָה)도 번제처럼 여러 정황에서 사용될 수 있는 흔한 종류의 예물이었으며 값비싼 짐승의 대안으로 사용되었다

(Levine). 소제의 역사는 가인과 아벨 이야기에서 시작된다(창 4장). 창세기는 가인과 아벨의 제물을 모두 소제(מִנְחָה)라고 부른다. 원래 짐승과 곡물 둘 다 소제로 드릴 수 있었음을 의미한다(Hess). 그러나 세월이 지나면서 곡물만 소제로 불리게 되었다. 소제(מִנְחָה)의 기본 의미는 선물이다(HALOT). 성경은 야곱이 에서의 분노를 누그러뜨리기 위하여 준비한 선물을 같은 히브리어 단어로 부른다(창 32:13-33:10).

소제는 대체로 두 종류로 구분할 수 있다. 첫째, 짐승을 제물로 드릴 때 함께 드리는 보조적 기능의 제물이다. 소제는 보조적인 차원에서 번제나 화목제와 함께 드려졌다(수 22:23, 29; 삿 13:19, 23; 삼상 1:24; 2:29; 3:14; 10:3; 왕상 8:64; 왕하 16:13, 15). 아마도 이런 보조적 기능 때문에 레위기에서 번제 바로 다음에 소제를 소개한 듯하다(Kaiser).

둘째, 본문에서 언급하는 소제는 다른 제물과 관계없이 독립적으로 드리는 제물이다. 소제도 번제처럼 가장 거룩한 제물이다. 그 중요성 때문에 제사장들은 각별히 주의하여 소제물을 다루었다. 곡물을 드리는 소제가 짐승을 드리는 다른 제사들만큼이나 중요하고 거룩하다는 것은 경제적인 형편 때문에 주의 백성이 하나님께 나아오는 것이 제한되어서는 안 된다는 것을 의미한다. 각자 자기 형편에 따라 제물을 준비하여 나오라는 뜻이다. 하나님께 제물보다 더 중요한 것은 예배자의 마음이기 때문이다.

우리말 번역본들이 '소제'로 번역하는 히브리어 단어(מִנְחָה)의 기본적인 의미는 선물(gift) 혹은 공물(tribute)이다(Weinfeld, Levine, Kaiser, cf. 창 32:13; 43:11; 삼하 8:6; 왕상 4:21). 이 히브리어 단어는 짐승 제물(창 4:4-5)과 곡물 제물(창 4:3)을 모두 뜻하기도 했다. 곡물 제물도 짐승 제물만큼이나 하나님이 기뻐하시는 선물인 것이다.

곡물 제물은 번제, 화목제와 함께 '하나님을 기쁘게 하는 향기'로 드려지는 세 가지 제물 중 하나이다(1:9, 17; 2:2, 9, 12; 3:5, 16). 그러므로 가인과 아벨의 이야기에서 하나님이 아벨의 제물은 받고 가인의 제물은 거부하신 일이 두 사람이 드린 제물의 가치 때문이라는 주장은 근거가 전혀 없다(Kiuchi). 즉 아벨이 짐승의 생명을 제물로 바쳤기 때문에 하나님이 받으셨고, 가인은 생명과 상관없는 곡물을 바쳤기 때문에 받지 않으신 게 아니라는 뜻이다. 하나님께는 제물 자체보다 제물을 바치는 사람의 마음과 삶이 더 중요하기 때문이다. 무엇을 드리느냐보다 평상시에 어떻게 살고 어떠한 마음 자세로 하나님을 예배하는가가 더 중요하다.

소제도 번제처럼 제단에서 불살라 바치지만, 번제처럼 생명을 하나님께 드리는 행위가 아니기 때문에 드리는 사람이 손을 얹어 안수하여 자신의 죄를 제물에 옮기는 의식을 행하지는 않는다. 소제의 근본적인 의미는 땅의 소산을 하나님께 선물로 드리는 것에 있다. 그러므로 소제는 땅의 소산일 뿐 아니라 사람이 심어서 거둔 곡식이어야 한다. 사람이 땀 흘려 수고한 노동을 상징하는 것이다(Kaiser). 들짐승을 번제로 드릴 수 없는 원리가 곡물에도 적용된다.

모세는 본문에서 세 종류의 곡물 제사에 대해 규례를 선포한다. (1) 요리하지 않은 소제(2:1-3), (2) 요리한 소제(2:4-10), (3) 첫 열매 소제(2:14-16). 두 번째와 세 번째 소제 사이에 누룩 금지령이 끼어 있다(2:11-13). 그러므로 본 텍스트는 다음과 같이 네 파트로 나뉜다.

A. 요리하지 않은 소제(2:1-3)
B. 요리한 소제(2:4-10)
C. 소제 첨가물(2:11-13)
D. 첫 열매 소제(2:14-16)

I. 제사에 대한 율법(1:1-7:38)
A. 백성을 위한 제사 규례(1:1-6:7[5:26])
1. 세 가지 자원 제사(1:1-3:17)
(2) 소제(2:1-16)

a. 요리하지 않은 소제(2:1-3)

1 누구든지 소제의 예물을 여호와께 드리려거든 고운 가루로 예물을 삼아 그 위에 기름을 붓고 또 그 위에 유향을 놓아 2 아론의 자손 제사장들에게로 가져갈 것이요 제사장은 그 고운 가루 한 움큼과 기름과 그 모든 유향을 가져다가 기념물로 제단 위에서 불사를지니 이는 화제라 여호와께 향기로운 냄새니라 3 그 소제물의 남은 것은 아론과 그의 자손에게 돌릴지니 이는 여호와의 화제물 중에 지극히 거룩한 것이니라

우리말 번역본들은 소제로 드리는 밀가루를 '고운' 것이라고 하는데(1절), 이 히브리어 단어(סֹלֶת)의 의미는 잘 갈아서 곱게 빻은 가루가 아니라 최상품을 가리키는 것이다(Levine, Gane, Hess, NRS, TNK). 맷돌에 빻은 밀가루를 채로 걸러 얻은 제일 질 좋은 밀가루(semolina)를 뜻한다(Kaiser). 고운 밀가루를 만드는 일은 많은 노력과 노동을 필요로 했다(Gerstenberger). 그러므로 '고운 것'(סֹלֶת)은 밀가루의 형태가 아니라 질을 강조하는 단어이다(Milgrom, cf. 겔 16:13, 19). 아브라함의 아내 사라가 손님들을 위해 음식을 만들 때 이 밀가루를 사용했다(창 18:6).

요리하지 않은 소제는 최고 품질의 밀가루에 올리브유(שֶׁמֶן)(HALOT)를 붓고 그 위에 향(לְבֹנָה)을 얹어서 준비했다(1절). 본문이 언급하는 올리브유 또한 최상품으로서, 그 만드는 과정에 많은 노동력이 요구되었다. 기름은 언약적 충성을 상징할 뿐만 아니라 하나님이 주시는 기쁨과 즐거움을 상징하기도 한다(Kiuchi). 그러므로 제물에 기름을 붓는 것은 예배자가 기쁨과 즐거움을 주시는 하나님의 임재를 사모한다는 뜻을 나타낸다.

구약 시대에는 제사장이나 왕에게 기름을 부었다(출 29:7; 레 8:12; 21:10; 삼상 10:1; 왕하 9:3, 6). 임직식에서 기름 부음을 받음으로써 하나님께 특별히 구분되었음을 나타내었다. 그러므로 곡물에 기름을 붓는 것은 곧 하나님의 특별한 목적을 위하여 곡물 제물을 따로 구분한다는 상징인 것이다(Hess). 같은 의미로 목회자는 임직하는 순간부터 하나님께 특별히 구분된 삶을 살아야 한다는 뜻으로 안수를 받는다.

소제에 첨가되는 향(לְבֹנָה)은 유향(frankincense)인데 아라비아 남부, 소말리아, 아프리카 연안에서 자라는 나무에서 채취한 일종의 송진이다(Kaiser, cf. 렘 6:20). 오경에서 향은 거의 모든 경우에 기름과 함께 사용된다. 유향의 향기 또한 하나님을 기쁘게 하는 효과를 발휘한 것으로 생각된다. 소제에 부어진 기름은 곡물이 잘 타도록 도왔고, 향은 곡물이 향기롭게 타도록 도왔다(Milgrom). 두 가지가 함께 타며 시너지 효과를 낸 것이다. 크리스천의 삶과 기도도 이처럼 시너지 효과를 내며 하늘에 열납되면 좋겠다.

제사장은 예배자가 가져온 곡물의 일부를 향과 기름을 곁들여 제단에서 태우고 나머지는 자신의 몫으로 챙겼다(3, 10절). 모세는 정확히 어느 정도의 곡물을 태워야 하는지에 대하여 어떠한 언급도 하지 않는다. 한 학자는 민수기 28:11-14을 근거로 약 1.8ℓ의 곡물과 한 홉 반 정도의 기름을 제단에서 태웠다고 한다(Harris). 정확하게 얼마나 많은 양이 태워졌는지는 알 수 없지만, 그다지 많은 양은 아니었음이 확실하다. 2절에서 제사장이 제단에서 불사르는 제물을 '기념물'(אַזְכָּרָה)이라고 하기 때문이다. 한 주석가는 이 히브리어 단어를 '기념물'(memorial portion) 대신 '토큰 분량'(token portion)으로 번역하여 매우 적은 양이 드려졌다는 사실을 강조한다(Milgrom).

제사장들이 소제를 드릴 때 제단에서 소량의 곡물만 태우지만 예배자가 하나님께 제물을 온전히 바친다는 것을 의미한다. 그러므로 소제

중 대부분을 제사장의 몫으로 주는 것은 하나님이 이미 받으신 예물을 제사장들에게 하사하심을 의미한다. 그러므로 제사장의 몫은 '가장 거룩하다'(קֹדֶשׁ קָדָשִׁים)(3, 10절).

가장 거룩한 예물은 아무나 함부로 대할 수 없다. 하나님이 하사하신 예물을 먹는 제사장은 더욱더 자신을 성찰하고 몸과 마음을 경건하게 다스려야 한다는 것을 암시한다. 소제, 특히 요리하지 않은 소제는 제사장들의 가장 중요한 수입원이 되었다(Wenham). 백성들이 제물로 가져온 곡물 중에 지극히 적은 양만 상징적으로 태우고, 나머지는 모두 제사장들의 몫이 되었기 때문이다.

'가장 거룩하다'라는 표현은 여러 제물 중 유일하게 소제, 속죄제, 속건제에서 사용된다(2:3; 6:17, 25; 7:6). 속건제와 속죄제 또한 일부만 태우고 나머지는 제사장 몫이 되기 때문이다. 그러나 일반 백성이 아닌 제사장이 드리는 소제는 남기지 말고 모두 태우라고 하신다(6:23). 이 경우 제사장이 곡물을 가져오는 예배자가 되기 때문에 '중개인의 몫'이 없는 것이다.

유태인들의 전승에 의하면 소제는 저녁 제물을 드리는 시간이기도 한 9시(오후 3시)에 드렸다(행 3:1; 10:3, 30). 소제는 하나님께 향기로운 제물이었다. 더 나아가 미쉬나는 제사장이 곡물과 함께 향을 태우는 동안 백성은 바깥뜰에 모여 기도했다고 한다(m. Tamid 4:3; m. Kelim 1:9). 이러한 이유로 향은 성도들의 기도를 상징하게 되었다(Weinfeld). 소제의 연기가 하늘을 향해 올라가는 것처럼 주의 백성이 드리는 기도도 하나님께 열납된다는 뜻이다.

I. 제사에 대한 율법(1:1-7:38)
A. 백성을 위한 제사 규례(1:1-6:7[5:26])
1. 세 가지 자원 제사(1:1-3:17)
(2) 소제(2:1-16)

b. 요리한 소제(2:4-10)

4 네가 화덕에 구운 것으로 소제의 예물을 드리려거든 고운 가루에 기름을
섞어 만든 무교병이나 기름을 바른 무교전병을 드릴 것이요 5 철판에 부친
것으로 소제의 예물을 드리려거든 고운 가루에 누룩을 넣지 말고 기름을 섞
어 6 조각으로 나누고 그 위에 기름을 부을지니 이는 소제니라 7 네가 냄비
의 것으로 소제를 드리려거든 고운 가루와 기름을 섞어 만들지니라 8 너는
이것들로 만든 소제물을 여호와께로 가져다가 제사장에게 줄 것이요 제사장
은 그것을 제단으로 가져가서 9 그 소제물 중에서 기념할 것을 가져다가 제
단 위에서 불사를지니 이는 화제라 여호와께 향기로운 냄새니라 10 소제물의
남은 것은 아론과 그의 아들들에게 돌릴지니 이는 여호와의 화제물 중에 지
극히 거룩한 것이니라

요리하지 않은 곡물을 소제로 드릴 때 준수해야 할 지침에 이어 떡이나 전병처럼 완전히 요리된 음식을 소제로 드릴 때 지켜야 할 가이드라인에 대해 알아보자. 모세는 먼저 조리 기구에 따라 구분된 세 가지 소제에 대해 언급한다. (1) 화덕에 구운 소제(4절), (2) 철판에 부친 소제(5절), (3) 냄비에 요리한 소제(7절). 그다음에는 조리 기구와 상관없이 소제를 드리는 모든 사람이 준수해야 할 전반적인 규칙을 제시한다(8-10절). 이번에도 제물의 극소량만 기념물로 불살라지고 나머지는 제사장의 몫이 된다(9-10절).

철판은 부침개처럼 넙적한 음식을 요리하는 도구이고, 냄비는 음식을 기름에 튀기는 데 사용되었다. 한 학자는 이스라엘이 철판(מַחֲבַת)과 냄비(מַרְחֶשֶׁת)를 사용하기 시작한 것이 포로기 이후라면서 P문서인 레위기가 뒤늦게 저작되었다는 증거라고 주장한다(Dever). 그러나 그의 주장과 달리 1000년 전부터 이스라엘이 이 조리 도구들을 이미 사용해 왔다는 증거들이 있다(Harrison, Weinfeld).

곡물을 제물로 드릴 때에는 누룩과 꿀을 넣어서는 안 된다(5절; cf. 11절). 누룩은 이집트를 탈출한 날을 기리는 유월절 규례에서도 금지 품목이다(출 12:15; 13:3, 7). 누룩을 섞은 밀가루 반죽이 숙성되길 기다릴 틈도 없이 이집트를 황급히 떠났던 일을 기억하기 위하여 반죽에 누룩을 넣는 것을 금했다(출 12:39).

학자들은 이외에도 누룩과 꿀을 금하는 데는 두 가지 이유가 있었을 것으로 추측한다. 첫째, 누룩과 꿀을 넣어 요리한 음식은 쉽게 발효되거나 상하므로 예배자가 소제를 준비하는 동안이나 제단에서 드리는 중에 음식의 질이 달라질 수 있다(Archer). 이것 또한 상징적으로 소량만 제단에서 태우고, 나머지는 제사장과 가족들의 몫이 된다. 그러니 음식이 상하거나 부패한다면 참으로 난처할 것이다. 하나님은 이 같은 규례를 주어 제사장들을 배려하셨다.

둘째, 기록에 의하면 누룩과 꿀이 우상숭배 의식에서 제물로 사용되곤 했기 때문이다(Rooker). 하나님을 예배하는 데 쓰이기에는 부적절하다는 것이다. 그러나 이 같은 주장은 설득력이 그다지 크지 않다. 소나 양과 같은 짐승들도 우상숭배의 제물로 쓰이곤 했기 때문이다. 우상숭배에 사용되기는 마찬가지인데 왜 누룩과 꿀은 안 되고, 소나 양은 된다는 말인가? 논리적이지 않다.

본문이 언급한 세 가지 요리 방법 중 처음 두 가지는 누룩을 사용하지 말라고 직접적으로 말한다(4, 5절). 그에 비해 세 번째 냄비로 요리할 경우(7절)에는 누룩에 대한 언급이 없으므로 이것에는 누룩의 사용이 허락되었을 것이라는 주석가도 있다(Kiuchi). 그러나 확실하지는 않다.

요리하지 않은 곡물로 소제를 드릴 때에는 향을 더하도록 했는데, 요리된 음식으로 소제를 드릴 때는 이런 지침이 없다. 학자들은 가난한 사람들을 배려해서 생긴 차이로 생각한다(Milgrom, Hess). 당시 유향은 매우 값비싼 귀중품이었기 때문이다. 그러므로 형편이 괜찮은 사람은 요리하지 않은 곡물에 향을 더하되, 형편이 어려운 사람들은 값비싼 향을 더하지 않고도 집에서 정성 들여 요리한 것을 하나님께 바치면 되었다. 제물보다는 예배자의 마음이 더 중요하다는 것을 다시 한번 강조하는 것이다.

유태인들은 누룩을 부패의 상징으로 보았다(Wenham, Sarna). 부패한 사람은 세상에 대한 미련과 염려가 너무나 많아 하나님께 나아갈 수 없다. 그러므로 누룩은 하나님께 다가가는 것을 방해하는 것들의 상징으로 여겨졌다(Kiuchi). 그리스도인들에게도 누룩은 부패와 죽음을 상징하는, 상당히 부정적인 요소로 취급된다(Gane). 그러나 긍정적인 차원에서 언급되기도 한다. 처음 수확한 곡식을 빚어 하나님께 예물로 드리는 빵에는 누룩을 첨가한다(레 23:17, 20). 히스기야 시대에는 하나님께 첫 곡물을 예물로 드릴 때 꿀도 함께 드렸다(대하 31:5). 본문에서도 땅의 첫 소산을 하나님께 예물로 드릴 때는 누룩과 꿀을 가져올 수 있지만 제단에서 곡물을 태울 때는 넣을 수 없다고 말한다(12절). 제사장들을 위해 가져올 수는 있지만 제물로는 바칠 수 없다는 뜻이다. 이처럼 정황에 따라 누룩을 더할 수도 있었다. 그러므로 이스라엘 종교에서 누룩이 항상 부정적인 것으로만 취급된 것은 아니다.

I. 제사에 대한 율법(1:1-7:38) A. 백성을 위한 제사 규례(1:1-6:7[5:26]) 1. 세 가지 자원 제사(1:1-3:17) (2) 소제(2:1-16)

c. 소제 첨가물(2:11-13)

[11] 너희가 여호와께 드리는 모든 소제물에는 누룩을 넣지 말지니 너희가 누룩이나 꿀을 여호와께 화제로 드려 사르지 못할지니라 [12] 처음 익은 것으로는 그것을 여호와께 드릴지나 향기로운 냄새를 위하여는 제단에 올리지 말지며 [13] 네 모든 소제물에 소금을 치라 네 하나님의 언약의 소금을 네 소제에 빼지 못할지니 네 모든 예물에 소금을 드릴지니라

소제에 누룩과 꿀의 첨가는 금지 사항이다. 여기서 꿀(דְּבַשׁ)(11절)은 벌꿀이 아니라 대추야자, 포도즙 등을 끓여서 만든 일종의 시럽(조청)을 뜻한다(HALOT). 고대 이스라엘은 기후와 지형적인 여건 때문에 양봉업이 발달하지 못했다(Rashi, Ibn Ezra, Maimonides). 만일 이것이 벌꿀이라면 추수기 때 사람들의 수고와 노동의 '첫 열매'로 꿀을 드리는 기준에 맞지 않는다. 이 사실은 본문이 언급하고 있는 꿀이 대추야자나 포도즙을 끓여서 만든 시럽일 것이라는 해석을 뒷받침해 준다(Levine, cf. Gane).

누룩과 꿀(시럽)을 소제에 넣으면 안 되지만 소금은 반드시 넣어야 한다(13절). '모든 예물'(כָּל־קָרְבַּן)에 소금을 더하라고 하는데, 모든 곡물 제물을 뜻하는 것인가 아니면 짐승 제물까지도 포함되는 것인가는 확실하지 않다. 대부분의 학자는 짐승을 포함한 모든 제물에 소금을 뿌리라는 것으로 이해한다(Kaiser, Gane, Milgrom, Hess, cf. 겔 43:24). 제물에 더해지는 소금이 '네 하나님의 언약의 소금'이라고 불리는 것을 보면 언약에 따라 하나님께 드리는 모든 제물에 더해졌음을 짐작할 수 있다. 다양한 짐승들과 곡물이 제물로 드려지는데, 소금이 모든 제물의 공통

분모 역할을 하고 있는 것이다.

고대 근동에서는 중요한 계약을 맺으면 쌍방이 음식을 나누어 먹는 일을 통해 계약을 비준했다. 이 예식에서 가장 중요한 부분이 바로 소금을 나누는 일이었다(Milgrom). 소금을 나눔으로써 양쪽 당사자들이 동일한 책임과 의무로 함께 묶였음을 상징했기 때문이다(Walton). 이러한 문화적 정황을 배경으로 '네 하나님의 언약의 소금'(בְּרִית אֱלֹהֶיךָ מֶלַח)이라는 표현이 사용되고 있다(13절; cf. 민 18:19; 대하 13:5). 이 표현은 '소금으로 인해 계약의 효력이 발생했음'을 뜻하는 것이다(Levine, Kaiser). 본문에서 언급된 이 소금 언약은 이스라엘이 시내 산에서 하나님과 맺은 계약을 가리킨다(Wenham).

고대 사람들은 왜 계약을 체결할 때 소금을 사용했는가? 무엇보다도 소금은 불에 태울 수 없고 세월이 지나도 변질되지 않는 성질을 지녔기 때문이라는 것이 학자들의 일반적인 추측이다(대하 13:5). 하나님과 주의 백성들 사이에 맺어진 언약은 영원하다는 것이다. 종속자인 우리는 변질되어도 종주인 하나님은 변함없이 언약을 계속 지켜 나가실 것이기 때문이다.

I. 제사에 대한 율법(1:1-7:38)
A. 백성을 위한 제사 규례(1:1-6:7[5:26])
1. 세 가지 자원 제사(1:1-3:17)
(2) 소제(2:1-16)

d. 첫 열매 소제(2:14-16)

14 너는 첫 이삭의 소제를 여호와께 드리거든 첫 이삭을 볶아 찧은 것으로 네 소제를 삼되 15 그 위에 기름을 붓고 그 위에 유향을 더할지니 이는 소제니라 16 제사장은 찧은 곡식과 기름을 모든 유향과 함께 기념물로 불사를지니 이는 여호와께 드리는 화제니라

첫 이삭의 소제(2:14-16)와 첫 이삭 한 단의 요제(23:14-17)는 같은 것인가 아니면 둘 사이에 차이가 있는가? 둘 다 첫 열매(בִּכּוּרִים)를 드리는 것이라는 공통점이 있지만, 하나는 누룩을 넣으라는 말이 없고(2:14-16), 다른 하나에는 누룩을 넣으라는 분명한 지시가 있다(23:17).

오래전부터 이 이슈에 대해 랍비들이 서로 의견을 달리해 왔다. 라쉬(Rashi)와 람반(Ramban) 등은 두 제사가 같은 것이라고 했고, 다른 랍비들은 둘이 서로 다른 제사라고 주장했다(Ibn Ezra, Luzzatto). 중간 입장의 랍비들은 이 제사들이 첫 열매로 드리는 것에서는 본질적으로 같지만 드리는 시기가 서로 다르고, 하나는 자원해서 드리는 제물인 데 비해 다른 하나는 의무적으로 드리는 것이라는 점에서 다르다(Levine).

'첫 이삭'(אָבִיב)은 곡식이 여물어 가기 시작할 때 무르익지 않은 상태에서 거두기 때문에 알이 덜 딴딴해서 '우유 같은 곡물'(milky grain)로 불리기도 한다(Milgrom). 꾹 누르면 우유 같은 하얀 즙이 흘러나오기 때문이다(Hess).

첫 이삭을 가공해서 드리는 소제는 다른 소제들에 비해 훌륭한 재료로 구성되어 있다. 그럼에도 불구하고 이 소제는 다른 소제들(1-2; 4-9)이나 번제에 비해 거룩성이 덜하다고 할 수 있는데, '여호와께 향기로운 냄새'라는 표현이 빠져 있기 때문이다(Kiuchi). 그러나 주의 백성이 수확한 모든 곡식이 하나님의 선물임을 고백하는 의미가 담겨 있다. 그리고 주의 백성이 수고한 열매를 거둔 것이므로(출 23:16; 레 23:17), 그 모든 수고를 성결하게 만드는 효과도 있다. 또한, 하나님과 이스라엘 사이에 맺은 언약 관계를 상기시킨다.

소제를 드릴 때 기름을 첨가하는 방법은 다양하다. 곡물 위에 붓거나(1절) 곡물과 섞기도 하고(4절), 전병에 바르거나(4절), 곡물을 튀기거나(7절) 곡물 위에 붓기도 한다(15절). 기름은 곡물이 잘 타도록 돕는 동시에 하나님을 기쁘게 하는 냄새를 냈다.

성경에서 기름과 향은 기쁨을 상징한다(잠 27:9). 그래서인지 속죄제

(레 5:11)와 의심의 소제(민 5:15)를 드릴 때는 기름과 향을 금한다. 기쁘게 드리는 제사가 아니기 때문이다.

곡물을 요리하여 소제로 드릴 때 사용된 도구들이 다양하다. 화덕(oven)(תַּנּוּר)(4절), 철판/빵 굽는 판(baking pan)(מַחֲבַת)(5절), 냄비/솥(frying pan)(מַרְחֶשֶׁת)(7절). 다양한 계층의 사람들이 자신의 경제적인 여건에 따라 사용했다. 형편이 나은 사람들은 상대적으로 값비싼 화덕이나 철판을 주로 사용했고, 가난한 사람들은 솥/냄비를 주로 사용했다(Kaiser). 하나님은 비싼 화덕이나 철판에서 구운 곡물만 예물로 받지 않으신다. 상대적으로 값이 저렴한 냄비/솥에서 볶은 곡물도 받으신다. 이것은 하나님이 예배와 제물에 있어서 경제적인 여건에 따라 사람을 차별하지 않으신다는 사실을 시사한다.

세 가지 소제를 언급하고 있는 2장은 우리에게 몇 가지 교훈을 준다. 첫째, 예배에 임할 때 무엇을 드리느냐보다 어떤 마음 자세로 드리느냐에 더 심혈을 기울여야 한다. 하나님이 더 중요하게 여기시는 것은 예배자의 마음과 삶의 자세이기 때문이다. 하나님은 다양한 짐승을 번제물로 받으신 것처럼 소제물도 다양한 재료와 방법으로 받으심으로써 가난한 사람들도 예배에서 소외되지 않도록 배려하셨다. 또한 예배자의 마음을 중요하게 여기며 제물에 대해서는 형편에 따라 적절하게 선택할 수 있도록 융통성을 허락하셨다. 그러므로 오늘날에도 경제적인 이유 때문에 하나님께 나아오지 못할 사람은 없다. 상태가 곤핍하여 주님께 크고 많은 것을 드리지 못해도 괜찮다. 제물은 부수적인 것일 뿐, 하나님이 원하시는 것은 무엇보다도 상한 심령으로 드리는 예배이기 때문이다.

둘째, 하나님의 백성은 주님께 축복으로 받은 재물의 일부를 드림으로써 하나님의 주권과 은혜를 인정해야 한다. 땅의 소산을 중심으로 드리는 소제는 하나님의 주인되심과 우리가 누리는 모든 것이 하나님의 선물임을 고백하는 제사이다(Levine, Kiuchi, Rooker). 소제는 어떤 제사보다도 창조주의 축복을 누리며 사는 피조물된 인간이 공물/조공(tribute)을 드리는 성향이 짙다(Wenham, Hess). 주의 백성은 소제를 통해 하나님께 받은 일부를 돌려드린 것이다(Kellogg).

소제를 통해 하나님께 받은 일부를 주님께 돌려드리는 과정에서 가장 중요한 것은, 은혜를 베풀어 주신 하나님을 향한 감사와 찬양이다(Hartley). 하나님이 원하시는 것은 우리의 입술을 통한 감사와 찬양이다. 감사함이 없는 큰 예물보다는 감사가 깃든 작은 예물을 선호하신다는 것이다. 신약도 즐겨(기쁘게) 드리는 사람을 하나님이 사랑하신다고 말한다(고후 9:7). 기쁜 마음으로 많이 드림으로써 하나님의 주인되심을 인정하는 것이 아무래도 가장 이상적일 것이다. 그러나 경제적 여건과 상관없이 마음을 다해 감사하는 마음으로 예배를 드릴 수 있기 때문에 하나님께 나아가는 길은 모든 성도에게 언제나 열려 있다.

셋째, 평생 하나님의 은혜에 감사하며 살아야 한다. 세 가지 소제는 모두 '기념물'로 드려졌다. 제물의 대부분은 제사장의 몫이었고 지극히 소량만이 제단에서 태워졌다. 핵심 메시지는 하나님을 기념하는 일이다. 예수님이 최후의 만찬에서 "나를 기념하라"라고 말씀하신 것도 이 같은 의도에서이다(눅 22:19). 특별한 날이나 절기에만 하나님을 기념하는 것이 아니라 일상에서 끊임없이 주님을 기념해야 한다. 지속적으로 하나님의 은혜를 기념하다 보면 자연스럽게 감격으로 이어지며 감격이 감사로 이어진다. 진심으로 하나님께 감사하며 사는 것이 소제의 목적이다.

넷째, 성도는 자신의 수입/수확의 일부를 내놓아 사역자의 필요를 채울 의무가 있다(Wenham, Hess). 백성들이 소제를 가져오면 지극히 적은 양만을 불태워 하나님께 드리고, 나머지는 제사장들의 몫이 되었다. 예배자가 하나님께 드린 제물을 하나님이 당신의 종들에게 주어 먹게 하신 것이다. 제사장들이 먹고사는 일에 신경 쓰지 않고 마음껏 사역할 수 있도록 하나님이 배려하신 것이다. 신약 시대에 바울도 같은 논리를 펼친다(고전 9:13-14). 그러므로 형편이 어려우면 어쩔 수 없지만, 교회 공동체가 사역자의 필요를 채워 주지 않는 것은 하나님과 하나님이 세우신 사역 원칙을 무시하는 행위이다(Kaiser, Rooker).

다섯째, 하나님과의 영원한 관계를 기념하며 감사해야 한다. 소제에 소금이 더해짐으로써 하나님과 이스라엘 사이에 맺은 언약의 영원성이 강조되었다. 주의 백성은 하나님을 계속해서 배반할 것이다. 그러나 하나님의 사랑하심은 변하지 않는다. 언약의 주체인 하나님이 변함없으시다면 관계에 소망이 있다. 마치 소금이 변함없이 늘 짠맛을 내는 것처럼 말이다. 우리가 예수님을 통해 하나님과 맺은 관계 또한 그러하다. 사람은 종종 하나님을 떠나지만 하나님은 절대로 사람을 버리고 떠나는 법이 없으시다.

하나님은 우리와의 언약을 영원히 지속시키기 위하여 성령을 보내셨다. 성령이 내주하심으로써 하나님과 우리의 관계가 지속되도록 도우신다. 그러므로 하나님의 신실하심과 구원을 생각할 때마다 기뻐하고 즐거워할 수 있다(빌 4:18).

여섯째, 하나님께 특별히 더 귀한 제물은 없다. '제물' 하면 보통 동물의 죽음과 피를 떠올린다. 곡물 제사는 제물에 대한 고정관념을 깨뜨려 준다. 곡물 제사에는 피도 없고 죽음도 없기 때문이다. 그러나 피도 죽음도 없는 곡물 제사가 짐승을 죽이는 다른 제사들만큼이나 거룩하다. 제물보다 예배에 임하는 자세가 더 중요하다는 뜻이다.

일곱째, 곡물 소제는 세상에 '생명의 떡'으로 오신 예수님을 연상시킨다(Kaiser). 예수님이 "나를 기념하라"라는 말씀을 남기시는데(눅 22:19), 소제의 초점이 바로 하나님을 '기념'하는 것이다. 또한 소제의 곡물이 부서지고 으깨어지는 것처럼 주님의 몸도 부서지고 으깨어진다. 소제물이 그런 것처럼 예수님의 희생은 하나님께 가장 '향기로운 제물'이 된다. 소제가 소금과 불에 연결되어 있는 것처럼, 예수님은 '불로써 소금 치듯 함'을 받고 난 사람들이 비로소 하나님의 인정을 받을 것으로 말씀하셨다(Calvin, cf. 막 9:49). 본문에 비추어 볼 때, "너희는 세상의 소금"이란 말씀(마 5:13)은 우리가 세상을 보존하는 역할뿐 아니라 하나님이 기뻐하실 거룩한 산 제물의 역할을 감당하는 영적 예배자가 되어야 한다는 당부이다(Rooker, cf 롬 12:1).

I. 제사에 대한 율법(1:1–7:38)
A. 백성을 위한 제사 규례(1:1–6:7[5:26])
1. 세 가지 자원 제사(1:1–3:17)

(3) 화목제(3:1–17)

화목제는 세 가지로 나뉜다. (1) 감사할 일이 있어서 드리는 감사제(תּוֹדָה), (2) 서원에 따라 드리는 서원제(נֶדֶר), (3) 특별한 이유 없이 자원해서 드리는 자원제(נְדָבָה). 화목제는 본문뿐 아니라 7:11–16에서도 다시 한번 언급된다.

학자들 간에 화목제(שְׁלָמִים)란 이름은 늘 논란이 되어 왔다. 평화(שָׁלוֹם)에서 유래한 이름으로 생각해서 화목제/평화제(peace offering)로 칭했다는 것이 전통적인 견해이며, 하나님과 백성 사이에 평화와 화목이 있음을 기념하는 제사로 해석했다(Harrison). 그러나 최근 들어 화목제의 어원인 평화(שָׁלוֹם)가 건강과 건전함을 뜻하므로 웰빙제(the well-being offering)로 부르기도 한다(Milgrom, Gane, cf. NRS, TNK). 화목제는 드리는 사람도 먹을 수 있도록 허락된 유일한 제물로서 나눔제/친교제(the shared offering/the fellowship offering)라고도 한다(NIV). 우가리트 서사시 케렛(Keret)에서 주인공 케렛이 침략해 온 적장에게 바치는 공물/진상물을 가리키는 단어가 화목제(שְׁלָמִים)와 비슷한 šalamūna라는 것에서 힌트를 얻어 진상제(the gift of greeting offering)로 부르기도 한다(Levine). 또한, 화목제(שְׁלָמִים)가 배상(שִׁלֵּם)에서 비롯되었다는 견해에 따라 배상제(the recompense offering)로 불리기도 한다(Kaiser).

화목제에 관한 규례는 번제에 대한 규례(1장)와 소제에 대한 규례(2장)처럼 제물을 중심으로 세 섹션으로 구성되어 있다. (1) 소(3:1-5), (2) 양(3:6-11), (3) 염소(3:12-16). 각 섹션은 "이는 화제"라는 말씀으로 마무리된다(5, 11, 16절). 또한 첫 번째(소)와 세 번째(염소) 섹션은 '향기로운 냄새'라는 표현을 포함하고 있다(5, 16절).

히브리어 원문으로 보면, 3장에서 '모든/전부'(כֹּל)가 7차례, '기름'(חֵלֶב)이 정확히 12차례 사용되었다. 이 숫자들은 우연이 아닌 계획의 결과이다(Warning). 이 단어들을 사용함으로써 텍스트에 통일성과 짜임새를 더한다.

화목제에 대한 율법으로 구성된 본문은 다음과 같이 세 파트로 구분할 수 있다.

A. 소 화목제(3:1-5)
B. 양 화목제(3:6-11)
C. 염소 화목제(3:12-17)

I. 제사에 대한 율법(1:1-7:38)
A. 백성을 위한 제사 규례(1:1-6:7[5:26])
1. 세 가지 자원 제사(1:1-3:17)
(3) 화목제(3:1-17)

a. 소 화목제(3:1-5)

1 사람이 만일 화목제의 제물을 예물로 드리되 소로 드리려면 수컷이나 암컷
이나 흠 없는 것으로 여호와 앞에 드릴지니 2 그 예물의 머리에 안수하고 회
막 문에서 잡을 것이요 아론의 자손 제사장들은 그 피를 제단 사방에 뿌릴
것이며 3 그는 또 그 화목제의 제물 중에서 여호와께 화제를 드릴지니 곧 내
장에 덮인 기름과 내장에 붙은 모든 기름과 4 두 콩팥과 그 위의 기름 곧 허

리 쪽에 있는 것과 간에 덮인 꺼풀을 콩팥과 함께 떼어낼 것이요 [5] 아론의 자손은 그것을 제단 위의 불 위에 있는 나무 위의 번제물 위에서 사를지니 이는 화제라 여호와께 향기로운 냄새니라

성경에서 번제와 화목제는 쌍으로 자주 등장하는데, 두 제사가 함께 언급되는 경우가 총 47차례나 된다(Hess). 화목제도 번제와 소제처럼 시내 산에서 율법이 선포되기 전부터 이미 성경에 언급된 바 있다. 라반과 평화 협정을 맺은 후 야곱이 화목제를 드렸으며(창 31:45-55). 모세의 장인 이드로가 출애굽한 모세와 아론을 포함한 이스라엘 리더들과 함께 화목제물을 나누며 교제했다(출 18:12). 모세가 하나님을 만나러 시내 산 정상에 올라간 후 내려오지 않자 아론과 백성들이 금송아지를 만들어 화목제를 드리기도 했다(출 32:6). 이 제사가 실제로 어떻게 드려졌는가에 대한 가장 자세한 묘사는 사무엘 선지자가 화목제를 드리겠다는 명분하에 베들레헴을 찾아가 다윗에게 기름 부은 사건에서 볼 수 있다(삼상 16장).

율법상 다음 세 가지 경우에는 화목제를 꼭 드리도록 했다. (1) 칠칠절(Feast of Weeks)(23:19-20), (2) 나실인 서원이 끝나는 날(민 6:17-20), (3) 제사장 임직식(레 9:18, 22). 화목제는 단독으로 드리지 않고 기본 제사인 번제와 함께 드려야 한다. 5절에서 이 규례를 찾아볼 수 있다. 제사장은 화목제 제물의 내장과 기름을 가져다가 '번제물 위에서'(עַל־הָעֹלָה) 불살라야 한다. 일부 주석가들은 이것을 번제물 위에서 화목제물을 드리라는 것이 아닌 '번제를 드리는 [같은] 제단'에서 화목제를 드리라는 뜻으로 풀이한다(Rashi, Levine). 그러나 이렇게 해석하기에는 히브리어 문구가 지나치게 구체적이다(Rooker, Kaiser, cf. LXX: "ἐπὶ τὰ ὁλοκαυτώματα"; NIV, NAS, NRS, TNK). 그러므로 화목제는 번제와 함께 드리는 것으로 간주하는 것이 바람직하다.

번제와 화목제를 비교했을 때 가장 기본적인 차이점은 화목제는 지극히 제한된 일부만을 제단 위에서 태우고 나머지는 제사장과 예배자가 함께 먹는다는 것이다. 제사장을 위한 지침서라고 할 수 있는 레위기 7장은 화목제에 대하여 더 많은 정보를 제공한다. 예배자가 하나님께 제물을 가져오면, 제사장은 내장과 기름을 제단 위에서 태우고 가슴살과 오른쪽 뒷다리를 몫으로 받는다(7:31-36). 나머지 고기(가장 큰 몫)는 예배자와 그의 가족, 친지들이 주님 앞에서 먹었다(7:15-21).

I. 제사에 대한 율법(1:1-7:38)
A. 백성을 위한 제사 규례(1:1-6:7[5:26])
1. 세 가지 자원 제사(1:1-3:17)
(3) 화목제(3:1-17)

b. 양 화목제(3:6-11)

6 만일 여호와께 예물로 드리는 화목제의 제물이 양이면 수컷이나 암컷이나 흠 없는 것으로 드릴지며 7 만일 그의 예물로 드리는 것이 어린 양이면 그것을 여호와 앞으로 끌어다가 8 그 예물의 머리에 안수하고 회막 앞에서 잡을 것이요 아론의 자손은 그 피를 제단 사방에 뿌릴 것이며 9 그는 그 화목제의 제물 중에서 여호와께 화제를 드릴지니 그 기름 곧 미골에서 벤 기름진 꼬리와 내장에 덮인 기름과 내장에 붙은 모든 기름과 10 두 콩팥과 그 위의 기름 곧 허리쪽에 있는 것과 간에 덮인 꺼풀을 콩팥과 함께 떼어낼 것이요 11 제사장은 그것을 제단 위에서 불사를지니 이는 화제로 여호와께 드리는 음식이니라

제물을 잡기 전에 예배자가 손을 얹어 안수하고, 제사장이 피를 받아 제단에 뿌리고, 제물의 일부를 태우는 등 화목제를 드리는 절차는 번제의 절차와 비슷하다. 처음에는 번제물을 예배자가 잡았지만 세월이 지나면서 제사장이나 레위 사람들이 잡게 되었다(Kiuchi, cf. 8, 13절).

그러나 화목제물은 훗날에도 계속해서 예배자가 잡아야 했다.

번제는 짐승의 몸 전체를 불살랐기 때문에 양과 염소를 취급할 때 차이를 두지 않았다. 그러나 일부만 태우는 화목제의 경우, 양은 내장과 기름을 태울 때 기름기가 많은 꼬리까지 태워야(9절) 하는 반면에 염소는 꼬리를 태우지 않는다(3:14). 근동 지역에서 사육되는 양 중에 넓적꼬리 양(broad-tailed sheep, 학명: Ovis laticaudata)은 그 꼬리의 길이가 몇 피트나 되고 무게는 보통 7kg, 큰 것은 36kg에 달한다고 한다(Milgrom, Kaiser).

화목제를 일명 '여호와께 드리는 음식'이라고 하는데(11절; cf. 레 21:6; 민 28:2), 이것은 여호와께서 생명을 유지하기 위해 음식을 필요로 하신다는 뜻이 아니다. 이러한 생각은 이스라엘에 없었다(Eichrodt). 다른 제사들과 달리 화목제에는 하나님이 예배자와 함께 드신다는 상징성이 있기 때문에 붙여진 표현이다(Kiuchi). 한편으로 화목제물을 준비하는 방법이 사람이 음식을 준비하는 방법과 동일함을 암시하는 듯하다(Levine). 고대 근동 정서에서 신(들)께 바쳐진 음식을 먹는 것은 곧 그 신(들)과 예배자가 교제한다는 의미였다(Rooker, cf. 고전 10:18-22). 예배자는 화목제를 통해 하나님과 가장 깊은 교제를 나눌 수 있게 되는 것이다.

번제와 달리 비둘기는 화목제물로 드릴 수 없다(1:14-17). 제사장과 예배자가 함께 먹는 것이 화목제의 중요한 부분인 만큼 제물이 나누어 먹을 만한 크기여야 하기 때문이다. 또 다른 차이점은 번제물은 수놈만 드려야 하는데, 화목제는 흠이 없으면 암놈도 드릴 수 있다는 것이다(3:1, 6; cf. 1:3, 10). 상당히 융통성이 있다. 자원제의 경우에는 심지어 흠이 있는 짐승까지도 드릴 수 있다(22:23).

화목제를 드리는 날은 예배자에게 매우 즐겁고 경사스러운 잔칫날이다. 예배자는 제사장에게 받은 제물을 친척들, 친구들, 이웃들 심지어 지나가는 레위 사람들까지 불러 함께 먹을 수 있다. 다만 자신의 집이 아닌 장막/성전에 나아와 하나님 앞에서 먹어야 한다(Kaiser).

감사제의 제물은 그날로 다 먹어야 하고(7:15) 서원제의 제물은 다음 날까지 모두 먹어야 한다(7:17). 만일 삼 일째 되는 날까지 고기가 남았다면 불살라야 한다(7:17). 화목제물의 고기는 거룩하기 때문에 정결한 자만이 먹을 수 있으며, 만일 제물이 부정한 물건에 닿았다면 먹지 말고 불살라야 한다(7:19-20). 이 규정을 어기는 사람은 이스라엘에서 끊어지게 될 것이다(7:21).

소제, 속죄제, 속건제에 대해 '지극히 거룩하다'라는 표현이 붙는데(2:3, 10; 6:17, 25, 29; 7:1, 6) 비해 화목제에는 붙지 않는다. 왜냐하면 소제, 속죄제, 속건제의 제물은 제사장만 먹을 수 있으므로 예배자가 먹는 것을 금하기 위하여 '지극히 거룩한' 제물로 구분해야 했던 것이다. 반면에 화목제물은 예배자도 먹을 수 있기 때문에 '덜 거룩한 것'으로 구분되었다. 번제에는 이러한 구분이 없는데, 제물 전부를 온전히 하나님께 불살라 바치기 때문이다.

I. 제사에 대한 율법(1:1-7:38)
A. 백성을 위한 제사 규례(1:1-6:7[5:26])
1. 세 가지 자원 제사(1:1-3:17)
(3) 화목제(3:1-17)

c. 염소 화목제(3:12-17)

12 만일 그의 예물이 염소면 그것을 여호와 앞으로 끌어다가 13 그것의 머리에 안수하고 회막 앞에서 잡을 것이요 아론의 자손은 그 피를 제단 사방에 뿌릴 것이며 14 그는 그 중에서 예물을 가져다가 여호와께 화제를 드릴지니 곧 내장에 덮인 기름과 내장에 붙은 모든 기름과 15 두 콩팥과 그 위의 기름 곧 허리 쪽에 있는 것과 간에 덮인 꺼풀을 콩팥과 함께 떼어낼 것이요 16 제사장은 그것을 제단 위에서 불사를지니 이는 화제로 드리는 음식이요 향기

로운 냄새라 모든 기름은 여호와의 것이니라 17 너희는 기름과 피를 먹지 말라 이는 너희의 모든 처소에서 너희 대대로 지킬 영원한 규례니라

저자는 화목제에 대한 가르침을 "너희는 기름과 피를 먹지 말라 이는 너희의 모든 처소에서 너희 대대로 지킬 영원한 규례니라"라는 권면으로 마무리한다(17절). '대대로 지킬 영원한 규례'(חֻקַּת עוֹלָם לְדֹרֹתֵיכֶם) 라는 표현은 레위기에서 17차례나 사용되었다.

피는 생명을 상징하며, 생명은 하나님께 속한 것이기 때문에 인간이 피를 먹어서는 안 된다(창 9:4). 그런데 기름은 왜 먹으면 안 되었을까? 학자들이 매우 다양한 견해를 내놓았지만(Milgrom, Wenham, Heller) 만족할 만한 설명은 없다. 가장 전통적인 해석은 기름이 짐승의 가장 좋은 부위이므로 하나님의 몫으로 돌렸다는 주장이다(Hess). 또 다른 해석으로, 성경이 기름기를 하나님이 미워하시는 교만의 상징으로 보기 때문에(욥 15:27; 시 73:7; 119:70) 사람이 먹어서는 안 되며 모두 불태워 없애야 한다는 주장이 있다(Kiuchi). 또한, 기름이 생명을 상징하는 창자 및 장기를 감싸고 있으므로 먹으면 안 된다는 해석이 있다(Kaiser). 이처럼 기름을 특별히 취급하는 제사로 속죄제(4:8), 속건제(7:3), 장자 대속제(민 18:17) 등이 있다(Budd).

1장에서부터 시작된 제물에 대한 언급은 가장 거룩한 것에서부터 거룩의 정도가 덜한 것들 순서로 진행되었다. 거룩의 정도가 덜하다는 것이 덜 중요함을 의미하는 것은 아니다. 다만 제물이 누구의 것이냐에 따라 수준이 결정된다. 즉 모든 것을 하나님께 불살라 바치는 번제가 가장 거룩하며(1장), 일부를 태워 바치고 난 후에 나머지를 제사장의 몫으로 삼는 소제가 그다음으로 거룩하고(2장), 일부는 태워 바치고 나머지를 제사장과 예배자가 주님 앞에서 나눠 먹는 화목제가 가장 덜 거룩하다는 것이다(3장).

3장에 기록된 화목제에 대한 율법은 크리스천에게 다음과 같은 원칙과 교훈을 준다. 첫째, 화목제가 상징하는 것처럼 하나님과 사람은 화평을 이룰 수 있다. 그러나 하나님과 화목하기 위해서는 먼저 해야 할 일이 있는데, 예배자가 번제를 통해 짐승을 온전하게 드리는 것처럼, 우리도 우리 삶의 모든 것을 하나님께 먼저 드려야 한다. 화목제는 번제를 통한 구속의 다음 단계에 해당되므로 번제가 먼저 드려진 다음에야 화목제를 드릴 수 있다(Hartley).

둘째, 화목제는 마음속 깊은 곳에서부터 우러나오는 예배를 드려야 한다는 사실을 권면한다. 화목제는 자원제이기 때문에 마음이 없으면 드릴 수 없다. 또한 다른 제물들과 달리 콩팥, 간, 기름, 내장 등을 하나님께 바치는 화목제는 하나님과 화목하기 위해서는 우리의 중심을 드려야 함을 의미한다(Wenham, Gerstenberger, cf. 시 16:7; 렘 4:14).

셋째, 화목제는 하나님이 우리와 함께하며 많은 것을 베풀기를 얼마나 원하시는가에 대한 표현이다. 번제는 하나님이 홀로 받으시고, 소제는 일부만 받은 채 나머지를 제사장에게 주신다. 화목제는 제사장뿐 아니라 예배자에게도 주신다. 화목제는 하나님과 제사장과 예배자 등 예배에 연관된 모든 사람이 함께 나누는 제물인 것이다. 나누는 것도 모자라 하나님 앞에서 먹도록 허락하기까지 하신다. 하나님이 인간과 음식을 함께 나누시는 것이다! 즉 화목제를 통해 감히 접근할 수 없는 분으로 느껴지던 하나님을 가장 가까이에서 접할 수 있도록, 하나님이 인간 가까이 오시는 것이다.

넷째, 하나님이 화목제물의 일부를 예배자에게 돌려주시는 것은 그리스도의 삶을 연상시킨다. 예수님은 인간과 하나님이 화목하도록 자신을 온전히 드리셨다. 하나님은 예수님을 받으신 다음에 주님의 몸이라 자청하는 우리에게 예수님을 돌려주셨다(Hess, cf. 고전 12:27; 엡4:12).

다섯째, 화목제와 최후의 만찬 사이에 공통점이 있다(Wenham, Rooker). 둘 다 똑같이 다른 제사에는 없는, 주님 앞에 모여 함께 음식을 나누는 행위가 있다. 또한, 기쁨과 감사가 만찬의 중심이 되고 있다는 점에서도 같다(Hess). 예수님이 제자들에게 떡을 떼어 주면서 "이것은 너희를 위하여 주는 내 몸"이니 먹으라고 하셨는데(눅 22:19), 이 말씀은 분명 화목제를 근거로 한 것이다. 옛적에 하나님이 화목제물 양으로 이스라엘을 먹이셨던 것처럼, 그리스도의 몸을 우리에게 먹이셨다(Kellogg).

이것들이 화목제의 역할이다. 이스라엘 사람들은 짐승의 피를 통하여 하나님과 화목할 수 있었다. 크리스천들은 하나님의 어린양인 예수님의 죽음으로 하나님과 화목할 수 있다. 예수님은 하나님과 인간 사이의 화평을 위해 희생 제물이 되셨다. 복음은 싸구려가 아니다. 하나님의 독생자가 생명을 대가로 내놓은 엄청난 은혜인 것이다.

I. 제사에 대한 율법(1:1–7:38)
A. 백성을 위한 제사 규례(1:1–6:7[5:26])

2. 두 가지 속죄 제사(4:1–6:7)

본 섹션에서 중점적으로 다룰 속죄제와 속건제는 1–3장이 제시한 번제, 소제, 화목제 등 세 가지 제사와는 본질적으로 다르다. 지금까지 언급된 세 가지 제사는 인류가 세상에 존재하면서부터 하나님께 드려왔던 것들이다(창 4:3–4; 8:20; 22:13; 출 18:12; 20:24; 24:5). 율법을 받기 전부터 이스라엘은 이 제사들에 대해 어느 정도 익숙해져 있었을 것이다. 반면에 본문의 주제인 속죄제와 속건제는 생소했다. 시내 산에서 새로 받은 율법이기 때문이다. 그런 이유로 모세는 두 제물을 드리는 목적과 정황에 대하여 매우 상세하게 설명한다.

아브라함 시대에 살았던 것으로 추정되는 욥은 자식들과 친구들을 위하여 제사를 드리는데(욥 1:5; 42:8), 이 제사들은 레위기 율법에 의하면 속죄제에 해당된다. 그런데 욥은 속죄제가 아닌 번제를 드린다. 율법에 의한 속죄제는 모세 시대부터 드려지기 시작했기 때문이다. 선조들의 시대에는 번제가 속죄제와 속건제의 역할까지 했던 것이다.

속죄제와 속건제는 한 개인, 제사장, 지도자 혹은 공동체가 죄를 지었을 때 하나님께 용서를 구하기 위하여 드리는 제물이다. 하지만 모든 죄에 적용되는 것은 아니다. 미리 계획한 죄나 하나님께 의도적으로 반역한 죄는 해당되지 않는다는 것이 학자들의 일반적인 해석이다. 오직 본의 아닌 실수나 율법이 요구한 것을 이행하지 못함으로써 저지르게 된 죄에만 적용이 된다. 더 나아가 일부 주석가들은 이스라엘의 율법은 의도적이며 계획적인 죄에 대해서는 해결책을 제시하지 않는다고 단언한다(Levine, cf. Kaiser, Rooker). 그러한 죄를 범한 자는 이스라엘 공동체에서 아예 끊어 내라고(כרת) 율법이 경고하고 있기 때문이다.

그러나 이러한 해석이 불완전하다는 것이 레위기 6:2-5에서 드러난다. 저자는 "누구든지 여호와께 신실하지 못하여 범죄하되 곧 이웃이 맡긴 물건이나 전당물을 속이거나 도둑질하거나 착취하고도 사실을 부인하거나 남의 잃은 물건을 줍고도 사실을 부인하여 거짓 맹세하는 등 사람이 이 모든 일 중의 하나라도 행하여 범죄하면" 피해자에게 보상해 주고 속건제를 드리라고 한다(민 15:22-31). 이처럼 의도성이 분명해 보이는 죄를 위해서도 속건제를 드릴 수 있으므로 속죄제와 속건제가 본의 아닌 실수로 저지른 죄만 해결한다는 해석은 설득력이 없다.

앞서 1-3장에서 살펴본 세 가지 제사, 즉 번제, 소제, 화목제는 예배자가 자원해서 드리는 것들이다(Milgrom). 반면에 속죄제와 속건제는 상황과 여건에 따라 의무적으로 드려야 한다(4:13, 22, 27; 5:1; 6:2[5:21]).[7] 죄를 지은 사람은 속죄제와 속건제를 드려야만 다시 정결해질 수 있다.

처음 세 제사의 경우에는 '어떻게', 즉 제물을 어떻게 준비하여야 하는가에 강조점이 있다면, 속죄제와 속건제의 규례는 '언제', 즉 어떤 죄

7 영어 번역본과 우리말 번역본의 6장 1-7절이 마소라 사본에서는 5장 20-26절로 분류되어 있다. 본 주석에서는 편의상 우리말 번역본의 장·절 분류를 사용한다.

를 저질렀을 때 드려야 하는가에 초점이 맞추어져 있다(Rooker). 그러므로 1-3장에서 사용된 적이 없는 용어들이 이 섹션에서 자주 등장하는데, '실수로/본의 아니게'(שְׁגָגָה), '죄'(חַטָּאת), '허물'(אַשְׁמָה), '용서하다'(סלח) 등이 그것이다.

속죄제(חַטָּאת)와 속건제(אָשָׁם)의 차이를 구분하는 것은 쉽지 않다. 저자도 두 제물을 거의 동일하게 취급한다. "속죄제와 속건제는 규례가 같으니 그 제물은 속죄하는 제사장에게로 돌아갈 것이요"(7:7). 가장 기본적인 차이는 속죄제는 제물만 드리지만, 속건제는 남에게 입힌 피해를 보상하고 제물을 드린다는 점이다. 이로써 속죄제의 핵심은 하나님께 죄를 범한 것이고, 속건제의 핵심은 이웃에게 피해를 입힌 일임을 알 수 있다.

문서설을 주장한 벨하우젠(Wellhausen)은 주전 5-6세기경에 성전에서 징수했던 갖가지 벌금을 대신하기 위해 두 제사가 만들어졌다고 주장한다(Harrison, cf. 왕하 12:16). 그러나 선지자들의 가르침은 이러한 해석에 동의하지 않는다. 주전 750년대에 사역했던 호세아는 제사장들이 "내 백성의 속죄제물을 먹고 그 마음을 그들의 죄악에 두는도다"라고 여호와께서 탄식하신다고 전한다(호 4:8). 그뿐만 아니라 주전 8세기에 활동했던 선지자 미가(미 6:7)나 6세기 초에 사역했던 선지자 에스겔도 속죄제가 이미 오래전부터 이스라엘 종교에 자리 잡아 왔음을 전제로 예언하고 있다(겔 40:39; 42:13; 43:19; 44:27, 29; 45:17; 46:20). 게다가 만일 벨하우젠의 주장이 옳다면 본문에 왕의 죄에 대한 규례가 나올 법도 한데, 단순히 지도자의 죄를 어떻게 속죄할 것인가에 대해서 말할 뿐이다. 이스라엘에 왕정이 시작된 것이 주전 1000년대임을 고려할 때, 본문에서 왕에 대한 언급이 없는 것은 레위기가 그 이전 시대를 반영하고 있음을 암시한다(Kaiser).

속죄제와 속건제에 대한 율법을 선포하는 본문은 주제에 따라 다음과 같이 두 섹션으로 나뉜다. 분량에 있어서 속죄제가 속건제보다 훨씬 더 많이 할애되었다. 속건제 규례의 상당 부분이 속죄제 규례를 전제하고 있기 때문이다.

A. 속죄제 규례(4:1–5:13)
B. 속건제 규례(5:14–6:7[5:26])

I. 제사에 대한 율법(1:1–7:38)
A. 백성을 위한 제사 규례(1:1–6:7[5:26])
2. 두 가지 속죄 제사(4:1–6:7)

(1) 속죄제 규례(4:1–5:13)

히브리어 '하타트'(חַטָּאת)가 속죄제(sin offering)로 번역된 데 대해서 많은 학자가 이견을 가지고 있다. 학자들의 문제 제기는 세 가지로 분류할 수 있다. 첫째, 명사 하타트(חַטָּאת)를 파생시킨 동사가 칼(Qal) 형태에서는 '죄를 짓다/잘못하다'라는 뜻인데 성경에서 그 예를 찾아볼 수 있다(창 20:9; 왕하 17:21; 시 32:1). 그러나 하타트는 칼(Qal) 형태가 아닌 피엘(Piel) 강화형에서 파생되었다는 주장이 있다(레 8:15; 겔 45:18; cf. HALOT). 피엘 강화형에서는 '깨끗하게 하다/정결하게 하다'라는 의미를 지닌다. 따라서 이 제사는 속죄제가 아니라 정결제(purification offering)로 불려야 한다는 것이다(Kennedy & Barr, Gane, cf. Levine, Harris).

둘째, 이 제물은 본의 아니게 죄를 지은 사람뿐 아니라 단순히 아기를 낳거나 월경을 한 여자(12:6, 8; 15:25–30)와 나실인 서약을 한 사람(민 6:13–14)도 드린다. 또한, 새로 만든 제단을 하나님께 바칠 때(8:15)에도 속죄제를 드렸다. 이러한 정황들은 죄와 거리가 멀다.

셋째, 매년 속죄일에만 드리는 특별한 예배에서 속죄제(חַטָּאת)가 매우 중요한 기능을 하는데(16:16–20), 이때 대제사장은 제물로 잡은 염소의 피를 법궤를 덮고 있는 속죄소 위와 앞에 뿌린다. 왜냐하면 "이렇게 하여, 그는 성소를 성결하게 하여야 한다. 이스라엘 자손이 부정을 탔고, 그들이 온갖 죄를 지었으므로, 성소마저 부정을 탔기 때문이다. 그는 같은 방법으로 회막도 성결하게 하여야 한다. 부정 탄 백성이 드나들어서, 회막도 부정을 탔기 때문이다."(16:16; 새번역). 그러므로 이 제사의 목적은 죄를 없애는 것이 아니라 부정한 것을 정결하게 하는 데 있다고 하겠다.

제물의 피를 속죄일에는 지성소 안에 있는 속죄소의 동쪽과 위와 앞에 뿌리고 제단 뿔에 바르고 뿌렸는데, 평상시에는 성소와 지성소를 가르는 휘장 앞에 뿌리고 향단 뿔에 바르고 나머지는 번제단 밑에 쏟았다. 이처럼 제물의 피를 사람에게 뿌리지 않고 번제단 밑에 쏟은 것을 이 제사가 속죄제보다 정결제(purification offering)나 정화제(offering of purgation)에 가깝다는 증거로 제시하기도 한다(Kaiser). 실제로 속죄제가 드려지는 경우를 정리하면 다음과 같이 그 범위가 매우 넓음을 알 수 있다(Gane).

성구	드리는 자	목적	제물	의식
레 4:3–21; 민 15:22–26	제사장, 온 회중	부지중에 범한 죄	수송아지; 숫염소	성소 안의 휘장 앞과 제단 뿔에 피를 뿌리고 바름. 번제단에 피를 바르고 쏟음. 속죄제
레 4:22–35	족장(지도자), 평민	부지중에 범한 죄	숫염소, 암염소, 암양	번제단에 피를 바르고 쏟음. 속죄제
레 5:1–13	아무나	사실대로 증언하지 않은 죄, 부정함이나 경솔한 맹세를 뒤늦게 깨달았을 때 허물이 있음. 해야 할 책임을 다하지 못한 죄	암양, 암염소, 비둘기, 곡물	자복, 번제단에 피를 뿌리고 흘림. 곡물을 불사름. 속죄제, 속건제

레 12, 14, 15장; 민 6, 8장	누구나, 나실인, 레위인	심각한 신체적/물리적 부정함	비둘기, 숫양, 암양, 수송아지, 무교병, 무교전병, 기름 한 록 등	번제단에 피 뿌림. 정결함을 받을 자의 오른쪽 귓부리와 오른쪽 엄지손가락과 오른쪽 엄지발가락에 피를 뿌림. 속죄제, 속건제, 번제, 소제.
레 16장	제사장들과 일반인 공동체	성전/장막을 도덕적, 예식적 부정함에서 정결하게 함	수송아지, 숫염소	성소와 지성소, 속죄소, 번제단에 피를 뿌림.
민 19장	누구나	시체로 부정해진 자를 정결하게 함.	붉은 암송아지, 우슬초, 백향목, 홍색 실	진영 밖에서 잡아 회막을 향해 피를 뿌림, 암송아지의 재로 부정을 씻는 물 만들기

속죄제에 대한 규례는 여섯 섹션으로 나눌 수 있다. (1) 속죄제 소개(4:1-2), (2) 제사장의 속죄제(4:3-12), (3) 공동체의 속죄제(4:13-21), (4) 지도자의 속죄제(4:22-26), (5) 개인의 속죄제(4:27-35), (6) 속죄제를 드리는 기타 정황(5:1-13). (2)와 (3)은 성소를 중심으로, (4)와 (5)는 회막 뜰에 있는 번제단을 중심으로 드린다. 성소를 중심으로 드리는 제사의 제물은 제사장들도 먹을 수 없으며 남은 제물을 진영 바깥에서 불살라야 한다(4:11-12, 21). 번제단을 중심으로 드리는 제사의 제물은 제사장들이 먹을 수 있다(6:26, 29).

본 텍스트는 다음과 같이 구분될 수 있다.

A. 속죄제 소개(4:1-2)
B. 제사장의 속죄제(4:3-12)
C. 공동체의 속죄제(4:13-21)
D. 지도자의 속죄제(4:22-26)

E. 개인의 속죄제(4:27-35)
F. 속죄제를 드리는 기타 정황(5:1-13)

I. 제사에 대한 율법(1:1-7:38)
A. 백성을 위한 제사 규례(1:1-6:7[5:26])
2. 두 가지 속죄 제사(4:1-6:7)
(1) 속죄제 규례(4:1-5:13)

a. 속죄제 소개(4:1-2)

[1] 여호와께서 모세에게 말씀하여 이르시되 [2] 이스라엘 자손에게 말하여 이르라 누구든지 여호와의 계명 중 하나라도 그릇 범하였으되

4장은 "여호와께서 모세에게 말씀하셨다"(1:1)라는 구절로 새로운 섹션이 시작됨을 알린다. 앞 섹션(1-3장)의 내용과 다른 새로운 주제가 소개될 것을 암시하는 것이다(Rooker). 사람들이 자원해서 드리는 제사에 관한 언급에 이어 이제부터 죄를 지었을 때 드려야 하는 의무적인 제사에 대한 율법을 선포한다.

중요한 것은, 지금부터 제시될 제사와 제물은 본의 아니게 실수로 저지른 죄에 관한 것으로 의도적으로 지은 죄에는 결코 적용되지 않는다는 사실이다. 우리말로 "그릇 범하였으되"(2절)로 번역된 히브리어 문구(כִּי־תֶחֱטָא בִשְׁגָגָה)를 문자적으로 풀이하면 '의도하지 않은/부주의하여 죄를 지었을 때'라는 뜻이다(HALOT). 즉 실수로 저지른 죄를 강조하는 것이다(NIV, NAS, NRS, TNK). 인간의 연약함에서 실수가 비롯된다(Eichrodt).

의도적으로 저지른 죄를 해결할 수 있는 제물은 없다(Milgrom, Rooker). 그러한 죄를 지은 사람은 일 년에 한 번 있는 속죄일(16장)까지 기다려야 한다(Hess). 속죄일에 행해지는 예식만이 의도적으로 저지른 죄를 제거할 수 있기 때문이다.

죄는 온 인류를 여러 차원에서 오염시켰다. 죄 문제에 있어서는 세상 누구도 창조주 앞에 떳떳하지 못하다. 그래서 모세가 속죄제에 대하여 논하면서 제사장(4:3-12), 공동체(4:13-21), 지도자(4:22-26), 개인(4:27-35)이 하나님의 용서를 구할 때 어떻게 해야 하는가를 상세히 지시한다. 종교 지도자나 정치 지도자 중에 남의 죄를 용서할 만큼 위대한 사람은 없고, 일반인 중에 죄를 무시할 만큼 하찮은 사람도 없다(Schultz). 죄를 지은 모든 사람이 죄 문제를 해결해야 한다.

I. 제사에 대한 율법(1:1-7:38)
A. 백성을 위한 제사 규례(1:1-6:7[5:26])
2. 두 가지 속죄 제사(4:1-6:7)
(1) 속죄제 규례(4:1-5:13)

b. 제사장의 속죄제(4:3-12)

[3] 만일 기름 부음을 받은 제사장이 범죄하여 백성의 허물이 되었으면 그가 범한 죄로 말미암아 흠 없는 수송아지로 속죄제물을 삼아 여호와께 드릴지니 [4] 그 수송아지를 회막 문 여호와 앞으로 끌어다가 그 수송아지의 머리에 안수하고 그것을 여호와 앞에서 잡을 것이요 [5] 기름 부음을 받은 제사장은 그 수송아지의 피를 가지고 회막에 들어가서 [6] 그 제사장이 손가락에 그 피를 찍어 여호와 앞 곧 성소의 휘장 앞에 일곱 번 뿌릴 것이며 [7] 제사장은 또 그 피를 여호와 앞 곧 회막 안 향단 뿔들에 바르고 그 송아지의 피 전부를 회막 문 앞 번제단 밑에 쏟을 것이며 [8] 또 그 속죄제물이 된 수송아지의 모든 기름을 떼어낼지니 곧 내장에 덮인 기름과 내장에 붙은 모든 기름과 [9] 두 콩팥과 그 위의 기름 곧 허리쪽에 있는 것과 간에 덮인 꺼풀을 콩팥과 함께 떼어내되 [10] 화목제 제물의 소에게서 떼어냄 같이 할 것이요 제사장은 그것을 번제단 위에서 불사를 것이며 [11] 그 수송아지의 가죽과 그 모든 고기와 그

것의 머리와 정강이와 내장과 [12] 똥 곧 그 송아지의 전체를 진영 바깥 재 버리는 곳인 정결한 곳으로 가져다가 불로 나무 위에서 사르되 곧 재 버리는 곳에서 불사를지니라

모세가 제사장의 속죄제를 제일 먼저 언급한 것은 당연한 일이다. 이스라엘의 예배를 인도하는 제사장이 먼저 자신을 정결하게 해야만 백성들의 제물을 거룩하게 드릴 수 있기 때문이다. 본문에 '기름 부음을 받은 제사장'(הַכֹּהֵן הַמָּשִׁיחַ)이라는 표현이 자주 등장하는데(4:3, 5, 16; cf. 6:22), 아론뿐 아니라 그의 아들들까지 모두 기름 부음을 받았다는 점을 감안할 때 조금은 특이한 호칭이다.

레위기 16:32, 21:10 등을 살펴보면 아론을 비롯한 대제사장들에게 붙여진 호칭임이 확실하다(Kaiser). 그러나 본문의 규례가 대제사장에게만 적용되고, 일반 제사장들에게는 적용되지 않는다는 것은 아니다. 대제사장이 모든 제사장의 대표로 언급될 뿐이다.

대제사장과 제사장들이 실수로 죄를 지었을 때 속죄제를 드리는 절차는 다음과 같다.

1. 제물을 가져온 제사장이 짐승 위에 손을 얹음
2. 제물을 가져온 제사장이 짐승을 죽임
3. 제사장이 피를 받아 성소로 가지고 감
4. 제사장이 피에 손가락을 적셔 7차례 지성소의 휘장 앞에서 뿌림
5. 분향단의 네 뿔에 피를 바름
6. 나머지 피를 번제단 밑에 부음
7. 제물에서 기름기를 제거함
8. 번제단에서 기름기를 태움
9. 나머지 제물을 진 밖으로 가져가 정결한 곳에서 태움

절차 중에 성소 안에서 피를 어디에 뿌렸는가가 조금 불확실하다. 히브리어 문구는 '성소의 휘장 앞'(פְּנֵי פָּרֹכֶת הַקֹּדֶשׁ)에서 일곱 번 뿌리라고 한 것으로 이해되는데(개역개정, 새번역, NIV, NAS, NRS, TNK), 일부 번역본들은 휘장에 뿌린 것으로 해석한다(공동, NAB, LXX, cf. Kurtz).

이러한 불확실성은 유태인의 전승에도 반영되어 있다. 미쉬나는 휘장에 직접 뿌린 것으로(m. Yoma 5:4), 바빌론 탈무드는 휘장 앞에 뿌린 것으로 해석한다(b. Yoma 57a). 본문이 피를 뿌리는 장소로 지명하는 곳이 속죄일에 대제사장이 짐승의 피를 뿌리는 곳과 동일한 것으로 보아 분향단 앞에서 뿌렸다는 해석도 있다(Gane).

모세는 짐승의 피를 가져다 향단 뿔들에 바르라고 하는데(7절), 예식에서 뿔(קֶרֶן)이 언급되기는 여기가 처음이다. 뿔에 피를 바르는 행위는 속죄제에서만 볼 수 있다. 제단의 네 뿔이 하나님의 임재를 상징하기 때문에 이곳에 피를 바른다는 것이 전통적인 견해이다. 그러나 죄를 지은 제사장에 의해 부정하게 된 번제단을 정결하게 하려고 뿔에 피를 바른 것이라고 주장하는 학자들도 있다(Hess).

한편 뿔이 상징하는 것은 하나님의 임재가 아니라 속죄 제물을 드리는 인간이라고 해석하는 주석가들도 있다(Kiuchi). 유월절에 이스라엘 백성이 문지방에 피를 발라 재앙을 피했던 일이 근거가 된 논리이다(출 12:23). 또한 향은 기도를 상징하므로 분향단의 네 뿔에 피를 바름으로써 죄 사함을 간구하는 죄인의 기도가 하나님께 열납된 것을 의미한다는 해석도 있다(Kaiser). 분향단의 뿔에 피를 바르는 이유는 확실히 알 수 없지만 제사장의 죄 문제를 해결한다는 것만은 확실하다.

이 제사의 특징은 가장 값비싼 제물인 수소를 드린다는 점이다. 제사장들은 이스라엘에서 가장 거룩해야 할 사람들이다. 거룩하신 하나님의 가장 가까운 곳에서 예배를 인도하는 사람들이기 때문이다. 그러므로 죄를 지었을 때 종교 지도자가 가장 큰 대가를 치르는 것은 당연한 일이다. 만일 성소에서 사역하는 제사장이 죄를 지으면 순식간에 지성소까지 오염될 수 있다(Hess). 그렇기 때문에 제사장의 죄 문제 해결을 위해서는 가장 큰 제물이 필요한 것이다.

제사장이 드리는 속죄제물은 아무도 먹을 수 없다. 제물을 완전히 태우는 것은 번제와 비슷하지만, 어떤 면에서는 번제보다 속죄제가 더 까다롭다. 번제의 경우, 짐승의 가죽은 남겨져서 제사장의 몫으로 돌아가지만 제사장이 드리는 속죄제는 가죽까지 모조리 태워야 하기 때문이다. 제물을 태우는 장소도 예사롭지 않다. 짐승의 기름기만 제단에서 불사를 뿐, 나머지는 이스라엘의 진 밖으로 가져가서 정결한 장소에서 태워야 한다. 진 밖에서, 그것도 제단 위가 아닌 땅바닥에서 불타는 짐승은 죄의 가증스러움과 수치를 극대화시키는 가시적인 효과가 있었을 것이다.

I. 제사에 대한 율법(1:1-7:38)
A. 백성을 위한 제사 규례(1:1-6:7[5:26])
2. 두 가지 속죄 제사(4:1-6:7)
(1) 속죄제 규례(4:1-5:13)

c. 공동체의 속죄제(4:13-21)

13 만일 이스라엘 온 회중이 여호와의 계명 중 하나라도 부지중에 범하여 허물이 있으나 스스로 깨닫지 못하다가 14 그 범한 죄를 깨달으면 회중은 수송아지를 속죄제로 드릴지니 그것을 회막 앞으로 끌어다가 15 회중의 장로들이 여호와 앞에서 그 수송아지 머리에 안수하고 그것을 여호와 앞에서 잡을 것이요 16 기름 부음을 받은 제사장은 그 수송아지의 피를 가지고 회막에 들어가서 17 그 제사장이 손가락으로 그 피를 찍어 여호와 앞, 휘장 앞에 일곱 번 뿌릴 것이며 18 또 그 피로 회막 안 여호와 앞에 있는 제단 뿔들에 바르고 그 피 전부는 회막 문 앞 번제단 밑에 쏟을 것이며 19 그것의 기름은 다 떼어 제단 위에서 불사르되 20 그 송아지를 속죄제의 수송아지에게 한 것 같이 할지

며 제사장이 그것으로 회중을 위하여 속죄한즉 그들이 사함을 받으리라 [21] 그는 그 수송아지를 진영 밖으로 가져다가 첫번 수송아지를 사름 같이 불사를 지니 이는 회중의 속죄제니라

공동체의 속죄제가 드려지는 절차는 제사장의 경우와 거의 같다. 가장 큰 차이는 제사장의 속죄제는 제사장이 제물에 안수하는데, 공동체의 속죄제는 이스라엘의 장로들이 안수한다는 것이다. 장로들이 온 이스라엘을 대표해서 공동체의 죄를 제물에게 전가하는 것이다.

회중(עֵדָה)(13, 15절)과 회중/총회(קָהָל)(13, 14절)의 개념 차이에 대한 논란이 종종 일어난다. 일부 주석가들은 산헤드린 같은 법적 재판소를 회중(עֵדָה)이라고 하고, 그 아래에 있는 이스라엘 공동체를 총회(קָהָל)로 구분한다(Kaiser). 그러나 회중(עֵדָה)은 그들이 주장하는 것보다 훨씬 더 포괄적인 개념이며 본문에서 두 개념은 별다른 차이가 없는 비슷한 말로 사용되고 있다(출 12:6; 민 14:5).

공동체의 죄는 어떻게 드러나는가? 본문은 본의 아니게 혹은 부지불식간에 지은 죄가 깨달아졌을 때라는 정황을 제시한다. 이것을 감안하면 결코 쉬운 이슈가 아니다. 핵심은 13절의 마지막 단어(אָשֵׁמוּ)를 어떻게 해석하느냐에 달려 있다. 한 학자는 이 단어의 의미를 '[죄에 대하여] 양심의 가책을 느끼는 것'이라고 말한다(Milgrom). 다른 학자는 '죄책감에 따른 고통을 느끼는 것'으로 해석한다(Sklar). 양심의 가책을 논한다는 점에서 둘 다 비슷하지만 어느 쪽이 더 정확한 해석인지는 확실하지 않다. 아마도 양심의 가책을 느끼는 것이 본문의 의도인 듯하다.

저자는 13절에서 "만일 이스라엘 온 회중이 여호와의 계명 중 하나라도 부지중에 범하여 허물이 있으나 스스로 깨닫지 못하다가" 허물을 깨달으면 속죄제를 드리라고 한다. 그렇다면 이스라엘 공동체는 부지중에 지은 죄를 어떻게 깨닫게 되었을까? 아마도 예언, 환상 혹은 우림과 둠밈을 통하여 알게 되었을 것이다.

자신이 죄를 지은 줄도 모르고 살아가는 사람들이 늦게나마 죄를 깨닫는 것도 하나님의 은총이다. 하나님은 우리 마음에 죄책감을 불러일으켜 이 같은 은총을 베푸신다. 그러므로 어떤 일에 대하여 양심의 가책이 들면 감추려 하지 말고 오히려 감사해야 한다. 하나님이 양심을 일깨워 주고 계시기 때문이다.

I. 제사에 대한 율법(1:1–7:38)
A. 백성을 위한 제사 규례(1:1–6:7[5:26])
2. 두 가지 속죄 제사(4:1–6:7)
(1) 속죄제 규례(4:1–5:13)

d. 지도자의 속죄제(4:22–26)

22 만일 족장이 그의 하나님 여호와의 계명 중 하나라도 부지중에 범하여 허물이 있었는데 23 그가 범한 죄를 누가 그에게 깨우쳐 주면 그는 흠 없는 숫염소를 예물로 가져다가 24 그 숫염소의 머리에 안수하고 여호와 앞 번제물을 잡는 곳에서 잡을지니 이는 속죄제라 25 제사장은 그 속죄 제물의 피를 손가락에 찍어 번제단 뿔들에 바르고 그 피는 번제단 밑에 쏟고 26 그 모든 기름은 화목제 제물의 기름 같이 제단 위에서 불사를지니 이같이 제사장이 그 범한 죄에 대하여 그를 위하여 속죄한즉 그가 사함을 얻으리라

지도자와 개인의 속죄제는 회막 안에서 드려지는 제사장과 공동체의 제사와는 달리 회막 뜰에 있는 번제단을 중심으로 드려진다. 제사장과 공동체의 속죄제에서는 수송아지를 제물로 바쳤는데, 지도자(נָשִׂיא)는 숫염소를, 개인은 암염소나 암양을 속죄 제물로 드렸다.

지도자와 개인들은 제사장들에 비해 몸집이 더 작은, 즉 가격이 덜 부담스러운 제물을 드린 것이다. 랍비들은 지도자들이 일 년 된 숫염소를 드렸을 것이라고 풀이했다(Levine). 당시 숫염소는 암염소나 암양보다 값이 더 비쌌다(Kiuchi). 지도자들은 일반인보다 더 값비싼 제물을 드려야 한다는 의미이다. 지위가 높으면 높을수록 더 큰 제물로 하나님께 속죄해야 하는데, 이것은 죄의 영향력이 그만큼 더 심각하기 때문임을 암시한다(Levine).

지도자의 속죄제는 대제사장이나 온 회중의 속죄제와 달리 일반 제사장들이 드리며, 짐승의 피를 분향단의 뿔에 바르지 않고 번제단의 뿔에만 바른다. 제물의 가치뿐 아니라 짐승의 피를 처리하는 방법도 제사장의 경우보다 훨씬 더 간단하다. 제사를 드리고 남은 고기는 제사장의 몫이 되었다. 이 제사는 속죄와 죄로 인한 부정을 정결하게 하는 기능을 전제하고 있다(Hartley).

지도자의 속죄제를 드리는 순서는 다음과 같다.

1. 제물을 가져온 지도자가 짐승 위에 손을 얹음
2. 제물을 가져온 자가 짐승을 죽임
3. 제사장이 짐승의 피를 받음
4. 번제단의 네 뿔에 피를 바름
5. 나머지 피를 번제단 밑에 부음
6. 제물에서 기름기를 제거함
7. 번제단에서 기름기를 태움
8. 나머지 제물은 제사장이 먹음

I. 제사에 대한 율법(1:1-7:38)
A. 백성을 위한 제사 규례(1:1-6:7[5:26])
2. 두 가지 속죄 제사(4:1-6:7)
(1) 속죄제 규례(4:1-5:13)

e. 개인의 속죄제(4:27-35)

[27] 만일 평민의 한 사람이 여호와의 계명 중 하나라도 부지중에 범하여 허물
이 있었는데 [28] 그가 범한 죄를 누가 그에게 깨우쳐 주면 그는 흠 없는 암염
소를 끌고 와서 그 범한 죄로 말미암아 그것을 예물로 삼아 [29] 그 속죄제물
의 머리에 안수하고 그 제물을 번제물을 잡는 곳에서 잡을 것이요 [30] 제사장
은 손가락으로 그 피를 찍어 번제단 뿔들에 바르고 그 피 전부를 제단 밑에
쏟고 [31] 그 모든 기름을 화목제물의 기름을 떼어낸 것 같이 떼어내 제단 위에
서 불살라 여호와께 향기롭게 할지니 제사장이 그를 위하여 속죄한즉 그가
사함을 받으리라 [32] 그가 만일 어린 양을 속죄제물로 가져오려거든 흠 없는
암컷을 끌어다가 [33] 그 속죄제 제물의 머리에 안수하고 번제물을 잡는 곳에
서 속죄제물로 잡을 것이요 [34] 제사장은 그 속죄제물의 피를 손가락으로 찍
어 번제단 뿔들에 바르고 그 피는 전부 제단 밑에 쏟고 [35] 그 모든 기름을 화
목제 어린 양의 기름을 떼낸 것 같이 떼내어 제단 위 여호와의 화제물 위에
서 불사를지니 이같이 제사장이 그가 범한 죄에 대하여 그를 위하여 속죄한
즉 그가 사함을 받으리라

개인의 속죄제는 지도자의 경우처럼 회막 뜰에 있는 번제단을 중심으로 드리지만 숫염소 대신에 암염소(27-31절)나 암양(32-35절)을 드린다. 이것은 여자도 남자처럼 속죄제를 드릴 권리가 있음을 암시한다(Kiuchi).

고대 근동의 여러 종교에서는 주로 짐승의 수컷만을 제물로 삼았다. 짐승 무리/떼가 번성하려면 수컷보다 암컷의 개체 수가 더 많아야 하기 때문에 비롯된 풍습이라는 주장이 있다(Levine). 그러나 당시 시세를 보면 암컷보다 수컷이 더 높았다고 하니 설득력이 있는 주장은 아니다. 이스라엘이 어떤 기준에 따라 수컷과 암컷을 구분하여 하나님께 제물로 드렸는지는 알 수 없다. 다만 제물에 들어가는 비용 등 경제적인 조건만 고려한다면 속죄제 중에서 개인의 속죄제가 가장 저렴하다. 제사장이나 지도자에 비해 일반 개인이 저지른 죄의 심각성이 상대적으로 덜하기 때문일 것이다(Milgrom).

같은 맥락에서 야고보 사도가 성도들에게 선생(지도자)되는 것을 신중하게 여기라고 조언한다(약 3:1). 개인보다 훨씬 큰 영향력을 가진 지도자가 죄를 지으면 심각한 결과를 초래하기 때문에 그 죄가 크다. 특히 교회 지도자의 죄는 세상 사람들에게 선한 증거가 되지 못하고 복음을 가로막게 된다(딤전 3:7).

개인이 드리는 속죄제도 지도자의 경우처럼 짐승의 피를 성소 안에까지 가져가지 않고, 회막 뜰에 있는 번제단 뿔에 바른다. 제사장은 제물의 내장을 감싸는 기름기를 제거하여 제단에서 불사르고, 살코기를 몫으로 받는다. 이 제사는 대제사장이 아닌 일반 제사장도 집례할 수 있다. 절차는 제사장과 공동체의 속죄제보다 훨씬 더 간단하다. 아마도 죄의 심각성이 덜하기 때문이겠지만, 인구수를 봤을 때 지도자보다 일반 개인이 훨씬 더 많으므로 개인이 드리는 속죄제의 빈도가 훨씬 높기 때문일 것이다. 따라서 일반 제사장들이 집례하고 절차를 간소화할 필요가 있었다.

I. 제사에 대한 율법(1:1–7:38)
A. 백성을 위한 제사 규례(1:1–6:7[5:26])
2. 두 가지 속죄 제사(4:1–6:7)
(1) 속죄제 규례(4:1–5:13)

f. 속죄제를 드리는 기타 정황(5:1–13)

1 만일 누구든지 저주하는 소리를 듣고서도 증인이 되어 그가 본 것이나 알
고 있는 것을 알리지 아니하면 그는 자기의 죄를 져야 할 것이요 그 허물이
그에게로 돌아갈 것이며 2 만일 누구든지 부정한 것들 곧 부정한 들짐승의
사체나 부정한 가축의 사체나 부정한 곤충의 사체를 만졌으면 부지중이라고
할지라도 그 몸이 더러워져서 허물이 있을 것이요 3 만일 부지중에 어떤 사
람의 부정에 닿았는데 그 사람의 부정이 어떠한 부정이든지 그것을 깨달았
을 때에는 허물이 있을 것이요 4 만일 누구든지 입술로 맹세하여 악한 일이
든지 선한 일이든지 하리라고 함부로 말하면 그 사람이 함부로 말하여 맹세
한 것이 무엇이든지 그가 깨닫지 못하다가 그것을 깨닫게 되었을 때에는 그
중 하나에 그에게 허물이 있을 것이니 5 이 중 하나에 허물이 있을 때에는
아무 일에 잘못하였노라 자복하고 6 그 잘못으로 말미암아 여호와께 속죄제
를 드리되 양 떼의 암컷 어린 양이나 염소를 끌어다가 속죄제를 드릴 것이
요 제사장은 그의 허물을 위하여 속죄할지니라 7 만일 그의 힘이 어린 양을
바치는 데에 미치지 못하면 그가 지은 죄를 속죄하기 위하여 산비둘기 두
마리나 집비둘기 새끼 두 마리를 여호와께로 가져가되 하나는 속죄제물을
삼고 하나는 번제물을 삼아 8 제사장에게로 가져갈 것이요 제사장은 그 속죄
제물을 먼저 드리되 그 머리를 목에서 비틀어 끊고 몸은 아주 쪼개지 말며 9
그 속죄제물의 피를 제단 곁에 뿌리고 그 남은 피는 제단 밑에 흘릴지니 이
는 속죄제요 10 그 다음 것은 규례대로 번제를 드릴지니 제사장이 그의 잘못
을 위하여 속죄한즉 그가 사함을 받으리라 11 만일 그의 손이 산비둘기 두 마
리나 집비둘기 두 마리에도 미치지 못하면 그의 범죄로 말미암아 고운 가루

십분의 일 에바를 예물로 가져다가 속죄제물로 드리되 이는 속죄제인즉 그 위에 기름을 붓지 말며 유향을 놓지 말고 [12] 그것을 제사장에게로 가져갈 것이요 제사장은 그것을 기념물로 한 움큼을 가져다가 제단 위 여호와의 화제물 위에서 불사를지니 이는 속죄제라 [13] 제사장이 그가 이 중에서 하나를 범하여 얻은 허물을 위하여 속죄한즉 그가 사함을 받으리라 그 나머지는 소제물 같이 제사장에게 돌릴지니라

본문이 앞서 언급된 속죄제에 관한 규례(4장)의 연장인지 아니면 뒤이어 다룰 속건제 섹션(5:14-6:7)에 속하는 것인지 불확실하다. 이 섹션을 속죄제 규례의 일부로 보는 이유는 본문에서 속죄제(חַטָּאת)가 언급되기 때문이다(5:6-9, 11-12). 그 반대로 속건제(אָשָׁם)라는 용어가 구체적으로 언급되기 때문에 속건제 규례의 일부로 보기도 한다(5:15-16, 18-19; 6:6; cf. 5:6-7, KJV, Milgrom).

히브리어 원문과 일부 우리말 번역본(개역한글; 새번역)은 6절의 '속건제'(אָשָׁם)를 그대로 표기하고 있지만 의미상 죄에 대한 대가로 해석된다. 따라서 이 구절의 경우, 대부분의 번역본은 속건제 대신 속죄제로 번역하고 있다(개역개정; 공동번역; NIV, NRS, TNK, cf. Levine). 이미 언급한 것처럼 속건제와 속죄제의 차이는 확실하지 않다. 또한 속건제로 번역되는 히브리어 단어(אָשָׁם)가 '죄'로도 번역된다는 점을 감안할 때, 이 섹션은 속건제보다는 속죄제와 더 연관되어 있다(Kiuchi, Hess).

본문은 백성들이 속죄제를 드려야 하는 상황을 크게 세 가지로 구분한다. (1) 증인의 책임을 다하지 않았을 경우(1절), (2) 몸이 부정하게 되었을 때(2-3절), (3) 지키지 않은 맹세를 깨닫게 되었을 때(4절). 1-4절을 더 세부적으로 구분하면 다음과 같은 구조이다(cf. Rooker, Hess).

A. 맹세의 책임을 다하지 않았을 때(1절)

B. 부정한 짐승을 만졌을 때(2절)

B′. 부정한 사람을 만졌을 때(3절)
A′. 잘못 맹세했을 때(4절)

1-4절이 언급하고 있는 경우들을 살펴보면 두 가지가 확연히 드러난다. 첫째, 도덕적 부패뿐 아니라 종교적 부정함도 죄이다. 처음(A)과 마지막(A′)은 사회 정의에 관한 것이지만, 둘째(B)와 셋째(B′)는 종교적 부정함에 관한 것이다. 하나님이 보시기에 종교적인 죄든 도덕적인 죄든 죄인이 해결해야 할 문제이기는 마찬가지이다.

둘째, 이 율법은 다른 사람들에게 입힌 피해를 보상하는 것에 초점이 있지 않다. 하나님께 죄를 범하거나 하나님 앞에 부정하게 되었을 때가 초점이다. 그러므로 본문은 속건제가 아니라 속죄제에 관한 것이라는 해석이 더 설득력을 얻는다.

증인으로 나서야 할 상황에서 침묵하여 하나님 앞에 죄를 짓는 경우를 언급한 1절은 법정을 배경으로 하고 있다(Kiuchi, cf. 잠 29:24, NIV). 십계명이 금하는 위증과 연관된 율법인 것이다(출 20:16; 신 5:20). 고대 근동 사회는 법정에서 증언해야 할 사람이 증언하지 않는 경우를 맹세를 어기는 것과 동일하게 취급했다.

유태인의 전승에 따르면 법정에서 증인이 증언하기를 거부할 경우에는 30일 동안 감금했다. 그 후에도 계속해서 거부하면 매를 때렸으며, 그가 관련된 모든 죄를 책임지는 것으로 간주했다(Milgrom). 일종의 신적 저주가 그에게 임하는 것으로 믿었던 것이다(Wenham).

잘못된 맹세에 관한 4절의 이슈는 경솔하게 즉흥적으로 맹세했을 경우에 관한 율법이다. 구약에서는 누군가 맹세를 지키지 않으면 하나님이 그를 벌하실 것으로 간주한다(겔 17:13, 16, 18-19). 본문의 맹세에 대한 가르침은 예수님의 가르침과 조화를 이룬다(Rooker, cf. 마 22:37-38; 요일 4:20). 율법은 본의 아니게 지은 죄만을 대속하므로 1절에서 언급된 죄는, 처음에는 증언하기를 거부하다가 나중에 마음을 돌이켜 증언한 사람의 경우임을 암시한다(Budd, Levine).

사람이 부정하게 되었을 때를 언급하는 부분(2-3절)은 정함과 부정함을 논하는 레위기 11-16장을 전제로 쓰인 율법이다. 레위기가 부정한 짐승에 닿은 경우를 언급한 것은 이곳이 처음이며 앞으로 계속해서 언급할 것이다(7:24; 11:8, 11, 24-25, 27-28, 35-40; 17:15; 22:8).

본문은 두 가지 경우에 대하여 말한다. 첫째, 부정한 짐승의 사체를 만졌을 때이다(2절). 들짐승이든 가축이든 곤충이든 사체를 만지면 부정해진다. 둘째, 사람의 부정한 것에 닿았을 때도 부정하다(3절). 시체뿐 아니라 인분도 부정하다. 의도적이든 의도적이지 않든 이 같은 일을 행한 사람은 부정하다. 정결은 청결함과 연관이 있는 듯하다.

위와 같은 상황을 깨달은 사람은 먼저 죄를 자복하고 제물을 드려야 한다(5절). 고백과 제물 중 더 중요한 것은 고백이다(Levine, Eichrodt). 자신의 죄를 진심으로 회개하는 마음이 있어야만 제물이 유효하다.

예배자는 위와 같은 상황을 어떻게 깨닫는가? 한동안 잊고 있던 사실을 스쳐 가는 생각을 통해 어느 순간 깨닫게 되는 경우도 없지 않겠지만(Levine), 그것보다는 부정해짐으로써 하나님의 심판을 받아 몸져눕는 등 신체적/물리적 고통을 통해 깨닫게 될 가능성이 크다(Milgrom, Knierim). 신체적 고통를 통해 죄를 깨닫는 것은 징계가 하나님의 은총일 수 있다는 사실을 시사한다. 그러므로 신약은 하나님께 징계를 받으면 감사하라고 권면한다. 주님이 그를 자녀 삼으셨다는 증표가 되기 때문이다.

암양이나 암염소 한 마리를 제물로 바쳐야 하는데(6절), 형편이 어려우면 산비둘기 두 마리나 집비둘기 새끼 두 마리를 드려도 된다(7절). 그중 한 마리는 속죄제물로, 나머지 한 마리는 번제물로 드려야 한다(7절). 속죄제를 드리고 나서 후에 번제를 드려야 한다. 순서가 중요하다. 먼저 속죄제를 통해 하나님과 화평한 후에 번제를 드려야 하기 때문이다(Kaiser). 속죄 제물로 드리는 비둘기의 목은 비틀되 몸에서 떨어지지 않도록 해야 하며(새번역), 제사장은 비둘기의 피를 제단 둘레에 뿌리고 남은 피는 제단 밑에 흘려야 한다(8-9절).

예배자가 비둘기를 드릴 형편조차 안 된다면 곡물 10분의 1에바(약 2.3ℓ)를 드릴 수 있다(11절). 한 사람의 일일 섭취량보다 조금 더 많은 양이다. 속죄제로 드리는 곡물은 소제와 성격이 다르기 때문에 향이나 기름을 섞지 않는다(11절). 향과 기름을 더할 정도로 즐거운 제사가 아니라 근신하며 죄를 자복해야 하는 제사이기 때문이다(Levine). 제사장은 곡물의 일부를 불사르고 나머지를 몫으로 받는다(13절). 그러나 워낙 적은 양이기 때문에 제사장에게 돌아가는 몫이 많지 않다.

레위기 저자는 각 제사의 제물을 크고 비싼 것에서부터 점차 작고 저렴한 순서로 나열한다. 다음 사항을 참조하라.

번제 : 소(1:3-9) → 염소/양(1:10-13) → 비둘기(1:14-17)
소제 : 곡물(2장)
화목제 : 소(3:1-5) → 염소/양(3:6-16)
속죄제 : 소(4:3-21) → 염소/양(4:22-35; 5:6) → 비둘기(5:7-10) → 곡물(5:11-13)

속죄제는 제물을 드림으로써 죗값을 치르는 제사이다. 그러므로 제물을 드린 사람의 죄가 해결 받는다(Gane). 형편이 어려우면 곡물로라도 속죄제물을 드리라는 것은 죄 문제 해결이 모든 사람의 의무라는 사실을 강조한다. 또한 곡물로도 속죄가 가능하다는 것은 죄 사함이 일부 사람들만 누릴 수 있는 특혜가 아님을 암시한다. 주의 백성이라면 누구나 누릴 수 있는 혜택이며 은혜인 것이다. 더 나아가 하나님이 피와 연관된 제사만을 기뻐하신다는 오해를 버리게 한다.

이 섹션(4-5장)이 기록하고 있는 속죄제에 대한 율법은 오늘날 크리스천들에게도 의미 있는 교훈과 원칙을 제시한다. 구약의 여러 제사 중에 예수님의 사역과 가장 밀접한 연관이 있는 것이 바로 속죄제이다

(Calvin). 속죄제가 시사하는 바를 생각해 보자.

첫째, 직위(직분)가 높을수록 더욱 경건하고 거룩하게 살아야 한다. 속죄제에 대한 규례를 제사장부터 시작해서 가난한 서민에 이르기까지 순서대로 적용하는 것은 직분과 사회적 지위가 높을수록 더 큰 책임을 동반함을 의미한다(Milgrom). 지위가 높을수록 제물이 크고 비싼 이유가 여기에 있다. 지도자의 죄가 일반 개인의 죄보다 더 심각하기 때문이다. 특히 하나님 앞에서 가장 큰 책임을 짊어진 종교 지도자는 경건한 삶을 살기 위해 누구보다도 가장 많이 노력해야 한다(약 3:1). 사회가 아무리 썩었어도 종교 지도자들이 경건함으로 깨어 있으면 소망이 있다. 그러나 만일 종교 지도자들마저 부패했다면 그 사회는 소망이 없다. 사회의 미래를 좌우할 만큼 종교인의 자세가 중요하다.

둘째, 신앙은 개인적일 뿐 아니라 공동체적·사회적인 것이다. 한 사람의 신앙은 곧 공동체적·사회적 책임을 동반한다. 경건하지 못한 신앙인은 하나님께 죄를 범할 뿐 아니라 자신이 속한 공동체에 부정적인 영향을 미친다. 하나님은 각 개인과 관계를 맺지만 그가 속한 공동체와도 관계를 유지하시기 때문이다. 그러므로 공동체가 죄지은 한 사람으로 인해 하나님의 진노를 사거나 고통을 겪을 수도 있다(cf. 수 7장; 아간의 이야기). 자신이 속한 공동체의 형제자매들을 위해서라도 성결한 삶을 살아야 한다. 구약에서 속죄제가 성전을 정결하게 했다면, 신약에서는 우리 중에 거하는 성령께서 주님의 새로운 성전인 각 개인과 그가 속한 공동체를 정결하게 하신다(Rooker).

셋째, 죄를 깨닫는 것이 하나님의 은혜이다. 지은 죄를 자칫 잊어버리고 지나칠 수 있는데 하나님은 여러 가지 방법을 통해 생각나게 하신다. 경우에 따라 신체적인 질병을 통해서라도 그렇게 하신다. 하나님과의 관계를 건강하게 유지하려면 우리가 기억하든 못하든 상관없이 모든 죄를 해결해야 하기 때문이다. 죄를 기억하게 하심은 주님이 우리와 함께하기 위해 먼저 손을 내미시는 것이나 마찬가지이다. 그러므로 하나님이 우리 죄를 상기시키실 때 변명을 늘어놓기보다는 회개하고 용서를 구하는 편이 현명하다. 그렇게 함으로써 하나님이 먼저 내밀어 주신 손을 우리가 잡는 것이다.

넷째, 사람은 누구나 죄를 짓는다. 그래서 남녀노소, 신분의 귀천과 상관없이 모든 사람이 자신의 죄를 해결할 수 있도록 율법이 방법을 제시한다. 또한, 죄 사함은 부자들만 누리는 특권이 아니다. 가난한 사람도 죄를 용서받을 수 있다. 대속을 위하여 형편이 좋은 사람은 큰 짐승을 제물로 바치지만 가난한 사람은 비둘기를 바치면 된다. 그러나 가난하다고 해서 제물을 바치지 않은 채 하나님의 용서를 구할 수는 없다. 부하건 가난하건 모든 죄인은 죄를 대속할 제물을 가져와 용서를 구해야 한다.

다섯째, 해야 할 일을 하지 않고 방관하는 것도 죄가 된다. 우리는 흔히 악한 생각을 행동으로 옮기는 것을 죄로 여긴다. 그러나 해야 할 일을 하지 않음으로써 죄를 저지를 수도 있다. 예를 들자면, 증인으로서 책임을 다하지 않고 불의와 부정을 방관하는 것은 심각한 죄이다(1절). 도둑질하는 것만이 죄가 아니라 도둑질하는 사람을 보고 묵인하는 것도 죄라고 성경은 가르친다. 이러한 죄도 다른 죄와 마찬가지로 짐승의 피를 통해 죗값을 치러야 한다. 하나님은 언약 공동체를 이루어 살아가는 모든 사람에게 공의와 정의를 유지하는 일에 일조할 책임을 요구하신다. 만약 책임을 다하지 않으면 직무 유기죄를 물으실 것이다.

여섯째, 죄 문제를 해결하는 데 있어서 가장 중요한 것은 스스로 죄를 뉘우치는 마음이다. 본문은 제물의 크기에 상관없이 속죄제에는 죄의 자복이 동반되어야 한다고 규정한다. 죄인이 하나님 앞에 나아오는 데 가장 중요한 것은 자기 죄에 대한 깨달음을 고백하는 일이기 때문이다. 이러한 사실은 죄인이 아무리 많은 제물을 하나님께 드린다 할지라도 진정한 회개가 없으면 제물의 효과 또한 없음을 암시한다. 만일 속죄제에서 고백을 빼 버린다면 제물로 바쳐지는 짐승은 액막이용

부적이나 요술에 불과하다(Rooker). 하나님은 상한 심령을 가장 귀히 여기신다.

속죄제를 드릴 때에는 근신하는 마음이 가장 중요하기 때문에 즐거움을 상징하는 향과 기름은 함께 드리지 못한다. 예수님이 우리를 위하여 죽으셨기 때문에 그리스도인은 더 이상 짐승 제물을 드릴 필요가 없다. 그러나 죄에 대한 신실한 고백은 언제나 필요하다(Wenham).

일곱째, 의도적으로 죄를 지은 사람은 속죄제를 드려도 죄 사함의 효과가 없다. 모세는 본문에서 이 같은 사실을 분명히 하고 있다. 사도 바울이 한때 주님의 몸인 교회를 핍박하는 자였음에도 불구하고 용서받을 수 있었던 것은 알지 못한 상태에서 죄를 지었기 때문이다(딤전 1:13). 그러나 의도적으로 계획적인 죄를 지은 가룟 유다는 끝까지 용서받지 못했다.

예수님이 마지막으로 남기신 말씀 중 하나가 "아버지 저들을 사하여 주옵소서 자기들이 하는 것을 알지 못함이니이다"(눅 23:34)이다. 주님은 우리의 속죄제물이 되셨다(고후 5:20-21). 속죄제물로 태우는 부위를 제외한 나머지 부위가 성 밖에서 불살라지는 것(4:10-12)은 예수님이 예루살렘 문밖에서 죽임을 당하실 일을 예고한다(히 13:11-12).

I. 제사에 대한 율법(1:1-7:38)
A. 백성을 위한 제사 규례(1:1-6:7[5:26])
2. 두 가지 속죄 제사(4:1-6:7)

(2) 속건제 규례(5:14-6:7[5:26])

저자가 1-6장에서 제시하고 있는 다섯 가지 제사 중에 마지막 제사의 명칭인 속건제(אָשָׁם; guilt offering[NIV, NRS, NAS, TNK]; trespass offering[KJV])도 '속죄제'처럼 다소 논란이 있다. 우리말 번역본 중에서도 공동번역은 이 제사에서 바치는 제물을 '면죄 제물'이라고 한다

(5:15). 명칭에 대한 논란은 제사의 초점이 하나님과 이웃에게 끼친 피해를 보상하고 잘못된 것을 바로잡는 일에 맞추어져 있기 때문에 생겼다(Milgrom).

일부 학자들은 이 제사를 보상제(reparation offering)로 부르기도 한다(Gane, Hess, cf. Kaiser). 블레셋 사람들이 탈취했던 여호와의 궤를 이스라엘로 돌려보낼 때 제물을 함께 보낸 것은 일종의 속건제이다(삼상 6장). 지금까지 다룬 다섯 가지 제사 중에 가장 중요한 것은 번제—속죄제—속건제 등 세 가지인데 순서 자체에 중요한 상징성이 내포되어 있다(Wenham).

> 이 제사들은 죄가 지닌 여러 가지 면모를 지적하며 각 상황에서 발생되는 문제를 어떻게 해결해야 하는가에 대해 언급하고 있다. 번제는 죄로 인해 죽어야 할 사람을 대신해서 짐승이 죽어 가는 것을 개인적인 그림을 통해 보여 준다. 하나님이 사람의 죗값으로 짐승을 받으신 것이다. 속죄제는 죄로 인해 너무나도 오염된 세상에 하나님이 계실 수 없다는 사실을 의학적인 모델을 통해 보여 준다. 짐승들의 피가 일종의 소독제가 되어 성전에서 죄를 모두 멸균시킴으로써 하나님이 자기 백성들과 함께 머무실 수 있도록 한다. 속건제는 상업적인 모형을 통해 죄가 죄인으로 하여금 하나님께 빚지게 하는 것을 보여 준다. 이 빚은 짐승을 바침으로써 갚을 수 있다.

율법이 속죄제 다음에 속건제를 언급하는 것은 우연이 아니다(Hess). 십계명도 하나님의 이름을 잘못 사용하는 죄와 결혼 서약을 위반하는 죄를 남에게 재산상 손해를 입히는 죄보다 먼저 언급한다. 이 같은 순서는 고대 근동의 여러 법전과 성경의 율법이 얼마나 다른 관점에서 쓰였는가를 확실하게 보여 준다. 예를 들자면, 함무라비 법전은 신전 물건을 훔치는 죄에 대한 언급으로부터 시작하는데, 성경은 이 같은 죄를 여러 죄 중 마지막으로 언급하고 있다. 하나님께 속한 것에 손대는 것은 죄이지만 다른 문화권처럼 가장 심각한 죄로 다루지는 않음을 의미한다(Hess).

속건제에 대한 규례는 다음과 같이 두 부분으로 나뉜다.

A. 하나님의 것을 범했을 때(5:14-19)
B. 이웃의 재산권을 침해했을 때(6:1-7[5:14-26])

I. 제사에 대한 율법(1:1-7:38)
A. 백성을 위한 제사 규례(1:1-6:7[5:26])
2. 두 가지 속죄 제사(4:1-6:7)
(2) 속건제 규례(5:14-6:7[5:26])

a. 하나님의 것을 범했을 때(5:14-19)

14 여호와께서 모세에게 말씀하여 이르시되 15 누구든지 여호와의 성물에 대
하여 부지중에 범죄하였으면 여호와께 속건제를 드리되 네가 지정한 가치를
따라 성소의 세겔로 몇 세겔 은에 상당한 흠 없는 숫양을 양 떼 중에서 끌어
다가 속건제로 드려서 16 성물에 대한 잘못을 보상하되 그것에 오분의 일을
더하여 제사장에게 줄 것이요 제사장은 그 속건제의 숫양으로 그를 위하여
속죄한즉 그가 사함을 받으리라 17 만일 누구든지 여호와의 계명 중 하나를
부지중에 범하여도 허물이라 벌을 당할 것이니 18 그는 네가 지정한 가치대
로 양 떼 중 흠 없는 숫양을 속건제물로 제사장에게로 가져갈 것이요 제사
장은 그가 부지중에 범죄한 허물을 위하여 속죄한즉 그가 사함을 받으리라
19 이는 속건제니 그가 여호와 앞에 참으로 잘못을 저질렀음이니라

본의 아니게 실수로(5:15, 18; cf. 4:2, 13, 22, 27; 민 15:25, 27, 28) 하나님께 바쳐진 거룩한 것을 범한 경우, 흠 없는 숫양 한 마리를 속건제물로 드려야 한다(15절). 일반인이 오직 제사장만 먹을 수 있는 거룩한 음식을 모르고 먹거나 하나님께 드려야 할 십일조를 잘못하여 다른 곳에 사용한 경우를 예로 들을 수 있다. 또한 여리고 성을 정복했을 때, 하나님께 온전히 바쳐진 물건들, 즉 하나님의 전에 드려져야 할 물건들을 훔친 아간의 죄가 여기에 속한다(수 6-7장). 번제가 온전한 성결을, 화목제가 하나님과의 화평을 상징하는 것처럼 속건제는 하나님과 예배자의 언약 관계의 회복을 상징한다(Kaiser).

속건제는 지금까지 언급된 제사들과 다른 몇 가지 특징을 지니고 있다. 첫째, 속건제는 공동체가 드리는 경우가 없고, 항상 개인이 드린다. 속건제를 드려야 하는 정황을 살펴보면 모두 개인적인 차원의 실수들로 공동체가 저지를 가능성이 희박한 것들이기 때문이다.

둘째, 속건제물로 드리는 짐승이 한 가지로 제한되어 있다. 오직 흠이 없는 숫양만을 드릴 수 있으며 신분의 고하와 경제적 수준에 상관없이 모든 사람에게 동일하게 적용된다. 일부 학자들은 15절에 언급된 세겔을 근거로 '숫양'은 예배자가 성전에 드려야 하는 헌금의 액수를 상징하는 것이라고 주장하지만(Noth, Gerstenberger), 실제적으로 짐승을 뜻하는 것이 확실하다.

레위기에서 제물로 숫양이 언급되기는 여기가 처음이다. 당시 이스라엘 사람들이 가장 흔히 소유했던 양을 속건제물로 드렸다는 사실은 참으로 다행스럽다. 만일 소를 요구하셨다면 형편상 평생 속건제를 한 번도 드릴 수 없는 사람들이 많았을 것이기 때문이다(Kaiser). 그럼에도 불구하고 숫양은 경제적으로 상당한 희생을 감수해야 바칠 수 있는 짐승이었다. 그러므로 죄를 짓지 않는 것이 가정 형편에 큰 도움이 되었으리라는 사실을 알 수 있다. 예수님의 죽음이 죄인의 신분에 상관없이 모든 사람의 죄를 대속한 사실이 속건제를 연상시킨다(Hess).

셋째, 속건제물은 제사장의 평가를 통해 최소한의 가치를 확인받아야 한다(15-16절; cf. 레 27:8, 12). '네가 지정한 가치를 따라'(בְּעֶרְכְּךָ)라는 표현은 매우 오래된 전문 용어라는 것이 학자들의 해석이다(5:15; cf. 레 27:2; 민 18:16). 그러므로 일부 학자들은 이 용어를 레위기가 매우 오래된 문서임을 증명하는 근거 자료로 삼는다(Speiser). 주전 15세기에 기록된 것으로 생각되는 누지(Nuzi) 문헌에도 벌금으로 제물을 대신하는 사례가 기록되어 있다(Milgrom).

넷째, 지금까지 다른 제사에서는 전혀 언급된 적이 없는 보상 문제가 속건제의 가장 중요한 이슈가 된다(Rooker). 예배자는 자신이 피해를 입힌 금액에 20%를 더해서 제사장에게 보상해야 한다(16절). 죄를 지은 사람이 일종의 채무를 지는 셈이다(Rainey).

율법은 대개 남에게 해를 끼친 사람은 피해의 갑절을 배상하도록 지시하는데(출 22:4, 7, 9), 속건제는 왜 20%만을 요구하는 것일까? 일부 주석가들은 서로 다른 전승이 합해진 결과로 보기도 하지만, 근본적인 차이는 범죄자의 자세에 있다(Wenham). 갑절의 보상을 요구하는 것은 범죄자가 잡혔을 경우이며, 속건제는 스스로 잘못을 깨닫고 피해자에게 자발적으로 보상하는 경우이기 때문이다(Hess).

속건제는 성물을 범했을 때뿐 아니라 하나님의 계명을 어겼을 때에도 적용된다(17절). 일부 학자들은 이것을 어떤 율법이든 상관없이 어기면 속건제를 드려야 하는 것으로 해석한다(Johnstone, Sawyer). 그러나 문맥을 감안하면 속죄제와 연관된 죄로 제한하여 해석하는 것이 바람직하다(Budd, Hess).

죄인 줄도 모르고 행동으로 옮겼을 때도 속건제를 드려야 한다(17-19절). 무지가 죄를 정당화하지는 못하기 때문이다. 그렇다면 예배자는 자신의 잘못을 어떻게 깨닫게 되는 걸까? 유태인 주석가들은, 본문의 묘사가 자기가 무엇을 잘못했는지 정확히 알거나 구체적으로 말할 수는 없지만 잘못을 저지른 것 같은 느낌을 가질 때에 해당된다고 해석했다(Levine, cf. m. Keritot). 예언, 환상, 혹은 육체적인 질환을 통해서 이러한 사실을 깨닫게 된 가능성도 배제할 수 없다(Milgrom).

I. 제사에 대한 율법(1:1-7:38)
A. 백성을 위한 제사 규례(1:1-6:7[5:26])
2. 두 가지 속죄 제사(4:1-6:7)
(2) 속건제 규례(5:14-6:7[5:26])

b. 이웃의 재산권을 침해했을 때(6:1-7[5:20-26])

1 여호와께서 모세에게 말씀하여 이르시되 2 누구든지 여호와께 신실하지 못
하여 범죄하되 곧 이웃이 맡긴 물건이나 전당물을 속이거나 도둑질하거나
착취하고도 사실을 부인하거나 3 남의 잃은 물건을 줍고도 사실을 부인하여
거짓 맹세하는 등 사람이 이 모든 일 중의 하나라도 행하여 범죄하면 4 이는
죄를 범하였고 죄가 있는 자니 그 훔친 것이나 착취한 것이나 맡은 것이나
잃은 물건을 주운 것이나 5 그 거짓 맹세한 모든 물건을 돌려보내되 곧 그
본래 물건에 오분의 일을 더하여 돌려보낼 것이니 그 죄가 드러나는 날에
그 임자에게 줄 것이요 6 그는 또 그 속건제물을 여호와께 가져갈지니 곧 네
가 지정한 가치대로 양 떼 중 흠 없는 숫양을 속건제물을 위하여 제사장에
게로 끌고 갈 것이요 7 제사장은 여호와 앞에서 그를 위하여 속죄한즉 그는
무슨 허물이든지 사함을 받으리라

본문은 속건제를 드려야 하는 다섯 가지 정황을 제시한다. 첫째, 남이 맡겨 놓거나 담보로 남겨 놓은 물건을 속였을 경우이다(2a-b절; cf. 출22:9-11). 둘째, 그런 물건을 도둑질했을 경우(2c절)이며, 셋째, 착취 즉 강도질했을 경우이다(2d절). 넷째, 남이 잃어버린 물건을 줍고도 돌려주지 않았을 경우(3a절)와 다섯째, 거짓 증언을 했을 경우이다(3b절). 이 외에도 죄가 되는 일을 했을 때는 속건제를 드려야 한다(3c절). 이처럼 모세는 해서는 안 될 일을 했을 때 속건제를 드리라고 한다.

그런데 본문에 언급된 정황들은 사람이 처음부터 의도적으로 저지른 죄들인데 어떻게 속건제를 드리게 된 것일까? 죄를 지은 다음에 마음에 찔림을 받아 회개했다는 것일까? 그럴 가능성도 있지만 4절을 보면 법정에서 사실이 밝혀졌을 때를 전제로 함을 알 수 있다. "그래서 그가 그런 죄를 짓고 유죄판결을 받으면"(4a절, 새번역). 법정에서 유죄 판결을 받은 사람은 속건제를 바치는 날에 이웃에게 입힌 피해액에 벌금 20%를 더해 보상해야 한다(5절).

20%를 추가해서 피해자에게 돌려주라는 것은 그가 재판 도중에 죄를 고백하고 사죄했음을 암시한다(Budd, Wenham). 왜냐하면, 출애굽기 22:1, 7, 9 등은 재판에서 죄를 범한 사람이 자신의 죄를 부인하는데 재판장이 죄를 인정할 경우에 피고인이 피해자에게 2배에서 5배까지 보상하라고 하기 때문이다. 또한, 거짓 증언은 하나님의 이름을 망령되게 부르는 죄임에도(출 20:7; 신 5:11) 불구하고 속건제를 통해 용서받을 수 있다는 것이 이러한 해석을 뒷받침한다(Gane, Kaiser).

죄를 범한 사람은 피해자에게 먼저 적절한 보상을 해 준 다음에야 속건제를 드릴 수 있다. 이 같은 원리는 예수님의 가르침에 그대로 배어 있다(마 5:23-24). 범죄자는 하나님께 용서를 구하기 전에 피해자에게 먼저 용서를 구해야 한다. 속건제를 드리는 절차는 속죄제의 경우와 동일하며, 짐승의 기름기만 제단에서 태우고 고기는 제사장의 몫이 된다.

속건제 율법은 그리스도인에게 다음과 같은 원리를 제시한다. 첫째, 속건제가 잘못을 범한 사람을 빚진 자로 묘사하는 것에서 볼 수 있듯이 죄는 우리가 갚아야 하는 일종의 채무를 의미한다. 예수님의 비유에서도 하나님은 종종 채권자로 묘사된다(마 18:21-35; 눅 7:41-42). 인간은 모두 하나님께 빚진 자들이라는 것이다.

인간은 하나님께 진 빚을 결코 갚을 수 없다. 그럴 능력이 없는 것이다. 오직 예수님의 죽음을 통해서만 이 빚을 갚을 수 있다(엡 5:2; 히 9:26; 10:10). 이사야 53:10에 의하면 수난받는 종으로 묘사되는 메시아가 바로 우리 죄를 대속하는 속건제물(אָשָׁם)이시기 때문이다(마 8:17; 눅 22:37; 요 12:38; 롬 10:16; 벧전 2:22, 24-25).

둘째, 이웃에게 저지른 죄는 곧 하나님께 죄를 범한 것이다. 다른 사람에게 피해를 입히는 것마다 하나님을 공격하는 행위인 것이다(Calvin). 요셉이 보디발의 아내의 요구를 물리치면서 했던 말도 이 같은 사실을 반영하고 있다(창 39:9). 신약에서도 이 같은 사실이 강조된다(요일 4:20). 우리가 이웃에게 피해를 입힐 때마다 하나님께 죄를 범하는 것이라는 사실을 항상 의식하기만 해도 죄짓는 일이 많이 줄어들지 않을까 하는 아쉬움이 남는다.

셋째, 하나님은 우리 모두에게 주님의 소유권을 인정할 것을 요구하신다. 이 부분에 대하여 말라기 선지자는 하나님이 "사람이 어찌 하나님의 것을 도둑질하겠느냐 그러나 너희는 나의 것을 도둑질하고도 말하기를 우리가 어떻게 주의 것을 도둑질하였나이까 하는도다"라고 말씀하셨다고 전한다(말 3:8a). 우리 삶에는 분명 하나님께 속한 것들이 있으며, 우리는 이것들을 범하지 않도록 노력해야 한다.

심지어 부지불식간에 실수로 이런 것들을 범한 경우에도 회개할 것을 요구하신다. 십일조는 우리가 누리고 있는 모든 것이 하나님의 것이라는 사실을 인정하고 고백하는 예배 행위이다. 그러므로 그리스도인은 율법적으로 십일조를 드리면 안 되지만, 하나님의 주인 되심을 인정하는 차원에서 자원하여 드린다면 좋은 일이다. 또한 형편이 되면 십일조뿐 아니라 많이 드릴수록 좋다.

넷째, 하나님의 이름과 주님께 속한 거룩한 것을 속되게 해서는 안 된다. 속건제는 어리석은 맹세를 했을 때와 하나님께 속한 것을 실수로 범했을 때 드리는 제물이다. 맹세는 언제나 하나님의 이름과 연관되어 있다. 하나님의 이름을 망령되이 부른 것에 대한 책임을 묻는 것이 속건제이다. 하나님의 이름으로 하는 거짓 맹세들에 대해 하나님이 언젠가는 책임을 물으실 것이다. 또한 하나님의 소유인 교회의 재정이나 물건을 자기 마음대로 쓰는 사람도 죄가 없다고 할 수 없다.

다섯째, 속건제는 온 마음을 다하여 하나님을 사랑하고 이웃을 자기 몸같이 사랑하라는 예수님의 말씀(마 22:36-40; 눅 10:25-28)의 의식적 표현(ceremonial expression)이다(Hess). 하나님께 속죄를 구하는 것도 중요하지만, 피해를 입힌 이웃에게 적절한 보상을 해 주는 것도 매우 중요하다. 믿음은 항상 이처럼 양면성을 지니고 있다. 한 면은 하나님을 향한 우리의 자세이며, 다른 한 면은 이웃을 존중하고 사랑하는 우리의 태도이다. 그 둘이 만나서 교차하는 것이 바로 십자가이며, 성도의 삶에서 추구되어야 할 삶의 방식이다. 이웃의 용서를 구하지 않고 하나님께만 회개하는 것은 하나님이 우리 모두에게 요구하시는 진정한 회개가 아니다(Hess).

지금까지 언급된 다섯 가지 제물을 요약하면 다음과 같다.

성구	제사	피를 뿌리는 곳	고기 몫
1장	번제	제단 둘레	하나님
2장	소제	(피가 없음)	(고기 없음)
3장	화목제	제단 둘레	제사장 + 예배자
4:1-5:13	속죄제	휘장 앞, 제단 뿔	제사장*
5:14-6:7	속건제	제단 둘레	제사장*

*제사장이 드릴 경우는 예외

I. 제사에 대한 율법(1:1-7:38)

B. 제사장을 위한 제사 지침(6:8[6:1]-7:38)

지금까지 다섯 가지 제사와 각 제사를 드려야 하는 정황에 대해 설명했다. 이 섹션은, 백성들이 회막/성전으로 가져온 제물로 제사장들이 어떤 절차를 통해 제사를 진행해야 하는가에 대하여 설명한다. 단락을 시작하는 문구에서 이 본문이 특별히 제사장들을 위한 것이라는 사실이 역력히 드러난다.

온 이스라엘을 대상으로 주신 말씀인 1–3장과 4:1–6:7 등 두 섹션의 경우 "이스라엘 자손에게 말하여 이르라"라는 동일한 명령으로 시작한다(1:2; 4:2). 이와 달리 본문은 "아론과 그의 자손에게 명령하여 이르라"라는 말씀으로 시작한다(6:9; cf. 6:25). 실제로 이 섹션에서 일반인이 거론되는 곳은 단 세 곳뿐이다(7:11, 23, 29).

오늘날로 말하면 본문은 목회자를 위한 일종의 예배 모범이다. 지금까지 제시된 내용과 특별히 다른 규례는 없다. 이 섹션에서 명사 '피'(דָּם)가 정확하게 7차례, '거룩'(קדשׁ)이 12차례 사용되었으며 본문의 통일성과 짜임새에 기여하고 있다(Warning).

본문은 다음과 같이 다양한 제사에 대한 규례들로 구성되어 있다.

A. 번제(6:8–13[6:1–6])
B. 소제(6:14–18[6:7–11])
C. 제사장이 드리는 소제(6:19–23[6:12–16])
D. 속죄제(6:24–30[6:17–23])
E. 속건제(7:1–7)
F. 번제와 소제 중 제사장의 몫(7:8–10)
G. 화목제(7:11–21)
H. 피와 기름 섭취 금지(7:22–27)
I. 화목제 중 제사장의 몫(7:28–36)
J. 요약(7:37–38)

I. 제사에 대한 율법(1:1–7:38)
B. 제사장을 위한 제사 지침(6:8[6:1]–7:38)

1. 번제(6:8–13[6:1–6])

[8] 여호와께서 모세에게 말씀하여 이르시되 [9] 아론과 그의 자손에게 명령하

여 이르라 번제의 규례는 이러하니라 번제물은 아침까지 제단 위에 있는 석쇠 위에 두고 제단의 불이 그 위에서 꺼지지 않게 할 것이요 [10] 제사장은 세마포 긴 옷을 입고 세마포 속바지로 하체를 가리고 제단 위에서 불태운 번제의 재를 가져다가 제단 곁에 두고 [11] 그 옷을 벗고 다른 옷을 입고 그 재를 진영 바깥 정결한 곳으로 가져갈 것이요 [12] 제단 위의 불은 항상 피워 꺼지지 않게 할지니 제사장은 아침마다 나무를 그 위에서 태우고 번제물을 그 위에 벌여 놓고 화목제의 기름을 그 위에서 불사를지며 [13] 불은 끊임이 없이 제단 위에 피워 꺼지지 않게 할지니라

제사장의 가장 기본 의무는 제단의 불이 꺼지지 않도록 관리하는 일이었다(9, 12, 13절). 하나님 앞에서부터 나오는 불이기 때문이다(9:24). 꺼지지 않는 불은 끊이지 않는 예배를 상징하기도 하고(Keil), 지속적인 속죄의 필요성을 의미하기도 한다(Wenham). 또한 제단 불이 꺼지지 않아야 하는 이유는, 하나님 앞에서부터 나온 불이 제물을 사르는 것이 하나님의 열납을 상징하기 때문이다.

훗날 선지자들은 예배자의 삶이 공의와 정의를 추구하지 않는다면, 좋은 제물을 아무리 많이 드려도 별 의미가 없다는 사실을 거듭 강조한다. 하나님이 예배자에게 요구하시는 경건하고 거룩한 삶을 제물이 대신할 수는 없기 때문이다.

제사장들은 매일 아침저녁으로 번제(עֹלָה)를 드려야 하는데, 1년 된 양을 제물로 드려야 한다(출 29:38-46; cf. 민 28:3-8). 저녁에는 그날 하루 동안 지은 죄를 용서받기 위하여 제물을 드렸으며, 아침에는 밤새 지은 죄를 위하여 제물을 드렸다(Kaiser). 오늘날도 찬양과 기도로 자신이 지은 죄를 끊임없이 고백해야 한다. 하나님과 인간의 관계는 매 순간 점검되어야 한다.

또한, 하나님은 매일 아침 하루를 시작할 때 오늘은 조금 더 경건하게 살도록 도와 달라고 기도하며 노력하는 사람을 기뻐하신다. 목회자는 주님이 맡겨 주신 양들의 안녕과 죄 사함을 위하여 하나님께 끊임없이 간구해야 할 책임을 부여받았다. 신약은 예수님이 우리를 위하여 항상 간구하신다고 말한다(히 7:25).

성막에서는 하루 종일 여러 가지 다양한 제물이 드려지지만, 매일 마지막으로 드려지는 것은 번제이다. 번제물이 제단 위에서 밤새 타올랐다. 하나님께 드리는 제물(제사)이라고 해서 아무 때나 마음대로 드릴 수 있는 것이 아니다. 적절한 시간에 절차와 질서에 따라 드려져야 한다.

제사장은 밤중에도 제단 불이 꺼지지 않도록 신경을 써서 지켜야 한다. 제단 불은 하나님이 주의 백성과 함께하시는 것을 상징하기 때문이다. 불이 꺼지지 않는 한, 하나님은 주의 백성의 제사와 찬양을 계속 받으실 수 있다(Hess). 또한, 어두움을 밝히는 불은 하나님이 빛으로 어둠을 물리치신 것을 상징한다(Kiuchi).

번제는 이스라엘 종교의 가장 기본 제물이며, 유일하게 회막 뜰에 있는 제단에서 제물을 온전히 태우는 제사이다. 제단과 가장 밀접한 관계가 있는 제사인 것이다. 그러므로 이 제단을 종종 번제단(מִזְבַּח הָעֹלָה)으로 부르기도 한다(4:7, 10, 18 등등). 제단은 하나님이 번제를 받으시는 곳이기 때문에 특별히 거룩하게 관리해야 한다(Hess).

본문은 제사장들이 불을 지킬 때 입는 옷에 대해 구체적으로 설명한다. 그리고 제단의 재를 아무 곳에나 버리지 말고 진영 밖에 지정된 정결한 곳에 버리라는 명령은 제단 불을 규정에 따라 성실하게 관리하는 일이 얼마나 중요한가를 강조한다. 히브리서 기자는 예수님이 예루살렘 성 밖 골고다에서 죽으신 것을 제물이 진영 바깥 지정된 장소에 버려진 것과 연관시키며 주님이 계신 진영 밖으로 나아가자고 한다(히 13:11-13). 번제의 재를 하나님이 지정하신 장소에 버리는 것은 제물이 온전히 하나님의 것이기 때문에 누구도 번제물에서 개인적인 이익을 취해서는 안 된다는 사실을 전제한다(Rooker).

I. 제사에 대한 율법(1:1-7:38)
B. 제사장을 위한 제사 지침(6:8[6:1]-7:38)

2. 소제(6:14-18[6:7-11])

[14] 소제의 규례는 이러하니라 아론의 자손은 그것을 제단 앞 여호와 앞에 드리되 [15] 그 소제의 고운 가루 한 움큼과 기름과 소제물 위의 유향을 다 가져다가 기념물로 제단 위에서 불살라 여호와 앞에 향기로운 냄새가 되게 하고 [16] 그 나머지는 아론과 그의 자손이 먹되 누룩을 넣지 말고 거룩한 곳 회막 뜰에서 먹을지니라 [17] 그것에 누룩을 넣어 굽지 말라 이는 나의 화제물 중에서 내가 그들에게 주어 그들의 소득이 되게 하는 것이라 속죄제와 속건제 같이 지극히 거룩한즉 [18] 아론 자손의 남자는 모두 이를 먹을지니 이는 여호와의 화제물 중에서 대대로 그들의 영원한 소득이 됨이라 이를 만지는 자마다 거룩하리라

소제(מִנְחָה)에 대한 기본 규칙은 2장에서 이미 제시되었다. 차이점은 2장의 소제는 일반인들이 성전에 가져오는 것이지만, 이곳에서 언급되는 소제는 매일 아침저녁으로 제사장들이 번제와 함께 드리는 곡물제이다. 제물로 드려진 곡물의 지극히 작은 일부, 즉 '기념물'을 기름과 향과 함께 태우고 난 나머지는 제사장의 몫이 된다(15절).

소제는 속죄제와 속건제처럼 '지극히 거룩한 제물'(קֹדֶשׁ קָדָשִׁים)이다(17절). 제사장 외에는 누구도 먹을 수 없다는 뜻이다. 제사장들은 이 곡물에 누룩을 넣지 않고 빚은 빵을 지정된 거룩한 곳, 즉 회막/성막 뜰에서 먹어야 한다(16-17절).[8]

---

8 16-18절은 다음과 같은 교차대구법적 구조를 지니고 있다(Hess).
A. 누구 - "그 나머지는 아론과 그의 자손이 먹되"
B. 어떻게 - "누룩을 넣지 말고"
C. 어디서 - "거룩한 곳"
C'. 어디서 - "회막 뜰에서 먹을지니라"

빵에 누룩을 넣지 않는 것은 하나님이 이스라엘에게 베풀어 주신 출애굽의 은혜를 기념하기 위한 것이며(출 12:15, 24, 39; 신 16:3), 회막 뜰에서 먹으라는 것은 온 회중으로 하여금 소제가 절차에 따라 잘 처리되고 있음을 확인하게 하기 위해서이다(Hess). 오늘날로 말하면, 교회는 하나님이 베풀어 주신 은혜를 꾸준히 기념하는 공동체가 되어야 하며, 교회 재정의 사용처가 모든 성도에게 투명하게 공개되어야 한다는 뜻이다. 헌금은 성도가 사역자가 아닌 하나님께 드린 것이므로 하나님의 소유이다. 그러므로 하나님의 재산(교회 재정)이 잘 사용되고 있는지에 대하여 공동체 구성원들은 알 권리가 있을 뿐만 아니라 알아야 한다.

소제는 아론 자손의 남자, 즉 히브리 원어로 "아론의 모든 아들"(כָּל־זָכָר בִּבְנֵי אַהֲרֹן)이 먹을 수 있다(18절). 일부 번역본은 '모든'(כָּל)을 '오직'(only)으로 번역하여 남자들만, 즉 제사장들만 먹을 수 있는 것으로 해석한다(TNK, cf. Hess). 그러나 제사장과 그의 가족들에게 주시는 제물들을 나열하고 있는 민수기 18:8-20(특히 19절)이 이스라엘이 하나님께 드리는 모든 제물을 여호와께서 아론의 아들딸(새번역)에게 주셨다고 기록한 것을 감안하면, '아들들'에 여자들이 포함되어 있다는 해석이 가능하다. 즉 본문의 '아들들'은 '자녀들'이라는 의미로 쓰인 것이다. 혹은 아침저녁으로 드리는 번제와 함께 드리는 소제에 한해 아론의 남자 후손들만 먹을 수 있다는 해석도 가능하다.

"이를 만지는 자마다 거룩하리라"(18절)는 무엇을 의미하는가? 일부 주석가들은 제물의 거룩함이 전염병처럼 제물을 만지는 사람에게 옮겨 가는 것을 뜻한다고 풀이한다(Haran). 그러나 일반적으로 율법은 부

B'. 어떻게 – "그것에 누룩을 넣어 굽지 말라 이는 나의 화제물 중에서 내가 그들에게 주어 그들의 소득이 되게 하는 것이라 속죄제와 속건제 같이 지극히 거룩한즉"
A'. 누구 – "아론 자손의 남자는 모두 이를 먹을지니 이는 여호와의 화제물 중에서 대대로 그들의 영원한 소득이 됨이라 이를 만지는 자마다 거룩하리라"

정함에는 전염성이 있지만, 거룩함은 전염되지 않는 것으로 가르친다. 또한 이 제물을 만질 수 있는 사람들은 오직 제사장들뿐이다. 제사장들은 제물을 만지기 전에 이미 거룩해져 있는 상태이기 때문에, 이 표현은 단순히 제물의 거룩함을 강조하는 것이거나(Levine, Kaiser) 제물과 닿게 된 물건들, 예를 들어 그릇 등이 거룩해진다는 뜻이다(Milgrom). 소제는 매우 거룩하므로 이 제물을 만지고 먹음에 있어서 최대한 조심하며 신중하라는 경고가 기본적인 의미이다(Kiuchi). 오늘날로 말하면 교회 재산과 재정은 매우 거룩하므로 최선을 다해 거룩하고 경건하게 사용해야 한다는 뜻이다.

I. 제사에 대한 율법(1:1-7:38) B. 제사장을 위한 제사 지침(6:8[6:1]-7:38)

3. 제사장이 드리는 소제(6:19-23[6:12-16])

**19 여호와께서 모세에게 말씀하여 이르시되 20 아론과 그의 자손이 기름 부
음을 받는 날에 여호와께 드릴 예물은 이러하니라 고운 가루 십분의 일 에
바를 항상 드리는 소제물로 삼아 그 절반은 아침에, 절반은 저녁에 드리되 21
그것을 기름으로 반죽하여 철판에 굽고 기름에 적셔 썰어서 소제로 여호와
께 드려 향기로운 냄새가 되게 하라 22 이 소제는 아론의 자손 중 기름 부음
을 받고 그를 이어 제사장 된 자가 드릴 것이요 영원한 규례로 여호와께 온
전히 불사를 것이니 23 제사장의 모든 소제물은 온전히 불사르고 먹지 말지
니라**

제사장이 드리는 소제의 양은 10분의 1에바(2.3ℓ)이며 둘로 나누어 반은 아침에, 반은 저녁에 드린다. 제사장이 드리는 소제이기 때문에 제단에서 온전히 불살라야 하며 사람이 먹을 수 있는 부분은 없다(23절). 또한 제사장의 소제는 가루 상태가 아닌 요리를 해서 드려야

한다(21절).

이것은 안수를 받은 제사장이 지켜야 할 영원한 규례이다. 대부분의 주석가는 본문에서 언급하는 제사장이 대제사장을 가리킨다고 풀이한다. 왜냐하면 대제사장은 특별히 준비된 기름을 가지고 안수를 받아야 하지만, 일반 제사장은 안수를 받지 않기도 하기 때문이다(Gane, Levine, Kaiser).

만일 이 제사가 대제사장에 관한 것이라면, 이것은 대제사장 임직식/안수식 때 한 번 드리는 것인가 아니면 직무 개시 후 매일 드려야 하는 것인가? 새번역은 마치 임직식이 있는 날에만 드리는 것처럼 번역했다. "아론과 그의 아들들을 기름부어 세우는 날에, 제각기 주에게 바쳐야 할 제물은 다음과 같다. 늘 바치는 곡식제물에서와 같이, 고운 밀가루 십분의 일 에바를 가지고, 반은 아침에, 그리고 반은 저녁에 바친다"(20절). 반면에 개역개정은 "아론과 그의 자손이 기름 부음을 받는 날에 여호와께 드릴 예물은 이러하니라 고운 가루 십분의 일 에바를 항상 드리는 소제물로 삼아 그 절반은 아침에, 절반은 저녁에 드리되"로 번역하여 안수식을 받은 날로부터 매일 드리는 것으로 해석하고 있다.

'항상 드리는 제물'(מִנְחָה תָּמִיד)을 어떻게 이해하느냐가 핵심이다. 새번역은 이 말씀을 '매일 드리는 소제처럼'으로 이해하고, 개역개정은 '[안수를 받은 날부터] 매일 드려야 하는 소제'로 해석하고 있다. 히브리어 원문이 정확하게 표현하고 있지 않기 때문에 거의 모든 번역본이 애매모호하게 해석하고 있다. 대부분의 주석가는 안수식 이후 날마다 드리는 것으로 해석한다(Kaiser, Gane, Noordtzij, Maimonides, Ibn Ezra, cf. 히 7:27).

I. 제사에 대한 율법(1:1-7:38)
B. 제사장을 위한 제사 지침(6:8[6:1]-7:38)

4. 속죄제(6:24-30[6:17-23])

24 여호와께서 모세에게 말씀하여 이르시되 25 아론과 그의 아들들에게 말하
여 이르라 속죄제의 규례는 이러하니라 속죄제 제물은 지극히 거룩하니 여
호와 앞 번제물을 잡는 곳에서 그 속죄제 제물을 잡을 것이요 26 죄를 위하
여 제사 드리는 제사장이 그것을 먹되 곧 회막 뜰 거룩한 곳에서 먹을 것이
며 27 그 고기에 접촉하는 모든 자는 거룩할 것이며 그 피가 어떤 옷에든지
묻었으면 묻은 그것을 거룩한 곳에서 빨 것이요 28 그 고기를 토기에 삶았으
면 그 그릇을 깨뜨릴 것이요 유기에 삶았으면 그 그릇을 닦고 물에 씻을 것
이며 29 제사장인 남자는 모두 그것을 먹을지니 그것은 지극히 거룩하니라
30 그러나 피를 가지고 회막에 들어가 성소에서 속죄하게 한 속죄제 제물의
고기는 먹지 못할지니 불사를지니라

속죄제에 대한 규례를 담고 있는 4장에는 지도자들과 백성들이 가져온 제물의 피와 기름기를 회막 뜰에 있는 제단에서 하나님께 드린 다음에 나머지 고기를 어떻게 처리했는가에 대한 언급이 없다. 본문은 나머지 고기가 제사장들의 몫이라고 밝힌다(26, 29절). 제사를 집례하는 제사장이 뜰에서 제물의 일부를 먹는 것은 하나님이 예배자의 제물을 받으셨다는 것을 상징한다(Milgrom). 이 순간 제사장이 하나님을 대신하는 것이다(Kidner).

만일 제물의 피가 옷에 묻으면 회막 뜰에서 씻어 내야 한다(27절). 만일 고기를 질그릇에 삶았으면 그릇을 깨뜨리고, 놋그릇에 삶았으면 그릇을 문질러 닦아 씻어야 한다(28절). 질그릇은 거룩한 제물의 일부를 흡수하기 때문이며(Wright), 놋그릇은 흡수력이 전혀 없기 때문이다.

누구든지 제물에 닿으면 거룩하다고 한다(27절). 이미 언급한 것처럼 이 말씀은 제물의 거룩함을 강조하는 것으로, 제물이 거룩함을 사람에게 전염시킨다는 뜻은 아니다(Budd). 제사장은 지극히 거룩한 제물인 고기를 회막 뜰 안에서 먹어야 한다(26절).

제사장이 먹을 수 없는 속죄제물이 한 가지 있는데, 제물의 피를 가지고 회막 안에 들어가 성소에서 속죄하게 한 경우이다(30절). 제물의 피가 회막 뜰의 제단에서 사용되지 않고, 회막 안까지 들어갔다는 것은 그만큼 비중 있는 상황임을 뜻한다(Hess). 앞서 4:1-21에서 보았듯이 제사장이 성소로 가지고 들어가서 뿌리는 속죄제물의 피는 제사장 자신이 드리는 경우가 유일하다.

그러므로 이 예외 규정은 4장의 언급처럼 제사장의 속죄제물로만 제한된다. 앞으로 16장에서 다룰 속죄일의 속죄제도 이 같은 예외에 속한다(Levine, Kaiser). 백성들의 죄보다 제사장의 죄의 결과가 훨씬 심각하므로 비중 있게 처리되어야 한다. 오늘날로 말하면, 성도의 죄보다 목회자의 죄가 하나님이 보시기에 더 큰 문제라는 뜻이다. 그러므로 목회자(지도자)는 성도보다 더 경건해야 하며 어떻게든 죄를 짓지 않도록 노력해야 한다.

본문은 하나님께 드리는 예물을 다루는 일에 있어서 최고 수준의 주의와 조심성을 요구한다. 심지어 제물의 피가 튀었을 경우에는 지정된 장소에서 세탁해야 한다. 씻는 것은 정결하게 하는 효과를 발휘한다(출 19:14). 이러한 요구에 비추어 볼 때 오늘날 일부 목회자들과 성도의 하나님과 하나님의 물건에 대한 태도는 태만에 가깝다. 자성이 필요하다.

I. 제사에 대한 율법(1:1–7:38)
B. 제사장을 위한 제사 지침(6:8[6:1]–7:38)

5. 속건제(7:1–7)

**1 속건제의 규례는 이러하니라 이는 지극히 거룩하니 2 번제물을 잡는 곳에
서 속건제의 번제물을 잡을 것이요 제사장은 그 피를 제단 사방에 뿌릴 것
이며 3 그 기름을 모두 드리되 곧 그 기름진 꼬리와 내장에 덮인 기름과 4 두
콩팥과 그 위의 기름 곧 허리 쪽에 있는 것과 간에 덮인 꺼풀을 콩팥과 함께
떼어내고 5 제사장은 그것을 다 제단 위에서 불살라 여호와께 화제로 드릴
것이니 이는 속건제니라 6 제사장인 남자는 모두 그것을 먹되 거룩한 곳에서
먹을지니라 그것은 지극히 거룩하니라 7 속죄제와 속건제는 규례가 같으니
그 제물은 속죄하는 제사장에게로 돌아갈 것이요**

속건제에 사용되는 짐승도 번제물을 잡는 곳에서 잡아야 한다(2절; 1:11). 회막 뜰에 있는 번제단의 북쪽에서 잡으라는 뜻이다. 속죄제물의 피는 제단 뿔에 바르고(4:34), 속건제물의 피는 제단 둘레에 뿌린다(2절). 콩팥과 간은 감싸고 있는 기름기와 함께 제단에서 태우고, 나머지는 제사장의 몫으로 삼는다.

모세는 제물의 거룩함을 '지극히 거룩하다'(קֹדֶשׁ קָדָשִׁים)라는 말로 시작하고(1절) 마무리 하는(6절) 규례로 강조한다. 오직 제사장만 먹을 수 있는 제물이기에 거룩한 것이다. 또한 속건제가 하나님께 속한 거룩한 물건을 범했을 때 드리는 제물임을 감안하면, 하나님께 속한 물건을 대할 때 매우 조심해야 한다는 경각심을 일깨우기 위한 목적으로 지극히 거룩하다는 말씀이 반복되었다고 할 수 있다(Kiuchi).

속죄제와 속건제의 유사성이 7절에서 강조된다. "속죄제와 속건제는 규례가 같으니 그 제물은 속죄하는 제사장에게로 돌아갈 것이요." 속건제도 속죄제처럼 지극히 거룩한 제물로 제사장들만 먹을 수 있다.

두 제물에 같은 규정이 적용되는 것이다. 속죄제와 속건제의 차이는, 속죄제는 하나님께만 제물을 드리지만 속건제는 피해를 입힌 이(하나님 포함)에게 보상을 해 주고 나서야 드릴 수 있다는 데에 있다. 속건제의 근본 목적은 공평과 정의를 어느 정도라도 회복시키는 데 있는 것이다(Hess).

I. 제사에 대한 율법(1:1-7:38)
B. 제사장을 위한 제사 지침(6:8[6:1]-7:38)

6. 번제와 소제 중 제사장의 몫(7:8-10)

[8] 사람을 위하여 번제를 드리는 제사장 곧 그 제사장은 그 드린 번제물의 가죽을 자기가 가질 것이며 [9] 화덕에 구운 소제물과 냄비에나 철판에서 만든 소제물은 모두 그 드린 제사장에게로 돌아갈 것이니 [10] 소제물은 기름 섞은 것이나 마른 것이나 모두 아론의 모든 자손이 균등하게 분배할 것이니라

번제를 집례한 제사장은 제물에서 벗겨 낸 가죽을 갖는다(8절). 제사를 인도한 것에 대한 일종의 사례인 것이다. 소제 중에 요리하여 드린 제물은 하나님께 드린 부분 외에는 모두 집례한 제사장의 몫이다(9절). 반면에 요리되지 않은 소제물은 제사장들이 똑같이 나누어 갖는다(10절). 제사장들과 레위인들은 하나님께 속한 사람들이기 때문에 경작할 땅을 기업으로 받지 못하므로 하나님은 그들에게 예배자의 제물을 주셨다.

예배자가 하나님께 드린 제물은 하나님께 속한 것이기 때문에 하나님이 어떻게 사용하시는가에 대해 예배자가 문제 제기할 수 없다. 그러나 하나님으로부터 제물을 하사받는 제사장들은 경건하고 거룩한 마음으로 좋은 일에 사용해야 할 책임이 있다. 그들이 받은 것은 거룩하신 하나님께 바쳐진 거룩한 예물이며, 제물의 경건한 사용은 거룩하신 하나님을 닮아 가는 삶을 사는 데 있어서 매우 중요한 부분을 차지하기 때문이다.

사람들은 하나님께 십일조를 드리고 남은 것은 모두 자기 것으로 생각한다. 그러나 성경은 우리가 소유한 모든 것이 하나님의 것이라고 말한다. 그러므로 십일조를 드리고 남은 것 또한 경건하고 거룩하게 사용해야 한다. 목회자는 더욱더 그렇다. 그들이 받는 사례가 성도가 하나님께 드린 것이라는 사실을 감안하면 목회자는 사역의 대가로 받은 재물을 함부로 사용해서는 안 된다.

I. 제사에 대한 율법(1:1–7:38)
B. 제사장을 위한 제사 지침(6:8[6:1]–7:38)

7. 화목제(7:11–21)

11 여호와께 드릴 화목제물의 규례는 이러하니라 12 만일 그것을 감사함으로
드리려면 기름 섞은 무교병과 기름 바른 무교전병과 고운 가루에 기름 섞어
구운 과자를 그 감사제물과 함께 드리고 13 또 유교병을 화목제의 감사제물
과 함께 그 예물로 드리되 14 그 전체의 예물 중에서 하나씩 여호와께 거제로
드리고 그것을 화목제의 피를 뿌린 제사장들에게로 돌릴지니라 15 감사함으
로 드리는 화목제물의 고기는 드리는 그 날에 먹을 것이요 조금이라도 이튿
날 아침까지 두지 말 것이니라 16 그러나 그의 예물의 제물이 서원이나 자원
하는 것이면 그 제물을 드린 날에 먹을 것이요 그 남은 것은 이튿날에도 먹
되 17 그 제물의 고기가 셋째 날까지 남았으면 불사를지니 18 만일 그 화목제
물의 고기를 셋째 날에 조금이라도 먹으면 그 제사는 기쁘게 받아들여지지
않을 것이라 드린 자에게도 예물답게 되지 못하고 도리어 가증한 것이 될 것
이며 그것을 먹는 자는 그 죄를 짊어지리라 19 그 고기가 부정한 물건에 접촉
되었으면 먹지 말고 불사를 것이라 그 고기는 깨끗한 자만 먹을 것이니 20 만
일 몸이 부정한 자가 여호와께 속한 화목제물의 고기를 먹으면 그 사람은

자기 백성 중에서 끊어질 것이요 21 만일 누구든지 부정한 것 곧 사람의 부정이나 부정한 짐승이나 부정하고 가증한 무슨 물건을 만지고 여호와께 속한 화목제물의 고기를 먹으면 그 사람도 자기 백성 중에서 끊어지리라

지금까지 하나님은 백성들이 가져온 여러 가지 제물을 주님께 드릴 때 예배 인도 방식에 대하여 제사장들에게 말씀하셨다. 이 섹션에서는 화목제를 드리는 것에 대하여 백성들에게 말씀하신다. 이스라엘의 제사장들은 성전에서 제사 집례만 하지 않고, 백성들에게 하나님의 말씀을 가르치는 일도 하였다(대하 15:3; 겔 7:26; 22:26; 호 4:6; 학 2:11; 말 2:7). 이에 따라 제사장의 매뉴얼이라고도 불리는 이 섹션에 그들이 백성들에게 가르쳐야 할 말을 포함시킨 듯하다(Gane).

화목제(שְׁלָמִים)에 대한 일반적인 가르침은 이미 3장에 제시된 바 있다. 화목제는 예배자가 제물의 일부를 먹을 수 있는 유일한 제사이다. 화목제에는 세 가지 종류가 있다. (1) 감사의 뜻으로 바치는 감사제(12절), (2) 서약한 것을 지키려고 바치는 서원제(16절), (3) 특별한 이유 없이 그저 바치고 싶어서 드리는 자원제(16절). 하나씩 살펴보자.

첫째, 감사제(תּוֹדָה)는 하나님께 감사하거나 찬양하거나 고백할 일이 있을 때 드리는 제물이다. 감사라는 뜻의 히브리어 토다(תּוֹדָה)는 죄를 고백할 때 쓰이기도 한다(수 7:19; 스 10:11). 시편은 질병에서 회복될 때, 여행을 잘 마쳤을 때, 항해를 성공적으로 마쳤을 때, 포로 생활에서 해방되었을 때 이 제물을 드리라고 한다(시 107편). 감사제는 소나 양이나 염소 같은 제물과 함께 누룩을 넣지 않은 빵을 드리는 제사이다(12절). 준비된 여러 가지 빵이나 과자들을 종류별로 하나씩 '높이 들어 올려'(תְּרוּמָה) 하나님께 드린다(14절, 새번역).

감사제에 쓰인 빵과 과자는 몇 가지 종류나 되었을까? 유태인 전승에 따르며 한 번에 40개씩, 10개씩 4종류를 드렸다고 한다(m. Menahot 7:1). 40개 모두 같은 반죽으로 만들었으며, 그중 30개는 누룩을 넣지 않고, 나머지 10개는 누룩을 넣어서 빚었다(m. Menahot 5:1). 예식에서 제사장은 종류별 하나씩, 즉 총 4개를 높이 들어 하나님께 드렸다(Levine).

제물을 높이 들어 드리는 제사를 '거제'라고 한다(개역개정). 누룩을 넣은 빵은 제단에서 태우지 않고 제사장에게 주었다(Kaiser, Levine, cf. 13-14절). 감사제물로 바친 고기는 그날로 먹어야 하며 다음 날까지 남겨 두어서는 안 된다(15절; cf. 22:29-30). 남은 것은 태워 없애야 한다(17절). 유월절 양을 상기시키는 규례이다. 아마도 제물을 아끼지 말고 기쁜 마음으로 가능한 한 많은 이웃과 혹은 가난한 사람들과 함께 나누어 먹으라는 뜻에서 요구하시는 듯하다(Gane).

감사제는 예배자가 자원해서 드리는 것이므로 유태인 전승에서도 매우 중요한 의미를 가진다. 그들은 감사제를 인간이 드릴 수 있는 가장 순수한 예물로 생각했다. 그렇기 때문에 제사가 더 이상 드려지지 않는 메시아 시대에도 감사제는 드려질 것이라고 생각했다(Levine).

구약 시대 성도는 의무적으로 드려야 하는 제물이 아닌 자원해서 드리는 예물을 통해 가장 큰 만족감을 느꼈다. 제물을 받으시는 하나님도 감사제를 가장 기뻐하셨을 것이다. 모두가 감사한 마음으로 주님께 아낌없이 드리고, 자원해서 드리는 예배를 통해 큰 기쁨과 감격을 맛볼 수 있으면 좋겠다.

둘째, 서원제(נֶדֶר)와 자원제(נְדָבָה)(16절)는 쌍으로 자주 등장한다(레 22:21; 민 15:3; 신 12:6, 17). 서원제는 삶의 위기를 맞은 사람이 마음속에 소원한 것이 있어 제물을 드리는 것이다(창 28:20; 삿 11:30-31; 삼상 1:11; 삼하 15:8). 때로는 하나님께 약속한 것을 서원제로 드리기도 했다(Levine, cf. 잠 7:14).

서원제와 자원제는 제물을 드린 다음날까지도 먹을 수 있어서 당일 먹어야만 하는 감사제보다 규제가 덜하다. 그러나 이 제물도 3일째에는 먹을 수 없으며 모두 태워야 한다(17절). 만일 남은 고기를 태우지 않고 먹는다면, 예배자가 제사를 통해서 기대한 하나님의 축복이 모두 취소된다(18절). 예배가 효력을 잃는 것이다. 3일째까지 다 먹지 못한 제물에 신비한 힘이 있어서 축복을 취소하는 것이 아니라 하나님의 명령에 순종하지 않기 때문에 축복을 잃는 것이다.

3일이 지나도록 고기를 남겨 두면 하나님의 말씀에 불순종하였으므로 벌을 받게 될 것이다(Milgrom). 냉장 보관할 수 없는 상태에서 3일을 둔 고기는 부패되기 쉽다. 이 같은 염려가 규례에 반영된 듯하다(Wenham). 좋은 날, 기쁜 마음으로 자원해서 드린 제물이 재앙을 초래한다면 매우 안타까울 일이다. 그러므로 이런 규정을 왜 주시는가를 논하기 전에 순종부터 해야 할 것이다.

만일 고기가 부정한 것에 닿았으면 그것 또한 부정해졌으므로 먹지 말고 불살라야 한다(19절). 또한 누가 부정한 몸으로 제물을 먹으면, 그 사람은 이스라엘에서 끊어져야(נִכְרְתָה) 한다(20–21절). 레위기에서 '[이스라엘에서] 끊다/자르다'(כרת)라는 표현이 25차례 등장하는데 이곳에서 처음 쓰였다. 대체로 제사/예식법을 어겼을 때 내려지는 징계로서 사용된다.

'끊으라'라는 명령은 여러 가지로 다양하게 해석되지만, 일부 주석가들이(Hess) 주장하는 것처럼 범법자를 죽이라는 뜻은 아니다(Wenham, Levine). 오늘날로 말하면 '출교시키라'라는 의미이다(Milgrom, Kaiser, Gane). 하나님의 말씀대로 살겠다고 모인 종교 공동체에서 의도적으로 하나님의 말씀을 거역하는 사람이라면 굳이 공동체에서 용인할 필요가 없지 않은가! 그러므로 이때는 서로의 평안을 위하여 내보내야 한다.

자원해서 제물을 드린 사람인데 너무 가혹하게 처벌하는 것은 아닌지 이해가 안 될 수도 있다. 그러나 하나님이 의무적으로 바치는 제물보다 자원해서 드리는 제물에 대해 더 강력한 규제를 요구하시는 것은 당연한 일이다(Kiuchi). 자원해서 드리는 것인 만큼 하나님이 요구하는 방법에 따라 가장 기뻐하실 예물로 드려야 한다.

본문에서 언급된 세 종류의 화목제는, 행동으로 옮겨진 찬양과 고백을 하나님이 귀하게 여기신다는 사실을 강조한다(Kaiser). 하나님의 구원과 은총이 놀라우면, 입으로만 감사하고 찬양할 것이 아니라 제물을 통해서 드러내 보이라는 것이다. 종종 교회 안에서 열정을 쏟으며 기도하고 찬양하지만 정작 재물과 시간으로 헌신해야 할 때는 슬그머니 자리를 피하는 사람들을 본다. 하나님은 이런 찬양과 기도를 가식과 위선으로 보신다. 자신의 믿음을 물질과 시간의 헌신으로 보여 드릴 수 있어야 한다.

I. 제사에 대한 율법(1:1-7:38)
B. 제사장을 위한 제사 지침(6:8[6:1]-7:38)

8. 피와 기름 섭취 금지(7:22-27)

22 여호와께서 모세에게 말씀하여 이르시되 23 이스라엘 자손에게 말하여 이
르라 너희는 소나 양이나 염소의 기름을 먹지 말 것이요 24 스스로 죽은 것
의 기름이나 짐승에게 찢긴 것의 기름은 다른 데는 쓰려니와 결단코 먹지는
말지니라 25 사람이 여호와께 화제로 드리는 제물의 기름을 먹으면 그 먹는
자는 자기 백성 중에서 끊어지리라 26 너희가 사는 모든 곳에서 새나 짐승의
피나 무슨 피든지 먹지 말라 27 무슨 피든지 먹는 사람이 있으면 그 사람은
다 자기 백성 중에서 끊어지리라

하나님은 이미 모든 기름(חֵלֶב)은 여호와께 속한 것이기 때문에 사람이 먹어서는 안 된다고 하셨다(3:16-17). 본문은 이 규정에 대하여 추가로 설명한다. 집에서 먹기 위해서 도축한 짐승의 기름기나, 저절로 죽은 가축의 기름기, 혹은 짐승에게 찢겨 죽은 동물의 기름기도 먹어서는 안 된다. 출애굽기 22:30과 레위기 17:15; 22:18 등이 저절로 죽은 가축과 짐승에게 찢겨 죽은 동물의 모든 것을 먹지 못하게 하기 때문에 여기서 이런 사례에 대해 굳이 언급할 필요는 없어 보인다. 아마도 강조하는 차원에서 언급하는 듯하다(Levine).

본문이 말하는 기름기는 짐승의 살과 섞여있는 기름기를 뜻하는 것이 아니라, 내장을 감싸고 있는 기름기를 의미한다. 그러므로 갈비살과 섞인 기름기는 먹을 수 있지만, 콩팥, 간 등 내장을 감싸고 있는 기름기는 먹어서는 안 된다. 제사장들이 제단에서 태웠던 제물의 기름기는 바로 이것들이다. 이 기름기는 짐승의 가장 좋은 부위로 간주되어 하나님께 바쳐졌다(Kaiser).

피도 먹어서는 안 된다. 새, 짐승, 그 외 어떤 피든지 간에 피는 먹어서는 안 된다(26절). 피를 먹는 것을 금하는 것은 기름기를 먹는 것을 금하는 것보다 더 강력하게 표현되어 있다(Kaiser). 하나님은 이미 노아에게도 동일한 명령을 내리신 적이 있다(창 9:3-4). 왜 피를 먹는 것을 이처럼 강력하게 규제하시는가?

레위기 17:11-12에 답이 있다: "생물의 생명이 바로 그 피 속에 있기 때문이다. 피는 너희 자신의 죄를 속하는 제물로 삼아 제단에 바치라고, 너희에게 준 것이다. 피가 바로 생명을 지니고 있기 때문에, 죄를 속하는 것이다. 그러므로 나 주가 이스라엘 자손에게 이미 말한 바와 같이, 너희 가운데 어느 누구도 피를 먹어서는 안 된다. 그뿐만 아니라, 너희와 함께 살고 있는 어떤 외국 사람도, 피를 먹어서는 안 된다"(새번역; cf. 레 3:17; 신 12:16; 15:23). 신약에도 짐승의 피를 먹지 말라는 명령이 있다(행 15:29). 제물로 바쳐진 짐승의 피는 예배자의 영적 죽음을 상징한다(Kiuchi).

오늘날 우리는 피를 먹지 말라는 명령이 큰 의미가 없는 시대를 살아가고 있다. 한국 사람 대부분이 선짓국을 즐기는 것도 이 섹션의 의도를 무색하게 만드는 듯하다. 예수 그리스도의 십자가가 그만큼 놀라운 일을 행하셨으니 더욱 감사해야 한다. 그러나 한 가지 의식해야 할 것은 하나님과 교제하고자 하는 사람은 스스로 하나님을 뵙기에 합당하도록 정결하게 살아가야 한다는 것이다. 비록 논리적인 사고로는 이해가 되지 않는 규례들일지라도 하나님이 원하신다면 순종하는 것이 마땅하지 않은가! 때로 이성과 논리를 초월한 순종이 요구되기도 하지만 모두가 하나님과의 교제를 위한 것이다.

I. 제사에 대한 율법(1:1-7:38)
B. 제사장을 위한 제사 지침(6:8[6:1]-7:38)

9. 화목제 중 제사장의 몫(7:28-36)

[28] 여호와께서 모세에게 말씀하여 이르시되 [29] 이스라엘 자손에게 말하여 이
르라 화목제물을 여호와께 드리려는 자는 그 화목제물 중에서 그의 예물을
여호와께 가져오되 [30] 여호와의 화제물은 그 사람이 자기 손으로 가져올지니
곧 그 제물의 기름과 가슴을 가져올 것이요 제사장은 그 가슴을 여호와 앞
에 흔들어 요제를 삼고 [31] 그 기름은 제단 위에서 불사를 것이며 가슴은 아
론과 그의 자손에게 돌릴 것이며 [32] 또 너희는 그 화목제물의 오른쪽 뒷다리
를 제사장에게 주어 거제를 삼을지니 [33] 아론의 자손 중에서 화목제물의 피
와 기름을 드리는 자는 그 오른쪽 뒷다리를 자기의 소득으로 삼을 것이니라
[34] 내가 이스라엘 자손의 화목제물 중에서 그 흔든 가슴과 든 뒷다리를 가져
다가 제사장 아론과 그의 자손에게 주었나니 이는 이스라엘 자손에게서 받
을 영원한 소득이니라 [35] 이는 여호와의 화제물 중에서 아론에게 돌릴 것과
그의 아들들에게 돌릴 것이니 그들을 세워 여호와의 제사장의 직분을 행하
게 한 날 [36] 곧 그들에게 기름 부은 날에 여호와께서 명령하사 이스라엘 자
손 중에서 그들에게 돌리게 하신 것이라 대대로 영원히 받을 소득이니라

이 섹션은 바로 앞서 선포되었던 화목제 규례(7:11-21)를 보완하는 기능을 한다. 화목제를 드릴 사람은 제단에서 불사를 부위를 자기 손으로 가져와야 한다(30절). 혹시라도 화목제를 드리도록 누군가로부터

강요받는 상황에 놓이지 않게 하기 위해서이다(Kaiser). 이 같은 정보를 제공하는 것은 본문이 처음이다(Rooker). 이미 언급한 바와 같이 예배자가 제단으로 가져가는 부위는 짐승의 가장 중요한 부분으로 여겨졌다(Kiuchi). 하나님께 화목제를 드릴 예배자는 제물의 가장 소중한 부위를 들고 스스로 제사장에게 나아가야 한다.

자원해서 드리는 제사에서 강제성은 완전히 배제되어야 하며, 온전히 기쁜 마음으로 가장 좋은 제물을 기꺼이 드려야 한다. 이제는 더 이상 짐승을 제물로 바치지 않지만 오늘날에도 원리는 동일하게 적용된다. 하나님은 억지로 드리는 것보다 기꺼이 드리는 마음을 더 귀하게 여기며 기뻐하신다(고후 9:7).

제사장은 제물의 기름을 제단 위에서 불살라야 하며, 가슴 부위는 주님 앞에 흔들어서 바쳐야 한다(30-31절). 유태인 전승에 의하면, 이때 제사장은 고기를 높이 들고 제단 앞에서 왔다 갔다 했다고 한다(m. Menahot 5:6). 개역개정은 이 제사(תְּנוּפָה)를 '요제'로 부른다(영어로 'wave offering'[NAS, NIV, ESV] 혹은 'elevation offering'[NRS, TNK]이라고 함). 문맥을 살펴보면 이것은 화목제와 연관하여 행하던 예식의 일부이며 화목제와 별개로 드리는 독립적인 제사가 아님을 알 수 있다(Milgrom, Hess).

화목제로 드리는 짐승의 고기 중 제사장들에게는 가슴살(30절)과 오른쪽 뒷다리(32절), 두 부위가 몫으로 돌아간다. 개역개정은 제사장에게 오른쪽 뒷다리를 주어 '거제'(תְּרוּמָה; 옛 영어 버전 중 하나인 AV도 'heave offering'이라고 함)를 삼으라고 한다(32절). 마치 또 하나의 제사처럼 느껴지지만, 대부분의 번역본과 주석가들은 거제로 번역된 히브리어 단어 '테루마'(תְּרוּמָה)를 '선물/몫'으로 해석한다(공동번역, 새번역, NAS, NIV, NRS, TNK, ESV, NLT: LXX, Milgrom, Kaiser, Levine, Gane). 거제는 독립적인 제사가 아니라 화목제 예식 중 하나님께 높이 치켜든 부위가 제사장에게 선물로 주어지는 것을 묘사한 표현일 뿐이다.

I. 제사에 대한 율법(1:1-7:38)
B. 제사장을 위한 제사 지침(6:8[6:1]-7:38)

10. 요약(7:37-38)

37 이는 번제와 소제와 속죄제와 속건제와 위임식과 화목제의 규례라 38 여호와께서 시내 광야에서 이스라엘 자손에게 그 예물을 여호와께 드리라 명령하신 날에 시내 산에서 이같이 모세에게 명령하셨더라

1-7장의 결론을 내리는 섹션이다. 여러 가지 제사에 대한 규례를 담고 있는 레위기의 첫 번째 주요 섹션을 마치는 말씀이다. 제사를 나열함에 있어서 6-7장의 순서를 따르고 있으며, 중간에 위임제(מִלֻּאִים)를 삽입했다(37절). 위임제는 제사장들이 임직할 때 드리는 제사이며 매우 복잡한 절차의 한 부분을 감당한다(출 29장; 레 8장).

1장을 시작할 때 하나님이 회막에서 모세를 불러 말씀하셨다(1:1). 이제 저자는 "[여호와께서] 시내 산에서 이같이 모세에게 명령하셨더라"(38b절)라는 말씀으로 마무리한다(38절). 한 주석가는 본문을 인쇄 및 발행 날짜, 저자, 출판사 등에 대한 정보를 제공하는 책의 마지막 장(Colophon)에 비교한다. 지금까지 누가 말씀하셨고, 누가 그 말씀을 이스라엘 백성들에게 전달했는가를 알려 주고 있다는 것이다. 이스라엘이 시내 산 근처에 머무는 동안에 모세가 시내 산 정상과 회막에서 하나님으로부터 받은 말씀임을 시사한다.

II. 성막에서 예배가 시작됨
(8:1-10:20)

책의 두 번째 주요 섹션인 8-10장은 제사장직에 초점을 맞추고 있다. 모세는 성막과 제단을 성결하게 하여 하나님께 예배를 드릴 수 있는 만반의 준비를 갖추게 하였다. 드디어 아론과 그의 아들들이 제사장에 임직했다. 그러나 기쁨도 잠시, 아론의 아들 나답과 아비후가 회막에서 죽었다. 특권에는 그만큼 큰 책임과 엄격한 기준이 따르는 법인데, 나답과 아비후가 기준 미달의 일을 했기 때문이다.

이 섹션에 기록된 일들이 언제 일어났는지를 가늠하기는 쉽지 않다. 모세가 회막을 세운 것이 출애굽 후 2년 첫째 달 1일이다(출 40:2, 17). 8-9장에 의하면 아론과 아들들의 제사장 임직식은 7일 동안 진행되었다(8:33). 따라서 9장 1절의 '여덟째 날'은 출애굽기 40:17에 언급된 출애굽 후 '둘째 해 첫째 달 곧 그 달 초하루'일 가능성이 크다.

이날 모세가 아론과 그의 아들들을 불러다가 처음으로 제사장 직무를 맡겼다. 그들에게 제사장의 사역을 모두 위임한 것으로 생각된다(민 7:1). 따라서 시간적인 순서를 보면, 레위기는 8-10장에서부터 시작되어야 정상이다(Milgrom). 그러나 제물의 종류와 각각의 규례를 설명해 주는 1-7장 없이 8-10장을 이해하기란 어려운 일이므로 본 섹션이 뒤이어 나온 것이다(Kiuchi).

8-10장에 "[모세가] 여호와께서 [자기에게] 명령하신 대로"라는 식의 표현이 총 16차례나 반복하여 등장한다(8:4, 5, 9, 13, 17, 21, 29, 34, 36; 9:6, 7, 10, 21; 10:7, 13, 15). 하나님의 명령을 지키지 않아 죽게 된 아론의 두 아들과 모세의 절대적인 순종을 극적으로 대조하기 위해서이다. 저자는 나답과 아비후의 죽음은 안타깝지만 하나님께 불순종한 결과라고 말한다.

모세가 하나님께 철저히 순종한 사실을 강조함으로써, 본문에 묘사된 제사장 임직식과 율법을 포함한 모든 기록이 모세가 하나님의 지시에 따라 행한 것임을 암시한다. 이스라엘의 예배는 인간이 고안해 낸 대로가 아니라 여호와께서 지시하신 대로 절차에 따라 진행되었다(Levine). 나답과 아비후의 죽음은 하나님의 지시를 무시하면 제사장들도 재앙을 피할 수 없다는 사실을 강조한다.

모세는 시내 산 정상에서 하나님으로부터 받은 규례를 소개한 출애굽기 29-30장의 내용을 8장에 거의 그대로 인용한다. 자신이 하나님의 말씀에 얼마나 철저하게 순종하고 있는지를 강조하기 위해서이다.

다음 도표를 참조하라(Wenham).

출애굽기 29-30장	레위기 8장
29:1-3	8:2
29:4-6	8:6-8
29:7	8:12
30:26-29	8:10-11
29:8-9	8:13
29:10-14	8:14-17
29:15-18	8:18-21

29:19-20	8:22-24
29:22-25	8:25-28
29:26	8:29
29:21	8:30
29:31-32	8:31
29:34	8:32
29:35-37	8:33-35

모세의 순종은 하나님의 영광이 모든 사람 앞에 드러나게 한다. 이로써 하나님의 영광을 사모한다면 어떻게 해야 하는지를 이스라엘에게 가르친다(출 29:43-46; 레 9:23). 순종하면 하나님의 영광이 그들 중에 임할 것을 보장하는 것이다.

레위기의 두 번째 주요 섹션인 본문은 다음과 같이 세 파트로 구분된다.

A. 아론과 아들들의 제사장 임직(8:1-36)
B. 성막에서 예배와 제사가 시작됨(9:1-24)
C. 나답과 아비후의 죽음(10:1-20)

A. 아론과 아들들의 제사장 임직(8:1-36)

아론과 그의 아들들이 제사장에 임직하여(8장) 영광스러운 제사장 사역을 처음으로 시작한다(9장). 아론과 아들들의 임직식 이야기는 출애굽기 29:1-37 말씀의 성취이며, 출애굽기 마지막 장들의 기록과 중복

된다.

그러나 차이점도 있다. 출애굽기 29장에는 회중에 대한 이야기가 없다(Hartley). 또한 출애굽기 29장에 제시된 규례에 따라 제사장의 예복을 만드는 이야기가 출애굽기 39장에 소개되었는데, 레위기 본문에서 제사장들이 그때 만들어진 예복을 입고 임직식을 한다. 출애굽기에서 시작된 이야기를 이어 가고 있는 것이다.

한 학자는 오경에 5가지 주요 예식(ritual ceremony)이 있는데, 본문의 제사장 임직식이 그중 다섯 번째라고 한다(Gorman). 그가 제시하는 5가지 예식은 다음과 같으며, 모두 숫자 7을 중심으로 구성되어 있다. 그러므로 제사장 임직은 하나님이 태초부터 자기 백성과 관계를 유지하시려는 섭리의 절정이자 최종 결과라 할 수 있다(Gorman, cf. Hess).

	예식(ritual ceremony)
1	7일 동안 선포된 7개 이야기로 구성된 천지창조(창 1:1–2:4a)
2	7개 이야기로 구성된 거룩한 공간, 성막의 건축 규례(출 25–31장)
3	성막 건축 완료를 위한 모세의 7가지 행위(출 40:17–33)
4	성막에서 드려질 제사에 대한 7개 이야기(레 1–7장)
5	제사장 위임식을 위한 7가지 행위(레 8장)

내용상 본 섹션은 일종의 교차대구법적 구조를 지녔다. (A) 아론을 제사장으로 안수하라는 하나님의 명령(2절)—(B) 회중을 모으라는 하나님의 명령(3절)—(B′) 모세가 회중을 모음(4–5절)—(A′) 모세가 아론에게 안수함(6–30절)(Wenham).

본문이 회고하고 있는 이스라엘의 첫 제사장 임직식 이야기는 다음과 같이 구분할 수 있다.

A. 임직 준비(8:1–4)

B. 안수식 1부(8:5-13)
C. 제사(8:14-29)
D. 안수식 2부(8:30)
E. 일주일 동안의 성별(聖別)(8:31-35)
F. 결론(8:36)

II. 성막에서 예배가 시작됨(8:1-10:20)
A. 아론과 아들들의 제사장 임직(8:1-36)

1. 임직 준비(8:1-4)

[1] 여호와께서 모세에게 말씀하여 이르시되 [2] 너는 아론과 그의 아들들과 함께 그 의복과 관유와 속죄제의 수송아지와 숫양 두 마리와 무교병 한 광주리를 가지고 [3] 온 회중을 회막 문에 모으라 [4] 모세가 여호와께서 자기에게 명령하신 대로 하매 회중이 회막 문에 모인지라

이 섹션은 안수식에 사용할 물건들을 준비하라고 모세에게 주신 하나님의 명령으로부터 시작한다. 제사장에 임직될 이들이 입을 의복, 머리에 부을 기름, 제물로 바칠 수소 한 마리, 숫양 두 마리 그리고 누룩을 넣지 않은 빵 한 바구니가 준비되었다(2절).

머리에 붓기 위해 준비하는 관유(שֶׁמֶן הַמִּשְׁחָה)는 회막/성전에서 사용하기 위하여 특별히 제조된 올리브기름이다. 이것을 다른 용도로 사용할 수 없다(출 30:22-25). 레위기 8:10-12은(8:23-24) 성막에서 관유가 어떻게 사용되었는가를 정확히 기록하고 있다.

예식에 필요한 빵(מַצָּה)은 모두 누룩을 넣지 않고 만들어야 하는데, "누룩을 넣지 않고 만든 과자, 기름을 섞어 만든 과자, 속이 빈 과자"(26절, 새번역) 등 세 종류가 필요하다(26절). 첫째, '누룩을 넣지 않은 과자'는 단순히 화덕에서 구워 낸 것이다. 둘째, 과자는 누룩 없이 반죽하여 약간의 기름을 더한 것이다. 셋째, 과자는 누룩 없이 구워 속이 빈 과자로 겉표면에 기름을 바른 것이다. 왜 세 종류의 빵이 필요한지는 알 수 없다. 아마도 제물로 바치는 짐승의 수와 같게 하기 위해서일 것으로 추측된다.

예식에 필요한 물품을 준비한 모세가 하나님의 명령을 따라 이스라엘의 온 회중을 회막 문에 불러 모았다(4절). 여기서 온 회중이란 남녀노소를 무론한 모든 백성이 아닌 이스라엘을 대표하는 사람들이다(Kaiser, Kiuchi). 당시 회막에는 온 이스라엘 백성을 수용할 만한 공간이 없었다. 성경은 이 같은 일반화(generalization)를 자주 사용한다.

아론은 대제사장으로 지명(출 29장)된 다음에 곧바로 금송아지를 만들어 백성들을 하나님으로부터 멀어지게 했다(출 32-24장). 이 일로 인해 이스라엘은 3,000명 가량이 죽임을 당하는 엄청난 대가를 치렀다(출 32:28). 하나님이 심지어 아론을 죽이려고까지 하셨다(신 9:20). 그러나 모세가 눈물로 호소하여 그를 살렸다. 아론은 이미 대제사장으로 내정된 인물이었지만 금송아지 사건의 주동자였던 만큼 미래가 불확실할 수밖에 없었다.

그런 그가 드디어 대제사장으로 임직한다! 참으로 놀라운 하나님의 용서와 은총이다. 그러므로 아론의 대제사장 임직식은 하나님의 놀라운 용서와 은혜를 보여 주는 사건이며, 이날 그는 누구보다도 하나님의 자비에 감격했을 것이다.

"여호와께서 모세에게 명령하신 것과 같았다"라는 말씀이 반복적으로 강조된다(4, 9, 13, 17, 21, 29절). 아론의 제사장직은 인간의 합리적인 결론을 초월한 하나님의 일방적인 은혜였다.[9] 우상숭배를 주동한 적이 있는 아론은 결코 거룩하신 하나님의 제사장이 될 수 없다는 것이 인간의 합리적인 결론이다. 그러나 하나님은 세상에서 가장 자격이 없는

9 또한 '명령하다'(צוה)라는 동사가 레위기에서 총 35차례 사용되었는데, 그중 11차례가 본문의 임직식 장면에서 쓰였다(Kiuchi).

아론을 당신을 섬길 대제사장으로 세우셨고, 이 사실에 대하여 누구도 문제를 제기할 수 없게 하셨다.

모세가 하나님이 명령하신 대로 임직식을 진행했다는 사실이 반복적으로 강조되는 것은 제사장직이 처음부터 끝까지 하나님의 계획과 지시에 따라 된 일임을 암시한다. 제사장직은 인간적인 생각에서 비롯된 것이 아니라 전적으로 하나님께로부터 온 직책인 것이다. 그러므로 누가 제사장이 될 것인가는 인간이 관여할 일이 아니며 오로지 하나님이 결정하실 일이다.

II. 성막에서 예배가 시작됨(8:1–10:20)
A. 아론과 아들들의 제사장 임직(8:1–36)

2. 안수식 1부(8:5–13)

**5 모세가 회중에게 이르되 여호와께서 행하라고 명령하신 것이 이러하니라
하고 6 모세가 아론과 그의 아들들을 데려다가 물로 그들을 씻기고 7 아론
에게 속옷을 입히며 띠를 띠우고 겉옷을 입히며 에봇을 걸쳐 입히고 에봇의
장식 띠를 띠워서 에봇을 몸에 매고 8 흉패를 붙이고 흉패에 우림과 둠밈을
넣고 9 그의 머리에 관을 씌우고 그 관 위 전면에 금 패를 붙이니 곧 거룩한
관이라 여호와께서 모세에게 명령하신 것과 같았더라 10 모세가 관유를 가져
다가 성막과 그 안에 있는 모든 것에 발라 거룩하게 하고 11 또 제단에 일곱
번 뿌리고 또 그 제단과 그 모든 기구와 물두멍과 그 받침에 발라 거룩하게
하고 12 또 관유를 아론의 머리에 붓고 그에게 발라 거룩하게 하고 13 모세가
또 아론의 아들들을 데려다가 그들에게 속옷을 입히고 띠를 띠우며 관을 씌
웠으니 여호와께서 모세에게 명령하신 것과 같았더라**

제사장 임직식을 하기 전에 모세가 아론과 아들들을 다시 한번 물로 씻겨 성결하게 했다(6절). 물로 씻음은 죄로부터 정결하게 됨을 상징한

다(Rooker). 그러므로 제사장이 될 사람들의 물로 씻음은 그들의 인도에 따라 하나님 앞에서 예배를 드리게 될 주의 백성의 순결한 마음을 상징하기도 한다(Feinberg).

요나단 탈굼(Targum Jonathan)은 이때 아론과 아들들이 침례를 받은 것으로(Milgrom, Rooker), 에스라(Ibn Ezra)는 그들이 목욕한 것으로 해석한다(Milgrom). 그러나 '씻기'로 번역되는 히브리어 동사 라하츠(רחץ)는 목욕이 아니라 형식적으로 손과 발을 간단하게 씻는 것을 의미한다(Levine). 성전에서 제사장들은 매일 이어지는 사역을 위해 손과 발을 수시로 씻었다(출 30:17-21). 침례 예식과는 상관이 없는 말씀인 것이다.

물로 씻는 예식이 끝난 후에 모세는 그들에게 여러 가지 예복, 즉 속옷(כֻּתֹּנֶת), 띠(אַבְנֵט), 겉옷(מְעִיל), 에봇(אֵפֹד), 에봇의 장식 띠(בְּחֵשֶׁב הָאֵפֹד) 등을 입혀 주었다(7절). 여기서 속바지(מִכְנְסֵי־בָד)는 언급되지 않는다(출 28:42). 아론과 아들들이 씻은 후 스스로 예복을 입고 모세 앞에 나타날 것이기 때문이다.

모세가 제사장 임직식을 주도하는 모습은 그가 제사장들보다 더 높은 위치에서 하나님을 대행하고 있음을 의미한다. 훗날 사무엘이 하나님을 대신하여 사울과 다윗에게 안수하여 이스라엘의 왕으로 세우는 것도 이와 같다. 사역자의 부르심을 확인해 주는 것이 안수식이라고 한다면, 모세의 경우에는 호렙 산에서 불에 타지 않는 나무를 통해 하나님을 만나고 소명을 받은 것이 그의 안수식이었다(Kiuchi).

대제사장의 의복 중 가장 중요한 것은 에봇이다. 에봇의 중요성은 다섯 가지 실로 짠 것에서도 알 수 있다. "그들이 쓸 것은 금 실과 청색 자색 홍색 실과 가늘게 꼰 베 실이니라"(출 28:5). 에봇의 양어깨에 야곱의 열두 아들의 이름을 새긴 보석을 달았다(출 28:10). 요세푸스에 의하면 나이 순서대로 맏이부터 여섯 아들의 이름이 오른쪽 어깨에, 나머지 여섯 아들의 이름이 왼쪽 어깨에 올려졌다. 마이모니데스

(Maimonides)는 오른쪽 어깨에 르우벤, 레위, 잇사갈, 납달리, 갓, 요셉 순으로, 왼쪽 어깨에는 시므온, 유다, 스불론, 단, 아셀, 베냐민 순으로 보석에 이름이 새겨졌다고 주장한다. 이 경우, 각 보석에 새겨지는 히브리어 알파벳이 각각 25개가 된다(Levine).

출애굽기에 의하면 에봇은 네 부분으로 구성되어 있다. 몸체, 두 개의 어깨받이/멜빵, 에봇 위에 매는 화려한 장식의 띠(출 28:6-14). 에봇이 제사장의 상체 또는 하체 아니면 위아래 전부를 덮었는지는 불확실하다. 제사장의 등만 혹은 앞만 치장했는가도 확실하지 않다.

에봇은 성경에서 자주 언급되는 물건이다. 때로 우상숭배나 불경건한 신앙을 유발하는 상황에 등장한다(삿 17:3-5; 18:14, 17-20; 호 3:4). 예를 들어, 기드온이 금색 에봇을 만들어 온 이스라엘을 실족하게 만든 적이 있다(삿 8:24-27). 사무엘상 21:9에 의하면 놉 지역의 장막에 에봇이 있었는데, 그 뒤에 골리앗의 칼이 보관되어 있었다. 한편 손에 가지고 움직이는 물건으로 취급되기도 한다(삼상 23:6, cf. 2:28; 14:3; 22:18). 또는 하나님의 뜻을 묻는 도구로 사용되기도 한다(삼상 23:9-11; 30:7-8).

일반 제사장과 달리 대제사장의 옷은 금색을 많이 활용하여 화려한 것이 특징이다. 그래서 유태인들은 대제사장의 예복을 '금의(金衣)'(golden attire)라고 부르기도 했다(Sarna). 대제사장이 입은 옷의 화려함은 눈부신 하나님의 영광을 상징한다(Kiuchi). 그러나 속죄일에는 레위기 16:4 규정에 따라 세마포를 입고 사역했다. 랍비들은 이 옷을 '백의(白衣)'(white attire)로 불렀다. 외경의 집회서에 시몬이라는 대제사장이 속죄일에 지성소에 들어가 속죄소에 피를 뿌리고 나오는 모습이 기록되었다. 대제사장의 속죄일 예복이 예배자들에게 얼마나 강한 인상을 주었는지를 알 수 있다.

5 그가 지성소에서 나타나, 사람들에게 에워싸였을 때 얼마나 훌륭하였

> 던가! [6] 그는 구름 사이에서 빛나는 샛별과 같았고 쟁반처럼 둥근 달과 같았다 [7] 그는 지극히 높으신 분의 성전을 비추는 태양과 같았고 영광의 구름 속에서 빛나는 무지개와 같았으며 [8] 그는 봄날 장미꽃 같고 샘물가에 핀 백합 같았으며 여름철 레바논의 푸른 싹과 같았다. [9] 그는 향로에 담긴 불과 타오르는 향과 같았고 두드려 만들어 온갖 보석으로 장식한 황금 그릇 같았다. [10] 그는 열매들이 달린 올리브 나무 같고 구름까지 치솟은 송백 같았다. [11] 시몬이 영광의 제복을 입고 호화로운 복장을 다 갖추어 거룩한 제단에 올랐을 때 그는 성소 안을 영화롭게 하였다(집회서 50:5-11).

모세는 아론에게 흉패/가슴받이(חֹשֶׁן)를 달아 주고, 그 속에 우림(הָאוּרִים)과 둠밈(הַתֻּמִּים)을 넣어 주었다(8절). 흉패는 에봇처럼 여러 색상의 실로 만들어져 에봇에 고정되었는데, 대제사장의 가슴을 덮는 약 58㎠ 크기의 주머니이다(Meyers, cf. 출 28:16). 이스라엘의 열두 지파를 상징하는 열두 개 보석이 3개씩 4줄로 흉패에 장식되었다. 기록된 이름만으로는 정확히 어떤 보석이었는지 알기 어렵다. 이곳에서만 쓰인 용어가 다수이기 때문이다.

보석 중 일부는 에스겔 27:16에 절대 교만을 상징하는 것으로 등장한다. 욥기 28:16-19에서는 최고의 가치를 상징하고, 아가 5:10-16에서는 빼어난 아름다움을 상징한다. 그러므로 본문의 보석들은 인간이 상상할 수 있는 최고의 품격과 가치를 지닌 진귀한 것들임에 틀림없다. 보석에 새겨진 이스라엘의 열두 아들의 이름은 주의 백성이 하나님께 얼마나 소중한 존재인가를 다시금 생각나게 한다. 출애굽기 19:5은 말씀에 순종하며 사는 주의 백성을 여호와의 '소유'(סְגֻלָּה)라고 말한다.

출애굽기에서 흉패(חֹשֶׁן)가 판결/재판(מִשְׁפָּט)이라는 단어와 함께 쓰이는 것으로 보아 흉패, 구체적으로 흉패 안에 든 우림과 둠밈의 중요성은 정의롭고 공정한 법 이행과 연관되어 있는 듯하다. 구약에서 우림과 둠밈은 총 7차례 언급된다(8:8; 출 28:30; 민 27:21; 신 33:8; 삼상 28:6; 스 2:63; 느 7:65). 흔하게 자주 언급되는 물건이 아니라는 뜻이다. 아마도 하나님의 뜻을 분별하기 위해 쓰이다가 선지자의 역할이 커지면서 그 필요성이 점차 떨어졌기 때문일 것이다(Oheler).

모세는 공정하고 정의로운 판결이 어떻게 가능하다고 생각했을까? 이스라엘 문헌들에서 흉패를 언급한 구절들을 살펴보면 한결같이 하나님의 의지를 묻는 데 사용된 것을 알 수 있다(de Vaux, Robertson, Lipinski). 민수기 27:21에서도 동일한 기능으로 쓰였다. "그는 제사장 엘르아살 앞에 설 것이요 엘르아살은 그를 위하여 우림의 판결로써 여호와 앞에 물을 것이며 그와 온 이스라엘 자손 곧 온 회중은 엘르아살의 말을 따라 나가며 들어올 것이니라." 또 하나님께 버림받은 사울이 주님의 뜻을 구하자 "여호와께서 꿈으로도, 우림으로도, 선지자로도 그에게 대답하지 아니하셨다"(삼상 28:6). 포로되었다가 돌아온 이스라엘 자손 중 일부가 스스로 제사장의 후손임을 주장했지만 족보에서 그들의 이름을 찾지 못하자 "방백이 그들에게 명령하여 우림과 둠밈을 가진 제사장이 일어나기 전에는 지성물을 먹지 말라"라고 지시했다(스 2:63).

이처럼 우림과 둠밈의 기능은 쉽게 추측되지만(레 8:8; 신 33:8), 구체적인 사용법이나 그 모양새에 대해서는 알려진 바가 전혀 없다. 일부 학자들은 사무엘상 14:37-41의 칠십인역(LXX)에 근거하여 이것이 일종의 '제비뽑기'용 도구였다고 결론짓는다. 사울은 하나님의 뜻을 구해도 답이 없으시자 그 죄가 자기와 요나단에게 있는지 아니면 백성들에게 있는지 알아보기를 원했다. 칠십인역은 이 장면을 헬라어로 다음과 같이 번역했다. "그때 사울이 말하기를 '주 이스라엘의 하나님이여, 왜 오늘 주의 종에게 응답하지 않으셨습니까? 주 이스라엘의 하나님이여, 만일 저나 제 아들 요나단에게 죄가 있다면 우림을 주시고, 만일 이스라엘 백성들에게 죄가 있다면 둠밈을 주십시오.' 요나단과 사울이 제비뽑기로 뽑혔고 이스라엘 백성들은 무죄함이 드러났다"(삼상 14:41, LXX); "Then Saul said, 'O LORD God of Israel, why have you not answered your servant today? If this guilt is in me or in my son Jonathan, O LORD God of Israel, give Urim, but if this guilt is in your people Israel, give Thummim.' And Jonathan and Saul were indicated by the lot, but the people were cleared"(1Samuel 14:41, NRS).

모세는 임직되는 아론의 머리에 관을 씌우고, 관 앞에 '거룩한 관/성직패'(נֵזֶר הַקֹּדֶשׁ)를 달아 주었다(9절). '관'(נֵזֶר)은 하나님께 온전히 바쳐진 나실인(נָזִיר)과 어원이 동일하다(HALOT, cf. 민 6:2). 즉 제사장이란 하나님께 온전히 바쳐진 사람임을 상징하는 것이다(Rooker). 머리치장 중에 가장 중요한 장식 띠로, 금으로 만들어졌으며, 전승에 의하면 이 띠는 귀에서 귀까지의 길이로 폭이 손가락 두 마디 정도였다고 한다(Shabbat 63b).

그 위에 '여호와께 성결'(קֹדֶשׁ לַיהוָה)이란 문구가 새겨졌는데, 이것은 띠를 이마에 두른 대제사장의 직분이 매우 거룩하며, 온전히 하나님께 구분되었음을 강조하는 의미이다. 또한, 이 관을 쓰는 대제사장이 하나님 앞, 곧 신적(神的) 영역(divine sphere)에 서 있음을 상징한다(Kiuchi).

거룩한 관을 쓴 대제사장이 백성을 대신하여 드린 제물을 하나님이 받으신다. 그는 하나님 앞에서 평생 주님을 섬기며 헌신하도록 특별히 구별된 사람이다. 또한, 그가 백성의 대표로서 이 문구를 이마에 두르고 하나님 앞에서 사역하는 것은 이스라엘 백성과 하나님의 특별한 관계를 의미하기도 한다. 이스라엘은 온전히 하나님께 드려진 거룩한 백성이라는 사실을 상징하는 것이다. 하나님의 거룩한 백성은 거룩한 삶을 살아야 할 의무와 사명을 가진다.

아론의 단장이 끝나면 "모세가 관유를 가져다가 성막과 그 안에 있는 모든 것에 발라 거룩하게" 했다(10절). 관유는 올리브유에 각종 향료를 섞어 특별히 제조한 기름이다(출 30:22-33; 37:29). 이것은 성막과 제사장들에게만 사용된다. 모세는 먼저 제사장들이 사역하게 될 제단을 포함한 성막 안에 있는 도구들에 기름을 바르거나 뿌려 거룩하게 했다.

회막 뜰에 있는 제단에는 관유를 일곱 번 뿌렸다. 제단의 중요성을 강조하는 행위이다(Hess). 그다음에 아론의 머리에 붓고 그에게 발라 거룩하게 구별했다(12절). 신약에서 기름 부음은 주님의 사역을 시작하는 사람에게 성령이 임함을 상징한다(Harris, Kaiser). 예수님도 사역을 시작하기 전에 성령을 받았고, 제자들을 파송하기 전에 성령을 주셨다(눅 3:22; 요 20:22). 기름 부음은 하나님의 영이 함께하심을 뜻한다(Keil). 히브리어 메시아(מָשִׁיחַ)가 '기름 부음 받은 자'라는 뜻인 것도 성령과 기름 부음이 무관하지 않다는 것을 암시한다(cf. Rooker).

본문은 아론의 아들들이 기름 부음을 받았는지 또는 받지 않았는지에 대해 언급하지 않는다. 출애굽기 28장도 이것에 대해서 정확히 알려 주지 않는다. 그러나 일반 제사장들도 기름 부음을 받았던 것이 확실하다(출 28:41; 30:30; 40:14-15; 레 7:35-36; 10:7; 민 3:3). 본문은 아론을 상징적인 표본으로 삼고 있는 것이다. 아론의 기름 부음이 끝나면 아들들의 착복식이 시작된다(13절). 아론과 그의 후손들은 이스라엘에서 영원히 제사장 직분을 맡게 될 것이다.

대제사장 아론은 여러 면에서 온 인류의 대제사장으로 오실 예수님을 예표한다. 대제사장은 성막에서도 가장 거룩한 공간인 지성소에 들어가 백성의 죄를 대속했다. 예수님도 백성을 대신해서 하늘 성소(heavenly sanctuary)에 들어가셨으며, 지금도 끊임없이 자기 백성을 위하여 하나님께 간구하고 계시다(히 2:17; 3:1; 4:14, 15; 5:5, 10; 6:20; 7:26; 8:1).

II. 성막에서 예배가 시작됨(8:1-10:20)
A. 아론과 아들들의 제사장 임직(8:1-36)

3. 제사(8:14-29)

2절에서 언급된 제물들이 어떻게 바쳐지는지를 본 텍스트가 밝힌다. 수송아지와 숫양 두 마리 등 세 짐승을 잡기 전에 제사장들이 그 머리에 손을 얹는(סמך) 예식을 치러야 한다(14절). 그러나 어떤 방식으로 손을 얹었는지는 알 수 없다. 학자들은 대체로 두 손을 짐승에게 얹고 안수한 것으로 생각한다.

제사장 임직식에서는 다음과 같이 세 가지 제사를 드렸다.

A. 속죄제(8:14-17)
B. 번제(8:18-21)
C. 위임제(8:22-29)

지금까지 언급되었던 것과 다른 순서로 제물이 나열된다. 처음으로 속죄제가 번제에 앞서 다뤄진다. 학자들은 이전 순서는 제물의 종류를 설명하기 위한 것이며, 이 섹션은 제사 때 실제로 드리는 순서에 관한 규정으로 생각한다(Rainey, cf. 9:7-14; 14:12, 20; 15:15; 민 6:16-17; 대하 29:20-36; 겔 43:18-27). 하나님께 나아오기 전에 죄 문제부터 먼저 해결해야 한다는 신학적 의미가 담겨 있다(Hess). 속죄제를 통해 죄 문제를 해결하고 나서야 번제를 통해 자신을 온전히 하나님께 드릴 수 있는 것이다(Wenham).

II. 성막에서 예배가 시작됨(8:1-10:20)
A. 아론과 아들들의 제사장 임직(8:1-36)
3. 제사(8:14-29)

(1) 속죄제(8:14-17)

**14 모세가 또 속죄제의 수송아지를 끌어오니 아론과 그의 아들들이 그 속죄
제의 수송아지 머리에 안수하매 15 모세가 잡고 그 피를 가져다가 손가락으
로 그 피를 제단의 네 귀퉁이 뿔에 발라 제단을 깨끗하게 하고 그 피는 제단
밑에 쏟아 제단을 속하여 거룩하게 하고 16 또 내장에 덮인 모든 기름과 간
꺼풀과 두 콩팥과 그 기름을 가져다가 모세가 제단 위에 불사르고 17 그 수송
아지 곧 그 가죽과 고기와 똥은 진영 밖에서 불살랐으니 여호와께서 모세에
게 명령하심과 같았더라**

수송아지는 속죄를 목적으로 드리는 제물이다(14절). 모세는 회막 입구에서 짐승을 죽여 적은 양의 피를 받아 제단의 네 귀퉁이 뿔에 바르고 나머지는 제단 밑에 쏟았다(15절). 제단에 바른 피는 제단을 죄로부터 정결하게 하는 의미가 있다. 제단 밑에 쏟는 피는 하나님께 온전히 드림을 상징한다(Gorman, Hess). 짐승의 내장에 덮인 기름은 떼어 제단에서 불살랐고(16절), 가죽과 고기와 똥은 진영 바깥에서 모두 불살랐다(17절). 이것이 제사장의 죄를 씻는 속죄제이다.

속죄제물은 일부만 제단에서 불사르고, 나머지 고기는 제사장의 몫으로 돌아간다(4-5장). 그러나 이번에는 모든 것을 진 밖 정해진 곳에서 태워야 한다. 제사장을 위한 속죄제물이기 때문이다.

제사장이 사역을 시작하기 전에 먼저 속죄제를 통해 자신의 죄를 해결해야 한다는 사실이 우리에게 시사하는 바가 크다. 오늘날 일부 목회자들은 자신을 성도의 죄를 용서해 주는 사람으로 착각한다. 그렇지 않다. 목회자들도 하나님 앞에 죄인이기는 마찬가지이기 때문이다. 그

러므로 목회자는 사역을 시작하기 전 뿐만 아니라 사역하는 중에도 회개와 반성을 통해 끊임없이 자신을 성찰해야 한다. 또한, 양심을 파는 일을 결코 해서는 안 된다. 백성들의 예배를 인도하기에 앞서 자신의 죄 문제부터 해결하고 나서 경건한 모습으로 하나님 앞에 서야 한다.

II. 성막에서 예배가 시작됨(8:1–10:20) A. 아론과 아들들의 제사장 임직(8:1–36) 3. 제사(8:14–29)

(2) 번제(8:18–21)

**[18] 또 번제의 숫양을 드릴새 아론과 그의 아들들이 그 숫양의 머리에 안수하
매 [19] 모세가 잡아 그 피를 제단 사방에 뿌리고 [20] 그 숫양의 각을 뜨고 모세
가 그 머리와 각 뜬 것과 기름을 불사르고 [21] 물로 내장과 정강이들을 씻고
모세가 그 숫양의 전부를 제단 위에서 불사르니 이는 향기로운 냄새를 위하
여 드리는 번제로 여호와께 드리는 화제라 여호와께서 모세에게 명령하심과
같았더라**

속죄제를 통해 죄로부터 자신을 정결하게 한 제사장은 숫양을 제단에서 번제(עֹלָה)로 완전히 불사른다. 암염소나 암양보다 더 값비싼 숫양을 바치는 것은 한 단계 더 높은 헌신을 드림을 의미한다(Kiuchi).

짐승의 모든 것을 태워 하나님께 바치는 번제는 제사장들이 세상적 욕망을 모두 버렸음을 상징한다. 모세가 짐승의 피를 제단 사방에 뿌린다. 각 뜬 것과 머리는 기름과 함께 제단에서 불태운다. 이것은 여호와께 "향기로운 냄새를 위하여 드리는 번제"(21절)로 하나님이 인정하고 기뻐하심을 뜻한다.

제사장은 번제를 통해 세상을 향해서는 온전히 죽은 사람이요 오직 하나님을 위해 사는 사람이 된다. 오늘날 목사 안수의 의미가 되어야

할 내용이다. 그런 뜻에서 옛날에 한 교단에서는 목사 안수식을 마치 장례식처럼 진행했다. 근래 목사 안수식의 의미가 많이 희석된 듯하여 아쉽다.

II. 성막에서 예배가 시작됨(8:1–10:20)
A. 아론과 아들들의 제사장 임직(8:1–36)
3. 제사(8:14–29)

(3) 위임제(8:22–29)

22 또 다른 숫양 곧 위임식의 숫양을 드릴새 아론과 그의 아들들이 그 숫양
의 머리에 안수하매 23 모세가 잡고 그 피를 가져다가 아론의 오른쪽 귓부리
와 그의 오른쪽 엄지 손가락과 그의 오른쪽 엄지 발가락에 바르고 24 아론의
아들들을 데려다가 모세가 그 오른쪽 귓부리와 그들의 손의 오른쪽 엄지 손
가락과 그들의 발의 오른쪽 엄지 발가락에 그 피를 바르고 또 모세가 그 피
를 제단 사방에 뿌리고 25 그가 또 그 기름과 기름진 꼬리와 내장에 덮인 모
든 기름과 간 꺼풀과 두 콩팥과 그 기름과 오른쪽 뒷다리를 떼어내고 26 여
호와 앞 무교병 광주리에서 무교병 한 개와 기름 섞은 떡 한 개와 전병 한
개를 가져다가 그 기름 위에와 오른쪽 뒷다리 위에 놓아 27 그 전부를 아론
의 손과 그의 아들들의 손에 두어 여호와 앞에 흔들어 요제를 삼게 하고 28
모세가 그것을 그들의 손에서 가져다가 제단 위에 있는 번제물 위에 불사르
니 이는 향기로운 냄새를 위하여 드리는 위임식 제사로 여호와께 드리는 화
제라 29 이에 모세가 그 가슴을 가져다가 여호와 앞에 흔들어 요제를 삼았으
니 이는 위임식에서 잡은 숫양 중 모세의 몫이라 여호와께서 모세에게 명령
하심과 같았더라

아론과 아들들은 '위임식의 숫양'(אֵיל הַמִּלֻּאִים)의 머리에 손을 얹어 안수했다(22절). 모세가 그 양을 잡아 피를 아론의 오른쪽 귓볼과 오른쪽

엄지손가락과 오른쪽 엄지발가락에 발랐다(23절; cf. 14:14). 모두 사람의 신체에서 가장 바깥쪽에 있는 부위라는 사실이 제단의 네 귀퉁이 뿔을 연상시킨다(4:7, 25). 그곳들에 피를 바름으로써 제사장의 온몸이 성결하게 되었음을 상징한다(Rooker). 또한, 죽음을 상징하는 피를 바르는 것은 세상 욕망으로부터의 죽음을 상징한다(Kiuchi).

귓볼, 오른쪽 엄지손가락, 오른쪽 엄지발가락 등 3부위는 제단의 4뿔과 함께 완전수 7을 이룬다. 제사장은 제단과 일체가 되어야 한다는 뜻이다. 귀는 항상 하나님의 말씀에 귀를 기울여야 함을, 손가락은 항상 하나님의 일을 할 준비가 되어 있어야 함을, 발가락은 그에게 주신 소명을 다하기 위하여 분주히 활동해야 함을 나타낸다(Oheler).

짐승의 남은 피는 제단 사방에 뿌리고, 기름과 기름진 꼬리와 내장에 덮인 기름기와 두 콩팥과 오른쪽 뒷다리를 불사르기 위해 따로 떼어 냈다(25절). 모세가 관유와 제단 위의 피를 가져다가 아론의 옷에 뿌렸다(30절; cf. 출 29:21). 아론의 아들들도 같은 예식을 거쳐야 한다. 본문에 언급된 안수식은 아론과 그의 아들들뿐 아니라 이후 모든 제사장 임직식에서 반복될 절차이다(Rooker).

모세는 누룩을 넣지 않고 만든 무교병 한 개와 기름 섞은 떡 한 개와 전병 한 개를 가져다가 미리 준비해 둔 오른쪽 넓적다리 고기 위에 올려놓았다(26절). 개역개정은 아론과 아들들이 "여호와 앞에 흔들어 바친 제물"을 "요제"(תְּנוּפָה)라고 일컫는다(27절, 7:30). 모세가 그것을 받아서 제단 위 번제물과 함께 불살라 위임식 제사로 드렸다(28절). 여러 가지 요소를 고려할 때 위임제는 감사제와 매우 비슷하다(Kiuchi, cf. 7:12; 출 29:34).

원래 오른쪽 뒷다리는 제사장의 몫으로 주어지곤 하는데(7:32) 제사장의 임직식에서는 하나님께 드려진다(Levine). 일반 개인들이 제물을 드릴 때 제사장의 몫으로 구분되던 가슴 부위가 이번에는 모세의 몫으로 돌아간다(29절; cf. 7:30-31). 평소에 제사장에게 주었던 몫이 하나님과 모세에게 돌아갔다는 것은 아론과 아들들의 위임식 예배가 하나님과 모세에 의해 함께 진행되었음을 시사한다(Kaiser).

II. 성막에서 예배가 시작됨(8:1-10:20)
A. 아론과 아들들의 제사장 임직(8:1-36)

4. 안수식 2부(8:30)

30 모세가 관유와 제단 위의 피를 가져다가 아론과 그의 옷과 그의 아들들과 그의 아들들의 옷에 뿌려서 아론과 그의 옷과 그의 아들들과 그의 아들들의 옷을 거룩하게 하고

모세는 제단에서 제물을 모두 드린 다음에 임직식의 마지막 순서를 진행한다. 바로 제물의 피와 거룩한 기름을 아론과 그의 아들들의 옷에 뿌리는 일이다. 관유를 머리에 붓거나 발라서 거룩하게 하는 것은 12절에서 이미 언급된 바 있지만, 피 뿌림은 여기서 처음 등장한다. 출애굽기 29:19-21에 따르면 마치 모세가 피를 아론에게 바른 다음에 곧장 옷에 뿌리는 듯하지만 그렇지 않다. 이 예식과 비슷한 절차로 진행되는 나병 환자의 정결 예식(레 14:10-20)을 살펴보면 본문의 순서가 옳음을 알 수 있다. 출애굽기 29장의 내용은 중간 절차가 생략된 상태인 것이다.

제사장으로 안수받을 사람은 먼저 물로 씻는 의식을 통해 성결한 자세를 갖추고 나서 성의를 입는다. 그다음에 사역할 공간과 기물들을 성결하게 한다. 이어 속죄제물—번제—임직식 순서로 세 가지 제물을 드린다(곡물 포함). 제사장의 의복 성결이 마지막 순서로 진행된다. 겉(씻음)에서 시작해서 겉(옷)으로 끝맺는 것은 온전히 정결하게 함을 강조하는 것이다.

II. 성막에서 예배가 시작됨(8:1-10:20)
A. 아론과 아들들의 제사장 임직(8:1-36)

5. 일주일 동안의 성별(聖別)(8:31-35)

[31] 모세가 아론과 그의 아들들에게 이르되 내게 이미 명령하시기를 아론과 그의 아들들은 먹으라 하셨은즉 너희는 회막 문에서 그 고기를 삶아 위임식 광주리 안의 떡과 아울러 그 곳에서 먹고 [32] 고기와 떡의 나머지는 불사를지며 [33] 위임식은 이레 동안 행하나니 위임식이 끝나는 날까지 이레 동안은 회막 문에 나가지 말라 [34] 오늘 행한 것은 여호와께서 너희를 위하여 속죄하게 하시려고 명령하신 것이니 [35] 너희는 칠 주야를 회막 문에 머물면서 여호와께서 지키라고 하신 것을 지키라 그리하면 사망을 면하리라 내가 이같이 명령을 받았느니라

위임식을 위하여 잡은 숫양의 고기는 아론과 그의 아들들이 빵과 함께 먹어야 한다(31-32절). 거룩한 음식이기 때문에 다른 사람들은 먹을 수 없으며, 오직 새롭게 임직하는 제사장들만이 먹을 수 있다. 먹다가 남은 고기와 빵은 태워야 한다. 출애굽 때 먹고 남은 유월절 양고기를 처분한 일을 연상시킨다.

아론과 아들들의 임직식은 일주일 동안 계속된다(33절). 매일 같은 예식이 반복되었다(Rooker, Kiuchi). 아론과 아들들은 앞으로 백성들이 가져올 제물 중에 그들의 몫으로 할당될 고기를 율법에 따라 적절하게 취급할 수 있음을 보여 주어야 한다(Hess). 백성들에게 하나님의 율법에 대한 순종을 가르쳐야 하는 제사장들이 먼저 하나님의 명령에 온전히 순종하는 모습을 보이는 것은 당연한 일이다. 그들은 순종에 있어서 모든 성도에게 모범 사례가 되어야 하기 때문이다.

훗날 선지자들은 하나님께 불순종한 제사장들이 이스라엘 종교 몰락의 가장 큰 원인이라고 성토한다. 오늘날에도 이 같은 일이 반복되지 않으리라는 법이 없다. 목회자는 더욱더 근신하고 끊임없이 자신을 성찰해야 한다.

제사장들은 하나님이 요구하시는 모습을 보이지 못하면 죽음을 면치 못할 것이다(35절). 그들의 죄 때문이기도 하지만, 하나님의 거룩하심이 부정한 제사장들을 결코 묵인할 수 없기 때문이다. 마치 아나니아와 삽비라가 사람들이 일상적으로 저지르는 죄 때문에 죽는 것처럼 말이다(행 5:1-6). 하나님의 특별한 임재는 인간의 작은 부정도 용납하지 않는다. 하나님은 거룩하시므로 큰 재앙을 부를 수도 있다.

출애굽기 29장에 의하면 아론과 아들들은 매일 수소 한 마리씩을 제물로 드렸다(출 29:35-37). 그렇게 함으로써 그들뿐 아니라 수소를 드린 제단까지도 거룩해지기 때문이다. 아론과 아들들의 안수식 및 임직식은 일주일 동안 절차에 따라 진행된 뒤에 마무리된다.

II. 성막에서 예배가 시작됨(8:1-10:20)
A. 아론과 아들들의 제사장 임직(8:1-36)

6. 결론(8:36)

36 아론과 그의 아들들이 여호와께서 모세를 통하여 명령하신 모든 일을 준행하니라

모세는 하나님이 명령하신 대로 모든 절차를 진행했다. 그 과정에서 제사장들은 절차나 하나님의 요구에 대하여 어떠한 문제도 제기하지 않는다. 반론조차 없다. 오직 절대적인 순종만 있을 뿐이다.

하나님께 드리는 예배는 이와 같아야 한다. 예배자의 기호에 따라 드리는 것은 예배가 아니다. 예배는 주권자이자 경배의 대상이신 하나님의 명령에 따라 한 치의 오차도 없이 드려져야 한다. 이러한 관점에서 오늘날의 예배를 보면 문제점들이 상당함을 알 수 있다.

임직식 과정에서 모세와 제사장들이 하나님의 명령에 절대적으로 순종한 사실이 몇 차례나 강조된다. 제사장은 인간의 의지에 따라 결정되어 세워지는 것이 아니라 하나님이 제사장을 친히 세우심을 강조하기 위해서이다. 또한 임직식은 예수님의 제사장적 사역을 예고한다(히 7:23-25; 9:11-12). 더 나아가 그리스도인은 모두 제사장으로 부르심을 받은 존재들이다. 우리는 제사장으로서 기도와 찬양의 제물(엡 3:14-21; 벧전 2:9)뿐 아니라 우리 자신의 몸을 거룩한 산 제물로 드려야 한다(롬 12:1-2).

아론의 임직식은 결함이 있는 사람을 지도자로 세워 사용하시는 하나님의 은총을 부각시키는 사건이다. 야곱, 다윗, 바울, 베드로 등도 이 부류에 속한다. 히브리서 기자도 하나님이 "약점을 가진 사람들을 제사장으로" 세우신다고 말한다(히 7:28). 그러나 인류를 위한 대제사장이신 예수 그리스도는 완벽하시다는 것이 히브리서 기자의 증언이기도 하다. 완벽한 이는 대개 연약한 사람의 심정을 잘 헤아리지 못하는데, 완벽하신 예수님은 우리의 연약함을 다 알면서도 우리를 들어 사용하시니 참으로 대단한 일이다.

B. 성막에서 예배와 제사가 시작됨(9:1-24)

앞 장에 이어 이번 섹션에서도 여러 가지 제사가 진행된다. 지금까지 모세가 예배를 주도했지만, 본 텍스트에서는 아론이 제사장이 되어 모든 제사를 집례한다. 8장에서 시작된 안수식과 일주일 동안 진행된 성별(聖別) 의식이 이 섹션에서 열매를 맺는다고 할 수 있다. 드디어 아론과 아들들이 제사장의 사역을 시작한 것이다.

본 섹션의 이야기는 제사장의 임직식이(8:1) 시작된 지 8일째 되는 날에 시작된다. 주석가들은 임직식이 끝난 다음에 새로 시작되는 예배에 관한 이야기라고 하지만(Harrison, Wenham), 이것 또한 임직식의 일부로 보는 것이 좋다(Hess). 제사장들 및 성막과 기구들이 성별(聖別)된 후에 하나님의 율법에 따라 제대로 작동하고 있는지를 가늠하는 상황이기 때문이다. 본문의 예배는 예배에 필요한 모든 것(백성을 포함)을 하나님께 바치는 역할을 한다. 그러므로 제사장 임직식의 절정이라고 할 수 있다. 예배를 드린 후에 하나님의 임재가 성막에 임하는 것도 이 같은 해석을 뒷받침한다.

대제사장이 된 아론은 온 백성을 위하여 제물을 드리고, 그들을 두 차례 축복하는 것으로 이날 사역을 마친다.

본 텍스트는 다음과 같이 구분할 수 있다.

A. 아론이 첫 제사를 준비함(9:1-7)
  B. 제사장을 위한 제물(9:8-14)
  B′. 공동체를 위한 제물(9:15-21)
A′. 하나님이 제사를 받으심(9:22-24)

II. 성막에서 예배가 시작됨(8:1-10:20)
  B. 성막에서 예배와 제사가 시작됨(9:1-24)

1. 아론이 첫 제사를 준비함(9:1-7)

1 여덟째 날에 모세가 아론과 그의 아들들과 이스라엘 장로들을 불러다가 2 아
론에게 이르되 속죄제를 위하여 흠 없는 송아지를 가져오고 번제를 위하여
흠 없는 숫양을 여호와 앞에 가져다 드리고 3 이스라엘 자손에게 말하여 이
르기를 너희는 속죄제를 위하여 숫염소를 가져오고 또 번제를 위하여 일 년
되고 흠 없는 송아지와 어린 양을 가져오고 4 또 화목제를 위하여 여호와 앞
에 드릴 수소와 숫양을 가져오고 또 기름 섞은 소제물을 가져오라 하라 오

늘 여호와께서 너희에게 나타나실 것임이니라 하매 [5] 그들이 모세가 명령한 모든 것을 회막 앞으로 가져오고 온 회중이 나아와 여호와 앞에 선지라 [6] 모세가 이르되 이는 여호와께서 너희에게 하라고 명령하신 것이니 여호와의 영광이 너희에게 나타나리라 [7] 모세가 또 아론에게 이르되 너는 제단에 나아가 네 속죄제와 네 번제를 드려서 너를 위하여, 백성을 위하여 속죄하고 또 백성의 예물을 드려서 그들을 위하여 속죄하되 여호와의 명령대로 하라

7일간의 임직식을 마치고 8일째가 되었다(1절). 아마도 니산월/아빕월(양력 3-4월) 8일일 것으로 생각된다(Hess). 다시 한 주의 첫째 날인 일요일이 된 것이다. 사내아이가 태어나면 8일째 되는 날 할례를 행하여 새로운 삶의 시작을 알렸던 것처럼 이날 행사는 지난 7일 동안 특별히 구별된 생활을 해 온 제사장들의 삶이 새로운 단계로 접어들고 있음을 의미한다(Milgrom).

일주일 동안 성막 안에서 성결하게 지내던 아론과 아들들이 하나님께 드리는 제사를 주관할 때가 되었다. 아론과 그의 후손들이 이스라엘의 성막 제사를 맡아서 진행하기 전에 모세가 마지막 점검을 한다. 사무엘이 이스라엘의 '왕을 세우는 자'(king-maker)로서 역할을 했던 것처럼, 모세가 '제사장을 세우는 자'(priest-maker)로서의 역할을 한다.

모세는 아론과 그의 아들들과 장로들을 불러다가 제사에 쓰일 제물을 준비하도록 했다(1-2절). 시내 산에서 하나님과 이스라엘 사이에 언약이 체결될 때에도 장로들이 그 자리에 있었다(출 24:1, 9). 그들이 예식에 참여하는 것은 당연한 일이다. 여기서 진행되는 일은 시내 산 언약의 후속 조치라고 할 수 있기 때문이다(Kiuchi).

장로들이 제사장들을 위하여 준비한 것은 속죄제로 드릴 송아지 한 마리와 번제물로 드릴 숫양 한 마리 등 두 마리이다. 백성들을 위해서는 속죄제물로 바칠 숫염소 한 마리와 번제물로 바칠 일 년 된 송아지와 어린 양 한 마리씩, 화목제로 드릴 수소와 숫양 한 마리씩 등 총 다섯 마리를 준비했다. 더불어 곡식 제물도 준비했다(3-4절).

이날 제사장과 백성을 위해 총 7마리의 짐승이 희생되었다. 여기서 속건제가 언급되지 않는 데는 이유가 있다. 속건제는 개인적인 차원에서 드리는 것이므로 공동체적인 차원에서 드리는 제사가 아니었던 것이다.

속죄제—번제—화목제—소제 순서로 제물이 나열되는데(2-4절), 이 것을 신학적으로 보면 용서의 필요(속죄제), 삶의 헌신(번제), 하나님과의 교제(화목제), 사람의 노력으로 얻은 것을 하나님께 드림(소제)을 상징한다(Hess). 그리스도인에게는 이것은 구속(롬 3:23; 6:23)—헌신(롬 12:1-2)—교제(요일 1:7)—봉사의 삶(롬 12:4-13) 순서로 이어지는 과정을 의미한다(Rooker). 이러한 삶은 참 예배로 연결된다(Kellogg). 그러므로 기독교의 제자도는 구약의 제사 제도에 근거한 것이라고 할 수 있다(Hess).

백성들이 모세가 명령한 것들을 챙겨서 회막 앞으로 나오자(5절), 모세는 이 예식을 통하여 '여호와의 영광'(כְּבוֹד יְהוָה)이 그들에게 임할 것이라고 선언한다(6절). 하나님이 아론과 그의 아들들을 제사장으로 세우신 것과 그들이 인도하는 예배를 받으실 것을 의미하는 임재이다.

그러나 성막은 하나님이 거하시는 처소는 아니다(Hess). 단지 이스라엘을 만나 주시는 장소에 불과하다. 모든 것이 완벽하게 준비되자 모세는 아론에게 먼저 자신과 아들들을 위하여 속죄제와 번제를 드리고 나서 백성들을 위하여 제사를 드리라고 했다(7절).

II. 성막에서 예배가 시작됨(8:1-10:20)
B. 성막에서 예배와 제사가 시작됨(9:1-24)

2. 제사장을 위한 제물(9:8-14)

**8 이에 아론이 제단에 나아가 자기를 위한 속죄제 송아지를 잡으매 9 아론의
아들들이 그 피를 아론에게 가져오니 아론이 손가락으로 그 피를 찍어 제단**

뿔들에 바르고 그 피는 제단 밑에 쏟고 10 그 속죄제물의 기름과 콩팥과 간
꺼풀을 제단 위에서 불사르니 여호와께서 모세에게 명령하심과 같았고 11 그
고기와 가죽은 진영 밖에서 불사르니라 12 아론이 또 번제물을 잡으매 아론의
아들들이 그 피를 그에게로 가져오니 그가 그 피를 제단 사방에 뿌리고 13 그
들이 또 번제의 제물 곧 그의 각과 머리를 그에게로 가져오매 그가 제단 위
에서 불사르고 14 또 내장과 정강이는 씻어서 단 위에 있는 번제물 위에서 불
사르니라

아론과 그의 아들들은 지난 일주일 동안 매일 속죄제와 번제를 드려왔다(출 29:35-37). 아론이 자신의 죄를 위한 속죄제물로 수소를 드린 것은 다소 아이러니하다(Keil, Wenham). 그가 시내 산에서 만들었던 금송아지를 연상시키기 때문이다. 그러나 모두 지난 일일뿐이다. 하나님은 아론을 이미 용서하셨다.

8일째 되는 날 아론이 제단에 나아가 다시 속죄제와 번제를 드린다(8절). 이쯤 되면 아론과 그의 아들들은 속죄제와 번제를 드리는 법에 대해 제법 익숙해져 있었을 것이다. 하나님이 아론과 그의 아들들에게 자신들을 위하여 다시 속죄제를 드리라고 하신 것은 그들이 이스라엘의 예배를 인도하게 되었지만 그들 또한 하나님의 용서와 자비가 필요한 죄인일 뿐이라는 사실을 공개적으로 고백할 필요가 있기 때문이다(Kaiser).

오늘날 성도를 위해 중보하는 사역자들은 하나님 앞에 자신들도 죄인에 불과하다는 사실을 마음속 깊이 새겨야 한다. 사역자는 공동체의 일원이지 공동체를 지배하는 외부인이 아니다.

아론이 속죄 제물로 수송아지(עֵגֶל)를 드린 것은 특이한 일이다(8절). 수송아지가 제물로 드려진 예는 이곳이 유일하기 때문이다. 수송아지가 연관되어 언급된 것은 시내 산 밑에서 벌어졌던 금송아지 사건이 유일하다(출 32장). 그 외 오경에서 송아지가 언급된 곳은 금송아지 사건을 회고하는 신명기 9:16, 21 뿐이다. 그러므로 많은 유태인 주석가는 이 일을 아론의 금송아지 사건과 직접 연관시킨다(Milgrom, Levine). 그가 금송아지를 만들었던 일에 대한 회개의 표시로 수송아지를 속죄제물로 드렸다는 것이다(Hess). 금송아지 우상을 만든 일에 대한 죄책감이 아론에게 남아 있었다면 이 제물을 통해 완전히 정리되었을 것이다. 그가 번제로 드리는 숫양은 아브라함이 이삭을 번제로 드리려 했던 일을 연상시킨다는 해석도 있다(Kaiser).

II. 성막에서 예배가 시작됨(8:1-10:20)
B. 성막에서 예배와 제사가 시작됨(9:1-24)

3. 공동체를 위한 제물(9:15-21)

15 그가 또 백성의 예물을 드리되 곧 백성을 위한 속죄제의 염소를 가져다
가 잡아 전과 같이 죄를 위하여 드리고 16 또 번제물을 드리되 규례대로 드리
고 17 또 소제를 드리되 그 중에서 그의 손에 한 움큼을 채워서 아침 번제물
에 더하여 제단 위에서 불사르고 18 또 백성을 위하는 화목제물의 수소와 숫
양을 잡으매 아론의 아들들이 그 피를 그에게로 가져오니 그가 제단 사방에
뿌리고 19 그들이 또 수소와 숫양의 기름과 기름진 꼬리와 내장에 덮인 것과
콩팥과 간 꺼풀을 아론에게로 가져다가 20 그 기름을 가슴들 위에 놓으매 아
론이 그 기름을 제단 위에서 불사르고 21 가슴들과 오른쪽 뒷다리를 그가 여
호와 앞에 요제로 흔드니 모세가 명령한 것과 같았더라

아론과 아들들은 자신들을 위하여 제물을 드린 후에 이스라엘 공동체를 위하여 네 가지 예물을 드린다. 먼저 죄를 대속하기 위하여 염소를 속죄제로 드리고(15절), 그다음 송아지와 양을 번제로 드린다(16절). 공동체를 위한 예식은 곡물을 드리는 소제(17절) 그리고 수소와 숫양을 화목제로 드리는 순서로 이어진다(18-21절).

화목제는 하나님과 주의 백성 사이에 교제가 이루어지고 있음을 상징하기 때문에 이날 진행된 모든 예식의 결론이자 절정이라고 할 수 있다(Kiuchi). 먼저 드린 제물로 백성의 죄 문제를 해결했다면, 화목제는 한 걸음 더 나아가 하나님과 소통할 수 있는 통로를 확립한다.

아론이 바치는 제물 중에 소제가 가장 자세히 묘사된다. 앞 섹션에서 아론이 다른 제물들은 드려 봤지만, 소제는 처음 드리는 것이기 때문이다(Hess). 저자는 아론이 철두철미하게 하나님의 계명에 따라 소제를 제대로 드렸다는 사실을 강조한다. 본문이 전체적으로 강조하는 것은, 아론과 아들들이 모세를 통해 주신 하나님의 규정과 절차에 따라 한 점 오차도 없이 제물을 드렸다는 사실이다(21절). 아론과 그의 아들들이 하나님이 흡족해 하실 만한 예배를 드리고 있음을 암시한다. 예배를 받으시는 이가 하나님이라면, 예배자들은 하나님이 제시하는 규칙에 따라 하나님이 흡족하실 만한 예배를 드려야 한다. 이것은 예배자로서 당연한 일이다.

예수님이 우리의 제사장이 되어 율법의 모든 요구를 채우셨다(히 10:10-14). 그렇기 때문에 우리는 주님의 제사장 사역에 감사하는 마음으로 자신을 감사 제물로 드려야 한다(롬 12:1-2; 빌 2:17). 하나님께 드리는 예배는 의무이기에 앞서 주님이 백성으로 택하신 사람들만이 누릴 수 있는 특권이라는 사실을 기억하며 감사해야 한다.

II. 성막에서 예배가 시작됨(8:1-10:20)
B. 성막에서 예배와 제사가 시작됨(9:1-24)

4. 하나님이 제사를 받으심(9:22-24)

22 아론이 백성을 향하여 손을 들어 축복함으로 속죄제와 번제와 화목제를 마치고 내려오니라 23 모세와 아론이 회막에 들어갔다가 나와서 백성에게 축복하매 여호와의 영광이 온 백성에게 나타나며 24 불이 여호와 앞에서 나와

제단 위의 번제물과 기름을 사른지라 온 백성이 이를 보고 소리 지르며 엎드렸더라

아론이 백성들을 위한 제물을 바친 다음에 백성을 향하여 손을 들어 축복하면서 제단에서 내려온다(22절). 내려온 다음에도 모세와 함께 그들을 축복했다(23절). 아론이 제단에서 백성을 축복하는 것은 그들이 바친 제물이 하나님께 열납되었음을 확인해 주는 것이다. 그다음에 내려와서 모세와 함께 백성을 축복하는 것은 제사장으로서 예배자들에게 복을 빌어 주는 것이다(Kiuchi). 오늘날로 말하면 목회자가 예배를 마치고 집으로 돌아가는 사람들에게 하나님의 복을 빌어 주는 축도와 비슷하다고 할 수 있다.

아론이 번제단에서 "내려왔다"라는 표현은 제단에 제사장을 위한 계단이 있었음을 암시한다. 또한 회막 뜰에는 제사장이 예배자에게 축도로 복을 빌어 주는 단도 있었다(Milgrom). 제사와 예배 의식을 마친 아론은 백성들을 향해 양팔을 들어 복을 빌어 주었다(22, 23절). 양팔을 드는 것은 하나님을 향해 기도하는 것을 상징한다(Levine, cf. 시 28:2; 63:4; 134:2).

축도는 하나님만이 주실 수 있는 복이 백성들에게 임하도록 간구하는 행위이다. 그러므로 축도하는 사람의 능력은 중요하지 않다. 아론이 빌어 준 축복의 내용은 알 수 없지만, 아마도 민수기 6:24-26의 "여호와는 네게 복을 주시고 너를 지키시기를 원하며 여호와는 그의 얼굴을 네게 비추사 은혜 베푸시기를 원하며 여호와는 그 얼굴을 네게로 향하여 드사 평강 주시기를 원하노라 할지니라 하라"라는 말씀과 같거나 비슷했을 것이다(Rashi).

모세가 모든 순서를 마친 아론을 회막 안으로 데리고 들어갔다(23절). 모든 절차를 끝낸 그들이 이제 하나님의 임재 가운데 나아감을 상징하는 듯하다(Hartley). 그러나 그들이 회막으로 들어간 실제적인 이유는 정확하지 않다. 아마도 회막 안에 있는 도구들의 중요성과 관리법과 제사별 사용법을 설명해 주기 위해서였을 것이다(Kaiser). 그러나 유태인 해석자들은 잠시 후에 나타날 하나님의 영광에 대비하기 위해서라고 해석하거나(the Sifra), 제단에 불이 붙는 기적이 일어나길 기도하기 위해서라고도 해석한다(Ibn Ezra).

그들이 회막에서 나와 백성들을 축복하니 여호와의 영광(כְּבוֹד־יְהוָה)이 그들 중에 임했다(23절). 드디어 이날의 클라이맥스에 다다른 것이다. 출애굽 이야기나 광야 이야기는 하나님의 영광을 구름에 싸인 불로 묘사하곤 한다. 시내 산 위에 임했던 하나님의 영광이 이스라엘의 진 중앙에 있는 성막으로 옮겨 왔다(Westermann).

온 백성이 하나님께 제물을 드리며 함께 예배를 드린 것은 바로 이 영광을 보기 위해서였다(4, 6절; cf. 출 24:16-17). 하나님의 임재를 체험하지 못하는 예배는 몇 번을 드려 봤자 무의미하다. 예배의 기본 취지는 하나님과 교제하는 것이며, 하나님의 임재가 없는 예배는 이러한 목적을 성취할 수 없기 때문이다.

여호와 앞에서 나온 불이 제단 위의 번제물과 기름기를 불살랐다. 유태인들은 이 불이 하늘에서 내려왔다고 하기도 했고, 회막 안에서 나왔다고도 한다(Rashbam). 이 사건을 통해 영원히 꺼지지 않아야 할 하나님의 불이 제단에 지펴졌다. 이날 그들이 경험한 하나님의 불은 영원한 인상을 남겼다. 이러한 이유로 이스라엘 사람들은 제단의 불이 하나님으로부터 왔다고 생각했다.

하나님의 임재는 불로써 자주 표현된다(출 3장; 신 4:24; 시 18:8-14; 겔 1-4장). 하나님의 불이 제단 위의 제물을 살랐다는 것은 하나님이 이날 진행된 예배에 흡족해 하셨다는 것을 뜻한다. 솔로몬이 성전을 헌당할 때(대하 7:1), 엘리야가 갈멜 산에서 기도할 때(왕상 18:38) 하늘에서 불이 내려와 제물을 태웠다. 신약에서는 오순절에 오신 성령이 불로써 묘사된다(행 2:1-4). 이때부터 불 대신 성령이 하나님의 임재를 상징하게 된다.

평소에 하나님의 임재를 현상적으로 체험하지 못하더라도 제단에 올려진 제물이 하나님으로부터 온 불에 의해 불타는 것을 보면 자기가 드린 예배와 제물을 하나님이 받으신 것으로 간주했다. 그러므로 제사장들은 하나님으로부터 온 불이 꺼지지 않도록 밤새 장작을 지피며 불을 지켜야 했다.

그런데 하나님의 영광은 백성들에게 평안을 주기보다 공포를 자아냈다(24절). 하나님이 그들의 예배를 받으셨으니 얼마나 기쁜 일인가? 그러나 그들은 바로 그 순간에 엄청난 두려움에 떨게 되었다. 거룩하신 하나님의 임재를 체험한 죄인에게 일어나는 당연한 현상이다.

성경에 하나님의 임재를 체험한 사람들이 두려움에 떠는 이야기가 여러 번 나온다(삿 6:21–22; 13:20–22; 왕상 18:38–39; 대상 21:26–30; 대하 7:1–2). 천국에 가서 하나님을 만나고 왔다고 주장하면서도 도덕적으로 부패한 삶을 사는 사람들의 주장과 간증에 진실성 문제가 제기될 수밖에 없는 대목이다. 거룩하신 하나님을 만난 사람은 하나님이 두려워서라도 결코 그렇게 살 수 없기 때문이다.

신약에 의하면 예수님의 삶은 회막/성전의 예식에 동원되었던 여러 요소와 여러 면에서 평행을 이룬다. 다음을 참조하라(Gane).

역할/요소	성구
희생제물	요 1:29; 히 9:12–14, 26–28; 10:1–10
제사장	히 4:14–5:10; 7:11–8:7; 9:11–28; 10:11–28
율법	예수님이 하나님이시다—요 8:58; 골 2:9 하나님은 사랑이시다—요일 4:8 사랑이 율법이다—마 22:36–40; 롬 13:10 그러므로 예수님은 하나님의 율법의 실체로서 사랑이신 하나님의 성품을 반영하고 있다.
빵/소제	요 6:48
빛	요 9:5
휘장	히 10:20
물	요 19:34; 요일 5:6–8

신약은 예수님이 당신의 삶을 완전한 제물로 드려 아론과 그의 후손들이 주도했던 이스라엘의 불완전하고 반복적인 제사를 대체했다고 한다. 다음 대조를 참조하라(Gane).

아론과 후손들의 제사장 사역		그리스도의 제사장 사역	
제사장이 자신의 죄를 위하여 제물을 드림	레 4:3–12; 16:6, 11–14, 33	죄가 없으시므로 자신의 죄를 위하여 제물을 드릴 필요가 없음	히 4:15; 7:26–28
제사장은 하나님의 거룩하심으로부터 보호되어야 함	레 16:12–13	하나님의 거룩하심으로부터 보호되실 필요가 없음	막 16:19; 계 4–5장
제사장은 대속 제물을 드림으로써 죽지 않음	레 1–7장	스스로 대속 제물이 되어 죽으심	사 53장; 롬 5:8; 고후 5:21
제물을 반복하여 드림	민 28–29장	제물을 단번에 드림	히 7:27; 9:28
의도적인 죄에 대한 대속은 없음	민 15:30–31	회개하는 죄는 모두 대속됨	요 3:16; 행 13:39
이스라엘을 위함	레 1–16장	전 인류를 위함	요 1:29; 3:16

II. 성막에서 예배가 시작됨(8:1–10:20)

C. 나답과 아비후의 죽음(10:1–20)

아론과 아들들이 제사장이 되어 처음으로 이스라엘 공동체를 위하여 제물을 드리던 감격스러운 날이었다. 이스라엘 역사상 가장 뜻 깊은 날 중 하나이기도 했다. 이날 모든 것이 기쁨과 감격 속에 진행되었다. 그러나 그들의 기쁨과 감격을 순식간에 슬픔과 충격으로 바꾸는 사건이 일어났다. 아론의 네 아들 중 두 아들이 예배를 드리던 중에 하나님의 진노를 사서 죽게 된 것이다.

아론의 아들, 나답과 아비후가 방심했던 것일까? 우리는 그들의 실수에 대한 답을 성경에서 찾을 수 있다. 엘리야는 갈멜 산 정상에서 바알 선지자 450명과 대결하여 완전한 승리를 거두었지만 바로 다음 순간에 이세벨의 위협으로 인해 깊은 영적 늪에 빠졌다(왕상 19장). 아마 아론의 아들들도 임직식에서 비슷한 상황을 경험했던 것으로 생각된다. 이날 하나님이 그들을 이스라엘의 제사장으로 세우셨으므로 그들은 매우 특별한 경험을 했다. 그러나 일주일 동안 진행된 예식과 절차로 인해 영적으로 지친 상태에서 방심하게 된 것이다.

왜 이런 일이 일어나는가? 우리는 영적으로 높이 올라갈수록 다음 순간에 찾아올 공허와 허탈은 그만큼 클 수 있다는 사실을 기억해야 한다. 하나님의 은혜가 충만한 수양회나 부흥회 등을 인도해 본 사람이라면 집회를 은혜롭게 마치고 난 직후 찾아오는 공허를 경험해 봤을 것이다. 사람은 무언가 이루었다고 자부하는 순간 가장 깊은 공허에 빠질 수 있다. 사탄은 이러한 인간의 심리를 잘 알기 때문에, 예수님이 40일 금식을 마치자마자 광야로 데리고 나가 주님을 시험했다(마 4장).

아론의 아들들은 하나님의 임재 한가운데서 사역하는 제사장들이기 때문에 한순간의 실수로 생명을 잃었다. 신약의 아나니아와 삽비라 이야기에서 깨닫는 것처럼, 하나님의 임재가 강하면 강할수록 성결에 더욱 신경 써야 한다(3절). 자칫 잘못하면 생명을 잃게 되기 때문이다.

성경에 하나님에게서 비롯된 불이 사람을 죽이고 파괴하는 일이 종종 있다(민 11:1; 16:35; 왕하 1:10, 12; cf. 계 20:9-10, 14-15). 이 일이 있기 바로 전에 하나님의 임재의 상징인 불이 제단에 불을 지펴 제물을 태웠다. 곧이어 하나님의 불이 제사장들을 심판하여 불태운 것이다. 은혜의 불이 한순간에 재앙의 불이 되었다.

앞서 언급한 대로 레위기 8-10장에서 '불'(אֵשׁ)이라는 단어가 정확히

7차례 사용됨으로써(8:17, 32; 9:11, 24; 10:1[2x], 2) 이야기에 통일성을 더한다(Warning).

이 안타까운 이야기는 다음과 같이 구분할 수 있다.

A. 하나님이 제사장들을 죽이심(10:1-7)
  B. 제사장직에 대한 지시(10:8-11)
A′. 슬픔 속에 근신하는 제사장들(10:12-20)

II. 성막에서 예배가 시작됨(8:1-10:20)
  C. 나답과 아비후의 죽음(10:1-20)

1. 하나님이 제사장들을 죽이심(10:1-7)

[1] 아론의 아들 나답과 아비후가 각기 향로를 가져다가 여호와께서 명령하시지 아니하신 다른 불을 담아 여호와 앞에 분향하였더니 [2] 불이 여호와 앞에서 나와 그들을 삼키매 그들이 여호와 앞에서 죽은지라 [3] 모세가 아론에게 이르되 이는 여호와의 말씀이라 이르시기를 나는 나를 가까이 하는 자 중에서 내 거룩함을 나타내겠고 온 백성 앞에서 내 영광을 나타내리라 하셨느니라 아론이 잠잠하니 [4] 모세가 아론의 삼촌 웃시엘의 아들 미사엘과 엘사반을 불러 그들에게 이르되 나아와 너희 형제들을 성소 앞에서 진영 밖으로 메고 나가라 하매 [5] 그들이 나와 모세가 말한 대로 그들을 옷 입은 채 진영 밖으로 메어 내니 [6] 모세가 아론과 그의 아들 엘르아살과 이다말에게 이르되 너희는 머리를 풀거나 옷을 찢지 말라 그리하여 너희가 죽음을 면하고 여호와의 진노가 온 회중에게 미침을 면하게 하라 오직 너희 형제 이스라엘 온 족속은 여호와께서 치신 불로 말미암아 슬퍼할 것이니라 [7] 여호와의 관유가 너희에게 있은즉 너희는 회막 문에 나가지 말라 그리하면 죽음을 면하리라 그들이 모세의 말대로 하니라

나답과 아비후가 레위기에서 처음이자 마지막으로 등장한다. 그들은 출애굽기 6:23에서 아론과 엘리세바의 아들로 처음 소개된 후, 시내산에서 언약 체결 예식을 통해 아론, 모세, 장로들과 함께 매우 특별한 하나님의 임재를 경험하기도 했다(출 24:1, 9). 하나님은 나답과 아비후를 아버지 아론과 함께 제사장으로 세우라고 하셨다(출 28:1). 그러므로 9장의 제사장 임직식에 그들도 함께했음을 알 수 있다.

나답과 아비후는 하나님이 명하신 불이 아닌 '다른 불'(개역개정; 공동번역)/'금지된 불'(새번역)로 여호와 앞에 분향했다가 죽임을 당했다. 여호와 앞에 분향했다는 것은 성소와 지성소를 구분하는 휘장 앞에 놓인 분향단에 향을 피우러 갔다는 것을 의미한다.

그들이 사용한 '다른 불'(אֵשׁ זָרָה)은 무엇을 가리키는가? '다른'으로 번역되는 자르(זָר)는 성경에서 이스라엘과 상관없는 이방인이나 그들의 풍습과 연관되어 사용된다(Hess, cf. HALOT, 왕하 19:24; 렘 18:14). 그러나 이것만으로는 정확히 어떤 불이었는지 가늠하기가 어렵다. 대부분 '다른 불'(strange/alien fire) 혹은 '금지된 불'(unauthorized fire)로 번역되었지만 명확하지 않다. 무엇보다 사건 자체가 자세히 기록되지 않았기 때문이다.

주석가들의 해석이 다양하다. 첫 번째 가능성은 아론의 두 아들이 회막 뜰에 있는 제단의 불, 곧 하나님이 지펴 주신 불을 사용하지 않고 다른 출처의 불을 사용했다는 것이다(Haran, Gane). 한 학자는 다른 사람들이 우상숭배를 위해 피워 놓은 불을 사용했기 때문이라고 주장한다(Budd). 모세는 아론과 그의 후손들에게 제단의 불만을 사용하라고 지속적으로 지시한다(레 16:12; 민 16:46).

두 번째 가능성은 그들이 잘못된 시간에 향을 드리다가 죽었다는 해석이다. 8일째 되는 날 저녁쯤에 사건이 벌어진 것으로 추정되는데, 이때는 향을 제물로 드릴 시간이 아니었다(Wenham, cf. Kaiser, Milgrom). 출애굽기 30:9은 지정된 향 외에는 '다른 향'(קְטֹרֶת זָרָה)을 분향단에 사르지 말 것을 규정하고 있다. 본문과 매우 비슷한 표현을 보인다는 점에서 이러한 해석, 즉 아론의 아들들이 엉뚱한 시간에 향을 드리려 하다가 죽게 되었다는 해석이 가능하다는 것이다(Levine). 이와 비슷한 해석이 또 하나 있다. 그들이 드린 향의 재료가 잘못되었기 때문이라는 해석이다(Hess).

세 번째 가능성은 그들이 향을 엉뚱한 곳으로 가져갔다는 추측이다. 지성소 휘장 앞에 있는 분향단에서 피우지 않고, 법궤가 있는 지성소 안까지 들어갔다는 해석이다. 지성소는 대제사장만이 일 년에 단 한 번만 들어갈 수 있다는 법을 어긴 것이다(Levine, cf. Leviticus Rabba). 하나님이 모세를 통해 아론에게 성소에 아무 때나 들어오면 죽을 것이라고 경고하신 데서 근거한 해석이다(16:2).

네 번째 해석은 그들이 술에 취한 상태에서 향을 피우다가 하나님의 진노를 샀다는 것이다. 나답과 아비후가 죽은 사건 바로 뒤에 하나님이 아론에게 "너와 네 자손들이 회막에 들어갈 때에는 포도주나 독주를 마시지 말라"는 규례를 말씀하시는 장면이 이어지기 때문이다(10:8-11). 충분히 가능한 해석이다. 하나님 앞에서 예배를 인도하는 제사장은 특별히 경건해야 한다. 정신을 바짝 차리고 예배에 집중해야 하므로 술을 금하는 것이다.

위 해석 중에 가장 가능성이 큰 것은 첫 번째, 제단에서 불을 취하지 않았기 때문이라는 해석이라고 생각한다. 바로 앞 장에서 하나님의 영광이 성막에 임하여 모든 것이 성결하게 되었고, 불이 여호와 앞에서 나와 그들이 바친 제물을 불살랐기 때문에 제단의 불이 거룩한 불이 되었다. 그러므로 하나님의 영광이 성막에 임한 후에는 다른 불을 사용하면 안 되고 오직 제단의 불만을 사용해야 하는데, 그들이 스스로 피운 불이나 다른 출처에서 피운 불을 가져왔을 가능성이 있다. 한 가지 확실한 것은 그들이 불로 죄를 지은 만큼 하나님도 그들을 불로 심판하셨다는 사실이다(Milgrom).

이 외에 두 사람이 회막 안이 아닌 입구 쪽 뜰에서 죽었다는 해석도 있다(Gane). 그날 정확히 무슨 일이 있었는지 우리는 알 수 없다. 위에 열거된 것 중 한 가지 혹은 두세 가지가 동시에 일어났을 수 있다. 중요한 것은 그들이 하나님이 모세를 통해 주신 율법을 무시하고 등한시했다는 것이다. 하나님은 거룩한 예배란 무엇인가를 정의하기 위해 온갖 규례를 가르쳐 주셨다. 그런데 아론의 두 아들이 하나님의 취지를 한순간에 무시해 버렸다. 거룩과 세속의 구별이 무너지는 것을 막기 위해 하나님은 그들을 치실 수 밖에 없었다(Kaiser).

모세가 넋을 잃은 아론에게 "나는 나를 가까이 하는 자 중에서 내 거룩함을 나타내겠고 온 백성 앞에서 내 영광을 나타내리라"라는 하나님의 경고를 들려주었다. 그러자 아론이 아무 말도 하지 못했다(3절). 아론과 그의 후손들이 하나님 앞에서 제사장직을 맡게 된 것은 그야말로 가문의 영광이다. 그러나 그만큼 백성들보다 훨씬 더 높은 수준의 윤리와 성결이 요구되었다. 특권은 그에 상응하는 더 큰 책임을 동반하기 때문이다.

모세는 삼촌 웃시엘의 아들 미사엘과 엘사반을 불러 죽은 제사장들의 시체를 치우도록 했다(4절). 사촌들을 불러 조카의 시신을 치우도록 한 것이다. 고대 이스라엘에서는 죽은 사람의 친척들이 시신을 수습했다(Levine, cf. 암 6:10).

원래 대제사장을 제외한 일반 제사장들은 가족의 장례에 참여할 수 있었다(21:2-3). 그러나 나답과 아비후와 마찬가지로 형제 엘르아살과 이다말 또한 방금 제사장에 임직되었기 때문에 형제들의 주검을 만져 스스로 부정하게 되면 안 되는 상황이었다. 그렇기 때문에 친척이 형제를 대신하여 시체를 수습했다(Ramban). 제사장들의 시체는 이스라엘 진의 바깥으로 옮겨졌다(5절).

모세가 하나님께 항의할 만도 한데 침묵으로 일관하며 사건을 수습했다. 항의해 봤자 달라질 게 없으며, 오히려 하나님의 더 큰 진노를 살 수 있다는 점을 그동안의 경험으로 잘 알고 있었기 때문이다(Hess). 아론도 하나님을 원망하기보다는 하나님의 지시를 기다렸다. 성숙한 신앙인의 모습을 보인 것이다. 모세가 아론과 나머지 두 아들, 엘르아살과 이다말을 불러 애도하지 않도록 주의를 주었다(6절). 상을 당한 사람들이 머리를 풀고 옷을 찢어 애도하는 것이 일상적이던 시대에 이러한 행동을 금한 것이다. 만일 그렇게 하면 그들마저 죽을 것이며 하나님의 진노가 이스라엘에 미칠 수 있으니 각별히 조심하라는 경고였다.

이스라엘의 온 족속이 나답과 아비후의 죽음을 애도할 것이다. 그러나 제사장들은 회막 문을 나가서도 안 된다. 만일 어기고 나간다면 그들도 죽게 될 것이다(7절). 왜냐하면 제사장은 "여호와께서 기름 부어 거룩하게 구별한 사람들이기 때문"이다. 훗날 에스겔 선지자도 아내의 죽음에 대해 어떠한 슬픔도 표현해서는 안 된다는 하나님의 명령을 받는다(겔 24:16-17). 특권에는 종종 특별한 고난과 아픔이 동반한다.

임직하자마자 죽게 된 제사장들의 이야기는 죄의 성향에 대한 경각심을 온 이스라엘에 강력히 요구하는 사건이다(Davies). 에덴동산에서 살기 시작한 지 얼마 되지 않아 인간은 죄를 지어 그곳에서 쫓겨났다. 방주에서 나온 노아는 하나님께 제물을 드리고 축복을 받은 지 얼마 안 되어 술에 취하는 추태를 보였다. 이스라엘은 모세가 시내 산에서 하나님의 율법을 받는 동안에 금송아지 우상을 만들었다. 제사장도 잘못하면 죽임을 당하는데, 그것도 임직하자마자 죄를 지어 그렇게 되었다면 평소에 얼마나 더 조심하고 신중하게 살아야 하겠는가! 나답과 아비후 사건은 온 이스라엘이 정신을 바짝 차리는 계기가 되었다.

어떤 면에서 이 사건은 아나니아와 삽비라 사건과 비슷하다. 두 사건 모두 의도적으로 지은 죄를 전제로 한다(Hess). 평소 같으면 목숨을 잃을 정도의 죄가 아닌데도 불구하고 그들은 생명을 잃었다. 두 사건 모두 하나님의 거룩하심에 대하여 경각심을 새로이 일깨워 준다. 또한 하나님의 임재가 강하면 강할수록 높은 수준의 경건이 요구된다는 교훈을 준다. 거룩하신 하나님의 가장 가까운 곳에서 사역하는 제사장들에게 가장 높은 수준의 거룩이 요구되는 법이다. 따라서 하나님이 종으로 세워 주셨다고 자부하는 목회자일수록 경건하고 거룩한 삶을 살아야 한다.

II. 성막에서 예배가 시작됨(8:1-10:20)
C. 나답과 아비후의 죽음(10:1-20)

2. 제사장직에 대한 지시(10:8-11)

[8] 여호와께서 아론에게 말씀하여 이르시되 [9] 너와 네 자손들이 회막에 들어갈 때에는 포도주나 독주를 마시지 말라 그리하여 너희 죽음을 면하라 이는 너희 대대로 지킬 영영한 규례라 [10] 그리하여야 너희가 거룩하고 속된 것을 분별하며 부정하고 정한 것을 분별하고 [11] 또 나 여호와가 모세를 통하여 모든 규례를 이스라엘 자손에게 가르치리라

모세는 제사장이 회막에 들어갈 때 포도주나 독주(יַיִן וְשֵׁכָר)를 마시지 말라고 했다(9절). 만일 금주령을 어기면 죽게 될 것이라는 경고가 뒤따랐다. 이것은 아론과 그의 후손들이 지켜야 할 '영원한 규례'(חֻקַּת עוֹלָם)이다. 독주(שֵׁכָר)를 곡물 등으로 만든 독한 술로 해석하는 사람들도 있지만(Kaiser), 본문의 독주는 포도주를 발효시킨 강한 도수의 술을 뜻한다. 왜냐하면 나실인의 규례에 "포도주로 만든 시큼한 술이나 독한 술로 만든 시큼한 술을 마셔서는 안 된다"(민 6:3b, 새번역)라는 내용이 있기 때문이다(Levine).

술은 사람들에게 기쁨과 즐거움을 줄 수 있지만(시 104:15; cf. 삿 9:13), 남용하면 오히려 해가 된다(창 9:20-27; 잠 23:29-35; 31:4-7; 사 5:11-12; 암 2:8). 사도 바울은 성도에게 술에 취하지 말고 오직 성령에 취하라고 한다(엡 5:18).

제사장이 술에 취하면 안 되는 이유는 두 가지이다. 첫째, 제사장은 거룩한 것과 속된 것을 구별하고, 부정한 것과 정한 것을 명확히 분별해야 하기 때문이다(10절). 술에 취하면 판단력이 흐려져 분별을 잘하지 못할 수도 있다. 세상에서 가장 정결하고 거룩한 곳인 성막에서 성속(聖俗)의 분별이 제대로 이루어지지 않는다면 대형 사고로 이어질 수 있다. 그렇기 때문에 제사장의 판단력이 흐려질 수 있는 요소들을 금하는 것은 직무상 필수 조건이라고 할 수 있다.

둘째, 백성들에게 하나님의 율법을 제대로 가르치기 위해서이다(11절). 술에 취하면 판단력이 흐려질 뿐만 아니라 백성들에게 율법을 제대로 강론하기가 어렵다. 이 원리를 오늘날에 적용하면, 우리가 사용하는 어떠한 것이라도 분별력을 흐리게 하거나 하나님의 말씀을 가르치는 데 방해가 된다면 삼가해야 한다는 뜻이다. 이런 관점에서 자신의 삶을 돌아보면, 자주 애용하는 것들이나 습관 중에 사역에 방해가 되는 것들이 분명히 있을 것이다. 과감하게 정리하고 버리는 결단과 믿음이 요구된다.

그러나 제사장들이 평소에 술을 입에 대어서도 안 된다는 것은 아니다. 제사를 집례하기 위해 성막에 들어갈 때만 적용되는 규례라는 것이 일반적인 해석이다(Gane, Kaiser). 신약 시대에도 사역자들에게는 일반인들보다 순결성이 더욱 강력히 요구되었다(딤전 3:1-7; 딛 1:5-9). 이처럼 사역자는 평소에도 술을 입에 대지 않는 것이 바람직하다.

나답과 아비후가 하나님의 진노를 사서 죽은 사건 바로 다음에 금주령이 선포된 이유는 무엇일까? 일부 주석가들은 두 이야기가 전혀 연결성이 없는 이야기이며 편집자의 임의적인 결정에 의한 것이라고 주장하지만, 많은 사람이 아론의 아들들의 죽음과 술 취함에 연관성이 있기 때문이라고 생각한다(Kaiser, Levine). 본문이 알려 주지 않으니 정확히 어떤 연관성이 있는지는 알 수 없다. 그러나 본문이 주는 교훈은 명확하다. 하나님의 일을 하는 사람들은 판단력을 흐리게 할 수 있는 요인들을 모조리 제거해야 한다는 것이다.

II. 성막에서 예배가 시작됨(8:1–10:20)
C. 나답과 아비후의 죽음(10:1–20)

3. 슬픔 속에 근신하는 제사장들(10:12–20)

12 모세가 아론과 그 남은 아들 엘르아살에게와 이다말에게 이르되 여호와
께 드린 화제물 중 소제의 남은 것은 지극히 거룩하니 너희는 그것을 취하
여 누룩을 넣지 말고 제단 곁에서 먹되 13 이는 여호와의 화제물 중 네 소득
과 네 아들들의 소득인즉 너희는 그것을 거룩한 곳에서 먹으라 내가 명령을
받았느니라 14 흔든 가슴과 들어올린 뒷다리는 너와 네 자녀가 너와 함께 정
결한 곳에서 먹을지니 이는 이스라엘 자손의 화목제물 중에서 네 소득과 네
아들들의 소득으로 주신 것임이니라 15 그 들어올린 뒷다리와 흔든 가슴을
화제물의 기름과 함께 가져다가 여호와 앞에 흔들어 요제를 삼을지니 이는
여호와의 명령대로 너와 네 자손의 영원한 소득이니라 16 모세가 속죄제 드
린 염소를 찾은즉 이미 불살랐는지라 그가 아론의 남은 아들 엘르아살과 이
다말에게 노하여 이르되 17 이 속죄제물은 지극히 거룩하거늘 너희가 어찌하
여 거룩한 곳에서 먹지 아니하였느냐 이는 너희로 회중의 죄를 담당하여 그
들을 위하여 여호와 앞에 속죄하게 하려고 너희에게 주신 것이니라 18 그 피
는 성소에 들여오지 아니하는 것이었으니 그 제물은 너희가 내가 명령한 대
로 거룩한 곳에서 먹었어야 했을 것이니라 19 아론이 모세에게 이르되 오늘
그들이 그 속죄제와 번제를 여호와께 드렸어도 이런 일이 내게 임하였거늘
오늘 내가 속죄제물을 먹었더라면 여호와께서 어찌 좋게 여기셨으리요 20 모
세가 그 말을 듣고 좋게 여겼더라

모세는 아론과 그 남은 아들 엘르아살과 이다말을 불러다가 백성들이 가져오는 제물 중에서 그들이 제사장으로서 먹을 수 있는 것이 무

엇인가를 다시 한번 확인해 준다. 곡물 중에서는 누룩을 넣지 않고 만든 빵이 가장 거룩한 제물이기 때문에 제단 옆에서 제사장들만 먹을 수 있다(12절). 백성들이 하나님께 드리는 화목제물 중에서 주께 흔들어 바치는 가슴 고기와 높이 들어 올려 드리는 오른쪽 뒷다리(7:30-33)는 정결한 곳이면 어디에서든지 제사장과 가족들이 함께 먹을 수 있다(14절).

앞서 언급되었던 규정을 다시 한번 다루는 것은 아론과 아들들이 제사를 집례할 때 반드시 하나님이 지시하신 법에 따라 진행해야 함을 강조하기 위해서이다. 임직 첫날에 제사장 두 명이 죽어 나간 상황이라 이러한 반복은 결코 잔소리가 아니다. 더 이상 실수하지 않으려면 이미 선포된 규례라도 귀가 따갑도록 들어서 마음에 새겨야 한다. 자칫 착각하여 조금이라도 실수하면 생명을 잃을 수 있기 때문이다.

그러나 모세가 우려한 대로 작은 사건이 벌어졌다. 백성들이 바친 속죄제물은 기름기만 제단에서 태우고 나머지는 제사장들이 먹게 되어 있다. 그런데 아론과 아들들이 이날 백성들이 바친 속죄제물을 먹지 않고 제단에서 몽땅 태워 버린 것이다(16절). 화가 난 모세가 아론의 아들들을 꾸짖었다. 엘르아살과 이다말이 나답과 아비후처럼 하나님 앞에 범죄한 것으로 생각했던 것이다(Budd). 이 과정에서 속죄제의 목적이 정확히 밝혀진다. "너희가 주님 앞에서 회중의 죄를 속하여 주어서 그들이 용서받게 하려고, 이 제물을 너희에게 먹으라고 주신 것이 아니냐?"(17절, 새번역)

제사장들이 백성들의 속죄제물을 먹는 일을 통해 제물을 드린 사람들의 죄가 용서받게 된다는 것이다(Wenham). 이것은 제사장이 속죄제물을 먹지 않으면, 제물을 바친 사람의 죄가 용서받지 못한다는 것을 뜻한다(Milgrom). 그러므로 모세는 제사장들이 백성들의 제물을 먹지 않은 것에 대해 화를 낼 수밖에 없었다. 그들이 제물을 먹는 것이 하나님이 백성들의 죄를 사하심을 상징하기 때문이다.

제사장들이 백성들의 속죄 제물을 먹는 일이 어떻게 하나님의 죄 사하심과 연관될 수 있는가? 대부분의 번역본과 주석가들은 제사장들이 속죄제물을 먹음으로써 백성들의 죄와 과오를 대신 짊어지게 되기 때문이라고 풀이한다(Schwartz, Gane, Levine). 백성의 죄를 대신 지게 된 제사장은 어떻게 되는가? 직분의 본질상 그들에게는 전혀 영향이 미치지 않았다(Gane, cf. 출 28:38; 레 10:17; 민 18:1, 23).

모세의 책망을 듣고 있던 아론이 왜 자신들이 속죄제물을 먹을 수 없었는가에 대해 설명했다. 두 아들이 하나님께 죄를 범하여 죽은 상황에서 자신들이 무슨 낯으로 하나님 앞에서 당연하다는 듯이 제사장의 몫을 찾아 먹을 수 있겠느냐는 것이었다(19절). 그날만큼은 하나님이 아론과 그의 아들들의 몫을 친히 드시고, 백성들뿐 아니라 제사장들의 죄도 용서해 주시기를 기대한 것이다(Kiuchi). 모세가 들어 보니 이해가 되어서 더 이상 문제 삼지 않았다(20절). 모세가 그날의 특수성을 인정했고, 하나님도 아론의 아픈 마음을 헤아리셨다(Rooker).

아비후와 나답의 죽음은 우리에게 몇 가지 교훈을 준다. 첫째, 하나님께 나아갈 때는 건강한 긴장감과 신중함이 항상 필요하다. 그들은 별 의도 없이 실수를 저질렀을 텐데, 그것이 죄가 되었다. 하나님은 고의가 아닌 실수에도 죗값을 물으셨다. 훈련되지 않은 열성이 신중한 순종과 합리적인 이성을 앞서는 일은 없어야 한다. 고의성 없는, 심지어 좋은 의도에서 비롯된 실수라도 죄를 정당화시킬 수는 없기 때문이다.

둘째, 두렵고 떨리는 마음으로 사역에 임해야 한다. 제사장은 하나님께 가장 가까이 나아가는 사람이다. 이것은 엄청난 특권이지만, 동시에 조그마한 실수에도 죽을 수 있는 위험한 자리이다. 그러므로 몸가짐과 마음가짐이 항상 거룩해야 한다. 하나님이 가까이 부르시는 사람일수록 이 점을 기억해야 한다. 주님께 가까이 있을수록 경건하고 거룩한 삶은 필수적이다. 하나님이 많은 것을 내려 주신 사람에게 더 많은 것을 요구하심은 당연한 일이기 때문이다.

셋째, 예배는 예배자가 아닌 하나님 중심으로 드려져야 한다. 레위기 내내 하나님은 여러 종류의 제물을 각각 어떤 절차를 통해 어떻게 드려야 하는지 세부 사항을 지시해 주셨다. 어떻게 보면, 이러한 절차가 지나치게 까다롭고 필요 이상의 스트레스를 조성하는 것으로 여겨질 수 있다. 그러나 하나님께 드리는 예배라면 하나님이 원하시는 방법에 따라 드리는 것이 당연하다. 아비후와 나답이 죽게 된 이유가 여기에 있다. 그들은 하나님께 예배드리면서도 하나님이 원하시는 방식을 따르지 않았다. 사람만을 위한 예배가 아니라 하나님께 드리는 예배라면, 당연히 하나님이 기뻐하시도록 드려야 한다.

넷째, 법도와 규례에는 항상 예외가 있을 수 있다는 사실을 의식해야 한다. 아론과 아들들은 백성들이 속죄제로 드린 제물의 고기를 먹어야 했지만 먹지 않았다. 두 아들이 죽은 마당에 거룩한 제물을 도저히 먹을 수 없었던 것이다. 그래서 제단에서 모두 불태웠다. 아론과 아들들은 하나님이 주신 제물에 대한 규례를 어겼다. 그러나 두 아들을 한순간에 잃은 아론의 아버지로서의 슬픔이 인정되었다. 모세가 처음에는 야단을 쳤지만, 자초지종을 듣고 나자 더는 문제 삼지 않았다. 율법의 범주에는 항상 예외가 있다. 율법이 사람을 위해 존재하는 것이지, 사람이 율법을 위해 존재하는 것이 아니기 때문이다.

III. 정결과 부정
(11:1-15:33)

지금까지 성막에서 진행되는 예배와 제물에 대하여 살펴보았다. 레위기 저자는 11-15장에 이르러 주제를 하나님 백성의 정결한 삶에 대한 것으로 바꾼다. 맨 먼저 정결한 짐승과 부정한 짐승에 대한 규례를 제시하며, 거룩한 백성은 먹는 음식에서부터 세상 사람들과 달라야 함을 강조한다.

아이를 낳은 산모도 일정 기간 부정하게 되는데, 다시 정결하게 되는 방법이 12장에 기록되어 있다. 13-14장은 사람과 집을 부정하게 할 수 있는 여러 종류의 피부병과 곰팡이를 어떻게 정결할 수 있는가를 가르친다. 15장은 남녀 간의 성관계에서 지켜야 할 정결과 부정의 원칙을 소개하며 준수하기를 요구한다. 모세는 이러한 규제를 통해 백성들의 공중위생뿐 아니라 종교적인 헌신까지 유도한다. 주의 백성이 정결한 삶을 산다는 것은 곧 종교적인 헌신을 전제로 하지만 때로는 정갈함도 요구하기 때문이다.

제사와 제물의 종류와 제사장 임직식에 대한 이야기를 하다가 정결과 부정을 논하는 것이 갑작스럽게 보일 수도 있지만, 사실 앞뒤 주제와 깊은 연관성이 있다(Wenham). 앞부분과의 연관성은 10:10에서 역력하게 드러난다. 하나님은 아론과 아들들에게 "너희는 거룩한 것과 속된 것을 구별하여야 하고, 부정한 것과 정한 것을 구별하여야 한다"라고 지시하셨다(10:10, 새번역). 이번 섹션이 논하는 것이 바로 거룩한 것과 속된 것 그리고 부정한 것과 정한 것의 구분법이기 때문이다. 본 섹션은 앞부분과 연결해서 10:10의 주석 혹은 추가 설명의 역할을 한다.

뒷부분과의 연관성은 16:16에서 발견된다. 하나님은 속죄일에 대제사장이 속죄 제물의 피를 들고 지성소에 들어가 속죄소의 위와 앞에 뿌려야 하는 이유를 "이렇게 하여, 그는 성소를 성결하게 하여야 한다. 이스라엘 자손이 부정을 탔고, 그들이 온갖 죄를 지었으므로, 성소마저 부정을 탔기 때문이다. 그는 같은 방법으로 회막도 성결하게 하여야 한다. 부정 탄 백성이 드나들어서, 회막도 부정을 탔기 때문이다"라고 말씀하신다(16:16, 새번역). 만일 이스라엘 백성들이 정결과 부정에 대한 이해를 갖지 못한 상태라면 자신들이 성전을 어떻게 범하는지도 모르면서 죄를 지을 것이다. 이러한 정황에서 11-15장은 정결과 부정을 구분하는 데 필요한 정보를 제공한다.

본문의 실용성과 적용은 정결과 부정 개념에 이제는 구애받지 않는 그리스도인에게 상당히 어려운 문제로 남아 있다. 성전 예식이나 부정과 정결 규례를 중심으로 율법 시대를 살았던 사람들을 위한 내용이기 때문이다.

그러나 본문을 깊이 묵상해 보면 이러한 율법에 제한받지 않는 그리스도인도 자신들의 삶에 적용할 수 있는 많은 진리와 원리를 찾을 수 있다. 예를 들자면, 하나님의 백성은 먹는 것이나 몸가짐이나 심지어 사는 집의 청결 문제까지도 세상 사람들과 달라야 한다는 것이다. 이것은 이 섹션이 강조하는 원리 중의 하나이다. 경건은 영적 이슈일 뿐 아니라 육체적·환경적 이슈이기도 하다는 것이다

아론과 아들들이 성막에서 예배를 시작한 다음, 하나님은 아론과 모

세를 불러 동물 중 어떤 것이 정결하고 어떤 것이 부정한가에 대해 가르치셨다(11장). 대체로 정한 것은 주의 백성들이 음식으로 먹을 수 있는 동물들을, 부정한 것은 먹지 말아야 할 짐승들을 가리킨다. 또한, 부정하게 만드는 것을 어떻게 피하며, 부정하게 된 사람들을 제사장들이 어떻게 다시 정결하게 할 수 있는가에 대해 규례를 가르치셨다(12-15장). 저자가 짐승들에 대한 정결과 부정을 먼저 언급하고, 그다음에 사람의 정결과 부정을 논하는 것은 창조의 순서를 따르는 듯하다(Gane).

사람의 정결과 부정에 대한 규례를 출산으로부터 시작하는 것은 논리적이다. 이때 삶이 시작되기 때문이다. 12-15장에서 모세가 사람들의 정결과 부정을 나열할 때, 부정한 기간에 따라 순차적으로 정리하는 듯하다(Hartley, Milgrom). 출산(사내아이의 경우 40일/여자아이의 경우 80일)→피부병(8일)→남자의 유출병(8일, 1일)→여자의 유출병(7일, 8일).

이 섹션에서 강조되어야 할 내용 중 하나는 죄와 부정이 항상 동일시될 수 없는 것처럼, 정결과 청결 또한 항상 동일시될 수 없다는 사실이다. 또한 부정과 불결함도 늘 동일시될 수는 없다. 많은 경우에 정결은 청결을 전제로 하고, 부정은 불결함/더러움을 전제로 한다. 그러나 정결은 거룩함(holiness)과 연관 있기 때문에, 정한 것은 항상 청결하지만 청결하다고 해서 정한 것은 아니다(Hartley). 아무리 청결한/깨끗한 사람이라고 해도 부정할 수 있다. 예를 들자면, 아무리 깨끗하게 목욕재계해도 점쟁이를 접한 사람은 부정하다(레 20:6).

이 섹션은 다음과 같은 구조를 지니고 있다.

A. 정한 짐승과 부정한 짐승(11:1-47)
  B. 출산으로 인한 유출(12:1-8)
    C. 피부병 진단(13:1-59)
    C'. 피부병 완치와 정결(14:1-57)
  B'. 유출병(15:1-33)

A. 정한 짐승과 부정한 짐승(11:1-47)

이 섹션의 핵심 단어는 '정결'(טָהוֹר)과 '부정'(טָמֵא)과 '가증한/더러운 것'(שֶׁקֶץ)이다. 정(결)한 짐승은 하나님의 백성이 먹을 수 있는 것들이며 부정한 짐승이나 가증한 것은 하나님의 백성이 먹지 말아야 할 것을 뜻한다(47절). 부정한 짐승은 주검을 만지기만 해도 부정해지는 것에 비해 가증한 것들은 먹을 때만 부정해진다. 부정한 짐승에 대한 규칙이 가증한 것에 대한 규칙보다 더 강함을 암시한다. 다음 사항을 생각해 보라(Gane).

구분	먹으면	주검에 닿으면
정결(טָהוֹר)	정결	정결
부정(טָמֵא)	부정	부정
가증한 것(שֶׁקֶץ)	부정	정결

성경에서 사람이 먹을 수 있는 짐승과 먹지 못하는 짐승을 상세하게 구분하는 곳은 이곳과 신명기 14장 두 곳이다. 신명기 14장은 단순히 부정한 짐승과 정결한 짐승을 나열하고 있는 데에 반해, 이 섹션은 부정하게 된 사람과 도구와 음식 등을 어떻게 해야 하는지까지 기록하고 있다. 본문과 신명기 14장의 차이에 대하여는 다음을 참조하라(Levine).

	신명기 14장	레위기 11장
땅에 사는 짐승	기준: 갈라진 굽과 되새김질 허용: 집에서 키우거나 사냥한 동물 10가지 금지: 낙타, 토끼, 사반/오소리 등	두 가지 기준 동일 금지 동물 목록 동일

물 속에 사는 것들	기준: 비늘과 지느러미	동일
새들	금지 목록 일반적 기준 없음	금지 목록 거의 동일 일반적 기준이 없음
날개 달린 곤충	거의 모든 것을 금지	금지 내용 거의 동일 메뚜기, 베짱이, 귀뚜라미, 팥중이 종류는 허용 기준: 발에 뛰는 다리가 있어 땅에서 뛰는 것
금지 1	모든 종류의 죽은 짐승	정확히 규정되지 않음
금지 2	어미의 젖에 새끼를 삶는 일	없음
금지 3	없음	땅에 기어 다니는 길짐승이나 수륙 양생 파충류를 먹거나 주검을 만지는 것. 8가지 금지 목록
금지 4	없음	배로 기어 다니는 모든 것, 네 발 혹은 여러 발로 기어 다니는 것들

어떤 기준과 원리에 따라 정한 짐승과 부정한 짐승으로 나뉘는 것일까? 역사적으로 많은 학자가 정한 짐승과 부정한 짐승의 목록을 통해 원리를 발견하고자 했지만, 아직까지 흡족한 답을 찾지 못했다. 학자들이 제시한 주장 중 몇 가지를 요약하면 다음과 같다(자세한 것은 이 책의 서론 섹션을 참조하라).

	해석	주요 내용
1	위생학적 해석	부정한 짐승은 병이나 병균을 옮기는 짐승들이기 때문에 안심하고 먹을 수 없다. 정한 짐승은 먹어도 위생상 문제가 없는 것들이다.
2	제의적 해석	짐승들이 부정한 것은 이방 종교 혹은 우상숭배와 연관이 있기 때문이다. 이스라엘은 여호와와 언약을 맺었기 때문에 이방 종교와 연관된 짐승을 피해야 한다.
3	풍유적/상징적 해석	정결한 짐승과 부정한 짐승의 구분은 우리에게 영적 교훈을 주기 위한 것이다.

4	윤리적 해석	피를 먹는 것을 금하는 것에 생명 경외 사상이 내포되어 있는 것처럼, 레위기의 음식법도 생명을 경외시하는 태도를 바탕으로 하고 있다.
5	스캐빈저 (scavenger, 죽은 동물을 먹는 동물) 해석	죽은 짐승을 먹을 때 피를 함께 먹게 되기 때문에 스캐빈저는 부정하다.
6	종(種)의 공통적인 성향 해석	짐승이 속한 종(種)의 공통적인 성향을 정상적으로(normal) 온전하게(wholesome) 지닌 것을 정결하다고 한다(Douglas). 그러므로 종의 공통적이고 정상적인 성향에서 벗어나 있을 때에는 부정하게 된다.

이외에도 정결한 짐승과 부정한 짐승의 구분이 성경에 등장하는 언약들의 성향과 일치한다는 주장이 있다(Milgrom, cf. Douglas). 그 예로 점차 범위가 좁혀져 가는 세 가지 언약을 들 수 있다. (1) 온 인류를 대상으로 한 노아의 언약(창 9:1-11), (2) 많은 민족 중에서도 이스라엘 백성과 맺은 언약(창 17:2; 레 26:42), (3) 많은 이스라엘 사람 중에서도 제사장들과 맺은 언약(민 25:12-15; 렘 33:17-22).

이러한 언약적 구조에 상응하는 음식에 대한 제한은 다음과 같다. (1) 피를 제외한 모든 고기를 온 인류에게 먹이로 주심(창 9:3-5), (2) 이스라엘이 먹을 수 있는 짐승들을 정해 주심(레 11장), (3) 먹을 수 있는 몇 가지 짐승 중에 오직 가축들만 제물로 드릴 수 있음(레 22:17-25).

그러므로 두 체계에 대하여 다음과 같은 관계가 형성된다. (1) 모든 짐승—온 인류, (2) 몇 종류의 짐승—이스라엘, (3) 제물로 사용할 수 있는 짐승—제사장들. 밀그롬에 의하면 정결하거나 부정한 짐승의 구분은 다른 이유에서가 아니라 이스라엘이 세상 여러 민족으로부터 구별된 원리에 따라 정해졌다는 것이다(Kaiser).

정한 짐승과 부정한 짐승의 구별에 대하여 여러 가지 해석이 있지만, 모든 사람을 만족시키는 해석은 없다. 대부분의 해석이 어느 정도의 논리와 타당성을 지닌 것이 사실이다. 그러므로 이 문제에 있어서

한 가지 입장만을 고수하기보다는 몇 가지를 복합적으로 사용하는 것이 바람직한 것으로 보인다.

이 섹션은 다음과 같이 구분할 수 있다.

A. 땅에 사는 짐승(11:1–8)
B. 물고기와 물에 사는 짐승(11:9–12)
C. 새(11:13–19)
D. 날개를 가진 곤충(11:20–23)
E. 만지면 부정하게 되는 주검(11:24–40)
F. 땅에 기어 다니는 짐승(11:41–45)
G. 결론(11:46–47)

III. 정결과 부정(11:1–15:33)
A. 정한 짐승과 부정한 짐승(11:1–47)

1. 땅에 사는 짐승(11:1–8)

1 여호와께서 모세와 아론에게 말씀하여 이르시되 2 이스라엘 자손에게 말
하여 이르라 육지의 모든 짐승 중 너희가 먹을 만한 생물은 이러하니 3 모든
짐승 중 굽이 갈라져 쪽발이 되고 새김질하는 것은 너희가 먹되 4 새김질하
는 것이나 굽이 갈라진 짐승 중에도 너희가 먹지 못할 것은 이러하니 낙타
는 새김질은 하되 굽이 갈라지지 아니하였으므로 너희에게 부정하고 5 사반
도 새김질은 하되 굽이 갈라지지 아니하였으므로 너희에게 부정하고 6 토끼
도 새김질은 하되 굽이 갈라지지 아니하였으므로 너희에게 부정하고 7 돼지
는 굽이 갈라져 쪽발이로되 새김질을 못하므로 너희에게 부정하니 8 너희는
이러한 고기를 먹지 말고 그 주검도 만지지 말라 이것들은 너희에게 부정하
니라

"여호와께서 모세와 아론에게 말씀하여 이르시되"라는 첫 구절은 새로운 섹션이 시작됨을 알린다(Hess). 아론을 함께 부르신 것은 아마도 제사장의 기본 사역 중 하나가 백성들에게 정결한 것과 부정한 것에 대해 가르치는 일이었기 때문일 것이다. 사람이 먹을 수 있는 짐승과 먹을 수 없는 짐승을 구분하여 정하여 주시는 것은 에덴동산에서 아담에게 먹을 수 있는 열매와 먹으면 안 되는 열매(선악과)를 구분해 주신 일을 연상시킨다(창 2:16-17).

짐승의 종류를 나누는 것은 고대 근동 문화권에서 오랫동안 행해져 온 일이었다. 고대 시리아와 메소포타미아에서 서기관들을 훈련시키는 데 사용되었던 교과서에는 새, 짐승, 곤충 등의 종류별 이름이 담긴 목록들이 자주 등장한다(Levine).

주의 백성이 먹을 수 있는 짐승은 두 가지 조건을 만족시켜야 한다. (1) 굽이 갈라짐, (2) 새김질(3절). '갈라진 굽'(מַפְרֶסֶת פַּרְסָה)은 정확히 무엇을 가리키는가? 전통적이며 가장 자연스러운 해석은 짐승의 갈라진 발굽이다. 그러나 말은 굽이 갈라지지 않았는데도 성경에서 이 히브리어 문구로 묘사된다(Milgrom, cf. 사 5:28; 렘 47:3; 겔 26:11; 32:13). 그러므로 학자들은 '갈라진 굽'보다는 '굽이 있는'(that grows a hoof)으로 번역하는 것이 더 정확하다고 말한다(Milgrom, Hess). 이 문구가 사용되는 정황을 감안하면 이러한 해석이 더 바람직하다. 고대 사회에서 굽이 있고 새김질하는 짐승은 이미 가축화되어 풀만 먹는 짐승을 가리켰다(Hamilton). 이 기준에 적합한 가축은 소, 양, 염소 등이다(신 14:4). 여기에 일곱 가지 야생 동물들이 추가된다(신 14:5).

굽과 새김질 중에 한 가지만 만족시키는 짐승은 먹을 수 없다. 오직 한 가지 조건만 해당되어 사람이 먹을 수 없는 짐승의 예로 낙타, 오소리, 토끼, 돼지 등 네 가지가 언급된다. 숫자 '4'는 총체성을 상징한다. 설령 율법이 구체적으로 언급하지 않더라도 이 조건에 해당하는 짐승은 먹지 말라는 뜻이다.

돼지가 부정한 짐승이 된 데는 또 다른 이유가 있다는 것이 학자들의 추측이다. 첫째, 고대 근동에서 돼지는 우상숭배, 특히 저승 혹은 지하 세계의 신들을 숭배하는 제물로 사용되었기 때문이다(사 65:4; 66:3, 17). 헷 족속 문화와 고대 헬라 문화에서도 이 같은 사실이 확인되었다(Hoffner). 둘째, 주로 유목 생활을 했던 이스라엘의 선조들과 한곳에서 정착해야 키울 수 있는 돼지는 어울리지 않았기 때문이다(Milgrom). 셋째, 이스라엘이 가나안에 정착할 무렵에는 가나안에 돼지가 없었기 때문이다(Dever). 게다가 되새김질을 못하니 부정한 짐승이 되었다.

전통적으로 새김질(מַעֲלֵה גֵרָה)은 반추동물(ruminant) 중 위가 네 부분으로 나누어져서 되새김질을 하는 짐승들을 뜻하는 것으로 해석되어 왔다(Rashi, Levine). 그러나 오늘날에는 먹이를 씹을 때 위턱과 아래턱이 좌우로 움직이는 것을 가리키는 것으로 해석된다(Kaiser).

본문에 의하면, 이스라엘 사람들은 세 종류의 가축만 먹을 수 있었다. 소, 양, 염소. 모두 성전에서 제물로 사용된 짐승들이다. 이스라엘은 고기를 먹을 때에도 다른 민족들과 달라야 하며, 하나님이 기뻐하시는 짐승의 고기를 먹어야 함을 암시한다(Rooker).

III. 정결과 부정(11:1–15:33)
A. 정한 짐승과 부정한 짐승(11:1–47)

2. 물고기와 물에 사는 짐승(11:9–12)

**9 물에 있는 모든 것 중에서 너희가 먹을 만한 것은 이것이니 강과 바다와
다른 물에 있는 모든 것 중에서 지느러미와 비늘 있는 것은 너희가 먹되 10
물에서 움직이는 모든 것과 물에서 사는 모든 것 곧 강과 바다에 있는 것으
로서 지느러미와 비늘 없는 모든 것은 너희에게 가증한 것이라 11 이들은 너
희에게 가증한 것이니 너희는 그 고기를 먹지 말고 그 주검을 가증히 여기
라 12 수중 생물에 지느러미와 비늘 없는 것은 너희가 혐오할 것이니라**

물고기를 구분하는 기준은 지느러미와 비늘의 유무이다. 두 가지 모두 물고기가 물속에서 움직이는 데 매우 중요한 역할을 한다. 또한 물에서 사는 습성을 가장 잘 드러내는 부위이기도 하다. 지느러미와 비늘이 있는 물고기는 먹을 수 있다. 그러나 둘 중 하나라도 없으면 부정하니 먹을 수 없다. 이집트와 로마에서도 비늘이 없는 물고기는 먹지 않았다(Wenham).

지느러미가 없는 물고기는 대개 정상적으로 헤엄치지 않는다. 주로 바닥에 붙어 다니며 먹이를 찾는다. 지느러미 없이는 헤엄치기가 쉽지 않기 때문이다. 바닥을 훑다 보니 그만큼 온갖 병균과 기생충에 노출될 확률이 높다(Harris). 물론 삶아 먹으면 병균과 기생충 문제는 해결되겠지만, 바닥에 쌓인 중금속에 오염되는 것에 취약하다. 비늘이 없는 물고기를 금하는 기준에 따르면 오징어, 문어, 홍어 등을 먹을 수 없다. 다행히 예수님으로 말미암아 모든 음식 규제에서 자유케 되었으므로 감사함으로 가리지 않고 먹을 수 있게 되었다.

III. 정결과 부정(11:1–15:33)
A. 정한 짐승과 부정한 짐승(11:1–47)

3. 새(11:13–19)

13 새 중에 너희가 가증히 여길 것은 이것이라 이것들이 가증한즉 먹지 말지
니 곧 독수리와 솔개와 물수리와 14 말똥가리와 말똥가리 종류와 15 까마귀
종류와 16 타조와 타흐마스와 갈매기와 새매 종류와 17 올빼미와 가마우지와
부엉이와 18 흰 올빼미와 사다새와 너새와 19 황새와 백로 종류와 오디새와
박쥐니라

새에 관해서는 어떠한 기준도 제시하지 않고, 바로 금지 목록을 발표하신다. 식용이 금지된 새들은 대체로 다른 짐승과 새들을 잡아먹는 맹금류와 죽은 짐승을 먹는 청소동물들이다(Wenham). 새번역은 "독수리, 수염수리, 물수리, 검은소리개, 붉은소리개, 까마귀, 타조, 올빼미, 갈매기, 각종 매, 부엉이, 가마우지, 따오기, 백조, 펠리컨, 흰물오리, 고니, 푸른해오라기, 오디새, 박쥐" 등 다양한 종류를 나열하고 있지만 히브리어 원문을 정확하게 번역한 것인지는 확신할 수 없다. 그러나 신명기 14장에 열거된 부정한 새들의 이름과 거의 일치한다.

율법이 일정한 기준이나 원칙을 제시하지 않은 채 부정한 새의 이름만 나열하고 있기 때문에 주석가들은 새의 정함과 부정함의 기준에 대해 오랫동안 논쟁을 벌여 왔다. 정결한 것, 즉 먹을 수 있는 새의 종류는 다음과 같다(Levine). (1) 각종 비둘기, (2) 각종 닭과 메추라기, (3) 사육한 오리, (4) 집참새(house sparrow).

III. 정결과 부정(11:1-15:33)
A. 정한 짐승과 부정한 짐승(11:1-47)

4. 날개를 가진 곤충(11:20-23)

[20] 날개가 있고 네 발로 기어 다니는 곤충은 너희가 혐오할 것이로되 [21] 다만 날개가 있고 네 발로 기어 다니는 모든 곤충 중에 그 발에 뛰는 다리가 있어서 땅에서 뛰는 것은 너희가 먹을지니 [22] 곧 그 중에 메뚜기 종류와 베짱이 종류와 귀뚜라미 종류와 팥중이 종류는 너희가 먹으려니와 [23] 오직 날개가 있고 기어다니는 곤충은 다 너희가 혐오할 것이니라

일반적으로 날개가 있고 네 발로 기어 다니는 벌레는 모두 먹지 말아야 한다. 이 내용을 20절과 23절에서 반복함으로써 일종의 괄호(inclusio) 역할을 한다. 사람들에게 해를 입히는 파리, 모기, 바퀴벌레 등 해충이 여기에 속한다.

괄호 사이에 예외 사항이 나열된다(21-22절). 날개가 있고 네 발로 기어 다니되 뛰는 다리가 있는 메뚜기 종류와 베짱이 종류와 귀뚜라미 종류와 팥중이 종류는 먹을 수 있다(cf. 새번역-메뚜기, 방아깨비, 누리, 귀뚜라미). 성경 인물 중에 메뚜기를 먹고 산 사람은 세례 요한이 유일하다(막 1:6). 구약에서 메뚜기를 먹었다고 기록된 사람은 없다.

III. 정결과 부정(11:1-15:33)
A. 정한 짐승과 부정한 짐승(11:1-47)

5. 만지면 부정하게 되는 주검(11:24-40)

[24] 이런 것은 너희를 부정하게 하나니 누구든지 이것들의 주검을 만지면 저
녁까지 부정할 것이며 [25] 그 주검을 옮기는 모든 자는 그 옷을 빨지니 저녁
까지 부정하리라 [26] 굽이 갈라진 모든 짐승 중에 쪽발이 아닌 것이나 새김질
아니하는 것의 주검은 다 네게 부정하니 만지는 자는 부정할 것이요 [27] 네
발로 다니는 모든 짐승 중 발바닥으로 다니는 것은 다 네게 부정하니 그 주
검을 만지는 자는 저녁까지 부정할 것이며 [28] 그 주검을 옮기는 자는 그 옷
을 빨지니 저녁까지 부정하리라 그것들이 네게 부정하니라 [29] 땅에 기는 길
짐승 중에 네게 부정한 것은 이러하니 곧 두더지와 쥐와 큰 도마뱀 종류와
[30] 도마뱀붙이와 육지 악어와 도마뱀과 사막 도마뱀과 카멜레온이라 [31] 모든
기는 것 중 이것들은 네게 부정하니 그 주검을 만지는 모든 자는 저녁까지
부정할 것이며 [32] 이런 것 중 어떤 것의 주검이 나무 그릇에든지 의복에든
지 가죽에든지 자루에든지 무엇에 쓰는 그릇에든지 떨어지면 부정하여지리
니 물에 담그라 저녁까지 부정하다가 정할 것이며 [33] 그것 중 어떤 것이 어
느 질그릇에 떨어지면 그 속에 있는 것이 다 부정하여지나니 너는 그 그릇
을 깨뜨리라 [34] 먹을 만한 축축한 식물이 거기 담겼으면 부정하여질 것이요
그같은 그릇에 담긴 마실 것도 부정할 것이며 [35] 이런 것의 주검이 물건 위
에 떨어지면 그것이 모두 부정하여지리니 화덕이든지 화로이든지 깨뜨려버
리라 이것이 부정하여져서 너희에게 부정한 것이 되리라 [36] 샘물이나 물이

고인 웅덩이는 부정하여지지 아니하되 그 주검에 닿는 것은 모두 부정하여질 것이요 [37] 이것들의 주검이 심을 종자에 떨어지면 그것이 정하거니와 [38] 만일 종자에 물이 묻었을 때에 그것이 그 위에 떨어지면 너희에게 부정하리라 [39] 너희가 먹을 만한 짐승이 죽은 때에 그 주검을 만지는 자는 저녁까지 부정할 것이며 [40] 그것을 먹는 자는 그 옷을 빨 것이요 저녁까지 부정할 것이며 그 주검을 옮기는 자도 그의 옷을 빨 것이요 저녁까지 부정하리라

지금까지 저자는 정결한 짐승과 부정한 짐승에 대해 논했다. 다음 단계로, "짐승을 먹지는 않았지만 실수로 주검을 만졌을 경우에 정결과 부정은 어떻게 구별되는가"라는 질문이 나올 법하다. 바로 이 질문에 대한 답이 본 섹션에 펼쳐진다. 관련하여 세 가지 정황이 제시된다. (1) 부정한 짐승의 주검을 만졌을 경우(26–28절), (2) 땅에 기어 다니는 짐승의 주검을 만졌을 경우(29–38절), (3) 정결한 짐승의 주검을 만졌을 경우(39–40절).

모든 주검은 부정하다. 정결한 짐승의 주검이라도 부정하다(39절). 그러므로 정한 방법에 따라 짐승을 도살한 경우를 제외하고는 짐승의 주검을 만지면 누구나 부정하게 된다. 이 율법은 오직 자연사한 짐승을 만질 때에만 적용된다. 사람이 죽은 짐승을 만지면 만진 날 저녁 때까지 부정하다(24, 25, 27, 28, 31, 32, 39, 40절). 주검으로부터 오염이 심하지 않기 때문이다.

그렇다면 짐승의 주검에 닿은 그릇은 어떻게 처리해야 하는가? 예를 들어, 쥐가 옹기에 빠져 죽은 경우에 그릇과 내용물을 어떻게 처리해야 할까? 32절에서부터 이 문제를 다룬다. 짐승의 주검에 닿은 그릇은 모두 부정하다. 나무 그릇이나 의복, 또는 가죽이나 자루에 주검이 닿으면 물에 담가 씻어서 정결하게 하면 된다. 그러나 질그릇은 깨뜨려 버려야 한다(33절). 부정하게 된 그릇에 음식이 담겨 있었을 경우에는 그 음식이 건조한가 물기가 있는가에 따라 규정이 달리 적용된다. 만일 건조한 음식이라면 그것은 정결하다. 그러나 축축한 음식이라면 부정하다(34절).

씨앗에도 동일한 원리가 적용된다. 만일 마른 씨앗이 담긴 용기에서 짐승의 주검이 발견되면 그 씨앗은 정결하다. 그러나 씨앗에 물이 묻었는데 그 위에 주검이 떨어졌으면 그 씨앗은 부정하다. 단, 예외적으로 샘물이나 물이 고인 웅덩이는 부정하지 않다. 우기 때 물을 저장해 놓는 일종의 물탱크(cistern) 같은 곳은 짐승의 주검으로 오염되지 않는다(36절).

정결한 짐승이 자연사하거나 다른 짐승에 의해 죽임을 당했을 경우에도 주검을 만진 사람은 부정하게 된다(39–40절). 식용으로 도살한 경우 외에 죽은 짐승의 고기를 먹으면 부정하게 된다. 부정하게 된 사람은 옷을 빨아야 하며 저녁까지 부정하다. 레위기 17:15은 목욕까지 할 것을 요구한다. 훗날 유태인들은 죽은 짐승의 살코기가 사람을 부정하게 하며, 가죽, 뼈, 뿔 등은 부정하게 하지 않는다고 해석했다(Kaiser).

III. 정결과 부정(11:1–15:33) A. 정한 짐승과 부정한 짐승(11:1–47)

6. 땅에 기어 다니는 짐승(11:41–45)

[41] 땅에 기어 다니는 모든 길짐승은 가증한즉 먹지 못할지니 [42] 곧 땅에 기어 다니는 모든 기는 것 중에 배로 밀어 다니는 것이나 네 발로 걷는 것이나 여러 발을 가진 것이라 너희가 먹지 말지니 이것들은 가증함이니라 [43] 너희는 기는 바 기어다니는 것 때문에 자기를 가증하게 되게 하지 말며 또한 그것 때문에 스스로 더럽혀 부정하게 되게 하지 말라 [44] 나는 여호와 너희의 하나님이라 내가 거룩하니 너희도 몸을 구별하여 거룩하게 하고 땅에 기는 길짐승으로 말미암아 스스로 더럽히지 말라 [45] 나는 너희의 하나님이 되려고 너희를 애굽 땅에서 인도하여 낸 여호와라 내가 거룩하니 너희도 거룩할지어다

땅에 기어 다니는 짐승은 먹지 않을 뿐 아니라 가까이하지도 말아야 한다. 이것들은 가증하기 때문이다(41절). 태초에 하나님은 지으신 모든 피조물을 보고 좋다고 하셨다(창 1:21). 그러나 인간의 타락으로 인해 하나님 보시기에 좋았던 것들이 가증하게 된 것이다(Kiuchi).

이렇듯 짐승을 먹거나 주검을 만져 부정하게 되는 일을 방지하라는 권면이 몇 차례 반복된다. 저자는 앞에서 땅에 기어 다니는 부정한 짐승들의 목록을 이미 가르쳐 주었다. "땅에 기어 다니는 길짐승 가운데서 너희에게 부정한 것은, 족제비와 쥐와 각종 큰도마뱀과 수종과 육지악어와 도마뱀과 모래도마뱀과 카멜레온이다"(29-30절, 새번역).

하나님은 왜 이스라엘에게 부정한 것과 정결한 것을 구분하라고 명령하시는가? 정확한 답이 44절에 기록되어 있다. "나는 여호와 너희의 하나님이라 내가 거룩하니 너희도 몸을 구별하여 거룩하게 하고 땅에 기는 길짐승으로 말미암아 스스로 더럽히지 말라." 하나님의 백성은 하나님을 닮아 가야 하는 것이다. 다른 한편으로 생명을 보호하려는 하나님의 의도가 숨어 있다. 어떤 짐승이나 곤충을 부정한 것으로 지목하여 그것들이 "생육하고 번성할 수 있도록" 하며 도살을 금함으로써 보존하시려고 하는 것이다(Hess).

저자는 다시 한번 짐승들을 정결한 것과 부정한 것으로 구분하는 목적을 상기시키며 이 섹션을 마무리한다. "나는 너희의 하나님이 되려고 너희를 애굽 땅에서 인도하여 낸 여호와라 내가 거룩하니 너희도 거룩할지어다"(45절). 거룩하신 하나님의 거룩한 백성은 먹는 것부터가 달라야 한다. 정해진 짐승 중에 꼭 필요한 만큼만 취함으로써 나머지 짐승과 곤충들은 끊임없이 생육하고 번성하여 하나님의 창조 섭리를 이어 나가도록 하라는 취지의 율법이다.

III. 정결과 부정(11:1-15:33)
A. 정한 짐승과 부정한 짐승(11:1-47)

7. 결론(11:46-47)

46 이는 짐승과 새와 물에서 움직이는 모든 생물과 땅에 기는 모든 길짐승에 대한 규례니 47 부정하고 정한 것과 먹을 생물과 먹지 못할 생물을 분별한 것이니라

생물 중에 부정하고 정한 것과 먹을 생물과 먹지 못할 것을 분별하라는 말씀(47절)은 창세기 1장을 배경으로 하고 있다(Hess). 태초에 하나님이 천지를 창조하실 때 첫 3일 동안은 구별하는 일을 하셨다. 첫째 날, 빛과 어두움을 나누셨고, 둘째 날, 하늘의 물과 땅의 물을 나누셨으며, 셋째 날에 이르러 바다와 육지를 나누셨다. 이러한 창조 섭리가 정한 짐승과 부정한 짐승의 구분에도 적용된 것이다. 또한 주의 백성은 정한 것과 부정한 것을 구분하는 것처럼 선과 악을, 옳음과 그름을, 거짓과 진실을 구분할 줄 앎으로써 이 땅에서 지혜롭게 살아야 한다.

모세는 정한 짐승과 부정한 짐승의 유일한 차이를 주의 백성이 먹을 수 있는 것과 먹을 수 없는 것으로 규정한다(47절). 따라서 부정한 짐승이 본질적으로 윤리적·건강적 문제를 유발한다는 논리는 성립되지 않는다. 그러므로 이 율법은 부정한 짐승을 혐오한다기보다는 이 짐승들을 특별히 보호하려는 창조주의 의도를 반영하고 있다고 하겠다(Hess).

하나님이 우리에게 요구하시는 것이 때로 이해되지 않을 수 있다. 레위기의 음식 규정도 이런 범주에 속한다. 그러나 율법의 목적은 분명하다. 일상에서 정결한 것과 부정한 것을 구분하게 하는 것이 목적이다.

주의 백성에게 성결한 삶은 성전을 찾을 때나 종교적인 예식에 참여할 때만 요구되는 것이 아니다. 매일매일의 일상에서 요구된다. 평소에 정한 것과 부정한 것을 구별할 줄 모르면, 예배드림에 있어서도 어떤 것이 거룩하고 어떤 것이 경건치 못한 것인지를 분별할 수 없을 것이다. 율법이 주의 백성에게 먹을 수 있는 정결한 짐승과 먹지 말아야 할 부정한 짐승을 구별해 준다.

그러나 신약은 구약의 음식법이 더 이상 우리에게 적용되지 않는다고 말한다(막 7:14-23; 행 10:9-16, 34-35). 한때는 음식법이 주의 백성과 이방인을 구분하는 경계선이었지만(Houston), 이제는 경계선이 남김없이 지워졌다. 삼겹살, 오징어, 장어구이를 좋아하는 한국인들에게는 얼마나 다행인지 모른다! 우리는 하나님께 감사할 일을 한 가지 더 가지게 된 것이다.

이제는 먹고 마시는 것으로 거룩한 백성과 이방 민족을 구분하지는 않는다. 대신에 세계관과 삶의 방식이 하나님의 자녀와 불신자들을 구분한다. 그러므로 어떤 의미에서는 정함과 부정함의 원리가 지금까지 적용되고 있다고 할 수 있다. 세상 사람들의 비윤리적인 풍습과 삶의 방식은 부정하다(롬 6:19; 고후 12:21; 엡 4:19; 5:3, 5; 살전 4:7). 하나님의 자녀들은 이런 것들을 멀리하여 자신을 경건하고 거룩하게 보존해야 한다(고후 6:17). 입으로 들어가는 것이 우리를 더럽히는 게 아니라 우리 입에서 나오는 것이 스스로를 부정하게 만든다는 예수님의 가르침을 마음에 새길 때이다(막 7:14-23).

III. 정결과 부정(11:1-15:33)

B. 출산으로 인한 유출(12:1-8)

앞의 섹션은 사람이 처한 환경, 즉 외부적인 요인 때문에 부정하게 될 때 어떻게 다시 정결해질 수 있는가를 설명했다(11장). 본 섹션(12-15장)은 사람이 신체적, 곧 내적 요인 때문에 부정하게 될 때 정결해지는 방법에 대해 논한다. 사람은 외적 요인만이 아니라 자신의 신체 내부적 요인 때문에도 부정해질 수 있다. 지금까지 사람이 처한 외적 여건들을 언급해 온 저자가 이제 사람의 신체로 초점을 옮긴다.

그렇다고 해서 우리 몸에서 일어나는 모든 현상을 언급하는 것은 아니다. 암세포와 같이 눈에 띄지 않는 질병은 다루지 않고, 오직 눈으로 확인할 수 있는 것들만 언급한다.

이 섹션은 다음과 같이 두 파트로 구분된다.

A. 출산으로 인한 부정(12:1-5)
B. 부정을 해결하는 방법(12:6-8)

III. 정결과 부정(11:1-15:33)
B. 출산으로 인한 유출(12:1-8)

1. 출산으로 인한 부정(12:1-5)

**1 여호와께서 모세에게 말씀하여 이르시되 2 이스라엘 자손에게 말하여 이
르라 여인이 임신하여 남자를 낳으면 그는 이레 동안 부정하리니 곧 월경할
때와 같이 부정할 것이며 3 여덟째 날에는 그 아이의 포피를 벨 것이요 4 그
여인은 아직도 삼십삼 일을 지내야 산혈이 깨끗하리니 정결하게 되는 기한
이 차기 전에는 성물을 만지지도 말며 성소에 들어가지도 말 것이며 5 여자
를 낳으면 그는 두 이레 동안 부정하리니 월경할 때와 같을 것이며 산혈이
깨끗하게 됨은 육십육 일을 지내야 하리라**

12장은 레위기에서 가장 짧은 장으로, 아이를 낳은 산모가 얼마 동안 부정하며, 어떻게 정결해질 수 있는가를 설명한다. 출산한 산모는 속죄제(חַטָּאת)를 바쳐야 한다(6절). 그렇다면 출산이 죄의 결과라는 말인가? 성경에 의하면, 여자가 아이를 낳는 것은 자연스러운 현상이며 태

초부터 하나님이 내려 주신 축복이다(창 1:26-28). 죄로 인해 여인에게 더해진 것은 해산의 고통이지 출산 자체가 아니었다. 다시 말해서 출산은 심판의 결과가 아니다(창 3:16). 출산은 여자에게만 허락된 아름다운 경험이며 하나님의 축복이다.

그런데 왜 속죄제를 드려야 하는가? 아마도 타락 사건(창 3장) 이후부터 죄 가운데 사람이 잉태되고 태어나기 때문이 아닐까? 여자의 자궁 속 태아도 죄인이라는 뜻이 아니겠는가 하고 생각하는 주석가들도 있다(Calvin, Kellogg, Kiuchi).

그러나 실은 출산에 따른 피 때문이다(Wenham, Wright, Rooker). 산모가 아이를 낳으면 2-6주 동안 자궁에서 분비물이 배출되는 것이 정상이다(Gane). 처음에는 빨간색이었던 것이 점차 묽어진다. 이 시기의 분비물을 월경 때 생리혈처럼 취급하여 부정하다고 한다(2, 5절). 그러므로 월경을 하는 여인의 경우처럼 산모가 만진 것이나 눕거나 앉았던 것을 만지면 부정하게 된다(15:19-23). 산모를 부정하다고 규정하는 것은 여자로서 가장 연약할 시기에 보호해 주시려는 창조주의 은총에서 비롯된 배려이다(Hess).

낳은 아이가 사내인지 여자인지에 따라 부정한 기간과 정결 기간이 다르다. 고대 이집트, 그리스, 아프리카 등에서도 이 같은 풍습이 발견되었다(Macht). 남자아이를 출산한 경우에 산모는 7일 동안 부정하며, 33일의 정결 기간(יְמֵי טָהֳרָה)을 거쳐야 한다. 여자아이를 출산하면 14일 동안 부정하며 66일의 정결 기간을 지내야 한다.

이 기간에 산모는 거룩한 물건을 만지거나 성소에 드나들 수 없다. 산모가 부정한 기간(사내아이의 경우 7일, 여자아이의 경우 14일) 동안에는 성관계를 가질 수 없다. 그러나 이후 정결 기간에는 성관계를 가져도 된다(Levine). 다만 거룩한 물건을 만질 수 없고, 성전에 들어갈 수 없을 뿐이다.

왜 아이의 성별에 따라 산모의 부정한 기간과 정결 기간이 다른가?

본문에서 그 이유가 밝혀지지 않았기 때문에 온갖 추측이 난무하다. 어떤 사람은 산모가 여자를 낳으면 남자아이를 낳을 때보다 분비물이 두 배나 오랫동안 나오기 때문이라고 하는데, 의사들의 말에 의하면 근거 없는 주장이다(Macht, Jenson, cf. Magonet). 비슷한 맥락에서 남자 태아의 신체가 완성되는 데 41일이 걸리며, 여자 태아는 81일이 걸리기 때문이라는 해석도 있다. 이 또한 의학적으로 근거가 없는 주장이다.

어떤 주석가들은 여자가 남자보다 더 많은/큰 죄를 안고 태어나기 때문이라고 주장한다(Kaiser, Hartley). 만일 이 주장이 옳다면 남자를 낳으나 여자를 낳으나 동일한 제물을 드리는 이유는 무엇인가? 논리대로라면 여자아이를 낳았을 때 남자아이를 낳을 때보다 더 큰 제물을 드려야 하는 데도 말이다. 게다가 산모가 드리는 제물이 죄 사함을 위한 것이 아니라 부정하게 된 몸을 정결하게 하기 위해서 드리는 것이라는 점도 이러한 해석의 가능성을 배제한다. 만일 죄를 용서받기 위해서라면, 산모는 번제를 드리기에 앞서 속죄제를 먼저 드려야만 한다(9:2-4; Rooker).

남자의 몸값이 여자의 몸값보다 훨씬 더 높다는 레위기 27:2-7에 근거하여 이 문제에 접근하는 해석도 있다. 특히 "다섯 살로부터 스무 살까지는 남자면 그 값을 이십 세겔로 하고 여자면 열 세겔로"(27:5) 하여 배나 차이가 난다. 그러나 이것은 남자의 노동력 때문이지 다른 이유는 없다. 연령별 몸값이 다르고, 육체노동을 가장 잘할 수 있는 연령대에 몸값이 가장 비싸다는 점도 이러한 이해를 뒷받침한다. 게다가 태어난 아이의 성별에 상관없이 산모가 같은 짐승을 제물로 드리는 것 또한, 어떤 가치를 두고 이 율법을 해석하는 것은 의미가 없음을 시사한다(Hartley). 하나님 보시기에 남자나 여자나 동등한 가치를 지닌 하나님의 자녀들이다(Rooker).

외경의 희년서(Book of Jubilee) 3:8-14과 유태인 전승인 미쉬나(Mishnah)는 아담이 천지창조 7일째 되던 날에 지어져 41일째 되는 날에 에덴동산으로 들어간 반면에 여자는 천지창조 14일째 되던 날에 창조되어 81일째 되는 날에 동산에 들어갔기 때문에 이런 율법이 생겼다고 설명한다. 이 또한 풍부한 상상력에 근거한 해석일 뿐 어떠한 근거도 없다.

남자아이의 경우 8일째 되는 날에 할례를 행해야 하는 것(3절)에서 그 차이를 설명하려는 노력도 있다. 이 해석에 따르면 남자아이가 할례를 받기 전날인 7일째 되는 날에 산모의 부정 기간이 끝나는 것은 그 다음 날 행해질 할례가 피와 관련 있기 때문이다. 아이의 피가 엄마의 부정을 제거한다는 것이다. 그러나 만일 이 논리가 옳다면, 산모는 7일째가 아닌 8일째 되는 날에 부정함을 씻게 되는 것이다. 게다가 할례에 정결하게 하는 효력이 있다는 주장을 뒷받침할 증거가 어디에도 없다(Milgrom).

산모뿐 아니라 여자 신생아에게도 분비물이 있을 수 있기 때문이라는 해석도 있다(Magonet, Gane). 산모 자신의 분비물만 문제가 아니라 여자아이의 분비물도 문제가 될 수 있는데, 신생아가 자신의 부정을 씻을 수 없으니 엄마가 대신 감당한다는 것이다. 그러나 이 해석도 문제가 있는 것이, 본문은 피 흘림과 부정함을 연관시키고 있는데, 여자 신생아의 분비물은 특별한 경우를 제외하고는 피가 아니다. 결국 지금까지 제시된 해석 중에 어떤 것도 만족스럽지 않다.

가장 가능성이 있는 해석은, 여자만이 지니고 있는 신비로운 생산력 때문이라는 해석이다(Levine). 남자도 생명이 탄생하는 데 일조하는 것은 사실이지만, 아이를 잉태하여 자궁에서부터 길러 세상에 내놓는 것은 전적으로 여자의 몫이다. 하나님은 생명을 탄생시키는 축복을 여자에게 주셨다. 그러므로 이런 면에서 여자가 남자보다 하나님을 더 닮았다. 이 관점에서 보면, 여자아이를 낳았을 때가 남자아이를 낳았을 때보다 부정한 기간이 두 배가 되는 이유는, [하나님처럼] 생명을 탄생시킬 여자아이가 태어난 것을 더 기뻐하며 기념하기 위해서이다. 또한 여자아이를 낳은 엄마를 남편의 접근으로부터 더 오랫동안 보호하는 차원에서 부정한 기간을 길게 한 것으로 풀이할 수 있다(Hess, Gruber). 또한 이웃 민족들과 달리 이스라엘은 여자의 중요성을 의식해야 한다는 의도가 율법에 담겨 있다고 본다(Hess).

지금까지 이 문제에 대해 제시된 다양한 해석 중에 마지막 해석이 가장 설득력 있다. 부정하게 되는 것이 때로는 보호의 차원에서 이루어지기 때문이다. 미쉬나 문헌들에 의하면, 예부터 성경 두루마리를 만진 손은 부정하다고 했다. 주후 70년에 에스더서와 에스겔서 일부가 정경으로 남아야 하는가를 논한 얍니야(Jamnia) 회의의 논제가 〈에스더서와 에스겔 40-48장이 손을 더럽히는가(부정하게 하는가)〉였다. '손을 더럽힌다'라는 것은 정경이 부정하기 때문에 만지는 사람이 부정하게 된다는 뜻이 아니다. 너무나도 거룩한 하나님의 말씀이 기록된 두루마리를 만진 손으로 아무거나 함부로 만지는 것을 방지하기 위해 이런 규례가 생겨났다. 이 경우에 '부정하다'라는 단어은 무엇보다도 경건/거룩을 보호하려는 의미에서 내려진 것이다.

그러나 마지막 해석도 추측일 뿐 확실하지는 않다. 본문이 정확히 알려 주지 않기 때문이다. 남자아이와 여자아이의 부정한 기간이 왜 서로 다른가 하는 문제는 결국 하나의 미스터리로 남을 수밖에 없다.

사내아이의 8일째 할례는 이미 아브라함에게 주셨던 규정이다(창 17장). 왜 태어난 날이 아니라 8일째 되는 날일까? 7일 동안 진행된 하나님의 창조 사역(창 1장)과 연관이 있다는 것이 학자들의 추측이다. 천지를 7일 동안 창조하신 하나님이 아브라함의 후손과 언약을 맺고 그 증표로 새로운 한 주를 시작하는 8일째 되는 날에 할례를 행하도록 하셨다는 것이다. 이것은 새로운 창조, 즉 새로운 민족의 탄생을 의미한다(Kaiser). 예수님도 새로운 시작을 상징하며 주의 첫째 날, 곧 8일째에 부활하셨다.

성경은 사랑, 결혼, 부부간의 성관계 등을 부정하거나 추한 것으로 여기지 않는다. 여기서 이슈화되는 것은 출산 이후의 분비물이다. 부부간의 성관계는 아름다운 것이며 당연한 것으로 수치스럽거나 부끄러운 일이 아니다. 오히려 아름답고 경이로운 하나님의 축복이다.

III. 정결과 부정(11:1–15:33)
B. 출산으로 인한 유출(12:1–8)

2. 부정을 해결하는 방법(12:6–8)

[6] 아들이나 딸이나 정결하게 되는 기한이 차면 그 여인은 번제를 위하여 일년 된 어린 양을 가져가고 속죄제를 위하여 집비둘기 새끼나 산비둘기를 회막 문 제사장에게로 가져갈 것이요 [7] 제사장은 그것을 여호와 앞에 드려서 그 여인을 위하여 속죄할지니 그리하면 산혈이 깨끗하리라 이는 아들이나 딸을 생산한 여인에게 대한 규례니라 [8] 그 여인이 어린 양을 바치기에 힘이 미치지 못하면 산비둘기 두 마리나 집비둘기 새끼 두 마리를 가져다가 하나는 번제물로, 하나는 속죄제물로 삼을 것이요 제사장은 그를 위하여 속죄할지니 그가 정결하리라

산모는 왜 속죄제를 드려야 하는가? 아이를 출산할 때 흘리는 피 때문이다. 저자는 산모가 피로 인해 부정하게/더럽게 되었다는 말을 반복한다(4, 5, 7절). 제사장은 산모에게 받은 제물을 여호와 앞에 드려 그녀를 위해 속죄하고, 피로 더러워진 몸을 깨끗하게 해야 한다(7절). 출산한 산모가 부정한 것은 죄 때문이 아니라 피 흘림 때문인 것이다.

그러므로 4장에서 언급한 것처럼 많은 학자는 속죄제(חַטָּאת; sin offering)를 정결제(purification offering)로 불러야 한다고 주장한다. 그러나 고대 사람들은 죄와 부정함을 거의 동일한 개념으로 이해했다. 따라서 속죄제라는 용어를 그대로 사용해도 문제가 없다(Wright, Levine).

산모는 정결 기간이 지난 다음에 회막/성전에 가서 제물을 드려야 한다. 번제로 바칠 짐승은 일 년 된 양 한 마리이고, 속죄제로 드릴 짐승은 집비둘기나 산비둘기 한 마리이다(6절). 만일 형편이 어려우면 산비둘기 혹은 집비둘기 두 마리를 가져다가 하나는 번제로, 하나는 속죄제로 드릴 수 있다(8절). 모세는 제물을 드리는 사람의 경제적 형편에 대한 배려를 다시 한번 강조한다. 예배자의 마음만큼 중요한 것은 없다는 의미이다.

예수님도 태어나신 지 8일째 되는 날에 율법에 따라 할례를 받으셨다. 예수님의 어머니 마리아는 비둘기 두 마리를 예물로 드렸다(눅 2:21-24). 요셉과 마리아가 자신들의 형편에 따라 가난한 사람의 예물을 드린 것이다.

예수님은 하나님이 천지 만물을 창조하실 때 그 자리에 계셔서 하나님과 함께 세상을 창조하셨다. 창조주이자 세상 모든 피조물의 주인 되신 예수님이 인간의 모습으로 이 땅에 오신 것은 참으로 대단한 일이다. 그것도 모자랐는지 메시아가 매우 가난한 집에 태어나셨다. 최고로 겸손한 모습을 보이신 것이다. 우리 모두 주님의 겸손을 배우고 삶에서 실천할 수 있다면, 참으로 많은 것이 바뀔 것이다.

C. 피부병 진단(13:1-59)

12장에서 출산과 관련된 부정을 논했고, 뒤이은 13-14장에서는 가나안 같이 물이 귀해서 자주 씻기 어려운 지역에서 자주 발생하는 피부병에 대해 언급한다. 전통적으로 많은 주석가가 여기서 언급되는 피부병(צָרַעַת)을 19세기에 나균을 발견한 의사의 이름을 따서 한센병(Hansen's Disease)이라 불리기도 하는 나병으로 본다(Harrison, cf. LXX: "λέπρα"; Levine, Gane). 나병은 주전 4000년대 중국과 인도에서도 존재했던 것으로 알려져 있으며, 메소포타미아에서는 주전 3000년대부터 흔적이 나타난다. 이집트에서 발굴된 미라(mummy) 중 하나가 나병 환자였다(Kaiser).

그런데 최근 학계는 구약에 언급된 피부병이 곧 나병이라는 해석에 부정적인 입장을 표했다(Levine, Hess, Gane). 그 영향으로 대부분의 주석가나 히브리어 사전은 더 이상 이 피부병(צָרַעַת)을 나병(한센병)으로 번역하지 않는다(Rooker). 그러나 학계의 이러한 결론이 의학적 혹은 역사적 증거에 근거한 것이 아니라는 주장도 있다. 나병이 하나님의 심판의 결과(민 12:1-3)라는 느낌을 주는 부담을 피하기 위해 순전히 정치적으로 해석한 것이라는 주장이다(Kaiser).

학자들이 피부병을 나병으로 보지 않는 이유는 본문에 묘사된 증상들이 나병의 증상과 맞아떨어지지 않기 때문이다. 그동안 학자들은 본문에 언급된 증상들에 대하여 다양한 병명을 제시해 왔다. 습진(eczema), 건선/마른버짐(psoriasis), 농가진(impetigo), 백선(favus), 백반(vitiligo) 등등. 그러나 그중 어떠한 것도 많은 사람의 동의를 얻지는 못했다. 13장에 기록된 증상들이 오늘날까지 알려진 어떤 질병과도 일치하지 않기 때문이다(Engel). 그래서 많은 학자는 이 피부병(צָרַעַת)을 단순히 '피부병'(skin disease) 혹은 '[피부가 비늘처럼] 벗겨지는 병'(scale disease) 등으로 모호하게 번역한다(Milgrom, cf. Gerstenberger, Harrison, Wenham, Gane).

하나의 대안으로 생각해 볼 수 있는 것은 본문이 묘사하는 증상들이 한 가지 질병이 아니라 여러 가지 다양한 피부 질환의 증상들을 총체적으로 기록하고 있을 가능성이다. 이렇게 해석할 경우에 나병도 그중 하나로 포함될 수 있다(Hess, Rooker). 이런 추측이 가능한 것은 본문이 특정한 병을 진단하고 치유하는 대신에 사람이나 물건의 외적 상태가 어떠할 때 그 사람 혹은 물건이 부정한가에 초점을 맞추고 있기 때문이다(Kiuchi).

환자가 나타내는 증상에 따라 진 밖에 격리시키는 것도 다른 사람들에게 전염될 것을 우려해서라기보다는 그 사람이 부정해서이다. 동일한 피부병에 대해 언급하는 민수기 5:1-4에서도 이러한 목적이 확연히 드러난다.

이 섹션은 다음과 같이 구분할 수 있다.

A. 피부병(13:1-44)
 B. 부정한 사람의 의무(13:45-46)
A′. 피부병과 곰팡이(13:47-59)

III. 정결과 부정(11:1-15:33)
 C. 피부병 진단(13:1-59)

1. 피부병(13:1-44)

하나님이 피부병을 앓는 사람은 "남녀를 막론하고 다 진영 밖으로 내보내어 그들이 진영을 더럽히게 하지 말라"라고 하셨다. 왜냐하면 여호와께서 그 진영 가운데에 거하시기 때문이다(민 5:3). 이 섹션의 이슈는 질병의 치유가 아니라 피부병을 앓고 있는 사람의 부정함이다. 13-14장에서 정결(טהר) 개념이 36차례, 부정(טמא) 개념은 30차례 등장하는 것에 비해 치유(רפא) 개념은 고작 4차례 정도 사용되는 것도 이러한 이해를 뒷받침한다(Wright, Milgrom).

피부병에 대한 규례는 일반인들에게 가르치라고 주신 것이 아니라 제사장들에게 주신 것이 확실하다(Milgrom). 만일 이 규례가 일반인들에게 알려지면, 아마도 사람들은 제사장을 찾지 않고 자가 진단하며 병을 숨김으로써 전염을 가속화시킬 것이다(Hess).

본 텍스트는 다음과 같이 두 파트로 나뉜다.

A. 일반적인 진단(13:1–17)
B. 특별한 경우(13:18–44)

III. 정결과 부정(11:1–15:33)
C. 피부병 진단(13:1–59)
1. 피부병(13:1–44)

(1) 일반적인 진단(13:1–17)

1 여호와께서 모세와 아론에게 말씀하여 이르시되 2 만일 사람이 그의 피부
에 무엇이 돋거나 뾰루지가 나거나 색점이 생겨서 그의 피부에 나병 같은
것이 생기거든 그를 곧 제사장 아론에게나 그의 아들 중 한 제사장에게로
데리고 갈 것이요 3 제사장은 그 피부의 병을 진찰할지니 환부의 털이 희어
졌고 환부가 피부보다 우묵하여졌으면 이는 나병의 환부라 제사장이 그를 진
찰하여 그를 부정하다 할 것이요 4 피부에 색점이 희나 우묵하지 아니하고 그
털이 희지 아니하면 제사장은 그 환자를 이레 동안 가두어둘 것이며 5 이레
만에 제사장이 그를 진찰할지니 그가 보기에 그 환부가 변하지 아니하고 병
색이 피부에 퍼지지 아니하였으면 제사장이 그를 또 이레 동안을 가두어둘
것이며 6 이레 만에 제사장이 또 진찰할지니 그 환부가 엷어졌고 병색이 피
부에 퍼지지 아니하였으면 피부병이라 제사장이 그를 정하다 할 것이요 그
의 옷을 빨 것이라 그리하면 정하리라 7 그러나 그가 정결한지를 제사장에게
보인 후에 병이 피부에 퍼지면 제사장에게 다시 보일 것이요 8 제사장은 진
찰할지니 그 병이 피부에 퍼졌으면 그를 부정하다 할지니라 이는 나병임이
니라 9 사람에게 나병이 들었거든 그를 제사장에게로 데려갈 것이요 10 제사
장은 진찰할지니 피부에 흰 점이 돋고 털이 희어지고 거기 생살이 생겼으면
11 이는 그의 피부의 오랜 나병이라 제사장이 부정하다 할 것이요 그가 이미
부정하였은즉 가두어두지는 않을 것이며 12 제사장이 보기에 나병이 그 피부
에 크게 발생하였으되 그 환자의 머리부터 발끝까지 퍼졌으면 13 그가 진찰

할 것이요 나병이 과연 그의 전신에 퍼졌으면 그 환자를 정하다 할지니 다 희어진 자인즉 정하거니와 [14] 아무 때든지 그에게 생살이 보이면 그는 부정한즉 [15] 제사장이 생살을 진찰하고 그를 부정하다 할지니 그 생살은 부정한 것인즉 이는 나병이며 [16] 그 생살이 변하여 다시 희어지면 제사장에게로 갈 것이요 [17] 제사장은 그를 진찰하여서 그 환부가 희어졌으면 환자를 정하다 할지니 그는 정하니라

누구든지 피부에 부스럼이나 뾰루지나 얼룩이 생겨서, 악성 피부병(צָרַעַת)에 감염된 것으로 생각되면 제사장에게 보여야 한다(2절). 환자가 제사장에게 병든 부위를 보이고 싶어 하든, 보이고 싶어 하지 않든 상관없다(Gerstenberger). 그의 주변 사람들이라도 이 일을 반드시 해야 한다. 이것을 강조하기 위하여 2절에서 '그를 데리고 가라'라는 표현을 사용한다(Hess). 아마도 환자의 의지와 상관없이 전염이나 감염의 우려가 있더라도 제사장을 찾아가야 한다는 뜻일 것이다.

이미 언급한 것처럼 '피부병'을 가리키는 '차라아트'(צָרַעַת)는 우리말 번역본에서 다양하게 번역된다. 개역개정은 '나병', 개역한글과 공동번역은 '문둥병', 새번역은 '악성 피부병'으로 번역했다. 본문에 언급된 피부병을 나병으로 제한할 수 없다는 점을 감안할 때, '악성 피부병'이 가장 적절한 번역으로 생각된다.

만일 감염된 부위에 난 털이 하얗게 되고, 그 자리가 우묵하게 꺼져 있으면 부정하다(3절). 제사장은 두 가지 기준으로 질병을 판단해야 한다. (1) 털의 색깔, (2) 우묵하게 꺼진 피부.

만약에 감염된 부위만 하얗고 우묵하지도 않고 털이 희지도 않으면 7일 동안 격리되어야 한다(4절). 필요에 따라 7일을 더 격리시킬 수도 있다. 병의 진행 상태를 파악하기 위해서이다. 만일 병에 진전이 없으면 간단한 피부병으로 진단하며 제사장은 정함을 선포할 수 있다(6절). 제사장으로부터 정결 판정을 받은 사람은 옷을 빨아 입고 일상으로 돌아갈 수 있다. 그러나 정결하다는 판정을 받은 후에라도 병이 재발하면 다시 제사장을 찾아가야 한다(7절). 피부에 뾰루지가 퍼졌으면 제사장은 그를 부정하다고 선언해야 한다(8절).

또한 감염 부위에 생살이 돋았느냐에 따라 진단할 수 있다(9–11절). 만일 피부에 흰 점이 돋고 털이 희어지고 감염 부위에 생살이 돋았으면 만성 피부병이므로(Levine) 제사장은 그를 부정하다고 선언해야 하지만, 격리할 필요는 없다. 이미 부정하게 되었기 때문이다. 이 경우에 만성 피부병이 낫지 않는 한 성전에 들어갈 수 없다. 만일 머리부터 발끝까지 하얗다 할지라도 생살이 돋지 않았으면 제사장은 그를 정하다고 선포해야 한다(13절). 이것은 백반증(vitiligo)을 두고 하는 말인 듯하다(Kaiser). 백반증은 피부에 멜라닌 색소가 없어져 흰색 반점이 생기는 병이다. 훗날에라도 생살이 돋아나면 그는 부정하게 된다(14절). 이 규례의 목적은 질병이 확산되거나 다른 사람에게 전염되는 것을 막는 것으로, 병자를 낫게 하는 것이 아니다(Hess).

III. 정결과 부정(11:1–15:33)
C. 피부병 진단(13:1–59)
1. 피부병(13:1–44)

(2) 특별한 경우(13:18–44)

[18] 피부에 종기가 생겼다가 나았고 [19] 그 종처에 흰 점이 돋거나 희고 불그스름한 색점이 생겼으면 제사장에게 보일 것이요 [20] 그는 진찰하여 피부보다 얕고 그 털이 희면 그를 부정하다 할지니 이는 종기로 된 나병의 환부임이니라 [21] 그러나 제사장이 진찰하여 거기 흰 털이 없고 피부보다 얕지 아니하고 빛이 엷으면 제사장은 그를 이레 동안 가두어둘 것이며 [22] 그 병이 크게 피부에 퍼졌으면 제사장은 그를 부정하다 할지니 이는 환부임이니라 [23] 그러나 그 색점이 여전하고 퍼지지 아니하였으면 이는 종기 흔적이니 제사장

은 그를 정하다 할지니라 [24] 피부가 불에 데었는데 그 덴 곳에 불그스름하고
희거나 순전히 흰 색점이 생기면 [25] 제사장은 진찰할지니 그 색점의 털이 희
고 그 자리가 피부보다 우묵하면 이는 화상에서 생긴 나병인즉 제사장이 그
를 부정하다 할 것은 나병의 환부가 됨이니라 [26] 그러나 제사장이 보기에 그
색점에 흰 털이 없으며 그 자리가 피부보다 얕지 아니하고 빛이 엷으면 그
는 그를 이레 동안 가두어둘 것이며 [27] 이레 만에 제사장이 그를 진찰할지니
만일 병이 크게 피부에 퍼졌으면 그가 그를 부정하다 할 것은 나병의 환부
임이니라 [28] 만일 색점이 여전하여 피부에 퍼지지 아니하고 빛이 엷으면 화
상으로 부은 것이니 제사장이 그를 정하다 할 것은 이는 화상의 흔적임이니
라 [29] 남자나 여자의 머리에나 수염에 환부가 있으면 [30] 제사장은 진찰할지
니 환부가 피부보다 우묵하고 그 자리에 누르스름하고 가는 털이 있으면 그
가 그를 부정하다 할 것은 이는 옴이니라 머리에나 수염에 발생한 나병임이
니라 [31] 만일 제사장이 보기에 그 옴의 환부가 피부보다 우묵하지 아니하고
그 자리에 검은 털이 없으면 제사장은 그 옴 환자를 이레 동안 가두어둘 것
이며 [32] 이레 만에 제사장은 그 환부를 진찰할지니 그 옴이 퍼지지 아니하고
그 자리에 누르스름한 털이 없고 피부보다 우묵하지 아니하면 [33] 그는 모발
을 밀되 환부는 밀지 말 것이요 제사장은 옴 환자를 또 이레 동안 가두어둘
것이며 [34] 이레 만에 제사장은 그 옴을 또 진찰할지니 그 옴이 피부에 퍼지
지 아니하고 피부보다 우묵하지 아니하면 그는 그를 정하다 할 것이요 그는
자기의 옷을 빨아서 정하게 되려니와 [35] 깨끗한 후에라도 옴이 크게 피부에
퍼지면 [36] 제사장은 그를 진찰할지니 과연 옴이 피부에 퍼졌으면 누른 털을
찾을 것 없이 그는 부정하니라 [37] 그러나 제사장이 보기에 옴이 여전하고 그
자리에 검은 털이 났으면 그 옴은 나았고 그 사람은 정하니 제사장은 그를
정하다 할지니라 [38] 남자나 여자의 피부에 색점 곧 흰 색점이 있으면 [39] 제사
장은 진찰할지니 그 피부의 색점이 부유스름하면 이는 피부에 발생한 어루
러기라 그는 정하니라 [40] 누구든지 그 머리털이 빠지면 그는 대머리니 정하
고 [41] 앞머리가 빠져도 그는 이마 대머리니 정하니라 [42] 그러나 대머리나 이

마 대머리에 희고 불그스름한 색점이 있으면 이는 나병이 대머리에나 이마 대머리에 발생함이라 [43] 제사장은 그를 진찰할지니 그 대머리에나 이마 대머리에 돋은 색점이 희고 불그스름하여 피부에 발생한 나병과 같으면 [44] 이는 나병 환자라 부정하니 제사장이 그를 확실히 부정하다고 할 것은 그 환부가 그 머리에 있음이니라

종기가 생겼다가 나은 자리에 흰 점이 돋거나 불그스름한 색점이 생기면 제사장을 찾아가야 한다(18-19절). 만일 그 부위의 털이 희어지고 우묵하게 되었으면 심각한 병이니 제사장은 그를 부정하다고 선포해야 한다(20절). 증세에 따라 필요하면 그를 격리시킬 수 있다(21절). 만약에 얼룩이 한곳에 머물러 있고 퍼지지 않았으면 그것은 종기의 흉터일 뿐이니 정하다고 선포해야 한다(23절). 포도상구균(staphylococci)이나 그 비슷한 균에 감염된 피부병이거나 종창(carbuncle)일 수 있다(Kaiser).

불에 데었을 때 대처하는 방법이 피부병과 비슷하다(24-28절). 만일 덴 자리가 감염되어 환자가 찾아오면 제사장은 털 색깔을 확인하고 상처 부위가 우묵한지 살펴봐야 한다. 만일 털이 희고 우묵하면 그에게 부정하다고 선언하고, 확실하지 않으면 7일 동안 격리 시켰다가 상태를 관찰해야 한다(26절). 격리 기간 후에도 특별한 변화가 없으면 정결하다고 선포한다(28절).

머리나 턱에 염증이 생겨 피부가 헐면 제사장을 찾아가야 한다(29-37절). 제사장은 피부가 우묵한지 털 색깔은 어떠한지를 살펴본다. 털이 누렇게 변하는 것은 황선(favus)의 특징이다(Kaiser). 황선은 전염성 피부병인 백선(ringworm)에 속하는 피부병으로 일반적으로 짐승들로부터 어린아이에게 옮는다. 감염되면 두피에 동그라미 형태의 누런 종기가 생긴다. 이것을 여드름으로 해석하는 사람들도 있다. 필요에 따라 격리를 시키는 등 제사장의 대처 방법은 다른 질병들과 동일하다. 만일 정하다고 판단된 뒤에라도 질병에 변화가 있으면 다시 제사장을 찾아야 한다.

피부에 희끗희끗한 얼룩이 생기면 제사장을 찾아야 한다(38절). 만일 살이 우묵하지 않고 털이 하얗게 되지 않았으면 정결하다(39절). 이러한 현상을 동반하는 피부병에는 습진(eczema), 농가진(impetigo), 여드름(acne), 단순 포진(herpes simplex) 등이 있다(Kaiser). 웃시야 왕이 제사장의 만류에도 불구하고 성전에 들어갔다가 얻은 피부병이 본문에 묘사된 것에 가장 가깝다(Hess, cf. 대하 26장).

모든 유형의 정상적 대머리는 부정하지 않다(40절). 성경에서 가장 유명한 대머리는 엘리사이다. 그에게 대머리라고 놀린 아이들에게 저주를 내린 적이 있다(왕하 2장). 대머리의 경우, 희끗희끗하고 불그스레한 종기가 나고 진물이 흐르면 제사장에게 보여야 한다(42-43절). 제사장은 다른 질병들을 취급하는 기준으로 진단하여 대처하면 된다.

III. 정결과 부정(11:1-15:33)
C. 피부병 진단(13:1-59)

2. 부정한 사람의 의무(13:45-46)

45 나병 환자는 옷을 찢고 머리를 풀며 윗입술을 가리고 외치기를 부정하다 부정하다 할 것이요 46 병 있는 날 동안은 늘 부정할 것이라 그가 부정한즉 혼자 살되 진영 밖에서 살지니라

피부 질환으로 인해 부정하게 되었을 경우에 어떻게 해야 정결해지는가? 피부병 환자에게 세 가지가 요구된다. 첫째, 입은 옷을 찢고 머리를 풀며 입술을 가려야 한다. 옷을 찢거나(창 37:34; 삼하 1:11) 머리를 풀고 입술을 가리는 것(겔 24:17, 22; 미 3:7)은 슬픔의 표현이다. 심각한 질병을 앓고 있으니 당연히 슬플 것이다.

둘째, "부정하다, 부정하다" 외쳐야 한다. 사람들이 모르고 접근하지 않도록 외쳐야 한다. 다른 사람에게 옮길 수 있기 때문이다. 선지자 예레미야는 본문에 묘사된 병자의 모습을 영적 질병을 앓는 이스라엘에 적용했다(Calvin).

셋째, 진영 바깥에서 혼자 살아야 한다. 병에 걸려 있는 한 부정한 상태이기 때문이다. 성경에서 진영 밖은 죄인과 부정한 사람들이 내쫓기는 장소이다(레 10:4–5; 민 5:1–4; 12:14–15; 31:19–24). 아담과 하와는 죄를 짓고 난 후에 에덴동산에서 쫓겨났다(창 3장). 율법은 범죄자를 처형할 때 진영 밖에서 돌로 쳐 죽이도록 한다(민 15:35–36).

그러므로 진영 밖으로 쫓겨난 사람은 오열할 수밖에 없다(Wenham). 진영 바깥에서 홀로 사는 것이 상징하는 가장 슬픈 일은 하나님의 임재로부터 멀리 떨어지는 것이다. 웃시야 왕은 교만하게 행동하다가 하나님의 징계를 받아 피부병을 얻어서 말년을 격리된 곳에서 보내야 했다(왕하 15장). 본문은 성경에서 건강이 거룩함과 비슷한 말이 되는 지점이다(Demarest). 신약은 우리 몸이 하나님의 성전이니 몸을 통해서 하나님을 영화롭게 하여야 한다고 한다(고전 6:19).

III. 정결과 부정(11:1–15:33)
C. 피부병 진단(13:1–59)

3. 피부병과 곰팡이(13:47–59)

47 만일 의복에 나병 색점이 발생하여 털옷에나 베옷에나 48 베나 털의 날에
나 씨에나 혹 가죽에나 가죽으로 만든 모든 것에 있으되 49 그 의복에나 가
죽에나 그 날에나 씨에나 가죽으로 만든 모든 것에 병색이 푸르거나 붉으
면 이는 나병의 색점이라 제사장에게 보일 것이요 50 제사장은 그 색점을 진
찰하고 그것을 이레 동안 간직하였다가 51 이레 만에 그 색점을 살필지니 그
색점이 그 의복의 날에나 씨에나 가죽에나 가죽으로 만든 것에 퍼졌으면 이
는 악성 나병이라 그것이 부정하므로 52 그는 그 색점 있는 의복이나 털이나

> 베의 날이나 씨나 모든 가죽으로 만든 것을 불사를지니 이는 악성 나병인즉
> 그것을 불사를지니라 53 그러나 제사장이 보기에 그 색점이 그 의복의 날에
> 나 씨에나 모든 가죽으로 만든 것에 퍼지지 아니하였으면 54 제사장은 명령
> 하여 그 색점 있는 것을 빨게 하고 또 이레 동안 간직하였다가 55 그 빤 곳을
> 볼지니 그 색점의 빛이 변하지 아니하고 그 색점이 퍼지지 아니하였으면 부
> 정하니 너는 그것을 불사르라 이는 거죽에 있든지 속에 있든지 악성 나병이
> 니라 56 빤 후에 제사장이 보기에 그 색점이 엷으면 그 의복에서나 가죽에서
> 나 그 날에서나 씨에서나 그 색점을 찢어 버릴 것이요 57 그 의복의 날에나
> 씨에나 가죽으로 만든 모든 것에 색점이 여전히 보이면 재발하는 것이니 너는
> 그 색점 있는 것을 불사를지니라 58 네가 빤 의복의 날에나 씨에나 가죽으로
> 만든 모든 것에 그 색점이 벗겨졌으면 그것을 다시 빨아야 정하리라 59 이는
> 털옷에나 베옷에나 그 날에나 씨에나 가죽으로 만든 모든 것에 발생한 나병
> 색점의 정하고 부정한 것을 진단하는 규례니라

저자는 주제를 악성 피부병(צָרַעַת)에서 옷감과 가죽 등에 생기는 곰팡이로 옮기고 있다. 재미있는 것은, 저자가 옷감 등을 부정하게 만드는 색점/곰팡이를 사람에게 생기는 악성 피부병을 가리키는 히브리어 '차라아트'(צָרַעַת)로 부른다는 사실이다. 옷감이나 가죽 제품도 '악성 피부병'을 앓는 것이다. 이 규례의 강조점 또한 치유나 완쾌가 아니라 번짐을 막는 것에 있다(Hess).

제사장이 오염된 옷감과 가죽을 처리하는 방법은 악성 피부병을 앓는 사람들을 대하는 것과 비슷하며 다음과 같은 차이점을 보인다. 첫째, 제사장은 모든 물건을 최소한 일주일 동안 격리시킨 후 상태가 호전되지 않으면 부정하다고 선포해야 한다. 둘째, 곰팡이가 핀 물건을 2주째 격리시킬 때는 필요한 경우에 먼저 빨아서 격리시킨다. 셋째, 만일 2주 격리 기간이 끝난 뒤에 물건에 비정상적인 변화가 더 이상 안 보이면, 제사장은 곰팡이가 있던 곳만 잘라 낸다. 넷째, 부정한 물건은 태워 없

앴다.

피부병은 사람을 괴롭히는 여러 가지 질병 중에 눈에 가장 띄는 것으로서 인간의 죄 문제의 심각성을 가장 생생하게 보여 주는 예라고 할 수 있다. 피부병을 제대로 관리하지 않으면 병이 온몸을 점령하는 것처럼, 죄도 적절히 처리하지 않으면 삶을 망가뜨린다. 그러므로 우리는 피부병을 방치할 경우 어떻게 되는가를 생각하며 죄를 처음부터 최대한 차단해야 한다.

성결은 단순히 영적인 문제만이 아니다. 성결은 우리 삶의 모든 영역, 즉 먹는 것에서부터 입는 옷과 덮는 이불에 이르기까지 모든 곳에 적용되어야 한다. 사람들은 흔히 거룩을 영적·윤리적인 것으로만 생각하는데, 이 율법을 통해 거룩은 육체적·물리적 건전함과도 연관 있음을 알 수 있다(Hess). 청결을 유지하는 것은 개인뿐 아니라 그가 속한 공동체를 위해서도 중요하다. 본의 아니게 이웃에게 피해를 줄 수 있기 때문이다. 거룩하신 하나님의 거룩한 백성은 모든 분야에서 세상 사람들과 구별되어야 한다.

예수님은 앓고 있는 사람들의 질병을 차별 없이 모두 치료해 주셨다. 이와 같이 우리도 주님의 손이 되어 하나님의 치유와 사랑을 가지고 영적·신체적 질병을 앓고 있는 모든 사람에게 다가가야 한다. 주님이 이미 우리에게 모범을 보이셨기 때문이다.

D. 피부병 완치와 정결(14:1-57)

레위기 13장에 기록된 율법에 따라 진영 밖으로 격리된 사람들은 어떻게 되는가? 평생을 진영 바깥에서 살아야 하는가? 다행히 '악성 피부병'(צָרַעַת)은 정결하게 될 수 있다. 14장은 치유된 사람들로 하여금 다시 정상적인 삶을 누리게끔 하려면 어떻게 해야 하는지, 성전에서 드리는 제사에 참여시킬 수 있는지에 대한 규례이다. 피부병에서 완치된 사람을 다시 정결하게 하는 예식은 율법의 정결 예식 중 가장 상세하게 세부적으로 설명된다(Gerstenberger, Levine).

예식은 크게 두 부분으로 나뉘어 있다. 진영 안으로 들어오는 것이 허락되기 전에 진 밖에서 완치된 것을 확인하는 일과 진영으로 들어온 지 8일째 되는 날에 성전에서 드리는 제사와 예식이다. 완치된 사람은 이때 화목제를 제외한 주요 제사를 다 드려야 한다. 예배가 끝난 후에 제사장이 안수하면 그는 모든 특권과 책임을 지닌 언약 공동체의 일원으로 복귀할 수 있다.

본 장(章)은 다음과 같이 구분할 수 있다.

A. 치유된 사람의 정결 예식(14:1-32)
B. 건물에 생기는 곰팡이(14:33-53)
C. 결론(14:54-57)

III. 정결과 부정(11:1-15:33)
D. 피부병 완치와 정결(14:1-57)

1. 치유된 사람의 정결 예식(14:1-32)

이 섹션은 13장과 마찬가지로 피부병에 관한 규례를 다루고 있다. 그러나 앞 장이 제사장들에게 피부병 환자를 어떻게 진단하고 대처해야 하는가에 대하여 규정하는 것에 비해(Milgrom, Hess), 본 섹션은 피부병 환자들에게 병이 치유된 후에 어떻게 해야 정결하게 되는가를 지시한다. 그러므로 본문이 강조하는 것은 질병(피부병)을 어떻게 치유하는가가 아니라 환자를 어떻게 정결하게, 즉 예배에 다시 참석할 수 있도록 하는가의 문제이다(Wenham).

만일 초점이 치유에 맞추어져 있다면, 완쾌된 사람은 어떠한 절차도 필요 없이 곧장 예배에 참석시켰을 것이다. 그러나 본문은 질병에서 완쾌된 사람이 어떤 절차를 통해 다시 정결하게 될 수 있는가를 논하고 있다. 레위기가 온갖 피부 질환에 대해 자세하게 언급하는 것은 질병으로 인해 부정하게 된 사람을 예배에 다시 참여할 수 있도록 하는 것에 궁극적인 목적이 있음을 암시한다.

피부병이 완치되었다고 해서 진영 밖에 격리되었던 사람이 마음대로 들어올 수는 없다. 절차에 따라 제사장의 완치 선포를 받아야 하며, 그 후 적절한 제물을 드려야만 공동체의 일원으로 복귀하여 다시 정상적인 삶을 살 수 있게 된다. 필요한 절차는 다음과 같다. 먼저 진영 밖에서 제사장이 진찰하여(3절) 만일 나았으면 정해진 순서에 따라 의식을 행한 후에 진영에 들어올 수 있도록 허락하고(8절), 최종적으로 회막에서 속죄제와 번제를 드려 정결 의식을 마무리한다(11절).

완쾌된 사람의 이동 경로를 보면 가장 거룩하지 않은 곳, 즉 진영 바깥에서부터 가장 거룩한 곳, 회막으로 옮겨 가는 것을 알 수 있다. 이것은 사람이 죄의 영역에서부터 하나님의 생명과 인정으로 이동해 가는 과정을 상징한다(Gorman).

이 섹션은 다음과 같이 두 파트로 구분된다.

A. 진영 밖에서의 절차(14:1-9)
B. 성전에서 드리는 제사(14:10-32)

Ⅲ. 정결과 부정(11:1–15:33)
D. 피부병 완치와 정결(14:1–57)
1. 치유된 사람의 정결 예식(14:1–32)

(1) 진영 밖에서의 절차(14:1–9)

**1 여호와께서 모세에게 말씀하여 이르시되 2 나병 환자가 정결하게 되는 날
의 규례는 이러하니 곧 그 사람을 제사장에게로 데려갈 것이요 3 제사장은
진영에서 나가 진찰할지니 그 환자에게 있던 나병 환부가 나았으면 4 제사
장은 그 정결함을 받을 자를 위하여 명령하여 살아 있는 정결한 새 두 마리
와 백향목과 홍색 실과 우슬초를 가져오게 하고 5 제사장은 또 명령하여 그
새 하나는 흐르는 물 위 질그릇 안에서 잡게 하고 6 다른 새는 산 채로 가져
다가 백향목과 홍색 실과 우슬초와 함께 가져다가 흐르는 물 위에서 잡은
새의 피를 찍어 7 나병에서 정결함을 받을 자에게 일곱 번 뿌려 정하다 하고
그 살아 있는 새는 들에 놓을지며 8 정결함을 받는 자는 그의 옷을 빨고 모
든 털을 밀고 물로 몸을 씻을 것이라 그리하면 정하리니 그 후에 진영에 들
어올 것이나 자기 장막 밖에 이레를 머물 것이요 9 일곱째 날에 그는 모든
털을 밀되 머리털과 수염과 눈썹을 다 밀고 그의 옷을 빨고 몸을 물에 씻을
것이라 그리하면 정하리라**

피부병으로 인해 진영 밖으로 격리되었던 환자가 자신의 병이 나았다고 생각되면 사람들이 그를 제사장에게로 데려가고 제사장이 진영에서 나와 그를 진찰해야 한다(2-3절). 부정한 몸으로 격리된 상태에서는 직접 회막에 나아갈 수 없기 때문이다. 제사장이 보기에 그가 완치되었으면 진영 밖에서 치러야 할 예식을 위하여 정결한 새(비둘기류) 두 마리와 백향목 가지와 홍색 실 한 뭉치와 우슬초 한 포기를 준비하게 한다(4절).

제사장은 정결한 새 두 마리 중에 한 마리를 흐르는 물이나 샘에서

길러온 물을 담은 질그릇 위에서 잡도록 하여 새의 피가 질그릇에 담긴 물에 떨어져 섞이게 한다(5절). 그다음 남은 한 마리와 백향목과 홍색 실과 우슬초를 새의 피가 섞인 질그릇 물에 찍어서 완치된 사람에게 일곱 번 뿌리며 정함을 선포한다(6–7절). 그러고 나서 살아있는 새는 날려 보낸다.

제사장에게서 정함을 확인받은 사람은 옷을 빨고, 모든 털을 밀고, 물로 목욕한 후에야 진영에 돌아갈 수 있다. 평상시에는 머리를 미는 것이 허용되지 않지만(19:27) 이 경우는 예외이다. 진영으로 돌아온 뒤에도 그는 7일 동안 자신의 천막에 들어갈 수 없다(8절). 7일째 되는 날, 그는 다시 머리털, 수염, 눈썹까지 모든 털을 밀고 옷을 빨고, 목욕해야 한다(9절). 다음 날 회막에 나아갈 수 있도록 준비하는 것이다.

정결한 새 두 마리 중에서 한 마리는 죽임을 당하고, 나머지 한 마리는 들에서 날려 보내는 것이 속죄일에 염소 두 마리 중 한 마리는 죽이고, 나머지 한 마리를 광야로 데려가서 풀어 주는 것과 비슷하다(Kiuchi). 죽은 염소의 피로 죄를 대속하고, 광야에서 놓인 염소가 죄를 지고 떠남으로써 죄가 잊히는 것을 상징하는 것처럼, 완치된 사람의 정결이 회복되기 위해서는 새 한 마리를 죽임으로써 그의 부정을 대신하고, 죽은 새의 피를 통해 그의 부정이 옮겨진 살아있는 새를 들에서 날려 보내 그의 부정이 다시는 기억되지 않도록 해야 함을 상징하는 듯하다(Kaiser, Gane). 그 외 예식에서 사용되는 도구들의 상징적 의미는 더 이상 알 수 없다.

III. 정결과 부정(11:1-15:33)
D. 피부병 완치와 정결(14:1-57)
1. 치유된 사람의 정결 예식(14:1-32)

(2) 성전에서 드리는 제사(14:10-32)

10 여덟째 날에 그는 흠 없는 어린 숫양 두 마리와 일 년 된 흠 없는 어린 암
양 한 마리와 또 고운 가루 십분의 삼 에바에 기름 섞은 소제물과 기름 한
록을 취할 것이요 11 정결하게 하는 제사장은 정결함을 받을 자와 그 물건들
을 회막 문 여호와 앞에 두고 12 어린 숫양 한 마리를 가져다가 기름 한 록과
아울러 속건제로 드리되 여호와 앞에 흔들어 요제를 삼고 13 그 어린 숫양은
거룩한 장소 곧 속죄제와 번제물 잡는 곳에서 잡을 것이며 속건제물은 속죄제
물과 마찬가지로 제사장에게 돌릴지니 이는 지극히 거룩한 것이니라 14 제사
장은 그 속건제물의 피를 취하여 정결함을 받을 자의 오른쪽 귓부리와 오른
쪽 엄지 손가락과 오른쪽 엄지 발가락에 바를 것이요 15 제사장은 또 그 한 록
의 기름을 취하여 자기 왼쪽 손바닥에 따르고 16 오른쪽 손가락으로 왼쪽 손
의 기름을 찍어 그 손가락으로 그것을 여호와 앞에 일곱 번 뿌릴 것이요 17 손
에 남은 기름은 제사장이 정결함을 받을 자의 오른쪽 귓부리와 오른쪽 엄지
손가락과 오른쪽 엄지 발가락 곧 속건제물의 피 위에 바를 것이며 18 아직도
그 손에 남은 기름은 제사장이 그 정결함을 받는 자의 머리에 바르고 제사
장은 여호와 앞에서 그를 위하여 속죄하고 19 또 제사장은 속죄제를 드려 그
부정함으로 말미암아 정결함을 받을 자를 위하여 속죄하고 그 후에 번제물
을 잡을 것이요 20 제사장은 그 번제와 소제를 제단에 드려 그를 위하여 속
죄할 것이라 그리하면 그가 정결하리라 21 만일 그가 가난하여 그의 힘이 미
치지 못하면 그는 흔들어 자기를 속죄할 속건제를 위하여 어린 숫양 한 마
리와 소제를 위하여 고운 가루 십분의 일 에바에 기름 섞은 것과 기름 한 록
을 취하고 22 그의 힘이 미치는 대로 산비둘기 둘이나 집비둘기 새끼 둘을
가져다가 하나는 속죄제물로, 하나는 번제물로 삼아 23 여덟째 날에 그 결례

를 위하여 그것들을 회막 문 여호와 앞 제사장에게로 가져갈 것이요 24 제사
장은 속건제의 어린 양과 기름 한 록을 가져다가 여호와 앞에 흔들어 요제
를 삼고 25 속건제의 어린 양을 잡아서 제사장은 그 속건제물의 피를 가져다
가 정결함을 받을 자의 오른쪽 귓부리와 오른쪽 엄지 손가락과 오른쪽 엄지
발가락에 바를 것이요 26 제사장은 그 기름을 자기 왼쪽 손바닥에 따르고 27
오른쪽 손가락으로 왼쪽 손의 기름을 조금 찍어 여호와 앞에 일곱 번 뿌릴
것이요 28 그 손의 기름은 제사장이 정결함을 받을 자의 오른쪽 귓부리와 오
른쪽 엄지 손가락과 오른쪽 엄지 발가락 곧 속건제물의 피를 바른 곳에 바
를 것이며 29 또 그 손에 남은 기름은 제사장이 그 정결함을 받는 자의 머리
에 발라 여호와 앞에서 그를 위하여 속죄할 것이며 30 그는 힘이 미치는 대
로 산비둘기 한 마리나 집비둘기 새끼 한 마리를 드리되 31 곧 그의 힘이 미
치는 대로 한 마리는 속죄제로, 한 마리는 소제와 함께 번제로 드릴 것이요
제사장은 정결함을 받을 자를 위하여 여호와 앞에 속죄할지니 32 나병 환자
로서 그 정결예식에 그의 힘이 미치지 못한 자의 규례가 그러하니라

진영으로 돌아온 지 8일째 되는 날, 완치된 사람은 제물을 가지고 꿈에도 그리던 주님의 장막을 찾아갈 수 있다. 한때 진영 바깥에서 거했던(3절) 그가 진영으로 돌아와 일주일 동안 있다가(8절) 드디어 진영 한 가운데에 있는 회막으로 나아가는 순간이다(11절).

이 사람이 느꼈을 감격을 상상해 보라(Demarest). 심각한 전염병 때문에 이스라엘 진영 밖으로 쫓겨나 격리되었을 때 그는 세상이 무너져 내리는 것 같았을 것이다. 날이 갈수록 악화되는 병세와 돋아나는 부스럼을 보며 절망 속에 오열하기도 했다. 그렇게 병을 앓다가 죽을 줄로만 알았다. 마지막이라고 생각하며 다시 한번 여호와 라파 하나님께 기도했는데, 이게 웬일인가! 주님이 기도를 들어주셔서 낫게 되었다! 하나님이 기적의 치유를 주신 것이다. 제사장이 진영 밖으로 나와 진찰하더니 다 나았다며 다시 돌아와도 된다고 했다. 진영에 들어온 지

8일째 되는 날, 병에서 완치된 그가 주님의 회막으로 나아가게 된 것이다. 제물을 드리는 순간, 지난날의 원망은 감사로 변했고, 그를 감쌌던 죽음의 그림자가 어느덧 여호와 라파의 생명의 빛으로 변해 있었다. 이제부터 그는 형편이 닿는 대로 최선을 다해 하나님께 감사의 제단을 쌓을 것이다.

그는 어린 숫양 두 마리를 가져다가 각각 속건제물과 속죄제물로 드리고, 암양 한 마리는 번제로, 밀가루 10분의 3에바(6.5ℓ)와 기름 한 록(0.5ℓ)을 소제로 드려야 한다(10절). 우리말 번역본 중에 새번역은 어린 숫양 한 마리를 속건제(אָשָׁם)로 드릴 것을 언급한 다음에(12절), 나머지 숫양 한 마리를 잡으라고 지시하여 마치 또 속건제로 드리라는 듯 지시하며(13절), 속죄제(19a절)와 번제(19b-20절) 순서로 이야기를 진행함으로써 제사드리는 순서가 매우 혼란스럽게 느껴진다. 각 제사의 중요 기능에 초점을 맞추어 강조하다 보니 빚어진 현상으로 생각되지만, 13절을 시작하는 접속사 ו를 '그렇게 하고 나면'이라는 연속형으로 번역한 데서 비롯된 혼란이다(NAS).

그러나 대부분의 번역본은 이 접속사를 단순 연계형, '그리고'로 취급하여 번역에 반영하거나 아예 반영하지 않고 있다(개역개정; 개역한글; 공동번역; NIV, NRS, TNK, ESV, NLT). 그러므로 본문에 기록된 제사를 순서대로 정리해 보면, 제일 먼저 속건제로 숫양을 드리고, 그다음에 나머지 숫양을 속죄제로 드리고, 마지막으로 번제와 소제를 드리는 것이다. 속죄제를 드리는 이유는 그동안 질병으로 인해 하나님의 전에 나아가지 못하여 예배와 제물을 드리지 못한 것을 원상 회복하기 위해서이다(Wenham).

이 예식에서 한 가지 놀라운 것을 발견한다. 완치된 피부병 환자의 정결 예식이 대제사장의 임직식과 비슷하다는 점이다. 아론의 임직식에서처럼 속건제물의 피를 예배자의 오른쪽 귓부리와 오른쪽 엄지손가락과 오른쪽 엄지발가락에 바른다. 귀는 하나님의 말씀을 듣기 위하여 구별되고, 손은 의로운 일을 행하기 위하여 구별되며, 발은 주의 길을 걷도록 차별화되는 것을 암시한다(Kaiser). 또한 사람 몸의 가장 바깥쪽 부위라고 할 수 있는 귀, 손, 발에 세례를 줌으로써 그의 온몸이 정결해졌음을 상징하기도 한다.

차이가 있다면, 아론의 대제사장 임직식 때는 피와 함께 특별히 제조된 관유를 사용했는데(8:12, 22-24), 이때는 피와 예배자가 가져온 평범한 기름을 사용한다는 점이 다르다. 제사장은 기름을 왼손 바닥에 따르고 오른쪽 손가락으로 찍어 여호와 앞에서(회막 문에서, cf. 11절) 일곱 번 뿌린다(16절). 손에 남아 있는 기름을 예배자의 오른쪽 귓부리와 오른쪽 엄지손가락과 오른쪽 엄지발가락에 바르고, 나머지는 머리에 발라 준다(17-18절). 그러고 나서 나머지 숫양을 속죄제물로 드리고, 암양을 번제물로 곡식제물과 함께 드리면 된다(19-20절).

만일 피부병에서 완치된 사람이 가난해서 제물로 짐승 세 마리를 드리기 힘든 경우에는 속건제로 숫양 한 마리를 동일하게 드리되, 속죄제와 번제는 비둘기로 드릴 수 있다(21-22절). 소제로 바칠 곡물 또한 10분의 3에바(6.5ℓ) 대신에 10분의 1에바(2.2ℓ)를 가져와도 된다. 형편에 따라 제물의 규모를 줄일 수 있지만, 속건제만큼은 정해진 대로 숫양을 드려야 하므로 예외이다. 부자건 가난한 사람이건 속건제는 똑같이 드려야 한다. 왜 속건제는 비둘기로 대신할 수 없는가? 아직까지 학자들은 이에 대한 명쾌한 답을 찾지 못하고 있다. 가난한 자의 예배 절차도 위와 동일하다(24-31절).

III. 정결과 부정(11:1-15:33)
D. 피부병 완치와 정결(14:1-57)

2. 건물에 생기는 곰팡이(14:33-53)

[33] 여호와께서 모세와 아론에게 말씀하여 이르시되 [34] 내가 네게 기업으로

주는 가나안 땅에 너희가 이를 때에 너희 기업의 땅에서 어떤 집에 나병 색
점을 발생하게 하거든 35 그 집 주인은 제사장에게 가서 말하여 알리기를 무
슨 색점이 집에 생겼다 할 것이요 36 제사장은 그 색점을 살펴보러 가기 전
에 그 집안에 있는 모든 것이 부정을 면하게 하기 위하여 그 집을 비우도록
명령한 후에 들어가서 그 집을 볼지니 37 그 색점을 볼 때에 그 집 벽에 푸
르거나 붉은 무늬의 색점이 있어 벽보다 우묵하면 38 제사장은 그 집 문으로
나와 그 집을 이레 동안 폐쇄하였다가 39 이레 만에 또 가서 살펴볼 것이요
그 색점이 벽에 퍼졌으면 40 그는 명령하여 색점 있는 돌을 빼내어 성 밖 부
정한 곳에 버리게 하고 41 또 집 안 사방을 긁게 하고 그 긁은 흙을 성 밖 부
정한 곳에 쏟아버리게 할 것이요 42 그들은 다른 돌로 그 돌을 대신하며 다
른 흙으로 집에 바를지니라 43 돌을 빼내며 집을 긁고 고쳐 바른 후에 색점
이 집에 재발하면 44 제사장은 또 가서 살펴볼 것이요 그 색점이 만일 집에
퍼졌으면 악성 나병인즉 이는 부정하니 45 그는 그 집을 헐고 돌과 그 재목
과 그 집의 모든 흙을 성 밖 부정한 곳으로 내어 갈 것이며 46 그 집을 폐쇄
한 날 동안에 들어가는 자는 저녁까지 부정할 것이요 47 그 집에서 자는 자
는 그의 옷을 빨 것이요 그 집에서 먹는 자도 그의 옷을 빨 것이니라 48 그
집을 고쳐 바른 후에 제사장이 들어가 살펴보아서 색점이 집에 퍼지지 아니
하였으면 이는 색점이 나은 것이니 제사장은 그 집을 정하다 하고 49 그는
그 집을 정결하게 하기 위하여 새 두 마리와 백향목과 홍색 실과 우슬초를
가져다가 50 그 새 하나를 흐르는 물 위 질그릇 안에서 잡고 51 백향목과 우
슬초와 홍색 실과 살아 있는 새를 가져다가 잡은 새의 피와 흐르는 물을 찍
어 그 집에 일곱 번 뿌릴 것이요 52 그는 새의 피와 흐르는 물과 살아 있는
새와 백향목과 우슬초와 홍색 실로 집을 정결하게 하고 53 그 살아 있는 새
는 성 밖 들에 놓아 주고 그 집을 위하여 속죄할 것이라 그러면 정결하리라

앞서 옷감, 가죽 등에 생긴 곰팡이를 어떻게 처리할 것인가에 대해 다룬 바 있는데(13:47-59), 이 섹션에서는 집에 곰팡이가 핀 경우를 다

룰 것이다. 당시 이스라엘은 아직 광야에서 텐트 생활을 하고 있었기 때문에 이 규례는 훗날 가나안에 입성한 후에 적용될 것이다(34절).

모세는 집에 피는 곰팡이를 논할 때 사람의 '악성 피부병'(צָרַעַת)과 동일한 단어를 사용한다. 다시 말해, 본 섹션의 내용은 집이 '악성 피부병'에 감염된 경우의 대처 방안인 것이다. 악성 피부병 환자를 진영 밖에 격리시키는 것처럼 곰팡이가 계속 자라는 집도 허물어 진영 바깥으로 가져다가 버려야 한다. 이런 상황에 처한 환자나 물건을 거룩한 진영 안에 계속 머물게 할 수 없기 때문이다(Hess).

집에 피는 곰팡이에 대한 진단 과정은 옷감이나 가죽의 오염을 판단하는 것과 거의 비슷하다. 제사장은 곰팡이가 피어오른 벽을 살펴봐서 만일 푸르거나 붉은 무늬가 있고 그 자리가 벽보다 우묵하면 그 집을 7일 동안 폐쇄했다가 후에 다시 살펴봐야 한다. 이때 곰팡이가 더 번졌으면 곰팡이가 핀 부분을 제거하고, 집 안 사방을 긁어 내어 긁어 낸 흙을 성 밖 부정한 곳에 버리도록 한다(37-41절). 긁어 내거나 제거한 부분은 다른 흙과 돌로 바르고 채워 넣는다(42절).

만일 새 흙과 돌로 채워 넣은 후에도 곰팡이가 계속 번식하면, 아예 집을 헐고 모든 폐기물을 성 밖 부정한 곳에 버려야 한다. 집의 상태를 관찰하기 위해 출입을 금하는 동안에 그 집에 들어간 사람은 그날 저녁까지 부정하다(46절). 집이 폐쇄된 동안에 그 집에서 음식을 먹거나 누운 사람은 옷을 빨아 입어야 한다(47절). 모든 절차가 집을 파괴하지 않으려고 최선을 다하는 노력을 보여 준다(Hartley).

새로 채운 흙과 돌에 곰팡이가 나지 않으면 제사장은 그 집이 정결함을 선포한다(48절). 정결이 선포된 후에 집주인은 피부병 때문에 부정했던 사람이 완치된 후에 진영 밖에서 드리는 예식과 동일한 의식을 치러야 한다(14:1-7). 정결한 새 두 마리와 백향목과 홍색 실과 우슬초를 가져다가 절차에 따라 의식을 행한다. 다만 피부병 환자가 모든 털을 밀어야 했다면 오염된 집은 곰팡이가 핀 부분을 제거하고 긁어내야 한다. 피부병 환자의 정결 예식과 마찬가지로 새 한 마리는 죽이고, 나머지 한 마리는 들에서 날려 보낸다(53절).

III. 정결과 부정(11:1–15:33)
D. 피부병 완치와 정결(14:1–57)

3. 결론(14:54–57)

[54] 이는 각종 나병 환부에 대한 규례니 곧 옴과 [55] 의복과 가옥의 나병과 [56] 돋는 것과 뾰루지와 색점이 [57] 어느 때는 부정하고 어느 때는 정함을 가르치는 것이니 나병의 규례가 이러하니라

13–14장에서 언급됐던 내용이 짧은 문단으로 요약된다. 저자는 54절과 57절에서 규례(תּוֹרָה)를 반복적으로 사용함으로써 55–56절에 일종의 괄호(inclusio)를 형성한다. 누차 지적했던 것처럼 13–14장은 피부병이나 곰팡이의 치유법을 제시하는 게 목적이 아니다. 단순히 그러한 현상이 나타날 때 정결과 부정을 어떻게 판단할지 그 기준을 제시할 뿐이다. 그러므로 공중 보건적 효과는 이 규정의 부수적인 결과(by-product)일 뿐 목적이 아니다.

율법에서 우슬초를 언급하는 곳이 두 군데 있다. 레위기 14장이 그 중 한 곳이라는 점이 독특하다(민 19:6). 부정한 사람이나 오염된 집을 정결하게 하는 예식에 우슬초가 동원된다. 한 시편 기자는 하나님께 죄인인 자신을 우슬초로 깨끗하게 해 달라고 간구한다(시 51:7). 자신의 죄를 하나님 앞에 설 수 없는 병자의 부정함으로 표현하고 있는 것이다. 죄를 질병으로 묘사하는 일은 시편과 선지서에서 흔한 일이다.

하나님은 우리 영혼에만 관심 갖는 분이 아니라 우리 몸과 건강도 염려하시는 분이다. 우리가 믿음의 공동체를 통해 서로를 돌볼 때 이 사실을 기억해야 한다. 영과 육은 서로에게 영향을 미치기 때문에, 영이 아무리 건강해도 신체가 건강하지 못하면 영도 병들 수 있다. 마찬가지로 육이 아무리 건강해도 영이 건강하지 못하면 신체도 병들 수 있다. 그러므로 우리는 영과 육의 평안을 동시에 구하는 전인적(holistic/wholesome) 사역을 추구해야 한다.

질병은 종종 하나님의 심판의 결과로 드러난다. 대표적인 예가 모세의 권위에 도전했다가 병을 앓게 된 미리암, 스스로 제사장 노릇을 하다가 심판을 받은 웃시야 왕, 나아만 장군에게서 한몫을 챙기려다가 병을 얻은 게하시 등이다. 그러나 항상 그렇지만은 않다는 것을 기억해야 한다. 죄와 상관없이 발생하는 질병도 많다. 그러므로 질병으로 신음하는 사람들을 정죄하는 것은 피해야 한다. 설령 그가 죄를 지어 병을 얻었다고 하더라도, 그 문제는 그가 하나님께 기도하면서 해결할 문제이다. 질병으로 인해 주변 사람들로부터 정죄를 받을 이유는 없다.

III. 정결과 부정(11:1-15:33)

E. 유출병(15:1-33)

모세는 부정한 짐승과 정결한 짐승에 대한 규례를 통해, 사람이 주변 환경과 몸 밖에 있는 것들로 인해 부정하게 되는 경우를 이슈화했고(11장), 이어서 사람의 피부에 드러나는 증상에 의해 부정하게 되는 것을 논했다(13장). 이제 사람의 가장 중요 부위인 성기로 인해 부정하게 되는 경우를 논할 것이다. 가르침의 초점이 점차 사람의 중심으로 옮겨 가더니 가장 사적인 부분까지 다루게 된 것이다(Kiuchi, Hess). 이 섹션은 사람의 가장 사적인 부분에 관한 것이기 때문에 제사장에게 보이고 진단을 받을 필요가 없다. 각 사람이 스스로 알아서 하면 된다.

11-15장은 부정한 기간의 길이에 따라 정리된 듯하다. 먹는 것으로

인해 영구적으로 부정할 수 있는 것에서(11장) 시작하여 길어도 일주일 동안 부정하게 되는 유출병에 대한 규제로(15장) 섹션이 마무리된다(Wenham).

이 섹션은 다음과 같은 구조를 지녔다(Kaiser, Levine, Gane).[10]

A. 남자의 비정상적인 유출(15:1-15)
B. 남자의 정상적인 유출(15:16-18)
B'. 여자의 정상적인 유출(15:19-24)
A'. 여자의 비정상적인 유출(15:25-30)
C. 결론(15:31-33)

III. 정결과 부정(11:1-15:33)
E. 유출병(15:1-33)

1. 남자의 비정상적인 유출(15:1-15)

[1] 여호와께서 모세와 아론에게 말씀하여 이르시되 [2] 이스라엘 자손에게 말하여 이르라 누구든지 그의 몸에 유출병이 있으면 그 유출병으로 말미암아 부정한 자라 [3] 그의 유출병으로 말미암아 부정함이 이러하니 곧 그의 몸에서 흘러 나오든지 그의 몸에서 흘러 나오는 것이 막혔든지 부정한즉 [4] 유출병

10 더 자세하게 분석하자면, 이 섹션은 다음과 같이 교차대구법적 구조를 지녔다(Warning, Kiuchi, Hess).

A. Introduction (vv. 1-2a)
B. Sexual infection of a man (vv. 2b-12)
Purification of the healed man (vv. 13-15)
C. Seminal discharges of a man (vv. 16-17)
D. Conjugal sexual relations (v. 18)
C'. Menses of a woman (vv. 19-24)
B'. Abnormal (infectious?) menses of a woman (vv. 25-27)
Purification of a woman after her menses (vv. 28-30)
A'. Conclusion (vv. 31-33)

있는 자가 눕는 침상은 다 부정하고 그가 앉았던 자리도 다 부정하니 [5] 그의
침상에 접촉하는 자는 그의 옷을 빨고 물로 몸을 씻을 것이며 저녁까지 부
정하리라 [6] 유출병이 있는 자가 앉았던 자리에 앉는 자는 그의 옷을 빨고 물
로 씻을 것이요 저녁까지 부정하리라 [7] 유출병이 있는 자의 몸에 접촉하는
자는 그의 옷을 빨고 물로 몸을 씻을 것이며 저녁까지 부정하리라 [8] 유출병
이 있는 자가 정한 자에게 침을 뱉으면 정한 자는 그의 옷을 빨고 물로 몸
을 씻을 것이며 저녁까지 부정하리라 [9] 유출병이 있는 자가 탔던 안장은 다
부정하며 [10] 그의 몸 아래에 닿았던 것에 접촉한 자는 다 저녁까지 부정하며
그런 것을 옮기는 자는 그의 옷을 빨고 물로 몸을 씻을 것이며 저녁까지 부
정하리라 [11] 유출병이 있는 자가 물로 그의 손을 씻지 아니하고 아무든지 만지
면 그 자는 그의 옷을 빨고 물로 몸을 씻을 것이며 저녁까지 부정하리라 [12] 유
출병이 있는 자가 만진 질그릇은 깨뜨리고 나무 그릇은 다 물로 씻을지니라
[13] 유출병이 있는 자는 그의 유출이 깨끗해지거든 그가 정결하게 되기 위하
여 이레를 센 후에 옷을 빨고 흐르는 물에 그의 몸을 씻을 것이라 그러면 그
가 정하리니 [14] 여덟째 날에 산비둘기 두 마리나 집비둘기 새끼 두 마리를 자
기를 위하여 가져다가 회막 문 여호와 앞으로 가서 제사장에게 줄 것이요 [15]
제사장은 그 한 마리는 속죄제로, 다른 한 마리는 번제로 드려 그의 유출병
으로 말미암아 여호와 앞에서 속죄할지니라

성기에서 고름이 흘러나오는 남자는 부정하다(2절). 히브리 원문을 문자적으로 해석하면 '남자의 살에서 액체가 흘러나오면 부정하다'이다(Wenham, Levine). 그러나 살(בָּשָׂר)은 성기를 뜻하는 완곡어법이다(19절). 3절은 액체(זוֹב)의 유출을 '흐른다'(רָר)라고 묘사하는데, 이 동사는 고름을 포함한 미끌미끌한 액체(slimy juice)를 뜻하는 히브리어 명사(רִיר)에서 파생한 것이다. 그러므로 저자가 가리키고자 하는 것이 정확히 무엇인지 파악하는 것은 쉽다(Kaiser, Hess). 본문에서 피가 언급되지 않는 것으로 보아 치질(hemorrhoids)과 연관된 질병은 배제하는 것이 당연하다(Hess).

성기에서 고름이 나오는 한 그 남자는 부정하며, 그가 앉았던 자리나 누웠던 침상도 부정하다. 그와 접촉한 사람이나 그가 만졌던 것에 닿은 사람도 부정하다. 그가 앉았던 안장도 부정하고 심지어 그의 침만 튀겨도 부정하다. 그가 손을 물로 씻지 않은 채 누군가를 만지면, 그에게 닿은 사람도 부정하다(11절). 또한 그가 만진 질그릇도 부정하므로 모두 깨뜨려야 하고, 나무 그릇은 다 물로 씻어야 한다(12절).

부정하게 된 사람은 옷을 빨고, 목욕해야 한다(5, 6, 7, 8, 10, 11절). 옷을 빨고 몸을 씻는 것은 당시 상황에서 전염병을 예방하기 위한 최고의 조치였다(Harrison). 모든 부정함은 그날 저녁까지만 지속된다.

유출이 멈추면 남자는 7일 동안 정결 기간을 가져야 한다(13절). 7일째 되는 날 옷을 빨고 목욕해야 한다. 목욕하라는 말이 이 장에서 정확히 12차례 사용되어 본문의 짜임새에 일조하는데, 일상적으로 '물에 씻으라'라는 문구에서 사용된다(Hess). 그중 7번째는 '물'에 '살아있는'(חַיִּים)을 더하여 '살아있는 물'(מַיִם חַיִּים)(viz., 생수, 흐르는 물)에 씻으라고 한다(13절). 그렇게 하면 그가 '정하게' 될 것인데, 그의 몸이 '깨끗하게 된다'라는 의미이다(Warning). 다음 날 제물을 드린 후에야 비로소 정결을 선언을 받기 때문이다.

8일째 되는 날에 비둘기 두 마리를 회막 문 여호와 앞으로 가져가 제사장에게 주어 속죄제(정결제)와 번제로 드리도록 한다. 제사에 요구되는 제물이 지극히 작은 것으로 보아 부정의 수위가 다른 것들에 비해, 특히 악성 피부병과 비교해서 덜 심각한 것을 알 수 있다(Wenham, Gane).

이 남자가 앓고 있는 병에 대한 추측이 난무하다. 그중 가장 많은 지지를 받는 것은 비교적 약한 질병인 임질(gonorrhea)이나 기생충에 의한 요도염(urinary tract)의 증상이라는 해석이다(Kaiser, Gane, Kalisch). 그러나 임질은 고대 근동에 존재하지 않았으며 주후 15세기에 이르러서야 그 흔적이 발견된다(Kinnier-Wilson, Hess). 그러므로 본문이 언급하는 병이 정확히 어떤 것인지는 알 수 없다(Milgrom). 하지만 정상적인 상황이 아니라는 것은 확실하다.

III. 정결과 부정(11:1-15:33)
E. 유출병(15:1-33)

2. 남자의 정상적인 유출(15:16-18)

[16] 설정한 자는 전신을 물로 씻을 것이며 저녁까지 부정하리라 [17] 정수가 묻은 모든 옷과 가죽은 물에 빨 것이며 저녁까지 부정하리라 [18] 남녀가 동침하여 설정하였거든 둘 다 물로 몸을 씻을 것이며 저녁까지 부정하리라

남자가 정액을 흘리면 온몸을 씻어야 하며 저녁까지 부정하다(16절). 성관계를 하다가 정액을 쏟으면 남자나 여자 모두 몸을 씻어야하며 둘 다 저녁까지 부정하다(18절). 정액이 묻은 옷이나 가죽은 빨아야 한다(17절).

성관계의 기본 목적이 생명을 탄생시키는 것이므로 정액이 헛되이 흘려 버려지는 것은 '생명이 낭비되는 것'이기 때문에 부정하다(Wenham, Hartley). 율법은 옷을 물에 빨면 정결해진다고 하는데, 이것이 물 자체에 정결 능력이 있음을 의미하는 것은 아니다. 성경은 모든 정결 능력은 하나님의 의지(God's will)에서 온다고 말한다(Milgrom).

성관계의 자연스러운 결과는 정액의 유출인데, 율법이 이것을 부정하다고 하는 것은 이스라엘 종교와 가나안 민족들의 종교의 차이를 가장 분명하게 드러낸다. 가나안 민족들은 종교 예식의 일부로 신전에서 성관계를 가지곤 했는데, 이스라엘의 율법은 성관계를 가진 사람을 아예 부정하다고 하여 일정 기간 성전 출입을 금하기 때문이다.[11] 그러므

11 최근 들어서 일부 학자들은 다산을 지향하던 가나안 종교가 성관계를 예식의 일부로 포함하지 않았으며, 신전 창녀와 남창들은 종교 예식이 아닌 순전히 경제적인 이유에서 예배자들과 성관계를 가졌다고 한다(Van der Toorn). 그러나 이러한 주장은 현존하고 있는 역사적 자료와 증거를 왜곡시킨 것으로 설득력이 없다(Lambert, Hess).

로 본문은 성적으로 문란한 가나안의 다산 종교들에 대하여 논쟁적인 (polemic) 성향을 띠고 있다(Levine, Hartley, Rooker).

성관계 중에 정액이 유출되는 것은 쉽게 이해되는데, 남자가 혼자 정액을 흘리는 것은(16절) 어떤 경우일까? 대부분의 주석가는 이 구절을 신명기 23:10의 '밤에 몽설하는 것'과 연결하여 해석한다(Kaiser, Levine, Ibn Ezra). 자신도 모르는 사이에 정액이 흘러나오는 경우를 뜻하는 것이다.

III. 정결과 부정(11:1–15:33)
E. 유출병(15:1–33)

3. 여자의 정상적인 유출(15:19–24)

**19 어떤 여인이 유출을 하되 그의 몸에 그의 유출이 피이면 이레 동안 불결하
니 그를 만지는 자마다 저녁까지 부정할 것이요 20 그가 불결할 동안에는 그
가 누웠던 자리도 다 부정하며 그가 앉았던 자리도 다 부정한즉 21 그의 침상
을 만지는 자는 다 그의 옷을 빨고 물로 몸을 씻을 것이요 저녁까지 부정할
것이며 22 그가 앉은 자리를 만지는 자도 다 그들의 옷을 빨고 물로 몸을 씻
을 것이요 저녁까지 부정할 것이며 23 그의 침상 위에나 그가 앉은 자리 위
에 있는 것을 만지는 모든 자도 저녁까지 부정할 것이며 24 누구든지 이 여
인과 동침하여 그의 불결함에 전염되면 이레 동안 부정할 것이라 그가 눕는
침상은 다 부정하니라**

여자가 월경 때 피를 유출하는 것은 정상적이다. 이 경우 여자는 7일 동안 부정하다(19절). 월경은 보통 4일 동안 진행되는데 부정한 기간이 7일간 지속되는 것이다. 부정한 동안 여자에게 닿은 남자는 저녁때까지 부정하며, 여자가 앉은 곳, 누운 곳, 그녀의 침상에 닿은 남자도 모두 부정하다(20절).

만일 남자가 월경 중인 여자와 잠자리를 같이하면 남자도 7일 동안 부정하다(24절). 남녀가 성관계를 가지면 하루 동안 부정하다는 18절과 7일 동안 부정하다는 본문의 차이는 의도성에 있다. 하나는 여자가 월경이 아니거나 월경인 줄 모르고 하는 경우이고, 다른 하나는 월경인 줄 알면서도 성관계를 가진 경우이다(Keil, Hartley). 월경은 7일의 부정한 기간을 동반할 정도로 심각한 것이라고 할 수 있지만, 여자들에게 일상적인 일이기 때문에 제물은 드리지 않아도 된다.

월경에 대한 규례는 여자가 매달 최소한 1주 동안 부정한 상태에 머물러 있어야 한다는 것을 암시하는 듯하다. 그러나 여자들이 매달 규칙적으로 월경을 하게 된 것은 근대적인 현상이라는 것이 많은 학자의 주장이다. 고대에는 오늘날처럼 월경이 규칙적이지 않았고 자주 있던 일도 아니었다는 것이다. 그들이 제시하는 증거는 다음과 같다(Wenham). 첫째, 당시 사람들은 대부분 사춘기를 지나면서 결혼했다. 둘째, 아이들을 3-4세 때까지 젖을 먹였다. 셋째, 대부분 대가족을 원했기 때문에 아이를 많이 낳았다. 넷째, 당시 여인들의 영양 섭취가 오늘날처럼 높지 않았던 탓에 월경이 매우 불규칙했다(Gruber).

또한 당시는 폐경기가 오늘날보다 훨씬 일찍 시작되었다는 사실도 월경으로 인해 부정한 기간을 크게 단축시켰다(Gane, Gruber). 여자가 제사장직에서 배제된 현실적/실용적 이유로 월경 때문에 매달 일정 기간 부정하게 되는 것을 들기도 한다(Milgrom).

성경의 다른 곳에서는 월경을 하는 여자와 성관계를 맺는 것을 아예 금하고 있다(레 18:19; 20:18; cf. 겔 18:6; 22:10). 본문은 부정만을 이슈화하고 있기 때문에, 남자가 월경하는 여자와 잠자리를 같이할 경우에 여인의 부정이 남자에게 옮겨져 남자 또한 7일 동안 부정하게 된다는 사실을 말할 뿐, 월경 중인 여자와 성관계를 맺어도 된다는 것은 아니다(Levine).

율법이 월경 중인 여인과의 성관계를 금하는 것은 성관계를 갖기에 부적절한 때를 맞이한 아내를 남편으로부터 보호하기 위해서이다 (Bamberger, Harris, Rooker). 이것은 또한 아내에 대한 주권은 남편이 아닌 하나님에게 있음을 의미하기도 한다(Kaiser).

4. 여자의 비정상적인 유출(15:25-30)

25 만일 여인의 피의 유출이 그의 불결기가 아닌데도 여러 날이 간다든지 그 유출이 그의 불결기를 지나도 계속되면 그 부정을 유출하는 모든 날 동안은 그 불결한 때와 같이 부정한즉
26 그의 유출이 있는 모든 날 동안에 그가 눕는 침상은 그에게 불결한 때의 침상과 같고 그가 앉는 모든 자리도 부정함이 불결한 때의 부정과 같으니
27 그것들을 만지는 자는 다 부정한즉 그의 옷을 빨고 물로 몸을 씻을 것이며 저녁까지 부정할 것이요
28 그의 유출이 그치면 이레를 센 후에야 정하리니
29 그는 여덟째 날에 산비둘기 두 마리나 집비둘기 새끼 두 마리를 자기를 위하여 가져다가 회막 문 앞 제사장에게로 가져갈 것이요
30 제사장은 그 한 마리는 속죄제로, 다른 한 마리는 번제로 드려 유출로 부정한 여인을 위하여 여호와 앞에서 속죄할지니라

월경 때가 아닌데도 여러 날 동안 피가 유출될 경우, 피가 나오는 동안 그 여자는 부정하다(25절). 이 일이 지속되는 동안에는 여자가 누웠던 자리나 앉았던 자리가 부정하며, 그에게 닿은 것은 무엇이든지 부정하다. 여인의 비정상적인 유출에 대한 규례는 남자의 비정상적인 유출의 경우와 같다.

유출이 멈추면 여인은 7일을 기다렸다가 8일째 되는 날 비둘기 두 마리를 성전으로 가져가야 한다. 한 마리는 속죄제(정결제)로 드리고, 다른 한 마리는 번제로 드려야 한다(30절). 비정상적인 유출이므로 속죄제도 드려야 했다(Levine).

신약에서 예수님을 찾아왔던 혈루증을 앓던 여인이 이런 유형의 병을 앓았던 것으로 생각된다(Kaiser, cf. 마 9:20-21; 막 5:25-33; 눅 8:43-48). 예수님이 주님의 옷에 손을 댄 이 여인을 책망하지 않으셨다는 사실이 놀랍다. 율법에 의하면 혈루증을 앓는 여인이 옷자락을 잡음으로써 예수님을 부정하게 만들었는데도 말이다. 12년 동안 이 병 때문에 고통을 당했던 여인의 치유되고 싶은 간절한 소망이 메시아를 감동시켰기 때문이다.

III. 정결과 부정(11:1-15:33)
E. 유출병(15:1-33)

5. 결론(15:31-33)

31 너희는 이와 같이 이스라엘 자손이 그들의 부정에서 떠나게 하여 그들 가운데에 있는 내 성막을 그들이 더럽히고 그들이 부정한 중에서 죽지 않도록 할지니라 32 이 규례는 유출병이 있는 자와 설정함으로 부정하게 된 자와 33 불결기의 앓는 여인과 유출병이 있는 남녀와 그리고 불결한 여인과 동침한 자에 대한 것이니라

본문은 15장에 대한 결론이자 12-15장의 결론이기도 하다(Hess). 남자와 여자의 정상적, 비정상적 유출 문제를 다룬 저자는 마지막으로 한 번 더 강력한 경고를 한다. "너희는 이와 같이 이스라엘 자손이 그들의 부정에서 떠나게 하여 그들 가운데에 있는 내 성막을 그들이 더럽히고 그들이 부정한 중에서 죽지 않도록 할지니라"(31절). 하나님이 이스라엘의 부정과 정결에 대하여 관심을 기울이는 이유는 자칫 그들이 오염된 몸으로 거룩한 회막에 들어갔다가 죽게 될까 봐 염려하시기 때문이다.

하나님의 거룩하신 임재로부터 거룩한 불이 나와 부정한 사람을 죽일 수도 있다(10:1-3). 사람이 부정하게 되었을 때 속죄제를 드리는 것은 부정이 하나님의 심판의 대상이기 때문이 아니다. 그가 부정함으로 하나님께 나아올 수 없게 되었기 때문에 하나님과 소원해진 관계를 해결하기 위한 목적이다(Rooker).

예수님 덕분에 대부분의 정결과 부정 이슈가 사람을 더 이상 속박하지 않게 되었다. 앞서 언급한 대로 예수님은 12년 동안 혈루증을 앓던 여인과 닿았을 때에도 그녀에게 당신을 부정하게 만든 책임을 묻지 않으셨다. 예수님은 야이로의 죽은 딸을 만지셨고(막 5:41), 문둥병자를 만지셨다(마 8:3). 죄를 지은 여인이 당신의 발을 씻기는 것도 허락하셨다(눅 7:36-39). 또한 모든 음식이 깨끗하다고 선언하셨다(마 15:17-18). 예수님의 사역을 통해 새로운 시대가 열린 것이다.

메시아의 새 시대에 사는 우리는 음식법이나 부정법에 더 이상 얽매이지 않는다. 그리스도께서 율법의 모든 요구 사항을 충족시키셨기 때문이다. 우리는 예수님을 통하여 언제든지 하나님께 나아갈 수 있는 특권을 누리고 있다.

IV. 속죄일
(16:1-34)

속죄일에 대한 규례를 담고 있는 16장은 레위기에서 가장 중요한 부분이다(Levine, Kaiser, Gane). 평소에는 아무도 출입할 수 없는 지성소에 이 날만은 대제사장이 평상시와 다른 의복을 입고 들어간다. 대제사장은 제물로 잡은 염소의 피를 들고 들어가 법궤를 덮고 있는 속죄소에 뿌리고 나온다. 그다음에는 미리 준비해 두었던 다른 염소에 두 손을 얹어 자신과 이스라엘의 죄를 염소에게 전가시키고 광야로 가서 풀어 준다.

속죄일 규례는 레위기의 클라이맥스일 뿐 아니라 '율법의 지성소'(inner sanctum of the Torah)라고 불릴 정도로 율법의 핵심 장(章)이다(Geller, cf. Gane, Kaiser). 유태인들은 이 섹션의 주제인 '속죄일'(יוֹם הַכִּפֻּרִים)(23:27-28)을 줄여서 욤 키푸르(יוֹם כִּפֻּר)라고 부르는데, 이날은 하나님의 용서와 죄 사함을 이해하는 데 매우 결정적인 역할을 한다. 이스라엘의 성막/성전은 일 년 내내 죄지은 사람들과 부정한 사람들이 찾아와 여러 가지 제물을 드리던 곳이다.

하나님의 백성들 속에 있는 부정과 죄를 제거하는 일이 성막에서 끊임없이 진행되었다. 그러다 보니 당연하게도 성막은 사람들의 부정과 죄에 늘 노출되어 있었다. 하나님의 거룩하신 임재가 회막에 계속 머물기 위해서는 정기적으로 점검할 필요가 있었다. 만일 회막이 오염되면 하나님은 더 이상 그곳에 머물 수 없으므로 떠나야 하시기 때문이다(렘 7:3; 겔 9:3; 10:4, 18-19; 11:22-23).

여호와의 처소라고 할 수 있는 성막/성전을 지속적으로 거룩하게 유지하기 위해서 하나님은 1년에 하루를 정하여 회막 전체를 정결하게 하는 예배를 드리도록 하셨다. 평소에는 아무도 지성소에 들어갈 수 없다(2절). 오직 하나님이 지정하신 이날, 즉 속죄일에만 온 이스라엘을 대표하여 대제사장이 지성소에 들어가 언약궤를 덮고 있는 속죄소(הַכַּפֹּרֶת)에 염소의 피를 뿌리고 나왔다(15절).

대제사장은 향과 연기로 지성소를 가득 채워 속죄소가 거의 안 보이게 한 다음에 지성소로 들어갔다(16:12-13). 만일 연기로 가득 채워지지 않은 상태에서 들어갔다가는 죽을 수도 있기 때문이다(16:13). 속죄소를 보는 것은 곧 하나님을 보는 것과 마찬가지이기 때문에 그것을 본 제사장은 죽음을 피할 수 없다. 그래서 속죄소를 연기로 가려 제사장이 직접 볼 수 없도록 하였다.

예식이 끝나면 대제사장은 뜰로 나와 준비해 둔 염소에게 안수하면서 이스라엘의 온갖 악행과 죄를 고백하여 그 염소에게 죄를 전가시킨다(21절). 그리고 사람을 시켜 염소를 광야로 끌고 나가 놓아주도록 한다(22절). 이날의 행사는 가장 거룩한 지성소에서, 그다음 성소에서, 그리고 뜰에서 진행하여 법궤로부터 점차 멀어지는 순서로 진행해 나간다.

속죄일 제사로 말미암아 백성들의 죄가 모두 깨끗하게 되었다(30절). 이제부터 짓는 죄는 다음 속죄일에 완전히 제거될 것이다. 속죄일에 백성들은 일을 하지 않고 고행을 통하여 자신을 성찰하며 예식에 동참했다(16:29, 31; 23:28-32).

오늘날도 속죄일이 되면 유태인들은 회당에 모여서 레위기 16장을 낭독하고 묵상한다(Levine). 우리 그리스도인은 예수님이 대제사장이 되셔서 자신을 대속 제물로 드리셨기 때문에 더 이상 제사를 반복할 필요가 없다(히 4:14-16; 10:19-22).

본 텍스트는 다음과 같이 구분될 수 있다.

A. 서론(16:1-2)
B. 제물과 예복 준비(16:3-5)
C. 속죄일 절차 요약(16:6-10)
C'. 속죄일 제사(16:11-28)
A'. 결론(16:29-34)

IV. 속죄일(16:1-34)

A. 서론(16:1-2)

1 아론의 두 아들이 여호와 앞에 나아가다가 죽은 후에 여호와께서 모세에게 말씀하시니라 2 여호와께서 모세에게 이르시되 네 형 아론에게 이르라 성소의 휘장 안 법궤 위 속죄소 앞에 아무 때나 들어오지 말라 그리하여 죽지 않도록 하라 이는 내가 구름 가운데에서 속죄소 위에 나타남이니라

나답과 아비후가 죽은 지 얼마 지나지 않아 하나님이 모세에게 말씀하셨다. 레위기에는 하나님의 말씀을 소개/시작하는 표현이 37차례 등장하는데, 그중 정중앙을 차지하는 19번째가 본문의 "여호와께서 모세에게 말씀하시니라"(1b절)이다(Warning). 저자는 의도적으로 속죄일에 대한 규례를 책의 중앙, 즉 핵심으로 삼고 있는 것이다.

속죄일에 대한 규례는 아론의 두 아들 나답과 아비후가 부정한 불을 드렸다가 죽은 지 얼마 되지 않은 때에 주신 것이다(1절; cf. 10:1-4). 이것을 근거로 일부 주석가들은 나답과 아비후의 죽음이 속죄일의 유래가 되었다고 주장한다(Milgrom). 그러나 16:1은 단순히 비슷한 시기에 두 사건이 일어났음을 시사할 뿐, 한 사건이 다른 사건의 원인이라고 말하지는 않는다(Schwartz, Gane).

또한 죽음으로 오염된 성소를 정결하게 할 필요가 생긴 상황에서 이 규례가 제시되고 있다(Hess). 아론의 두 아들의 죽음은 하나님을 가장 가까이에서 섬기는 제사장들, 특히 대제사장이 근신하지 않으면 하나님의 심판을 받아 죽을 수 있다는 경고의 성격을 띤다(Levine, Hartley). 그러니 이제부터 제시되는 규례를 정신 차려 지키지 않으면 죽는다는 것이다.

아론과 아들들이 이미 대제사장과 제사장들로 임직했지만, 하나님은 여전히 모세를 통해서 말씀하신다(2절). 아론과 아들들이 이스라엘 백성들을 대표하여 성막 사역을 시작하긴 했지만 모세가 하나님의 대언자 역할을 계속했다. 하나님은 아론과 아들들이 아무 때나 지성소에 들어가는 것을 금하신다(2절). 그곳은 온 백성을 대표한 대제사장이 일년에 한 번만 들어갈 수 있는 곳이다.

평소 지성소의 출입을 금하는 것은 그 안에 있는 법궤의 덮개 때문이다(2절). 법궤의 덮개(כַּפֹּרֶת)를 속죄소 혹은 시은좌라고 하는데(cf. 공동번역은 '속죄판'), 덮개의 모양이나 기능에서 비롯된 이름이 아니라 속죄일에 덮개가 감당하는 역할 때문에 주어졌다. 속죄소의 히브리어 이름은 속죄일(יוֹם הַכִּפֻּרִים)의 어원이 되는 동사 '덮다'(כפר)에서 파생한 명사이다. 어떤 사물을 물리적으로 덮는 것이 아닌 죄를 덮어 깨끗하게/정결하게 한다는 의미로 주로 사용된다(HALOT, TDOT, Levine). 그러므로 죄사함과 연관하여 속죄소라고 부르게 된 것이다.

칠십인역(LXX)은 이 덮개를 '속죄의 도구'(ἱλαστήριον; 'means of expiation')라고 번역하며, 영어 번역본들 대부분이 '자비의 보좌'(mercy seat)라는 표현을 사용한다(NAS, NRS, KJV). 성막의 기구 중에서 법궤의 덮개가 하나님의 임재를 가장 직접적으로 상징하기 때문에 이 덮개 앞에 서는 것은 곧 하나님 앞에 서는 것과 같은 의미를 지닌다(2절). 그러므로 속죄소/시은좌는 단순한 덮개보다 죄를 사하는 곳으로서 더 중요한 의미를 지녔다(Hartley, Levine). 섣불리 속죄소에 다가갔다가는 죽을 수밖에 없었다.

IV. 속죄일(16:1-34)

B. 제물과 예복 준비(16:3-5)

[3] 아론이 성소에 들어오려면 수송아지를 속죄제물로 삼고 숫양을 번제물로 삼고 [4] 거룩한 세마포 속옷을 입으며 세마포 속바지를 몸에 입고 세마포 띠를 띠며 세마포 관을 쓸지니 이것들은 거룩한 옷이라 물로 그의 몸을 씻고 입을 것이며 [5] 이스라엘 자손의 회중에게서 속죄제물로 삼기 위하여 숫염소 두 마리와 번제물로 삼기 위하여 숫양 한 마리를 가져갈지니라

속죄일에 드려지는 제사가 가장 거룩하다. 이날 대제사장이 지성소에 들어가 제물을 드리는 것만 봐도 이러한 사실을 쉽게 알 수 있다. 그러므로 온 이스라엘이 모여서 일 년 중 가장 거룩한 제사를 드리는 이날은 제사를 주관하는 대제사장이 빈틈없이 준비되어야 한다.

대제사장은 먼저 자신을 위하여 속죄제물로 드릴 수송아지 한 마리와 번제물로 드릴 숫양 한 마리를 바쳐야 한다(3절). 비록 그가 온 이스라엘을 대표하는 사람이긴 하지만, 하나님 앞에 설 때는 일반 백성들과 전혀 다를 바 없는 죄인이기 때문이다. 그러므로 자신의 죄부터 용서받기 위하여 먼저 제물을 드려야 한다. 이 예식을 통하여 아론은 죄인이 되어 하나님의 임재가 있는 '다른 세상'으로 들어간다(Wenham).

대제사장은 평상시에 입어 왔던 예복을 벗고, 이날에 입기 위하여 준비해 둔 세마포 옷을 입는다. 그의 평상시 예복은 매우 화려하다(8:7ff.; 출 28:4-5). 그러나 속죄일에는 화려함을 모두 제한 옷을 입어야 한다(출 39:27–29). 이날은 그동안 지은 죄로 인한 슬픔과 수치의 날이기 때문에 평소 대제사장직으로 말미암아 누리는 영광과 명예를 버리고 겸손한 사람의 모습으로 하나님 앞에 서는 것이다(Kaiser, Hess).

평소에는 제사를 드릴 때 손과 발만 씻었지만(출 30:18–21), 이날은 온몸을 씻은 후에 예복을 입어야 한다(4절). 제사장은 이 같은 절차에 따라 자신을 위하여 제물을 드린 후에 백성들이 속죄제물로 준비한 숫염소 두 마리와 번제물로 준비한 숫양 한 마리를 받을 수 있다.

C. 속죄일 절차 요약(16:6–10)

6 아론은 자기를 위한 속죄제의 수송아지를 드리되 자기와 집안을 위하여 속
죄하고 7 또 그 두 염소를 가지고 회막 문 여호와 앞에 두고 8 두 염소를 위
하여 제비 뽑되 한 제비는 여호와를 위하고 한 제비는 아사셀을 위하여 할
지며 9 아론은 여호와를 위하여 제비 뽑은 염소를 속죄제로 드리고 10 아사셀
을 위하여 제비 뽑은 염소는 산 채로 여호와 앞에 두었다가 그것으로 속죄
하고 아사셀을 위하여 광야로 보낼지니라

속죄일에 대제사장이 해야 할 일을 요약한 섹션이다. 먼저 대제사장은 수소를 속죄제물로 드려 자기와 자기 집안의 죄를 대속해야 한다(6절). 그다음 백성들이 준비해 둔 염소 두 마리를 끌어다가 회막 앞에서 제비를 뽑아 제물로 바칠 염소와 광야로 내보낼 염소를 정해야 한다(8절). 이렇게 해서 한 염소는 속죄제물이 되어 죽임을 당하고, 또 다른 염소는 광야로 보내질 것이다.

광야에서 놓일 염소를 "아사셀을 위한"(לַעֲזָאזֵל) 것이라고 부른다(8, 10절). '아사셀을 위한 것'이란 정확히 무슨 뜻인가? 이것은 구약 성경에서도 이곳에서만 사용되는 표현이기 때문에 정확한 뜻을 파악하기가 어렵다. 그렇다 보니 학자들의 해석이 무척 다양하다.

전통적으로 세 가지 해석이 주류를 이룬다. 첫 번째 해석은, 아사셀은 염소가 놓이는 광야의 어느 곳 이름이라는 것이다(Rashi, Driver, Wenham, Rooker). 22절의 “접근하기 어려운 땅/황무지”(אֶרֶץ גְּזֵרָה)를 가리키는 이름이라는 것이다(10절). 많은 유태인 주석가는 이 입장을 취했다. 혹은 이 염소를 떨어뜨리는 절벽의 이름이라는 주장도 있다(Kaiser). 염소를 절벽에서 떨어뜨리는 전례는 바벨론 포로에서 돌아온 사람들이 만든 것이다. 온갖 죄를 짊어진 이 염소가 혹시라도 이스라엘 진영으로 다시 돌아와 재앙을 초래하지나 않을까 하는 염려에서였다(Mishnah Yoma 6:6).

두 번째 해석은, 아사셀은 광야를 지배하는 악한 신(영)의 이름이라는 것이다(Gorman, Milgrom, Kiuchi). 아사셀 앞에 붙은 전치사(ל)를 소유격으로 풀이하여 이 염소를 ‘아사셀에게 속한’ 것으로 풀이한다. 이 악신은 17:7의 ‘음란하게 섬기던 숫염소/숫염소 귀신’(שְׂעִרִם)의 형상을 띠어 염소 형상의 악신(goat-demon)이라고 부르기도 한다(Levine). 그렇다면 속죄일에 이스라엘은 염소 두 마리 중 한 마리를 하나님께 바치고, 한 마리는 악신에게 제물로 바친다는 뜻이다(cf. 새번역).

교부 중에 오리겐도 이러한 해석을 주장했으며, 위경의 에녹서도 아사셀을 악령이라고 가리킨다(에녹서 8:1; 9:6). 그러나 이 해석이 안고 있는 문제는, 이 해석을 지지하는 사람들이 주장하는 ‘염소 형상의 악신’의 근거가 되는 17:7의 내용에 있다. 정작 이 구절에서는 ‘음란하게 섬기던 숫염소에게 다시 제사하지 말 것’이라고 구체적으로 경고하고 있기 때문이다. 만일 아사셀이 악령/악신이라면, 16장에서는 악신에게 염소를 바치고, 17장에서는 바치는 것을 금한다고 하니 논리적으로 맞지 않는다.

세 번째 해석은, 아사셀은 ‘떠나는/떠나보내는 염소’를 가리킨다는 해석이다(Kellogg, Harris). 이러한 해석이 가능한 것은 아사셀(עֲזָאזֵל)을 '염소'(עֵז)와 '떠나다/가다'(אָזַל)를 합하여 줄인 것으로 생각하기 때문이다. 칠십인역(LXX)도 이렇게 풀이한다. "떠나보낼 염소"(κλῆρον ἕνα τῷ ἀποπομπαίῳ)(cf. Vg.). 윌리엄 틴들(William Tyndale)이 1500년대에 성경을 영어로 번역하면서 처음 사용한 이래 많은 영어 번역본은 오늘날도 이 염소를 "scapegoat"라고 부르는데, 이 해석에 근거하여 번역한 것이다(NAS, NIV, KJV).

모든 정황을 고려할 때, 가장 설득력 있는 해석은 첫 번째 것, 즉 아사셀은 염소를 떠나보낸 곳의 이름으로 생각된다.

Ⅳ. 속죄일(16:1-34)

D. 속죄일 제사(16:11-28)

이 섹션은 속죄일에 대제사장이 해야 할 일을 더욱더 자세하게, 체계적으로 설명하고 지시한다. 다음과 같이 네 부분으로 구분될 수 있다.

A. 제사의 시작(16:11-14)
  B. 죄 사함(16:15-19)
  B'. 죄를 제거함(16:20-22)
A'. 제사의 마무리(16:23-28)

Ⅳ. 속죄일(16:1-34)
D. 속죄일 제사(16:11-28)

1. 제사의 시작(16:11-14)

11 아론은 자기를 위한 속죄제의 수송아지를 드리되 자기와 집안을 위하여

속죄하고 자기를 위한 그 속죄제 수송아지를 잡고 [12] 향로를 가져다가 여호와 앞 제단 위에서 피운 불을 그것에 채우고 또 곱게 간 향기로운 향을 두 손에 채워 가지고 휘장 안에 들어가서 [13] 여호와 앞에서 분향하여 향연으로 증거궤 위 속죄소를 가리게 할지니 그리하면 그가 죽지 아니할 것이며 [14] 그는 또 수송아지의 피를 가져다가 손가락으로 속죄소 동쪽에 뿌리고 또 손가락으로 그 피를 속죄소 앞에 일곱 번 뿌릴 것이며

대제사장은 먼저 자신과 가족들의 죄를 속하기 위하여 수소를 잡아 속죄제물(חַטָּאת)로 드려야 한다(11절). 그런 다음, 제단에 피어 있는 숯을 향로에 가득 담고, 향가루를 두 손으로 가득 떠서 휘장 안으로 가지고 들어간다. 향로에서 피어오르는 연기는 하나님 앞에 죄인인 대제사장을 가리기 위한 것이 아니라 속죄소를 가려 대제사장이 하나님을 보지 못하게 하기 위한 것이다(Keil, Wenham). 사람이 하나님을 보면 죽게 되기 때문이다.

대제사장이 향로와 향가루를 정확히 어떻게 사용했는가는 본문에 기록되어 있지 않다. 유태인 전승에 의하면, 제사장은 향로를 성소와 지성소를 나누는 휘장 안쪽에 살짝 넣고 그 위에 향을 부었다고 한다(Mishnah Yoma 4:3). 향에서 피어오른 연기가 지성소를 가득 채워 속죄소를 가리면 다음 단계로 넘어간다(13절).

율법에 의하면 지성소 안에는 법궤만 있었다. 그런데 히브리서 9:3-4은 지성소 안에 분향단이 있었다고 한다. 율법이 일상적인 상황에 대해 규정하고 있는 데 비해 히브리서는 속죄일에 대제사장이 지성소에 들어가기 전의 상황을 묘사하고 있는 것에서 온 차이로 풀이된다.

대제사장은 수소의 피를 받아다가 손가락으로 찍어서 속죄소(כַּפֹּרֶת)의 동쪽에 뿌리고, 또 법궤 앞에도 뿌렸다(14절). 동쪽에 뿌린 것까지 합해서 일곱 번을 뿌리라는 것인지, 아니면 법궤 앞에서만 일곱 번을 뿌려 총 여덟 번을 뿌리라는 것인지 확실하지 않다(Kaiser). 대부분의 번역본은 총 여덟 번 뿌리는 것으로 번역하고 있지만(공동번역, 새번역, NIV, NAS, NRS, ESV), 주석가들은 총 일곱 번 뿌렸다고 한다(Kaiser, Hess).

주석가들이 총 일곱 번이라고 해석하는 데는 두 가지 이유가 있다. 첫째, 법궤와 속죄소가 동쪽을 바라보고 있기 때문에 동쪽이 곧 앞쪽이므로 같은 행위를 두 번 언급한 것으로 생각할 수 있다는 것이다. 둘째, 14절의 구조가 같은 일을 두 번 반복하는 것으로 생각된다. 우리말 문법은 히브리어와 다르기 때문에 드러나지 않지만, 히브리어를 순서에 따라 직역하면 다음과 같은 구조로 되어 있다.

A. 그는 또 수송아지의 피를 가져다가 손가락으로
    B. 속죄소 동쪽에 뿌리고
    B′. 속죄소 앞에 뿌릴 것이며
A′. 또 손가락으로 그 피를 일곱 번

위 구조에 의하면, 가운데 놓인 속죄소의 동쪽과 앞에 뿌림은 같은 일을 반복 표현하는 것이 확실하다(Hess). 그러므로 이날 대제사장은 속죄소 앞에서 일곱 번 피를 뿌린 것이다(Kaiser). 피를 손에 찍어 뿌리는 것이기 때문에 가장 거룩한 속죄소를 손으로 만지지 않아도 된다. 구약에서는 이러한 절차가 매년 반복되어야 했지만, 신약은 그리스도께서 흘리신 피가 영구적인 효과를 가져왔다고 한다. 더 이상 이러한 속죄 예식을 매년 반복할 필요가 없게 된 것이다.

Ⅳ. 속죄일(16:1–34)
  D. 속죄일 제사(16:11–28)

2. 죄 사함(16:15–19)

15 또 백성을 위한 속죄제 염소를 잡아 그 피를 가지고 휘장 안에 들어가서

그 수송아지 피로 행함 같이 그 피로 행하여 속죄소 위와 속죄소 앞에 뿌릴
지니 16 곧 이스라엘 자손의 부정과 그들이 범한 모든 죄로 말미암아 지성소
를 위하여 속죄하고 또 그들의 부정한 중에 있는 회막을 위하여 그같이 할
것이요 17 그가 지성소에 속죄하러 들어가서 자기와 그의 집안과 이스라엘
온 회중을 위하여 속죄하고 나오기까지는 누구든지 회막에 있지 못할 것이
며 18 그는 여호와 앞 제단으로 나와서 그것을 위하여 속죄할지니 곧 그 수
송아지의 피와 염소의 피를 가져다가 제단 귀퉁이 뿔들에 바르고 19 또 손가
락으로 그 피를 그 위에 일곱 번 뿌려 이스라엘 자손의 부정에서 제단을 성
결하게 할 것이요

대제사장은 자신의 죄를 위하여 수소를 제물로 드린 다음, 백성들을 위하여 속죄제를 드린다(15절). 수소의 피를 뿌렸을 때처럼 백성들이 드린 염소의 피를 가지고 들어가 속죄소 앞에서 일곱 번 뿌린다(14절). 대제사장이 수소와 숫양의 피를 뿌리는 목적은 분명하다. "곧 이스라엘 자손의 부정과 그들이 범한 모든 죄로 말미암아 지성소를 위하여 속죄하고 또 그들의 부정한 중에 있는 회막을 위하여 그같이 할 것이요"(16절).

죄짓거나 부정한 백성들이 성막을 드나들다 보니 가장 거룩한 지성소까지도 오염되기 때문에 성막/성전의 정결 예식이 필요하다. 그러나 일부 주석가들이 주장하는 것처럼 이 예식의 목적이 오염된 성전을 정결하게 하는 데 있는 것만은 아니다(Milgrom). 사람들의 죄 문제도 동시에 해결한다(Levine, Hartley, Hamilton, Hess, cf. 17-18절). 율법은 죄와 부정을 동일하게 취급하고 있으며, 이 예식도 죄와 부정을 동일하게 취급한다(Levine).

대제사장은 같은 방법으로 회막을 성결하게 해야 한다. 이것은 성소도 정결하게 해야 한다는 뜻인데 구체적으로 성소 안 어떤 물건의 위 또는 앞에 피를 뿌려야 하는가? 대부분의 주석가는 분향단 위와 앞에 피를 뿌린 것으로 생각한다(Kurtz, Gane)(16절). 성소에서 지성소에 가장 근접해 있는 것이 분향단이기 때문이다. 또한 분향단은 성소 안에 위치한 물건(금촛대, 진설병상 포함) 중에 가장 중요한 상징성이 있는 기구이다.

아론이 자신과 이스라엘을 위하여 예식을 진행하는 동안에는 누구도 회막에 있어서는 안 된다(17절). 평소에는 제사장들이 성소에 드나들며 사역하지만, 이날만큼은 까다로운 절차를 통해 정결하게 된 대제사장만 회막을 드나들 수 있다. 제사장들은 회막 뜰에 머물러 있어야 한다.

회막 안에서의 예식이 다 끝나면 대제사장은 뜰에 있는 제단을 정결하게 해야 한다. 제물로 잡은 수소와 숫염소의 피를 받아다가 제단의 네 뿔에 돌아가며 바른다(18절). 그러고 난 다음에 손가락으로 피를 찍어 제단 위에 일곱 번 뿌려 오염되었던 제단을 정결하게 한다(19절; cf. 출 29:36-37). 제단의 뿔에 피를 바르고, 제단 위에 일곱 번 피를 뿌리는 등 정결 예식을 각별하게 드리는 것은 지난 일 년 동안 제단이 사람들의 죄와 부정으로 심하게 오염되었기 때문이다(Milgrom).

성경에서 제단에 피를 뿌리라고 하는 것은 이곳이 유일하다(Kiuchi). 평상시 제단에 피를 바르기는 하지만 뿌리지는 않는다. 오직 속죄일에만 제단에 피를 뿌렸다. 회막 뜰을 성결하게 하기 위한 별도의 정결 예식은 필요 없다. 성막과 그 안에 있는 모든 것이 성결하게 될 때(레 8:10-11) 뜰은 제단이나 성막처럼 기름 바름이나 부음을 받지 않는다. 신약 시대를 사는 우리는 하나님께 감사할 이유가 한 가지 더 있다. 그리스도의 피가 단번에 영원한 효과를 발휘하기 때문에 더 이상 매년 이 같은 예식을 반복할 필요가 없게 되었기 때문이다(히 7:27; 9:12, 26; 10:10).

IV. 속죄일(16:1–34)
D. 속죄일 제사(16:11–28)

3. 죄를 제거함(16:20–22)

[20] 그 지성소와 회막과 제단을 위하여 속죄하기를 마친 후에 살아 있는 염소를 드리되 [21] 아론은 그의 두 손으로 살아 있는 염소의 머리에 안수하여 이스라엘 자손의 모든 불의와 그 범한 모든 죄를 아뢰고 그 죄를 염소의 머리에 두어 미리 정한 사람에게 맡겨 광야로 보낼지니 [22] 염소가 그들의 모든 불의를 지고 접근하기 어려운 땅에 이르거든 그는 그 염소를 광야에 놓을지니라

대제사장은 온 회막에서 예식적 부정(cultic impurity)을 제거하여 성결하게 한 다음에 이스라엘 백성들의 도덕적 부정(moral impurity), 곧 죄를 제거해야 한다. 이 일을 위해 제비뽑기를 통해 미리 정해 놓은 '아사셀에 보내는 염소'(עֲזָאזֵל)에 두 손을 얹어 이스라엘 자손이 저지른 온갖 악행(כָּל־עֲוֺנֹת)과 반역 행위(כָּל־פִּשְׁעֵיהֶם)와 죄(כָּל־חַטֹּאתָם)를 모두 자백하고 나서, 이 모든 죄를 염소의 머리에 씌운다(21절). 이스라엘의 '모든/온갖'(כָּל) 죄가 세 개의 다른 단어를 통해 세 차례 강조되고 있다. 이스라엘 공동체와 대제사장이 지은 죄를 하나도 빠짐없이 염소에게 전가함을 강조하는 것이다.

그런 다음에 미리 정한 사람에게 숫염소를 맡겨 광야로 보낸다. 본문은 염소에 대해 언급하면서 지속적으로 '살아있는 염소'(הַשָּׂעִיר הַחַי)라는 표현을 사용한다. 이미 죽은 다른 염소와 극적인 대조를 이루기 위해서이다. 미쉬나에 의하면, 이 염소가 혹시라도 살아서 이스라엘 진영으로 다시 돌아오는 것을 방지하기 위하여 염소를 절벽에서 떨어뜨려 죽였다고 한다(m. Yoma 6:6). 이미 언급한 것처럼 많은 학자가 이 절벽의 이름이 '아사셀'이기 때문에 '아사셀 염소'로 불리게 된 것이라고 주장한다. '아사셀 절벽'의 위치는 필요에 따라 언제든지 바뀔 수 있었다. 솔로몬이 성전을 건축하여 법궤가 성전에 안치된 이후에는 아사셀 절벽이 예루살렘 주변에 있었을 것이다. 반면에 성막과 법궤가 실로에 있었을 때는 실로 주변에 아사셀 절벽이 있었을 것이다.

"죄를 염소의 머리에 둔다"(וְנָתַן אֹתָם עַל־רֹאשׁ הַשָּׂעִיר)(21절)라는 것은 정확히 무엇을 의미하는가? 어떤 사람들은 이 절차를 상징적인 의미를 지닌 순수한 종교적 예식으로 취급하지만 꼭 그렇지만은 않다. 다른 제사에서 제사장이나 제물을 드리는 사람이 제물이 될 짐승에게 손을 얹는 것이 일반화되어 있다(1:4; 4:4, 15, 24, 29). 그러나 이 제사는 대제사장이 제물이 될 짐승에 안수하면서 죄를 고백한다는 점에서 독특하다.[12] 게다가 염소를 광야로 끌고 가 놓아주는 사람이 옷을 빨고 목욕한 다음에야 진영으로 들어올 수 있다는 것도 이 예식이 단순히 상징적인 의미를 지닌 것이 아니라 염소가 실제로 백성들의 죄를 지고 갔음을 뜻한다(Kaufmannn, Gane).

이날 드려지는 속죄제는 하나이지만 두 마리의 짐승으로 죄 사함의 두 면모를 강조하고 있다(Kaiser). 죄는 첫 번째 염소의 피를 통해 대속되며, 두 번째 짐승을 통해 하나님이 용서하신 죄는 잊히고 멀리 떠난 것을 확인한다(시 103:10). 그러므로 첫 번째 짐승은 속죄의 방법(means)을 제시하고 있으며, 두 번째 짐승은 죄 사함의 효과(effect)를 생생하게 보여 준다. 이사야가 수난받는 종의 삶을 묘사할 때(사 53장), 그의 마음에는 속죄일에 백성의 죄를 위하여 죽은 두 짐승이 있었을 것이다(Rooker).

신약적인 관점에서 이 예식은 공동체는 어떠해야 하는가를 보여 준

12 대부분 주석가(Milgrom, Kiuchi, Hess, Gane)는 제사장이 다른 제사에 사용되는 짐승들은 한 손으로 안수하지만, 이날은 대제사장이 두 손으로 안수한다는 사실의 중요성을 부각시킨다. 두 손을 올려 안수할 때는 죄를 짐승이 지는 것이고(transference), 한 손으로 안수할 때는 안수자가 제물과 하나됨(identification)을 뜻한다(Milgrom). 어느 정도 설득력이 있는 주장이지만, 제사장이 다른 제물에는 한 손으로 안수했는지가 확실하지 않다(cf. Kaiser).

다. 이날 성소에 모여 죄 문제를 해결한 이스라엘 공동체와 현재의 교회 공동체가 평행을 이룬다. 주님의 백성이 모인 공동체는 죄를 '내보냄'으로써 정결한 상태를 유지해야 하는 것이다.

또한 죄를 지고 이스라엘의 진영을 떠난 염소가 죽음의 영토로 들어선 것처럼, 우리도 교회 공동체를 떠나서는 죽음밖에 없다는 사실을 생각해 봐야 한다. 그러므로 신약은 성도의 삶에서 공동체의 중요성을 지속적으로 강조한다(히 10:25). 또한 하나님이 계시는 성소는 질서와 정의가 있는 곳이지만, 염소가 가는 광야는 혼돈과 무질서만이 있는 곳이다(Gorman). 하나님의 나라를 벗어나면 무질서만이 난무할 뿐이다 (Hess).

Ⅳ. 속죄일(16:1-34)
D. 속죄일 제사(16:11-28)

4. 제사의 마무리(16:23-28)

**[23] 아론은 회막에 들어가서 지성소에 들어갈 때에 입었던 세마포 옷을 벗어
거기 두고 [24] 거룩한 곳에서 물로 그의 몸을 씻고 자기 옷을 입고 나와서 자
기의 번제와 백성의 번제를 드려 자기와 백성을 위하여 속죄하고 [25] 속죄제
물의 기름을 제단에서 불사를 것이요 [26] 염소를 아사셀에게 보낸 자는 그의
옷을 빨고 물로 그의 몸을 씻은 후에 진영에 들어갈 것이며 [27] 속죄제 수송
아지와 속죄제 염소의 피를 성소로 들여다가 속죄하였은즉 그 가죽과 고기
와 똥을 밖으로 내다가 불사를 것이요 [28] 불사른 자는 그의 옷을 빨고 물로
그의 몸을 씻은 후에 진영에 들어갈지니라**

아사셀 염소(עֲזָאזֵל)를 내보낸 후에 대제사장은 회막으로 들어가 이때까지 입고 있던 옷, 즉 이날을 위하여 특별히 준비한 옷을 벗고 몸을 씻는다. 목욕을 마치고 나서 옷을 갈아입고 뜰로 나가 자신을 위한 번

제물과 백성들을 위한 번제물을 바쳐 죄를 속해야 한다(24절). 아마도 이날 대제사장의 목욕을 위해 임시 텐트가 세워졌을 것이다(Levine).

대제사장이 이 시점에서 목욕을 해야 하는 이유는 확실하지 않다. 떠나보내는 염소에게 안수한 것이 이스라엘의 온갖 죄를 실제적으로 전가한 것이기 때문에 그가 부정해져서 다시 정결해질 필요가 있었을 수 있다. 아니면 가장 거룩한 지성소에 출입했기 때문에 그의 몸에 '최고의 거룩'(super-holiness)이 배여 있어서 거룩함을 씻어 내기 위하여 목욕을 했을 수도 있다(Milgrom, Porter, Gerstenberger). 단순히 이날 제사를 진행하던 중에 살아있는 염소를 만졌기 때문에 남은 제사를 진행하기 위하여 씻는 것이라고 해석하기도 한다(Gane).

목욕을 한 후에 대제사장이 입는 옷이 성소에 벗어 놓은 세마포 옷인가 아니면 평소에 입던 화려한 예복인가? 새번역과 공동번역은 "다시 그 옷을 입고/그 옷을 다시 입고"라고 번역하여 아론이 성소에 벗어 놓았던 세마포 옷을 입고 나온 것으로 해석한다. 반면에 개역개정은 "자기 옷을 입고"라고 번역하여 애매함을 보인다(NAS, NRS, TNK).

대부분의 학자는 아론이 목욕한 후에 입은 옷이 이날을 위해 특별히 준비된 세마포 옷이 아니라 평소에 입던 화려한 금색 옷일 것으로 생각한다(Levine, Kaiser, cf. NIV). 히브리어 성경은 그가 벗어 놓은 옷을 "하얀 모시 옷"(בִּגְדֵי הַבָּד)이라고 표현하고 있으며, 입은 옷은 단순히 "그의 옷"(בְּגָדָיו)이라고 한다(23, 24절). 히브리어 표현의 차이를 감안하면 아론은 목욕한 후에 평상시의 화려한 옷을 입었던 것 같다.

대제사장이 이스라엘의 온갖 죄를 씌워 떠나보낸 염소를 광야로 끌고 가서 놓아준 사람은 부정하다. 그러므로 그는 옷을 빨아 입고 목욕한 후에야 이스라엘 진영으로 돌아올 수 있다(26절). 대제사장은 이날 예식을 진행하는 중에 속죄제물로 잡은 짐승들, 즉 자신을 위한 수소와 백성들을 위한 염소의 기름기를 제단 위에 올려놓고 불살라야 한다. 대제사장이 속죄제물의 기름기를 태운 다음에 몇 사람들이 속죄제물로 잡은 수소와 숫염소의 주검을 진영 밖으로 끌어내어 모조리 태워야 한다(27절).

백성들의 속죄제물은 원래 제사장의 몫이지만, 이날만큼은 제사장도 자기 몫을 가질 수 없다. 제물로 드려진 수소와 숫염소의 주검을 진영 밖으로 가져가 태운 사람들도 부정하기 때문에 옷을 빨고 목욕을 한 후에야 안으로 들어올 수 있다(28절). 염소를 광야로 끌고 간 사람과 속죄제물을 진영 밖에서 태운 사람이 부정한 것은 도덕적 죄(moral sin)가 효과적 측면에서는 예식적 부정(cultic impurity)과 비슷함을 시사한다(Gane).

IV. 속죄일(16:1-34)
D. 속죄일 제사(16:11-28)

E. 결론(16:29-34)

29 너희는 영원히 이 규례를 지킬지니라 일곱째 달 곧 그 달 십일에 너희는
스스로 괴롭게 하고 아무 일도 하지 말되 본토인이든지 너희 중에 거류하는
거류민이든지 그리하라 30 이 날에 너희를 위하여 속죄하여 너희를 정결하
게 하리니 너희의 모든 죄에서 너희가 여호와 앞에 정결하리라 31 이는 너희
에게 안식일 중의 안식일인즉 너희는 스스로 괴롭게 할지니 영원히 지킬 규
례라 32 기름 부음을 받고 위임되어 자기의 아버지를 대신하여 제사장의 직
분을 행하는 제사장은 속죄하되 세마포 옷 곧 거룩한 옷을 입고 33 지성소를
속죄하며 회막과 제단을 속죄하고 또 제사장들과 백성의 회중을 위하여 속
죄할지니 34 이는 너희가 영원히 지킬 규례라 이스라엘 자손의 모든 죄를 위
하여 일 년에 한 번 속죄할 것이니라 아론이 여호와께서 모세에게 명령하신
대로 행하니라

지금까지 속죄일 규례와 관련하여 대제사장의 역할만 중점적으로 다

루고, 일반 백성들의 참여나 의무에 대해서는 거의 언급이 없었다. 이 섹션은 온 이스라엘에게 이날에 대한 그들의 의무를 언급한다. 또한 성막에서 언제 혹은 얼마나 자주 정결 예식을 행해야 하는가에 대한 언급도 없었는데, 본 섹션에서 구체적으로 지시한다.

속죄일은 이스라엘의 '영원한 규례'(חֻקַּת עוֹלָם)이다(29절; cf. 3:17; 6:22; 16:31, 34). 이스라엘은 속죄일을 종교 달력으로 매년 7월 10일에 거행해야 한다(29절). 출애굽 이후로 이스라엘의 새해는 유월절이 있었던 봄철에 시작되었다. 그러므로 티쉬레이(Tishrei) 월이라고도 불리는 7월은 가을에 시작되었으며, 티쉬레이 월에는 장막절과 속죄일 등 이스라엘의 주요 종교 절기가 있었다. 세월이 지나면서 이스라엘의 새해가 티쉬레이 월로 바뀌면서 속죄일이 1월의 절기가 되었다. 정확히 언제 어떤 일을 계기로 이렇게 되었는지 알 수 없지만, 이러한 변화는 출애굽 때로부터 상당한 시간이 흐른 다음에 있었던 것으로 추정된다(Judaica).

이날 이스라엘 사람들과 그들과 함께 사는 외국인들은 일을 하지 말아야 하며 겸손히 고행해야 한다(תְּעַנּוּ אֶת־נַפְשֹׁתֵיכֶם)(29절). 성경에서 '스스로 괴롭게 함/고행'은 금식하며 근신하는 것을 의미한다(Ibn Ezra, Levine, cf. 사 58:3, 10; 시 35:13). 유태인들은 고행할 때 다섯 가지를 금했다. (1) 음식과 물을 먹고 마시는 것, (2) 목욕하는 것, (3) 기름을 바르는 것, (4) 가죽신을 신는 것, (5) 성관계를 갖는 것(m. Yoma 8:1).

속죄일에 온 백성이 고행을 자청해야 하는 것은 그들의 모든 죄가 씻기는 엄숙한 날이기 때문이다(30절). 그러므로 저자는 이날 백성들이 절대적으로 안식해야 한다(שַׁבַּת שַׁבָּתוֹן)고 말한다(31절). 이날만큼은 모든 일을 멈추라는 것이다. 일부 유태인 주석가들은 심지어 요리도 해서도 안 된다고 해석했다(Rashi).

대제사장은 아사셀 염소를 광야로 내보낸 후에 목욕할 때까지 평소의 화려한 옷 대신에 세마포 옷을 입고 속죄제를 인도한 것은 마치 예수님이 하늘의 모든 영광을 내려놓고 인간의 모습을 취하셨던 것과 유사하다(Kaiser). 또한, 히브리서 9-10장은 그리스도께서 완전한 대속 제물이 되셨다고 말한다. 구약의 속죄일이 예수님의 사역을 통해 완성된 것이다(Hess).

V. 성결 법전
(17:1-26:46)

이 섹션의 공통 주제는 '거룩'이다. 크로스테르만(Klosterman)이 17-26장을 처음으로 '성결 법전'(Holiness Code, H)으로 부른 이후 성결 법전이 본 장의 이름이 되었다(Harrison). 본문은 서문(17장)으로 시작해서 말문(26:3-46)으로 끝을 맺는다.

서문인 17장은 예배를 어떻게 드려야 하는지에 대해 가르친다. 그다음, 18-20장은 가족 안에서의 성결, 특히 성적(性的) 주제와 연관해서 가족간의 거룩을 논한다. 21-25장은 공동체의 예배 의식에 대한 여러 가지 규례를 담고 있으며, 제사장직, 결혼, 장례식, 거룩한 절기와 날들에 대한 주제를 언급한다.

말문 역할을 하는 26장은 이스라엘 앞에 축복의 길과 저주의 길을 제시하여 복된 순종의 삶과 고역스러운 불순종의 삶을 대조시킨다. 순종과 불순종에 따른 언약적 축복과 저주에 대한 경고를 담고 있는 26장은 선지자들이 가장 많이 인용했던 율법(Torah) 섹션이다(Kaiser). 이스라엘이 하나님과 맺은 언약대로 살지 않을 때마다 그들에게 언약적 저주 선포가 선지자들의 주제가 되었던 것이다.

성결 법전의 핵심은 모든 주의 백성이 거룩한 공동체를 이루기 위하여 함께 책임을 지고 노력하는 데 있다. "너는 이스라엘 자손의 온 회중에게 말하여 이르라 너희는 거룩하라 이는 나 여호와 너희 하나님이 거룩함이니라"(19:2). 거룩한 공동체를 세워 나가는 일에 있어서 온 이스라엘의 책임을 강조하는 이 말씀은 레위기의 다른 섹션에서는 거의 등장하지 않는다(17:2; 18:2; 19:2; 20:2, 7, 26; 21: 6, 8; 22:18). 레위기가 지금까지 주로 제사장들을 상대로 율법을 선포한 것에 비해 본 섹션은 온 이스라엘에게 선포하라는 명령을 동반하고 있다는 데서 앞으로 온 공동체의 책임과 노력을 요구하는 율법을 선포할 것을 암시한다(17:2; 18:2; 19:2; 20:2; 22:18).

같은 역사를 지녔고, 공동의 사명을 추구하는 이스라엘 공동체에 속한 모든 사람의 상호 의존과 협력을 전제로 선포되는 성결 법전은 오경 중에서도 '언약의 책'(Book of the Covenant)이라고 불리는 출애굽기 20:19-23:33과 비슷하다. 또한 신명기적 율법을 담고 있는 신명기 12-28장과도 비슷한 성격을 지니고 있다(Levine). 17-26장은 레위기의 다른 부분들보다 출애굽기나 신명기의 섹션들과 더 유사한 스타일을 지니고 있는 것이다. 다음을 참조하라(Levine).

주제	성결 법전	언약의 책	신명기
서론: 바른 예배	레 17장	출 20:19-23	신 12장
결론: 축복과 저주	레 26:3-46	출 23:20-33	신 27-30장
땅에 대한 의무	레 19:9-37; 25장	출 23:10-11	신 15장; 24:19-22; 26장
거룩한 절기	레 23장	출 23:12-19	신 16:1-7

서론에서 이미 언급한 것처럼 그라프(K. Graf)가 1866년에 레위기 18-23장과 25-26장을 처음 책에서 분리하여 독립적으로 취급한 이후 성결 법전과 레위기 전체의 관계는 학자들 사이에 논란이 되어 왔다(Harrison). 그는 이 섹션이 에스겔서와 비슷한 점이 많다고 하여 저자

를 에스겔로 생각했다. 몇 년 후 카이저(A. Kayser)는 에스겔서와 레위기의 추가적인 공통점을 들어가며 그라프의 주장을 지지했을 뿐만 아니라 레위기 17장도 에스겔이 저작한 것이라고 주장했다.

이어 클오스테르만(A. Klosterman)이 레위기 17-26장을 처음으로 성결 법전이라 부르기 시작했으며, 이 섹션과 에스겔서와의 연관성을 더 강력하게 주장하였다. 약 12년 후, 벨하우젠은 성결 법전이 제사장주의 문서 중에서도 독특한 자리를 차지하며 포로기의 마지막 때(주전 540년대)에 저작된 것이라고 했다.

벨하우젠의 주장은 학계에 큰 영향력을 행사했다. 이후 많은 학자가 성결 법전 안에서도 여러 편집자의 손길을 찾는 데 주력했다. 특히 패톤(L. Paton)은 여러 개의 논문을 통해 성결 법전이 최소한 4단계의 편집 과정을 거쳐 완성되었다고 결론지었다(cf. Harrison, Archer).

그러나 1912년, 어드맨스(B. D. Eerdmans)는 레위기에서 17-26장을 따로 분류하여 독립적인 문서로 취급하는 것에 대하여 반대 의견을 냈다. 그의 주장에 따르면, 이 섹션을 하나로 묶는 구조가 없을 뿐만 아니라 오경의 여러 텍스트가 성결 법전처럼 거룩/성결을 요구하고 있어서(출 19:6; 레 11:44-45; 신 7:6; 14:2, 21; 26:19; 28:9), 이러한 요구가 성결 법전에서만 일어나는 현상이라고 결론지을 수 없다는 것이다. 그뿐만 아니라 위 학자들이 성결 법전에서만 사용된다고 주장했던 히브리어 단어들이 구약의 다른 곳에서도 사용된 점도 문제 제기의 증거로 제시되었다. 그의 반론은 몇몇 학자들의 지지를 받았지만(Küchler), 이미 벨하우젠의 학설에 설득된 학계의 반응은 냉담했다.

폰라드(G. von Rad)의 『신명기 연구』(1947년)는 성결 법전에 대한 연구 방향을 바꾸어 놓았다. 그는 이 법전이 "나는 여호와이니라"라는 말을 반복하고 있다는 사실에 근거하여 이 섹션은 제사장주의 문서(P)가 아니라 여호와주의 문서(J)로 구분되어야 한다고 주장했다. 폰라드의 말에 따라 학자들은 "만일 성결 법전이 여호와주의 문서와 제사장주의 문서가 섞인 것이라면, 이 법전이 어떤 과정을 통하여 오늘에 이르렀을까"라는 질문을 했다. 폰라드의 주장에 자극을 받은 학계는 이 법전의 성장과 발달 과정(growth and development)을 밝히는 데 초점을 맞추기 시작했다.

성결 법전의 모든 것을 낱낱이 연구한 레벤트로브(H. G. Reventlow)는 1961년 저서에서 이 법전은 매우 오래전에 매년 행해지던 언약 축제에서 비롯된 것이며, 이스라엘이 시내 산에 도착했을 때 시작된 전승을 포함하고 있다고 주장했다. 또한 광야 생활에서 비롯된 전승도 포함하고 있는 이 법전을 이스라엘에게 가르친 사람은 모세의 후계자였을 것이라는 주장도 함께 내놓았다. 성결 법전이 레위기보다 훨씬 더 오래된 출처에서 비롯된 것이라는 결론에 도달한 것이다.

이후에도 성결 법전을 레위기에서 분류하여 독립적으로 취급하려는 의도는 많이 있었다. 그러나 엘리거(K. Elliger)는 1966년 자신의 주석에서 이 법전이 레위기에서 독립적으로 존재했다는 학자들의 주장을 전적으로 반박했다. 그는 이 섹션의 내용이 처음부터 두 단계를 거쳐 제사장주의 문서에 접목되었다고 주장했다. 또한 어떤 학자는 성결 법전이 광범위한 제사장주의적인 편집을 거치지 않고, 신명기적 사관을 지닌 제사장에 의하여 저작되었다고 했다(Cholewiński). 시간이 지날수록 많은 학자는 성결 법전이 독립적으로 존재했다는 주장을 부인하고, 처음부터 레위기의 일부였다고 주장하게 된 것이다(Hartley, Kaiser, Gane, Sherwood).

성결 법전은 다음과 같은 주제를 다루고 있다. 예배, 식생활, 성생활, 사회 윤리, 예배, 가족 관계, 제사장직, 제물, 절기, 불과 떡, 이름, 땅 소유, 언약 등. 이 매우 다양한 주제들은 성도의 삶과 연관되어 있는 것들이다. 그러므로 이 주제들을 하나로 묶을 수 있는 유일한 것은 '성결'이다.

본 텍스트는 다음과 같이 섹션화할 수 있다.

A. 거룩한 예배(17:1-9)
B. 거룩한 식생활(17:10-16)
C. 거룩한 성생활(18:1-30)
D. 거룩한 사회 윤리(19:1-37)
E. 거룩한 예배(20:1-87)
F. 거룩한 가족 관계(20:9-21)
G. 거룩한 땅의 소유(20:22-27)
H. 거룩한 제사장직(21:1-22:16)
I. 거룩한 제물(22:17-33)
J. 거룩한 절기(23:1-44)
K. 거룩한 불과 떡(24:1-9)
L. 거룩한 이름(24:10-23)
M. 거룩한 땅의 경작 (25:1-38)
N. 거룩한 주-종 관계(25:39-55)
O. 거룩한 언약(26:1-46)

V. 성결 법전(17:1-26:46)

A. 거룩한 예배(17:1-9)

1 여호와께서 모세에게 말씀하여 이르시되 2 아론과 그의 아들들과 이스라엘
의 모든 자손에게 말하여 그들에게 이르기를 여호와의 명령이 이러하시다
하라 3 이스라엘 집의 모든 사람이 소나 어린 양이나 염소를 진영 안에서 잡
든지 진영 밖에서 잡든지 4 먼저 회막 문으로 끌고 가서 여호와의 성막 앞에
서 여호와께 예물로 드리지 아니하는 자는 피 흘린 자로 여길 것이라 그가
피를 흘렸은즉 자기 백성 중에서 끊어지리라 5 그런즉 이스라엘 자손이 들에
서 잡던 그들의 제물을 회막 문 여호와께로 끌고 가서 제사장에게 주어 화목

**제로 여호와께 드려야 할 것이요 [6] 제사장은 그 피를 회막 문 여호와의 제단
에 뿌리고 그 기름을 불살라 여호와께 향기로운 냄새가 되게 할 것이라 [7] 그
들은 전에 음란하게 섬기던 숫염소에게 다시 제사하지 말 것이니라 이는 그
들이 대대로 지킬 영원한 규례니라 [8] 너는 또 그들에게 이르라 이스라엘 집
사람이나 혹은 그들 중에 거류하는 거류민이 번제나 제물을 드리되 [9] 회막
문으로 가져다가 여호와께 드리지 아니하면 그는 백성 중에서 끊어지리라**

레위기 17장은 거룩에 대해 한 번도 직설적으로 말하지 않는다. 또한 성결 법전에 흔히 등장하는 도덕적 금지령도 없다. 그래서 일부 학자들은 17장을 성결 법전에서 제외시키기도 한다. 그들은 17장과 18–26장의 연결이 자연스럽지 않다는 판단을 추가 이유로 제시하기도 한다. 그러나 17장이 주제와 스타일 면에서 1–16장과 18–26장 사이의 다리 혹은 전환 역할을 하고 있다는 것이 대부분 학자의 결론이다(Wenham, Harris, Hess, Gane).

하나님이 모세를 통해 주의 백성 중 누구든지 소나 어린 양이나 염소를 진영 안에서 잡든지 진영 밖에서 잡든지 그것을 회막 문으로 가져와 여호와의 성막 앞에서 주께 제물로 드려야 한다고 말씀하신다(3–4절). 하나님께 드리는 제물을 회막에서 잡는 것은 당연한 일이다. 그런데 이 말씀의 적용 범위를 따르자면, 당시 이스라엘 백성들은 하나님께 제물로 드리기 위해서뿐 아니라 단순히 도축을 위해서도 짐승을 회막/성전으로 끌고 와서 하나님께 먼저 [상징적으로] 바친 다음에 먹거나 유통시켜야 했다는 것인가?

오래전부터 일부 학자들은 이것을 도축을 포함한 모든 도살을 한 곳에서만 하라는 명령으로 해석해 왔다. 매우 원시적인 미신 혹은 이방인들의 종교 행위를 반영한 것이라고 생각했다(Douglas, cf. Levine, Kaiser). 그러나 문맥은 이러한 해석을 용납하지 않는 듯하다(Kiuchi). 다음 사항들을 생각해 보라.

첫째, 3절의 '잡다'(שׁחט)는 주로 성경에서 고기를 위해 도축하는 행위와 하나님께 제물로 바치기 위하여 도살하는 행위 등 두 가지 의미로 사용된다(Levine, cf. HALOT). 둘 중에 제물로 바쳐질 짐승을 잡는 의미로 사용될 때가 더 많다(Noordtzij). 본문에서도 같은 의미로 쓰였다(Hartley). 또한 이렇게 해석해야 "그가 피를 흘렸은즉 자기 백성 중에서 끊어지리라"(4절)라는 말씀이 이해된다.

만일 본문이 도축에 대한 내용이라면, 여호와의 성막 앞에서 예물을 드리지 않았다는 이유로 이스라엘 공동체에서 쫓겨나는 것은 너무 가혹하다고 생각된다. 고대 사회에서 죽음의 세계와 연관된 신들의 제사에는 짐승의 피를 흘리는 예식이 포함되어 있었다는 사실이 곳곳에 증거로 남아 있다(Milgrom).[13] 본문이 금하고 있는 '피 흘림'은 우상숭배와 연관된 예식이 확실하다.

둘째, 5절에서 '화목제'(זִבְחֵי שְׁלָמִים)란 단어를 구체적으로 사용하여 이곳에 묘사된 행위가 제사를 위한 도살이라는 사실을 확실시한다(Hess, cf. 8절). 저자는 이 섹션에서 '회막 문'(פֶּתַח אֹהֶל)을 네 차례나 언급함으로써 오직 하나님께만 예배드릴 것을 강조한다(Rooker). 즉 만일 회막 문에서 짐승을 잡지 않으면, 예를 들어 이방신들에게 제물을 바친다면, 이스라엘에서 끊어질 것이라는 것이다(Warning).

셋째, 7절은 이스라엘은 '숫염소 귀신들'(שְּׂעִירִם)(새번역)에게 제물로 바치는 음행을 저질러서는 안 된다고 한다.[14] 염소와 연관된 (귀)신들은 '저세상'(죽은 사람이 가는 곳)과 연관된 암울한 존재들이었다(Hess). 짐승을 다른 신들에게 제물로 바치지 말라는 것이다.

---

13 밀그롬(Milgrom)은 이 신이 우가리트(Ugarit) 사람들이 숭배했던 죽음의 세계(underworld)를 지배하는 신, 모트(Mot)라고 한다.

14 델타 지역을 포함한 하부 이집트(Lower Egypt)에서 한때 염소 숭배가 성행했다. 이집트 사람들의 염소 숭배가 그리스 신화의 염소의 다리에 염소의 귀와 뿔을 지닌 숲과 들의 목양신 판(Pan)과 로마 신화의 동일한 모습을 한 목양신 파우누스(Faunus)의 바탕이 되었다(Kaiser). 그리스 신화에 등장하는 상체는 사람, 하체는 염소의 형상인 사티로스(satyr)의 가나안 모형이라는 해석도 있다(Eichrodt).

넷째, 신명기 12:15-16은 성전이 아닌 다른 곳에서도 짐승을 도살할 수 있도록 허락한다. 피를 먹지 말고 쏟기만 하면 된다. 그러므로 본문은 '제물을 드릴 때'로 제한해서 해석되어야 한다. 게다가 여기서 언급되는 소, 양, 염소와 같은 동물들은 모두 하나님께 드리는 제물로 사용되는 것들이라는 점도 이러한 해석을 지지한다.

그러므로 이 섹션은 예배에 관한 율법이지 짐승 도축에 관한 것이 아니다. 이것은 십계명 중 제1계명을 어기지 말 것을 경고하는 말씀이다. 또한 제사장이 있는 성전이 아닌 다른 곳에서 일반인들이 제물을 드리는 것을 금한다(Kaiser, cf. 5절).

저자는 이스라엘이 우상에게 제물을 바치는 행위를 '음행'(זנה)(새번역)이라고 한다(7절). 성경은 주의 백성이 우상숭배하는 것을 음행으로 자주 표현한다. 하나님과 이스라엘의 언약 관계는 결혼 관계와도 같기 때문에 신부 이스라엘은 신랑 하나님만 사랑하며 살아야 하는데, 우상에게 한눈을 판다면 남편에게 쏟아야 할 사랑과 충성을 정부(情婦)에게 주는 것과 같다. 그래서 성경은 우상숭배를 간음 혹은 음행이라고 한다. 신약에서도 예수님과 교회의 관계를 신랑 신부의 관계로 묘사하고 있다.

'번제'와 '제물'(8절)은 모든 종류의 제물을 상징하는 표현(merism)이다(Milgrom). 오직 회막에서만 제물을 바치라는 하나님의 명령은 이스라엘 사람들에게만 적용되는 것이 아니다. 그들 중에 거하는 이방인들도 준수해야 한다(8-9절). 앞으로 가나안 땅의 소유권이 이스라엘에게 넘어갈 것이기 때문에 이방인 중 하나님 나라인 그 땅에서 살고자 하는 사람은 당연히 규례를 따라야 한다는 것이다.

또한 시내 산 밑에서 이 말씀을 들은 이스라엘 회중 중에도 상당수의 이방인이 있었다. 이스라엘이 출애굽 할 때 이미 '수많은 잡족'(עֵרֶב רַב)이 그들과 함께 나왔기 때문이다(출 12:38). 그러므로 해방 신학자들은 출애굽 사건이 오직 이스라엘 사람들의 해방을 위한 사역이 아니라,

시대나 장소와 상관없이 억압이 있는 곳이라면 선포되고 재현되어야 하는 하나님의 구원 사역이라고 주장한다.

이 율법은 이스라엘과 함께 이집트를 탈출한 잡족들에게 선택의 여지를 주고 있다. 만일 동의하지 않으면 떠나면 된다. 그들을 억압하던 이집트의 손에서 벗어났으므로 어디든 갈 수 있는 자유의 몸이 되었기 때문이다. 그러나 만일 이스라엘과 함께하기를 원한다면, 그들도 이 명령에 순종해야 한다. 세월이 지나고 나면 그들도 자연스럽게 이스라엘의 한 부분이 되어 있을 것이다.

사실 이스라엘은 처음부터 순수한 혈통으로 구성된 민족이 아니었다. 아브라함의 혈통만으로 이루어진 공동체가 아니란 뜻이다. 그것보다는 여호와에 대한 믿음을 중심으로 구성된 공동체였다. 여호수아서를 보면, 개인을 상징하는 라합과 그녀의 가족이, 공동체를 상징하는 기브온 성 사람들이 이스라엘의 일부가 된다. 여호수아서 저자는 라합과 기브온 사람들을 예로 들어, 하나님은 가나안 정복 시 진멸을 선포하신 가나안 족속 중에서도 믿음이 있는 개인(라합)이나 공동체(기브온 성 사람들)는 모두 구원하셨다고 밝힌다.

예나 지금이나 종교를 강요해서는 안 된다. 최선을 다해 전도하고 선교해야 하지만, 전도와 선교는 사람을 설득시키는 차원에서 이루어져야 한다. 강압과 폭력으로 전도해서도 안 된다. 기독교와 이슬람교의 근본적인 차이가 여기에 있다. 그들은 자신들의 종교를 폭력으로 강요한다. 그러나 모든 사람에게는 종교의 자유가 있다. 이스라엘 백성과 함께 이집트를 떠나왔던 잡족에게도 선택의 기회가 주어졌던 것처럼 말이다.

V. 성결 법전(17:1–26:46)

B. 거룩한 식생활(17:10–16)

10 이스라엘 집 사람이나 그들 중에 거류하는 거류민 중에 무슨 피든지 먹
는 자가 있으면 내가 그 피를 먹는 그 사람에게는 내 얼굴을 대하여 그를 백
성 중에서 끊으리니 11 육체의 생명은 피에 있음이라 내가 이 피를 너희에게
주어 제단에 뿌려 너희의 생명을 위하여 속죄하게 하였나니 생명이 피에 있
으므로 피가 죄를 속하느니라 12 그러므로 내가 이스라엘 자손에게 말하기
를 너희 중에 아무도 피를 먹지 말며 너희 중에 거류하는 거류민이라도 피
를 먹지 말라 하였나니 13 모든 이스라엘 자손이나 그들 중에 거류하는 거류
민이 먹을 만한 짐승이나 새를 사냥하여 잡거든 그것의 피를 흘리고 흙으로
덮을지니라 14 모든 생물은 그 피가 생명과 일체라 그러므로 내가 이스라엘
자손에게 이르기를 너희는 어떤 육체의 피든지 먹지 말라 하였나니 모든 육
체의 생명은 그것의 피인즉 그 피를 먹는 모든 자는 끊어지리라 15 또 스스로
죽은 것이나 들짐승에게 찢겨 죽은 것을 먹은 모든 자는 본토인이거나 거류
민이거나 그의 옷을 빨고 물로 몸을 씻을 것이며 저녁까지 부정하고 그 후
에는 정하려니와 16 그가 빨지 아니하거나 그의 몸을 물로 씻지 아니하면 그
가 죄를 담당하리라

피를 먹지 말라는 말씀은 이미 지속적으로 강조되어 왔다(3:17; 7:26). 이 섹션은 이스라엘의 거룩한(구별된) 식생활의 기본은 짐승의 피를 먹지 않는 것이라는 사실을 다시 한번 강조한다. 하나님의 어투가 다른 때보다 훨씬 더 강하다. 보통 피를 먹은 사람은 '끊어질 것'(יִכָּרֵת; Niphal)이라고 말씀하셨는데, 이번에는 '내가 [확실히 그를] 끊을 것'(הִכְרַתִּי; Hiphil)이라고 말씀하신다(10절). 이것은 가장 강력한 형태의 경고(Joosten)이자 본 장(章)의 핵심 율법이다(Hess).

이스라엘이 피를 먹지 말아야 하는 이유는 명확하다. "생물의 생명이 바로 그 피 속에 있기 때문이다. 피는 너희 자신의 죄를 속하는 제물로 삼아 제단에 바치라고, 너희에게 준 것이다. 피가 바로 생명을 지니고 있기 때문에, 죄를 속하는 것이다"(11절; 새번역).

이 말씀은 두 가지를 강조한다. 첫째, 생명은 피에 있다(창 9:4). 사람이나 짐승이나 피의 순환이 멈추면 죽는다. 그러니 생명이 피에 있다고 할 수 있다(Kaiser, Hess). 둘째, 이스라엘은 제물의 피를 통해 죄를 용서받는다. 사람이 치러야 할 죗값을 짐승의 피가 대신하는 것이다(Rashi). 그러므로 짐승의 피를 먹으면 안 된다. 또한 짐승의 피를 땅에 흘릴 때마다 자신의 죄를 사하신 하나님을 기념해야 한다. 마치 무지개를 볼 때마다 하나님의 언약을 기념하는 것처럼 말이다.

그런데 짐승의 피가 사람의 죄를 어떻게 사한다는 것일까? 이에 대한 학자들의 해석은 최소한 네 가지가 있다. 첫째, 짐승의 생명이 사람의 생명을 대신한다(Milgrom, Rooker). 둘째, 짐승의 피가 죄지은 사람의 몸값(ransom)이 된다(Brichto). 셋째, 짐승의 피가 죄지은 사람을 대체(substitution)한다. 넷째, 짐승의 생명력(life force)이 죄인을 정결케 하고 그를 죽음으로부터 보호한다(Kiuchi, Hess). 이 중 가장 전통적인 해석은 첫 번째, 짐승의 생명이 사람의 생명을 대신한다는 것으로 예수님의 사역과 가장 잘 어울리는 해석이다. 실로 예수님이 죄인 된 우리를 대신하여 죽으셨다(롬 5:9; 히 9:14, 22; 12:24).

피의 규례는 사냥한 짐승들에게도 동일하게 적용된다(13절). 부정한 짐승에 속하지 않은 들짐승이나 새를 사냥했을 경우에도 피는 먹지 말고 땅에 쏟은 후 흙으로 덮어야 한다. 이유는 동일하다. 피는 곧 생명이기 때문이다. 만일 어길 경우 하나님의 백성에서 끊어질 것이다(14절).

고대 사람들은 짐승의 피를 왜 먹었을까? 생명을 상징하는 피를 먹으면 오래 살거나, 신(神)적인 삶을 누릴 수 있다고 생각했기 때문이다(Hartley). 미신적인 생각이 지배했던 세상에서 충분히 가능한 일이다.

우리는 먹는 것에서가 아니라 생각과 행동에서 하나님을 닮으려고 노력해야 한다.

저절로 죽은 짐승이나 맹수에게 물려 찢겨 죽은 짐승을 먹은 경우, 그 사람은 자기 옷을 빨고 물로 몸을 씻어야 한다. 그렇게 하고 나서도 저녁까지 부정하다(15절). 저절로 죽었거나 맹수에게 죽임을 당한 짐승의 경우 피가 돌지 않고 이미 굳어 버렸을 수 있으므로 땅에 흘려 버리기가 어렵다. 따라서 고기를 먹으면서 피까지 먹게 된다. 피를 먹지 말라는 명령은 어떤 상황에서도 절대적으로 지켜져야 하기 때문에 정결 의식이 필요한 것이다.

그런데 신명기 14:21은 이스라엘 사람들은 여호와의 성민이므로 스스로 죽은 모든 것을 먹지 말라고 하고 이런 것들은 그들 중에 거하는 이방인들에게 주라고 한다. 언뜻 보면 신명기 말씀과 본문이 서로 맞지 않는 것 같다. 신명기 말씀은 스스로 죽은 짐승은 아예 먹지 말라고 하는데, 본문은 그런 고기를 먹었을 경우를 상정하고 있기 때문이다.

그러므로 대부분의 주석가는 본문이 저절로 죽은 짐승의 고기를 의지적으로 먹는 것을 허용하는 것은 아니라고 한다. 그런 고기를 본의 아니게 먹고 나서야 사실을 알게 된 경우에만 적용되는 것으로 이해한다(Kaiser, Levine). 모든 사항을 고려할 때 적합한 해석이다.

V. 성결 법전(17:1–26:46)

C. 거룩한 성생활(18:1–30)

성결 법전에서도 18–20장은 서론(18:1–5)과 결론(20:22–27)을 갖춘 별개의 섹션이다(Kaiser). 이 섹션의 본론은 성생활(18:1–30), 사회 윤리(19:1–37), 예배(20:1–8), 가족 관계(20:9–21), 땅의 소유(20:22–27) 등의 문제를 통해 거룩한 백성으로서 품위 있게 살아야 함을 권면한다. 17장이 거룩한 백성에게 필요한 의식적 기준을 담고 있다면, 18-20장은 윤리적 기준에 대하여 가르치고 있는 것이다(Hertz).

이 중 18장은 근친상간 등 금지된 성관계에 대하여 율법서 중에서 가장 포괄적으로 상세하게 기록하고 있다. 아울러 고대 이스라엘 사회의 얽히고설키듯 다양한 관계망 속에서 성적 접촉이 금지되는 관계를 구체적으로 정해 줌으로써 가족에 대한 정의를 내린다(Levine). 즉, 이 섹션은 가족들 간의 성관계를 금지하는 것으로 볼 수 있는 것이다.

근친상간을 정의하는 기준이 되는 두 가지 개념이 있다. 첫째, 우리말 성경본이 '살붙이'(개역개정, 새번역), '골육지친'(개역한글), '같은 핏줄'(공동번역) 등으로 번역하는 혈육(שְׁאֵר)의 성관계가 근친상간이다. 혈육이라고 할 수 있는 관계는 여섯 가지이다. 아버지, 어머니, 아들, 딸, 형제, 자매. 주검을 가까이하면 안 되는 제사장이지만 혈육의 장례만큼은 치를 수 있는 것을 보면, 가족의 범주와 정의가 어디까지이며 무엇인지를 알 수 있다(21:2-3). 18:12-13은 혈육(שְׁאֵר)에 고모와 이모도 포함시킨다. 아버지의 자매요 어머니의 자매이기 때문이다. 18장은 혈육 관계 외에 성관계가 금지된 관계를 나열한다(Rattay, Gane).

둘째, 근친상간을 정의하는 데 있어서 중심이 되는 다른 개념은 '부끄러운 곳을 벗기는 일'(לְגַלּוֹת עֶרְוָה)이다(공동번역). 개역개정은 '하체를 범하는 일'로, 새번역은 '몸을 범하는 일'로 번역했다. 모두 성관계를 의미하는 완곡어법이다.

한 가지 기억할 것은, 일부에서 함이 그의 아버지의 '하체를 보았다'라는 표현을 강간의 우회적 표현으로 해석하지만 가능성이 전혀 없는 무지한 주장이다(창 9:22). 함은 노아의 부끄러움(עֶרְוָה)을 보았을(ראה) 뿐 부끄러움을 벗기지는(גלה) 않았기 때문이다. 성경은 성관계를 뜻할 때는 항상 '부끄러움을 벗겼다'라는 표현(עֶרְוָה + גלה)을 사용한다.

공동체의 윤리를 정의하는 과정에서 결혼과 가족 관계가 가장 먼저 언급되는 것은 가족이 사회의 기본 바탕이며 사회를 구성하는 기본 뼈

대이기 때문이다(Hertz). 가정이 있어야 사회가 있다. 그러므로 가정이 무너지면 사회도 무너지는 것이 당연하다.

성 윤리를 다루고 있는 18장은 다음과 같이 구분할 수 있다.

A. 이방인들을 따르지 말 것(18:1-5)
B. 근친상간 등 금지된 성관계(18:6-20)
C. 금지된 변태적 성관계(18:21-23)
D. 위법자에 대한 벌(18:24-30)

V. 성결 법전(17:1-26:46)
C. 거룩한 성생활(18:1-30)

1. 이방인들을 따르지 말 것(18:1-5)

[1] 여호와께서 모세에게 말씀하여 이르시되 [2] 너는 이스라엘 자손에게 말하여 이르라 나는 여호와 너희의 하나님이니라 [3] 너희는 너희가 거주하던 애굽 땅의 풍속을 따르지 말며 내가 너희를 인도할 가나안 땅의 풍속과 규례도 행하지 말고 [4] 너희는 내 법도를 따르며 내 규례를 지켜 그대로 행하라 나는 너희의 하나님 여호와이니라 [5] 너희는 내 규례와 법도를 지키라 사람이 이를 행하면 그로 말미암아 살리라 나는 여호와이니라

이 섹션의 핵심은 3-4절의 '하다'(עשׂה) 동사와 파생어의 반복적 사용에서 드러난다. 하나님은 이스라엘에게 이집트와 가나안 사람들이 '하는 일'(מַעֲשֵׂה)을 따라하지 말라(לֹא תַעֲשׂוּ)는 개념을 3절에서만 4차례나 말씀하신다. 대신 4절에서는 명령하신 법도와 세우신 규례를 이스라엘에 '행하라'(תַּעֲשׂוּ)라고 지시하신다. 하나님이 자기 백성에게 주변 민족들의 가치관과 풍습을 따르지 말고 본질적으로 다른 삶을 살라고 권면하시는 것이다.

이집트와 가나안 사람들의 성 풍습이 어떠했기에, 하나님이 이스라엘에게 그들을 모방하지 말라고 하시는가? 한때 이집트 왕족 사이에 친족끼리 결혼하는 것이 보편화되어 있었다. 이집트의 신 중 호루스(Horus)는 자기 어머니와 성관계를 가졌다(Milgrom). 평민 계층에도 이러한 풍습이 있었는지는 확실하지 않지만 상당수가 왕족의 근친혼을 모방했을 것으로 추정된다(Gane). 이집트 사회 일각에서 근친상간이 성행했던 것이다.

가나안의 성생활은 매우 문란했다. 18장이 금하고 있는 동성애, 짐승과의 성관계 등이 상당히 널리 퍼져 있었다(Levine). 바알은 암소와 엘(El)은 자기의 두 딸과 성관계를 가졌다는 이야기가 신화에 기록되어 있다(Wyatt). 이러한 가치관 때문에 하나님은 이스라엘에게 가나안의 풍습을 답습하지 말 것을 명하시며, 거룩한 백성의 순수성을 지키기 위해서라도 이방 민족들을 멸하라고 하신 것이다.

하나님은 이스라엘에게 "너희가 내 말을 잘 듣고 내 언약을 지키면 너희는 모든 민족 중에서 내 소유가 되겠고 너희가 내게 대하여 제사장 나라가 되며 거룩한 백성이 되리라"라고 말씀하셨다(출 19:5b-6a). 거룩하신 하나님이 이스라엘을 제사장의 나라, 거룩한 백성으로 부르셨다. 이 부르심은 하나님의 말씀에 순종할 것을 전제한다. 그러므로 이스라엘이 여호와의 거룩한 백성이 되기를 원한다면 하나님의 말씀에 순종해야만 한다.

하나님은 이스라엘에게 주변 백성들의 가치관과 풍습을 따르지 말며 율법에 순종할 것을 요구하신다. 특히 성적 이슈에 대하여 절대적 순종을 요구하신다. 죄가 세상에 들어온 다음에(창 3장) 제일 먼저, 가장 심하게 파괴된 것이 바로 성(性) 윤리이다(Wenham, Noortzij).

그러므로 타락 이전의 가치관을 추구하며 살도록 부르심을 받은 주의 백성에게 그 어떤 영역보다도 성적으로 경건한 생활이 필수적이다(Kiuchi, Rooker). 사람의 성적인 열망이 하나님의 통제 아래에 있어야 한다는 것이다(Levine). 하나님과의 관계는 순종을 통해 끊임없이 강화되어야 한다.

이스라엘이 주변 민족의 가치관을 답습하지 않고, 하나님이 주신 율법과 가치를 추구하며 그대로 행하면 그로 말미암아 살 것이다(5절). 육체적으로뿐만 아니라 영적으로 살 것이라는 뜻이다(Wenham). 하나님이 자기 백성에게 생명을 주신다는 사실은 고대 사회에 팽배해 있던 세계관을 정면으로 반박한다(Hess).

당시 많은 나라가 자국의 왕을 신격화하여 왕이 백성들에게 생명을 준다고 가르쳤다. 예를 들면, 이집트는 신의 아들인 바로가 백성에게 생명과 물질을 준다(Liverani). 본문은 이러한 정서를 정면으로 반박한다. 생명은 오직 하나님만이 주실 수 있는 것이며, 주의 백성은 하나님의 말씀대로 삶으로써 생명을 얻을 수 있다. 이것이 레위기의 가르침이다.

이 명령을 요즘 말로 바꾸어 말하자면, 세상 사람들의 사고와 가치관을 따르지 말라는 것이다(롬 12:1-3). 특히 성(性) 문화에 있어서 더욱더 그렇다. 한국 사회도 성적 문란이 매우 심각하다. 양심이 무디어진 사람들은 이 같은 일을 하면서도 죄책감을 느끼지 않는다. 이런 상황을 보고 그리스도인도 현혹될 수 있으며, 심지어 자신을 합리화할 수 있다.

하나님의 백성으로 살아간다는 것은 세상과 근본적으로 다른 가치관과 윤리 기준을 준수하며 사는 것을 의미한다. 세상 사람들이 하는 혐오스러운 짓을 따라하면서도 자기는 하나님의 백성이라고 자부하는 것이 문제이다. 그리스도인이 한 가지 마음에 두어야 할 것은, 우리 사회에 반(反)기독교적인 관습과 가치가 아주 많다는 사실이다. 이것은 합법이냐 불법이냐의 문제가 아니라 가치의 문제이다. 동성애 이슈가 한 가지 예이다. 주의 백성은 따르지 말아야 할 가치이다.

V. 성결 법전(17:1–26:46)
C. 거룩한 성생활(18:1–30)

2. 근친상간 등 금지된 성관계(18:6–20)

6 각 사람은 자기의 살붙이를 가까이 하여 그의 하체를 범하지 말라 나는 여
호와이니라 7 네 어머니의 하체는 곧 네 아버지의 하체이니 너는 범하지 말
라 그는 네 어머니인즉 너는 그의 하체를 범하지 말지니라 8 너는 네 아버
지의 아내의 하체를 범하지 말라 이는 네 아버지의 하체니라 9 너는 네 자매
곧 네 아버지의 딸이나 네 어머니의 딸이나 집에서나 다른 곳에서 출생하였
음을 막론하고 그들의 하체를 범하지 말지니라 10 네 손녀나 네 외손녀의 하
체를 범하지 말라 이는 네 하체니라 11 네 아버지의 아내가 네 아버지에게 낳
은 딸은 네 누이니 너는 그의 하체를 범하지 말지니라 12 너는 네 고모의 하
체를 범하지 말라 그는 네 아버지의 살붙이니라 13 너는 네 이모의 하체를 범
하지 말라 그는 네 어머니의 살붙이니라 14 너는 네 아버지 형제의 아내를 가
까이 하여 그의 하체를 범하지 말라 그는 네 숙모니라 15 너는 네 며느리의
하체를 범하지 말라 그는 네 아들의 아내이니 그의 하체를 범하지 말지니라
16 너는 네 형제의 아내의 하체를 범하지 말라 이는 네 형제의 하체니라 17 너
는 여인과 그 여인의 딸의 하체를 아울러 범하지 말며 또 그 여인의 손녀나
외손녀를 아울러 데려다가 그의 하체를 범하지 말라 그들은 그의 살붙이이
니 이는 악행이니라 18 너는 아내가 생존할 동안에 그의 자매를 데려다가 그
의 하체를 범하여 그로 질투하게 하지 말지니라 19 너는 여인이 월경으로 불
결한 동안에 그에게 가까이 하여 그의 하체를 범하지 말지니라 20 너는 네
이웃의 아내와 동침하여 설정하므로 그 여자와 함께 자기를 더럽히지 말지
니라

성 윤리를 제시하는 6절은 몇 가지 독특한 표현과 문법을 보인다 (Schwartz). (1) '자기의 살붙이'(שְׁאֵר בְּשָׂרוֹ)라는 표현이 사용된다, (2) '각 사

람'(אִישׁ אִישׁ)이라는 표현이 사용된다, (3) 2인칭 복수형 동사를 취한다, (4) 우리말 번역본에서는 정확하게 드러나지 않지만, '하체를 드러내지 말라'의 목적어가 없다, (5) '가까이하다/접근하다'(קרב)와 '범하다/드러내다'(גלה)가 함께 사용된다, (6) '나는 여호와니라'라는 문장으로 마무리한다.

여섯 가지 현상 모두가 6절에서만 볼 수 있는 것들이다. 저자는 6절을 이처럼 독특하게 구성함으로써 문장의 중요성을 강조하고자 한다. 6절은 18장 전체의 요약이자 이 장이 제시하고자 하는 원칙이기 때문이다(Kiuchi). 그러므로 따로 언급되지 않은 정황들에 대해서는 이 원칙을 적용하면 된다(Milgrom).

저자는 지금부터 선포되는 금지령이 모든 사람에게 적용됨을 강조하기 위하여 '각 사람'(אִישׁ אִישׁ)(직역하면, '사람, 사람')이 이런 일을 해서는 안 된다는 기본적인 원리로 말씀을 시작한다(6절). 이스라엘 사람뿐 아니라 인간이라면 누구나 이곳에 기록된 기준대로 살아야 한다(Kaiser).

이스라엘의 하나님이 어떻게 다른 민족들에게도 동일한 기준을 요구하실 수 있는가? 여호와는 이스라엘의 하나님이기 전에 천지와 인류를 지은 창조주이므로 이 같은 요구를 당연히 하실 수 있다. 또한 이곳에서 제시되는 원칙들은 문화와 인종을 초월하여 대부분의 사회가 준수해 왔던 것들이다. 하나님을 믿든 안 믿든 인간은 모두 그분의 형상대로 지음 받았다. 옳고 그름에 대한 판단 능력이 있는 한, 여기서 언급한 내용에 모두 동의할 것이다.

저자는 누구도 '자기의 살붙이'(שְׁאֵר בְּשָׂרוֹ)를 범해서는 안 된다는 원칙부터 먼저 제시한다(6절). 그다음 7절부터는 성관계를 가져서는 안 되는 대상들을 나열하여 간접적으로 '혈육'이 누구인가를 정의한다. 레위기의 성 윤리는 당시 주변 국가들과 비교할 때 매우 보수적이었다(Hess). 주변 국가 중에서 헷 사람들(Hittite)의 성 관련 규정이 레위기의 기준에 가장 근접해 있다(Hoffner). 본문에 제시된 보수적인 규정은 성적 문란과 기형아 출산을 최소화하고, 같은 집안의 남자들로부터 여자들을 보호하는 데 목적이 있다(Milgrom).

제일 먼저, 7절은 '아버지의 하체'(עֶרְוַת אָבִיךָ)라고 할 수 있는 '어머니의 하체'(עֶרְוַת אִמְּךָ)를 범하면 안 된다고 한다. 히브리 원문을 직역하면, '아버지의 부끄러운 곳'이라고 할 수 있는 '어머니의 부끄러운 곳'을 벗기면 안 된다는 것이다. 즉 친어머니와의 성관계를 금하는 것이다.

공동번역은 "네 아비의 부끄러운 곳도 어미의 부끄러운 곳도 벗기면 안 된다"로 번역함으로써 두 문구를 연결하는 접속사 ו를 단순 접속사로 이해하고 있다(cf. LXX). 그러나 대부분의 번역본은 '곧/다시 말하면'(that is)의 기능으로 해석하여 "너는 네 아버지의 몸이나 마찬가지인 네 어머니의 몸을 범하면 안 된다"로 번역한다(새번역, cf. 개역개정, NIV, NAS, NRS, TNK). 어머니의 하체가 곧 아버지의 하체이므로, 같은 의미를 두 번 반복하고 있다는 것이다. 바로 이어지는 "그는 네 어머니인즉 너는 그의 하체를 범하지 말지니라"(אִמְּךָ הִוא לֹא תְגַלֶּה עֶרְוָתָהּ)라는 말씀이 아버지에 대해서는 언급하지 않고 어머니만 언급하기 때문이다. 본문이 친아버지가 딸을 범하는 일을 언급하지 않는 것은 말할 필요도 없이 당연한 일이기 때문이다(Wenham, Milgrom).

계모 혹은 아버지의 여자(אֵשֶׁת־אָבִיךָ)와의 성관계도 금지되어 있다(8절). 아버지의 여자와 잠자리를 같이해서는 안 된다는 것이다. 아버지가 죽거나 아버지가 계모와 이혼을 해도 안 된다. 왜냐하면 이미 아버지와 한 몸을 이룬 여인이기 때문이다(창 2:24). 성경에서 이 계명을 어긴 대표적인 사람이 르우벤과 압살롬이다. 르우벤은 아버지의 여자 빌하를 범했다가 심판을 받아 장자권을 박탈당했다. 압살롬은 아버지 다윗의 아내들을 욕보였다가 하나님의 심판을 받아 '압살될 놈'이 되었다.

하나님의 백성에 속한 사람은 자매(אֲחוֹתְךָ)(9절), 손녀(בַּת־בִּנְךָ)나 외손녀(בַּת־בִּתְּךָ)(10절), 이복 누이(בַּת־אֵשֶׁת אָבִיךָ)(11절), 고모(אֲחוֹת־אָבִיךָ)(12절), 이모(אֲחוֹת־אִמְּךָ)(13절), 아버지 형제(אֲחִי־אָבִיךָ)의 아내 곧 숙모(14절), 며느리

(כַּלָּתְךָ) 곧 아들의 아내(אֵשֶׁת בִּנְךָ)(15절), 형제의 아내 곧 형수나 제수(אֵשֶׁת־אָחִיךָ)(16절), 의붓딸과 의붓손녀(17절) 등과 성관계를 가지면 안 된다. 또한 아내가 살아있다면 처제나 처형과 결혼하면 안 된다(18절). 그런데 하나님이 율법을 주시기 전에 살았던 야곱은 본인의 뜻과 상관없이 라헬—레아 자매와 결혼했다. 아내와 이혼했더라도 금지령은 유효하다. 이혼한 아내가 살아있는 한 그녀의 자매와는 결혼할 수 없다(Kaiser). 그러나 아내가 죽으면 그녀의 자매와 결혼할 수 있다. 이 율법은 살아있는 사람에 관한 것이지 죽은 사람에게는 적용되지 않는 것이다. 조카가 숙모와 결혼할 수 없다(14절)는 것은 삼촌이 조카딸과 결혼할 수 없다는 것을 의미한다. 이 목록은 6가지 혈육 관계와 결혼으로 인해 맺어진 8가지 관계 등 성적(性的) 접근을 금하는 총 14가지 관계를 담고 있다.

아내가 월경하는 동안에 남편은 그녀와 동침하면 안 된다(19절). 이 율법은 생명을 상징하는 피에 대한 경외가 반영된 것이지만, 월경을 하는 동안 신체적·정신적으로 연약해져 있는 여성을 보호하기 위한 의도도 포함되어 있다(Rooker, Hess). 또한 이웃의 아내와 간음해서도 안 된다(20절; cf. 출 20:14; 신 5:18). 고대 근동 사회에서 간음은 '큰 죄'로 불리며 심각하게 취급되었다(Judaica, Milgrom). 레위기에서 간음에 대한 언급은 이곳이 처음이며, 간음한 사람은 처형하라는 율법이 뒤따른다(20:10). 간음은 인류 사회를 세워 가는 가장 기초적인 벽돌이라고 할 수 있는 결혼과 가정을 파괴하기 때문이다.

V. 성결 법전(17:1–26:46)
C. 거룩한 성생활(18:1–30)

3. 금지된 변태적 성관계(18:21–23)

[21] 너는 결단코 자녀를 몰렉에게 주어 불로 통과하게 함으로 네 하나님의 이름을 욕되게 하지 말라 나는 여호와이니라 [22] 너는 여자와 동침함 같이 남자

와 동침하지 말라 이는 가증한 일이니라 23 너는 짐승과 교합하여 자기를 더
럽히지 말며 여자는 짐승 앞에 서서 그것과 교접하지 말라 이는 문란한 일
이니라

하나님은 자녀를 몰렉에게 희생제물로 바치지 말라고 하신다(21절). 당시 가나안 사람들은 신들에게 자녀를 제물로 바치곤 했다(왕하 3:27; cf. 신 12:31). 몰렉은 암몬 사람들이 '왕'(מֶלֶךְ)이라 부르며 섬겼던 죽음의 세계와 연관된 신이다(Hess). 성경 저자들이 '수치/혐오'(בֹּשֶׁת)의 모음을 따서 '몰렉'(מֹלֶךְ)이라는 합성어를 만들었다(HALOT).

탈무드는 몰렉을 몸체가 불룩하고 두 팔을 길게 뻗은 우상으로 묘사한다. 우상의 손 위에 제물이 될 어린아이를 올려놓으면, 아이가 굴러서 우상의 입을 통해 불룩한 몸체의 화로로 떨어져 불에 태워졌다(Sanhedrin 64b, cf. Snaith). 저자는 몰렉에게 아이를 바치는 것을 하나님의 이름을 더럽히는 일로 단정한다(21절).

남유다의 므낫세와 아몬 시대에 일부 백성들이 예루살렘 밖 힌놈의 골짜기 도벳에서 몰렉에게 제사를 지냈다(왕하 23:10; cf. 렘 7:31). 심지어 므낫세도 자기 아들을 바쳤다(왕하 21:6). 므낫세의 손자 요시야는 그의 할아버지가 몰렉을 숭배했던 곳을 불살라 전소시켰으며, 히브리어 '힌놈의 골짜기'에서 유래한 게헤나는 신약에서 지옥을 가리키는 이름이 되었다(Green).

'여자와 동침함 같이 남자와 동침'하는 것, 즉 동성애는 '가증한 일/망측한 짓'(תּוֹעֵבָה)이므로 하나님의 백성은 해서는 안 된다(22절). '가증한 일'(תּוֹעֵבָה)은 하나님을 격노하게 하는 일을 의미한다(Weinfeld, cf. HALOT). 동성애는 선택 가능한 종류의 성관계가 아니라 하나님이 금지하신 역겨운 일이다. 하나님은 "누구든지 여인과 동침하듯 남자와 동침하면" 반드시 죽이라고 말씀하신다(레 20:13).

한 남자와 한 여자가 한 몸을 이루는 것이 하나님의 창조 섭리이다

(창 2:24). 당시 가나안의 여러 나라에서 동성애가 성행했던 것으로 알려져 있다(Kaiser). 그중에 동성애를 법으로 금한 곳은 이스라엘 한 곳뿐이었다(Hess). 동성애를 옹호하는 사람들은 종종 동성애를 금하는 율법이 이스라엘 사람들에게만 적용되는 예식법(ritual law)에 속하기 때문에 오늘날 그리스도인에게는 더 이상 적용되지 않는다고 주장한다(Milgrom).

밀그롬은 한 걸음 더 나아가 여자들끼리의 동성애는 성경에 언급되지 않았기 때문에 문제가 없다고 주장한다. 그러나 이 논리에 의하면 18장이 지금까지 언급한 근친상간도 허용되어야 하며, 간음과 일부다처제를 금지할 이유도 없다. 또한 조카와 숙모의 결혼을 금하는 내용은 있지만, 삼촌과 조카딸의 결혼에 대해서는 언급이 없으니 결혼이 가능하다고 주장할 수 있을까? 그의 주장은 논리적으로 설득력이 전혀 없다.

안타깝게도 많은 주석가가 다른 부분에서는 저자의 의도를 중시하다가도 동성애와 같이 현대 사회에서 뜨거운 감자가 되는 이슈들에 대하여는 개인적인 정치적·사회적 관점을 근거로 말하곤 한다(Kaiser, Rooker). 성경에 의하면 동성애는 인간 타락의 극치를 보여 주는 예이며 곧 죄이다. 또한 하나님의 창조 질서에 직접적으로 반하는 행위이므로 크리스천의 삶에서는 허용될 수 없다(Webb).

짐승들과 교접하는 변태적인 성행위도 성에 대한 올바른 이해를 혼돈시키고 오염시키는 '문란한 일'(תֶּבֶל)이다(23절). 가나안을 비롯한 고대 사회에서 일부가 이런 문란한 행위를 했던 것으로 알려졌다(Kaiser). 헷 사람(Hittites)은 소, 양, 돼지, 개와의 교접을 금하면서도 말이나 나귀와의 교접은 허용했다(Hess). 어떤 원리를 기준으로 이처럼 짐승을 구분했는지는 알 수 없다. 바알도 암소와 교접한 것으로 기록되어 있다.

하나님은 천지를 창조하실 때 각 식물과 동물을 종류에 따라 만드셨다. 사람과 짐승이 교접하는 것은 이러한 창조 원칙을 거스를 뿐만 아니라 자연을 다스려야 할 인간의 품위와 위엄을 손상시키는 행위이다. 성경은 이러한 가증스러운 행위를 무조건 금지한다(출 22:19; 레 20:15-16; 신 27:21). 사람이 짐승과 같아지는 행위이기 때문이다.

그런데 동성애와 수간(獸姦)이 왜 인신 공양(21절)과 함께 언급되는가? 두 가지 이유를 생각할 수 있다. 첫째, 아직까지 정확히 밝혀진 바는 없지만, 가나안 종교의 대부분이 그랬던 것처럼 암몬 사람들의 몰렉 숭배도 성적인 문란을 동반했기 때문일 것이다. 이 섹션의 중심 주제가 동성애, 수간 등 변태적 성관계의 금지라는 점을 감안할 때 몰렉의 갑작스러운 언급은 이러한 추측을 가능하게 한다.

둘째, 동성애와 수간은 몰렉에게 자식을 바치는 것만큼이나 가증스럽다는 것이다. 변태적인 성관계의 추구는 우상숭배와 다를 바 없다. 하나님을 사랑하는 거룩한 백성은 우상숭배나 다름없는 변태적 성관계를 함으로써 십계명 중 "너는 나 외에는 다른 신들을 네게 두지 말라"라는 첫째 계명을 어겨서는 안 된다.

평신도 변증가이자 문호로서 유명한 루이스(C. S. Lewis)는 "순결은 기독교가 지향하는 도덕성 중에서 가장 인기가 없다. 그러나 순결을 피할 수 있는 길은 없다. 온전한 충성으로 결혼한 아내/남편을 대하든지, 성관계를 전혀 갖지 않아야 한다"라는 말을 남겼다. 부부 관계 외의 성관계는 하나님의 계획과 율법의 허용 범위 밖에 있는 일이며, 한 남자와 한 여자가 연합하여 한 몸을 이루라는 말씀(창 2:24)에도 역행한다(Rooker). 더 나아가 간음이나 근친상간은 가정을 살인하는 것이다(Kellogg).

본 율법은 성적 문란에 상당히 관대한 한국 사회와 기독교인들에게 옛 가치관과 기준으로 돌아갈 것을 권고한다. 결혼은 단지 하나의 사회적 합의가 아니라 하나님이 주신 신성한 제도이기 때문이다.

V. 성결 법전(17:1-26:46)
C. 거룩한 성생활(18:1-30)

4. 위법자에 대한 벌(18:24-30)

24 너희는 이 모든 일로 스스로 더럽히지 말라 내가 너희 앞에서 쫓아내는
족속들이 이 모든 일로 말미암아 더러워졌고 25 그 땅도 더러워졌으므로 내
가 그 악으로 말미암아 벌하고 그 땅도 스스로 그 주민을 토하여 내느니라
26 그러므로 너희 곧 너희의 동족이나 혹은 너희 중에 거류하는 거류민이나
내 규례와 내 법도를 지키고 이런 가증한 일의 하나라도 행하지 말라 27 너
희가 전에 있던 그 땅 주민이 이 모든 가증한 일을 행하였고 그 땅도 더러워
졌느니라 28 너희도 더럽히면 그 땅이 너희가 있기 전 주민을 토함 같이 너
희를 토할까 하노라 29 이 가증한 모든 일을 행하는 자는 그 백성 중에서 끊
어지리라 30 그러므로 너희는 내 명령을 지키고 너희가 들어가기 전에 행하
던 가증한 풍속을 하나라도 따름으로 스스로 더럽히지 말라 나는 너희의 하
나님 여호와이니라

이 섹션은 지금까지 선포된 금지령을 어길 경우에 어떤 벌이 임하는지에 대해 논한다. 처벌 내용을 구체적으로 언급하기에 앞서 하나님은 만일 이스라엘이 이런 일을 저지른다면, 그들도 자신들에게 죽임 당하고 쫓겨날 가나안 사람들과 전혀 다를 바가 없다고 말씀하신다(24절). 가나안 사람들은 가증스러운 행위로 자신들만이 아니라 거주하는 땅까지도 더럽혔으므로(25절) 하나님이 그들을 심판하여 내치고 그 땅을 이스라엘에게 주실 것이다.

이스라엘이 마음에 새겨야 할 것은, 하나님의 백성이라는 이유로 가나안에서 무조건 영원히 거할 수는 없다는 사실이다. 만일 그들이 가나안 이방 민족들과 다를 바 없이 살아간다면 하나님이 그들도 내치실 것이다(28절). 머지않아 가나안 땅이 가나안 사람들을 토해낼 텐데, 이스라엘도 마찬가지일 것이다. 이스라엘은 가나안 사람들과 본질적으로 다른 가치관과 세계관을 지녀야 한다. 오직 하나님의 말씀에만 순종해야 생존이 보장된다.

그렇다면 이스라엘이 하나님이 주실 땅에서 오랫동안 살려면 어떻게 해야 하는가? 앞서 열거한 가증스러운 행위를 한 사람은 공동체에서 아예 내쫓아야 한다(29절). 매정하게 보일 수도 있지만 공동체의 건강과 생존을 위해서는 반드시 필요한 결단이다. 공동체의 건전성이 가증스러운 행위 때문에 위협을 받기 때문이다.

믿음의 공동체는 연약한 지체를 돌보고 가르칠 의무가 있다. 그러나 자기 죄를 회개하지 않을 뿐 아니라 오히려 당당히 활보함으로써 다른 지체들에게 부정적인 영향을 미치는 사람이 있다면, 공동체가 과감히 결단해야 한다. 그를 사탄에게 넘겨주는 것이 마음 아프겠지만 공동체의 생존을 위해서는 어쩔 수 없다.

혼란을 초래하는 한 가지 이슈를 생각해 보자. 월경 중인 여자와 성관계를 갖는 것이 금지되었다(19절). "이 가증한 모든 일을 행하는 자는 그 백성 중에서 끊어지리라"(29절)라는 말씀에 의하면, 이 규례를 어긴 사람도 이스라엘의 자손 중에서 끊어져야 한다. 그렇다면 월경 중인 아내와 성관계를 가진 남편은 7일 동안 부정하다고 했던 말씀(레 15:24)은 어떻게 이해해야 하는가? 표면적으로 봤을 때, 두 규정이 대립하고 있다. 그러나 15장의 말씀이 의식적인 부정을 논하는 중에 의도성 없이 율법을 범한 경우를 전제로 한다는 점에서, 아내가 월경을 시작한지 모르는 상태에서 성관계를 가졌다가 뒤늦게 알게 된 경우에 적용되는 율법임을 알 수 있다(Gane).

오늘날 우리는 레위기 18장이 제시하는 것과 대조적이다 못해 역행까지 하는 성 문화 속에서 살고 있다. 간음, 간통, 변태적 성행위 등만이 문제가 아니다. 가정에 대한 근본적인 철학과 가치관이 흔들리고 있다. 많은 나라가 동성애자들의 인권을 옹호한답시고 동성 결혼을 합법화하고 있다. 동성 결혼이 합법화되고 나면 언젠가는 일부다처제와 일처다부제가 정치나 인권 분야에서 뜨거운 감자로 부상할 것이다. 이러한 혼돈 속에서도 하나님의 백성은 그분이 제시한 가치관과 기준에 따라 살아야 한다. 동성애나 일부다처제는 교회가 결코 동의할 수 없는 반기독교적 가치들인 것이다.

성경은 한 남자와 한 여자가 한 몸을 이루는 것이 창조 섭리에 따른 결혼이라고 말한다. 동성 결혼은 아예 배제되어 있다. 결혼은 일부일처제일 뿐 아니라 영구적인 효력을 가져야 한다. 수간과 마찬가지로 짐승과의 결혼도 금지된다. 두 사람이 결혼해서 살다가 한 사람이 죽어 재혼할 경우에는 부정적으로 보지 않는다. 생존의 문제이기 때문이다.

D. 거룩한 사회윤리(19:1–37)

레위기에서 19장은 가장 장엄한 장(章) 중 하나로 평가되며, 때로 간략한 율법 책이란 의미로 '짧은 토라/토라 요약'(a brief Torah)으로 불리기도 한다(Levine). 왜냐하면 모세 오경에서 제시하는 매우 다양한 주제의 실례를 나열하여 마치 율법의 요약문인 듯한 느낌을 주기 때문이다. 또한 구약에서 가장 높은 수준의 윤리를 요구하는 텍스트로 평가되기도 한다(West).

여러 가지 면에서 본문은 하나님의 거룩한 백성으로서 사는 삶을 잘 정의해 주는 텍스트이다(Rooker). 이 섹션에서 하나님이 강조하시는 것은, 믿음과 타인에 대한 배려와 책임은 하나이며 결코 분리될 수 없다는 사실이다(Levine).

"이스라엘 자손의 온 회중에게 말하여 이르라"(2절)라는 명령으로 시작하는 이 섹션은 오래전부터 공동체가 모일 때마다 자주 읽혀 왔다

(Leviticus Rabba, cf. Milgrom). 미국 개혁파 유대교(American Reform Judaism)에서도 가장 많이 읽히며, 가장 많이 언급되는 장이기도 하다(Kaiser). 신앙과 삶의 이상적인 균형 관계가 이러한 전통에 일조했다.

"나는 너희의 하나님 여호와이니라"(אֲנִי יְהוָה אֱלֹהֵיכֶם)(4절)라는 말씀이 수차례 반복되는 것도 본 장(章)의 중요성을 부각시킨다. 이 문구와 함께 "나는 여호와"(אֲנִי יְהוָה)라는 선언이 19장에서만 총 15차례 사용되었다(3, 4, 10, 12, 14, 16, 18, 25, 28, 30, 31, 32, 34, 36, 37). 구약의 어느 장(章)보다도 빈도수가 높다(Warning).

19장을 시작하는 "너희는 거룩하라 이는 나 여호와 너희 하나님이 거룩함이니라"(קְדֹשִׁים תִּהְיוּ כִּי קָדוֹשׁ אֲנִי יְהוָה אֱלֹהֵיכֶם)(2절)와 함께 후렴처럼 반복되는 "나는 너희의 하나님 여호와이니라"는 주의 백성들에게 요구되는 윤리 강령의 근거와 목적을 분명히 밝히고 있다. 즉 이스라엘의 하나님의 성품과 명예에 근거하고 있으며, 여호와 하나님을 닮아 가는 것이 목적인 것이다.

또한 십계명의 내용과 매우 밀접한 관계에 있다는 것이 본 텍스트의 중요성을 드러낸다. 본문이 '짧은 토라/토라 요약'으로 불리게 된 데는 십계명과의 연관성이 큰 역할을 했다. 실제로 19장과 십계명은 다음과 같은 유사성을 지니고 있다(Levine, cf. Kaiser).

레 19장	십계명
부모 존중(3a절)	제5계명
안식일(3b절)	제4계명
우상숭배(4절)	제2계명
도둑질과 속이는 행위(11a, 13, 15, 35절)	제8계명
거짓 맹세(12절)	제3계명
"나는 너희를 인도하여 애굽 땅에서 나오게 한 너희의 하나님 여호와이니라"(36절)	제1계명의 서론

이 외에도 에스겔 22:6-22과도 연관성이 있다. 본문에서 다루는 여러 주제가 에스겔 22장에 그대로 반영되어 있기 때문이다. 에스겔서와 성결 법전의 관계에 대하여는 서론을 참조하라. "제사장 나라와 거룩한 백성"(출 19:6)으로 살아가는 것의 도덕적 의미를 정의하고 있는 19장은 다음과 같이 구분될 수 있다.[15]

A. 부모 공경과 하나님 경외(19:1-8)
B. 공동체 윤리(19:9-18)
C. 개인적 윤리(19:19-37)

V. 성결 법전(17:1-26:46)
D. 거룩한 사회윤리(19:1-37)

1. 부모 공경과 하나님 경외(19:1-8)

[1] 여호와께서 모세에게 말씀하여 이르시되 [2] 너는 이스라엘 자손의 온 회중에게 말하여 이르라 너희는 거룩하라 이는 나 여호와 너희 하나님이 거룩함이니라 [3] 너희 각 사람은 부모를 경외하고 나의 안식일을 지키라 나는 너희의 하나님 여호와이니라 [4] 너희는 헛된 것들에게로 향하지 말며 너희를 위하여 신상들을 부어 만들지 말라 나는 너희의 하나님 여호와이니라 [5] 너희는 화목제물을 여호와께 드릴 때에 기쁘게 받으시도록 드리고 [6] 그 제물은 드리는 날과 이튿날에 먹고 셋째 날까지 남았거든 불사르라 [7] 셋째 날에 조금이

---

15 한 주석가는 19장 2-32절에 대하여 다음과 같은 구조를 제시한다(Kiuchi).
A. 부모 공경과 안식일(3-8절)
  B. 사람의 영혼 구원(5-8절)
    C. 욕심 금지(9-10절)
      D. '이웃'을 파괴하지 말 것, 옳은 판단, 이웃을 자신처럼 사랑(11-18절)
      D'. 거룩과 일반을 섞지 말 것, 옳은 판단의 예(19-22절)
    C'. 하나님을 먼저 생각, 욕심 금지(23-25절)
  B'. 사람의 영과 몸 사랑(26-29절)
A'. 안식일 준수와 성소와 노인 경외, 점쟁이 금지(30-32절)

라도 먹으면 가증한 것이 되어 기쁘게 받으심이 되지 못하고 [8] 그것을 먹는 자는 여호와의 성물을 더럽힘으로 말미암아 죄를 담당하리니 그가 그의 백성 중에서 끊어지리라

모세는 이스라엘이 거룩하게 살아야 하는 이유를 제시하여 경건한 삶에 대한 동기를 부여한다. "너희는 거룩하라 이는 나 여호와 너희 하나님이 거룩함이니라"(2절). 주의 백성은 하나님으로부터 제사장의 나라, 거룩한 백성으로 살라는 소명을 받은 만큼 다른 민족들과 구별되어 하나님의 거룩하심을 닮아 갈 의무가 있다. 경건한 삶을 추구하는 주를 사랑하는 백성들에게 있어서 주님을 닮아 가는 것보다 더 분명한 명분과 목적의식은 없다.

거룩한 백성의 첫 번째 의무는 부모 공경이다(3a절). 하나님이 거룩에 대한 말씀을 부모 공경으로 시작하는 것은, 거룩과 경건은 가정에서부터 시작되어야 함을 의미한다(Rooker). 히브리어 '공경하다'(ירא)는 백성이 하나님을 대하는 자세를 묘사할 때 쓰이는 동사로 흔히 '경외하다'로 번역된다. 즉 마치 하나님께 하듯 부모를 공경하라는 뜻으로 노년의 부모를 방치하지 말고 잘 보살피라는 것이다(Hartley, Hess). 부모 공경은 잠언에서 자주 등장하는 주제이다(잠 1:8; 6:20; 10:1; 17:25; 23:22; 29:3).

이 구절의 특이한 점은 아버지보다 어머니가 먼저 언급된다는 것이다(3a절, 새번역). 성경에서 부모를 말할 때 대체로 아버지를 먼저 언급하는데, 가족 내 관계를 논할 때는 아버지보다 어머니가 먼저 등장한다(Kaiser, Hartley, cf. 레 21:2). 어머니가 자녀에게 더 많은 영향을 미치기 때문이다. 오래전부터 유태인들은 제5계명 "네 부모를 공경하라"(출 20:12)에서 아버지가 먼저 언급된 것과 달리 여기서는 어머니가 먼저 언급되는 것을 보고 어머니나 아버지나 차별 없이 동일하게 공경하라는 권면으로 받아들여 왔다(Levine).

제사장 나라에 속한 사람들의 두 번째 의무는 하나님을 경외하는 것이다(3b-8절). 저자는 하나님을 경외하는 일을 세 가지로 정리한다. (1) 안식일을 거룩하게 지키는 것(3b절), (2) 우상숭배를 하지 않는 것(4절), (3) 화목제를 잘 이행하는 것(5-8절). 많은 율법과 규례 중에서 왜 이 세 가지가 선별되었을까? 아마도 여러 규례 중에서 이 세 가지가 가장 잘 위반될 수 있기 때문일 것이다. 그중에서도 안식일에 대한 명령이 가장 먼저 등장한 것은 안식일 율법을 잘 지키는 것이야말로 하나님을 경외하는 가장 기본 자세임을 암시한다(Wenham). 실제로 십계명에서 안식일에 대한 규례가 가장 길다.

안식일에 관한 율법은 출애굽기에 15차례, 레위기에 24차례, 민수기에 3차례, 신명기에 3차례 등장한다. 구약의 나머지 부분에서는 총 61차례 언급되었다(Kaiser). 안식일 율법은 종교 절기, 안식년, 매주 마지막 날 등 적용 범위가 넓다. 하나님이 "내가 명한 여러 안식일"(שַׁבְּתֹתַי)(3절, 새번역)을 다 지키라고 하신 이유가 여기에 있다. 하나님은 천지를 창조할 때 시간도 창조하셨다. 창조주께서 자신이 창조한 시간의 일부를 예배와 주님을 영화롭게 하는 경건 실천 등에 사용하라고 요구하시는 것은 당연한 일이며, 피조물인 인간이 그 요구에 순응하는 것도 당연한 일이다(Knight).

안식일은 하나님을 위한 날일 뿐 아니라 인간을 위한 날이기도 하다. 일주일 내내 열심히 일하느라 지친 육체를 회복시키는 시간이기 때문이다(Rooker). 그러므로 안식일을 지키는 것은 자신의 건강을 지키는 일이기도 하다. 쉬지 않고 일만 하는 사회는 혼란에 빠지며 붕괴로 이어진다(Demarest). 십계명 중 제4계명이 "안식일을 기억하여 거룩하게 지키라"(출 20:8)이다.

역사 속에서 안식일 준수는 주의 백성의 정체성과 연관된 문제였다. 유태인들은 안식일 준수를 하나님의 백성의 증거로 생각했다. 그래서 안식일을 범하느니 차라리 죽음을 택하는 사람들이 많았다(마카

비1서 2:31-38). 또한 안식일을 다가올 세상의 맛보기로 여기기도 했다(Judaica). 이렇듯 유태인들에게 안식일 율법은 매우 중요했다.

구약에서 우상숭배는 안식일만큼이나 자주 등장하는 주제이다. "우상에게 [발길이] 향하다"(תִּפְנוּ אֶל־הָאֱלִילִים)라는 표현은 우상숭배를 뜻한다. 사람들은 하나님과 우상을 함께 숭배할 수 있다고 생각하지만, 성경은 그렇지 않다고 말한다. 하나님께 등을 보이며 우상에게로 발길을 돌리는 것이 우상숭배라는 것이다.

그렇다면 우상의 실체는 무엇인가? 하나님이 아닌, 세상에 존재하는 신의 실제 모습을 대신하는 것인가? 저자는 우상이란 사람들이 "부어 만든 헛된 것"에 불과하다고 말한다(4절). 쇠, 나무, 돌 등의 재료로 사람이 만들어 낸 가증한 것에 불과하다.

세상에 하나님 외에 신은 없다. 그러므로 선지자들은 세상에서 가장 어리석은 것이 우상숭배라고 외친다. 우상은 인간이 스스로 만들어 세워 놓은 것으로 능력은 고사하고 생명조차 없는 나무/돌 덩어리에 불과하며, 우상숭배는 무능한 장식용 물건에게 절하며 자기를 구원해 달라고 비는 헛짓이기 때문이다.

그리스도인 중에 눈에 보이는 물리적 형태의 우상에게 절하거나 숭배하는 사람은 없을 것이다. 문제는 마음속 우상숭배이다. 겉으로 아무리 경건해 보여도 개인적인 욕심, 목표, 집념, 심지어 열정까지도 우상이 될 수 있기 때문이다. 무엇이든지 자기 삶에서 하나님의 자리를 차지하는 것이 있다면 그것이 바로 우상이다. 또한 성경이 제시하는 하나님의 모습과 조금이라도 다른 신을 섬긴다면, 그것도 우상숭배이다. 하나님과 비슷할 뿐 하나님은 아니기 때문이다. 제2계명 "너는 나 외에는 다른 신들을 네게 두지 말라"가 이 주제에 관한 것이며 질투하시는 하나님은 우상숭배를 결코 용납하지 않으신다.

안식일을 잘 지키는 것과 우상숭배를 하지 않는 것이 하나님을 경외하는 삶에서 매우 중요하다는 것은 쉽게 이해된다. 그런데 규례에 따라 화목제물을 잘 드리는 것이 어떻게 하나님을 경외하는 일이 되는지 쉽게 납득되지 않는다. 특히 이 규례를 어겼을 시 백성 중에서 끊어질 것이라는 심판은 매우 가혹하게 느껴진다(8절). 그러나 곰곰이 생각해 보면, 이 규례는 보이지 않는 삶의 영역에서도 하나님의 말씀에 순종해야 한다는 상징적인 의미를 보여 준다. 경건이 성도의 삶의 모든 영역을 지배해야 한다는 의미이다(Hartley).

화목제는 예배자가 제사장과 함께 제물로 드린 짐승의 고기를 먹을 수 있는 유일한 제사이다. 성전에서 이웃과 함께 고기를 나누어 먹고, 남은 것을 집으로 가져온 사람이 3일째 되는 날까지 고기를 처리하지 못하는 것은 바빠서 먹을 틈이 없었든지, 아니면 아끼느라 못 먹은 것일 것이다. 이웃들은 이 집에 제물로 바쳤던 고기가 3일째 되는 날까지 남아있는지 알 수 없으며, 그 집에 갔다가 3일이 지난 고기를 대접받아도 알 길이 없다. 즉 예배자만 아는 은밀한 일에 해당되는 것이다.

하나님은 앞서 7:15-18에서 화목제물의 처리에 대해 말씀하셨다. 혼자만 알고 넘어가면 아무도 알 수 없는 은밀한 영역에서도 하나님의 말씀에 순종할 것인가가 이 규례의 이슈인 것이다. 하나님을 경외하는 사람은 하나님의 명령에 순종해야 한다. 경외와 불순종은 함께 갈 수 없기 때문이다.

V. 성결 법전(17:1-26:46)
D. 거룩한 사회윤리(19:1-37)

2. 공동체 윤리(19:9-18)

**9 너희가 너희의 땅에서 곡식을 거둘 때에 너는 밭 모퉁이까지 다 거두지 말
고 네 떨어진 이삭도 줍지 말며 10 네 포도원의 열매를 다 따지 말며 네 포도
원에 떨어진 열매도 줍지 말고 가난한 사람과 거류민을 위하여 버려두라 나
는 너희의 하나님 여호와이니라 11 너희는 도둑질하지 말며 속이지 말며 서**

로 거짓말하지 말며 [12] 너희는 내 이름으로 거짓 맹세함으로 네 하나님의 이름을 욕되게 하지 말라 나는 여호와이니라 [13] 너는 네 이웃을 억압하지 말며 착취하지 말며 품꾼의 삯을 아침까지 밤새도록 네게 두지 말며 [14] 너는 귀먹은 자를 저주하지 말며 맹인 앞에 장애물을 놓지 말고 네 하나님을 경외하라 나는 여호와이니라 [15] 너희는 재판할 때에 불의를 행하지 말며 가난한 자의 편을 들지 말며 세력 있는 자라고 두둔하지 말고 공의로 사람을 재판할지며 [16] 너는 네 백성 중에 돌아다니며 사람을 비방하지 말며 네 이웃의 피를 흘려 이익을 도모하지 말라 나는 여호와이니라 [17] 너는 네 형제를 마음으로 미워하지 말며 네 이웃을 반드시 견책하라 그러면 네가 그에 대하여 죄를 담당하지 아니하리라 [18] 원수를 갚지 말며 동포를 원망하지 말며 네 이웃 사랑하기를 네 자신과 같이 사랑하라 나는 여호와이니라

하나님의 백성으로 부름받은 이스라엘은 어떤 기준에 바탕을 둔 공동체를 만들어 갈 것인가? 거룩하신 하나님이 기대하는 공동체는 세상에서 흔히 볼 수 있는 공동체들과는 질적으로 다르다. 이 섹션은 이스라엘이 하나님의 공동체로서 추구하고 준수해야 할 전반적인 가치관에 대해 정의한다.

이스라엘 공동체의 가장 기본 바탕은 연약한 사람들에 대한 배려이다(9-10절). 추수할 때 밭의 구석구석까지 샅샅이 훑어 거두면 안 된다. 추수하다가 땅에 떨어진 이삭을 주워서도 안 된다. 한 유태인 전승은 최소한 수확물의 6분의 1을 거두지 말라고 한다(m. Pe'ah 1:1-2). 주변에 거주하는 가난한 사람들의 형편과 땅 주인의 재력을 고려해서 더 많이 남겨 둘 것을 권면했다(Levine). 주인이 모조리 수확한 다음에 일부를 기부할 수도 있을 텐데, 율법은 그것을 허락하지 않는다. 대신에 밭이 없는 가난한 사람들에게 적선하기보다 그들 스스로 곡식을 주워 노동의 대가를 얻는 기쁨과 자부심을 느끼도록 하라고 명령한다. 우리는 율법이 사회적 약자의 자존심을 다치지 않고 농부들과 함께 추수의 기뻡을 누리도록 얼마나 배려하고 있는지를 눈여겨봐야 한다(Rooker).

포도를 딸 때도 조금은 듬성듬성 따야 한다. 추수하다가 땅에 떨어진 과일을 주워 담아서도 안 된다. 오늘날의 표현으로 하자면, 밭 주인은 상품성이 없는 포도송이는 따지 말고 남겨 두어야 한다(m. Pe'ah 7:3). 밭이 없어서 추수할 것이 없는 가난한 사람들을 위한 배려이다(레 23:22; 신 24:19-22). 그들도 추수의 기쁨을 맛볼 수 있도록 하는 것이 창조주의 뜻이다.

곡식과 포도 외의 것을 수확할 때에도 동일한 원리가 적용된다. 거룩한 백성은 남을 배려하는 마음 씀씀이부터 세상 사람들과 구별되어야 한다. 넉넉한 마음과 남을 위한 배려는 경건의 가장 기본 바탕이다. 달리 말하면, 욕심이 많고 인색하고 남을 배려하지 않는 사람은 결코 경건한 사람이 아니다(Kaiser).

하나님의 백성은 의도적으로 남에게 피해를 주어서는 안 된다(11-18절). 공동체에 속한 사람들은 서로의 인권과 재산권을 존중해야 하며 어떠한 경우에도 서로 침해해서는 안 되는 것이다. 주의 백성은 서로의 물건을 도둑질, 사기, 속임수를 통해 빼앗아서는 안 된다(11-12절). 빼앗고 나서 거짓 맹세로 하나님의 이름을 더럽히는 것은 더더욱 안 된다(12b절).

거룩한 백성의 경건한 삶은 남의 재산권을 인정하는 것이며, 남을 진실하게 대하는 것이다. 그러므로 하나님의 사람은 도둑질을 거부하고 사기를 미워하며 속임수를 멀리해야 한다. 더구나 하나님의 이름을 들먹이며 자기 죄를 덮는 것은 있을 수 없는 일이다.

이웃을 억압하거나 폭력/권력을 행사하여 남의 것을 빼앗아서도 안 된다(13-14절; cf. 신 24:15). 또한 품값을 제때 지불해야 하며 남의 장애나 허점을 악용하거나 착취해서도 안 된다. 약자들을 착취하거나 짓누르는 사람은 절대 하나님을 경외하는 사람이 아니다(Rooker).

오늘날처럼 경제적 양극화가 심화되는 풍토에서 합당한 품값이란 무엇인가? 사회적 약자와 장애인을 위한 복지가 어느 정도로 허용되어야 하는가를 생각해 보게 하는 말씀이다. 그리스도인은 합법적이면 무조건 옳다는 생각을 버려야 한다. 사회에서 합법이어도 성경의 가치관에는 위배되는 것이 한두 가지가 아니기 때문이다.

법 앞에서는 누구나 공평한 대우를 받아야 한다(15-16절). 권력이 있어서 편파적인 판결을 받거나 가난하다고 해서 특별한 대우를 받아서도 안 된다. 경제적인 여건에 상관없이 모든 사람이 공정한 재판을 받을 수 있도록 해야 한다. 이웃에 대하여 험담이나 위증을 해서도 안 되며 이웃의 생명을 담보로 이익을 취하려고 해서도 안 된다. 법정에서 잘못된 판결이 나는 사회는 불행하다.

오늘날의 사회는 이러한 염려에서 자유한가? 법정 판결이 옳고 그름에 따라 정의롭게 결정되지 않고, 변호사의 변론에 따라 판가름이 나는 것을 보면 우리도 이러한 규정에서 자유롭지 못하다. 그리스도인은 사회에서 무전유죄 유전무죄라는 말이 사라지도록 노력해야 한다.

공동체에 속한 이웃을 내 몸과 같이 사랑해야 한다(17-18절). 이웃이 잘못되었을 때는 묵인하지 말고 타일러야 한다. 사랑은 책임을 동반하기 때문이다. 만일 잘못된 이웃을 보고도 견책하지 않는다면, 그 책임이 묵인한 사람에게 돌아온다(17절). 한 사람의 죄로 온 공동체가 오염되는 것을 막지 못한 책임이다. 서로에게 앙갚음을 하는 일이 없어야 하며 서로가 서로를 자기 몸처럼 사랑해야 한다. 훗날 예수님이 언급하실 황금률이 이것이다(마 19:19; 22:39; 막 12:31; 눅 10:27; 롬 13:9; 갈 5:14; 약 2:8). 이것은 성결 법전을 요약한 말씀이라고 할 수 있다. 이웃을 자기 몸같이 사랑할 수만 있다면, 세상의 모든 부조리와 범죄가 사라질 것이다.

V. 성결 법전(17:1–26:46)
D. 거룩한 사회윤리(19:1–37)

3. 개인적 윤리(19:19–37)

19 너희는 내 규례를 지킬지어다 네 가축을 다른 종류와 교미시키지 말며 네
밭에 두 종자를 섞어 뿌리지 말며 두 재료로 직조한 옷을 입지 말지며 20 만
일 어떤 사람이 다른 사람과 정혼한 여종 곧 아직 속량되거나 해방되지 못
한 여인과 동침하여 설정하면 그것은 책망을 받을 일이니라 그러나 그들은
죽임을 당하지는 아니하리니 그 여인이 해방되지 못하였기 때문이니라 21 그
남자는 그 속건제물 곧 속건제 숫양을 회막 문 여호와께로 끌고 올 것이요
22 제사장은 그가 범한 죄를 위하여 그 속건제의 숫양으로 여호와 앞에 속죄
할 것이요 그리하면 그가 범한 죄를 사함 받으리라 23 너희가 그 땅에 들어
가 각종 과목을 심거든 그 열매는 아직 할례 받지 못한 것으로 여기되 곧 삼
년 동안 너희는 그것을 할례 받지 못한 것으로 여겨 먹지 말 것이요 24 넷째
해에는 그 모든 과실이 거룩하니 여호와께 드려 찬송할 것이며 25 다섯째 해
에는 그 열매를 먹을지니 그리하면 너희에게 그 소산이 풍성하리라 나는 너
희의 하나님 여호와이니라 26 너희는 무엇이든지 피째 먹지 말며 점을 치지
말며 술법을 행하지 말며 27 머리 가를 둥글게 깎지 말며 수염 끝을 손상하
지 말며 28 죽은 자 때문에 너희의 살에 문신을 하지 말며 무늬를 놓지 말라
나는 여호와이니라 29 네 딸을 더럽혀 창녀가 되게 하지 말라 음행이 전국
에 퍼져 죄악이 가득할까 하노라 30 내 안식일을 지키고 내 성소를 귀히 여
기라 나는 여호와이니라 31 너희는 신접한 자와 박수를 믿지 말며 그들을 추
종하여 스스로 더럽히지 말라 나는 너희 하나님 여호와이니라 32 너는 센 머
리 앞에서 일어서고 노인의 얼굴을 공경하며 네 하나님을 경외하라 나는 여
호와이니라 33 거류민이 너희의 땅에 거류하여 함께 있거든 너희는 그를 학
대하지 말고 34 너희와 함께 있는 거류민을 너희 중에서 낳은 자 같이 여기
며 자기 같이 사랑하라 너희도 애굽 땅에서 거류민이 되었었느니라 나는 너

희의 하나님 여호와이니라 [35] 너희는 재판할 때나 길이나 무게나 양을 잴 때 불의를 행하지 말고 [36] 공평한 저울과 공평한 추와 공평한 에바와 공평한 힌을 사용하라 나는 너희를 인도하여 애굽 땅에서 나오게 한 너희의 하나님 여호와이니라 [37] 너희는 내 모든 규례와 내 모든 법도를 지켜 행하라 나는 여호와이니라

매우 다양한 주제를 다루고 있는 이 섹션은 "너희는 내 규례를 지킬지어다"(19절)라는 하나의 주제로 묶인다. 첫 번째 명령은 짐승, 씨앗, 옷감의 재료를 섞지 말라는 것이다(19절). 서로 다른 종의 짐승을 교배해서는 안 되며, 한 밭에 서로 다른 종류의 씨앗을 심어서도 안 되고, 서로 다른 종류의 재료를 섞어 지은 옷을 입어도 안 된다. 씨앗과 옷감에 대한 규례는 신명기 22:9, 11에도 나와 있다.

왜 이런 것들을 섞으면 안 되는 것일까? 두 가지 이유가 있는 듯하다. 첫째, 하나님이 천지 만물을 창조하실 때 동식물을 종류별로 창조하셨는데, 본문이 금하고 있는 '섞는' 행위는 각 종류의 독특성을 무너뜨릴 수 있으며 레위기가 추구하는 '자연스러움'에 위배되기 때문이다(Archer, Noordtzig, Hess). 둘째, 종자를 섞어 뿌리면 열매와 소산을 다 '빼앗길' 수 있기 때문이다(신 22:9). 즉 "성물이 되어"(새번역; cf. 공동) 제사장에게 압수당할 것이기 때문이다. 우리말 번역본이 '빼앗기다'로 번역한 히브리어 동사는 원래 '거룩하다'(קדשׁ)이다. 종자를 섞어 뿌려 얻은 소산물은 '거룩해져서[일반인들이 사용할 수 없게 되어서]' 먹지 못하게 된다는 뜻이다(Kaiser).

이스라엘 사회에서는 서로 다른 종류를 섞는 일이 딱 한 곳에서만 허용되었다. 성막 안에 있는 법궤의 속죄소를 덮고 있는 그룹들이 여러 짐승이 섞인 모양을 하고 있다(출 25:18–20; cf. 겔 1:5–11). 성막의 휘장, 제사장의 예복 등이 다양한 색과 여러 가지 종류의 실을 엮어 만든 옷감으로 지어졌다(출 26장; 28장; 39장). 이처럼, 섞인 것은 오직 거룩한 곳, 즉 성막/성전에서만 허용되었다.

짐승, 곡식, 심지어 옷감까지도 섞이면 모두가 거룩하게 되어 일반인은 사용할 수 없게 되고 성전에 들여 놓아야만 했다(Milgrom, Hess). 작물을 섞음으로써 거룩해져서 하나님께 속한 것이 되었던 것이다(Kiuchi, Kaiser). 다시 말해서, 곡식들을 섞어 재배하면 어떤 생물학적인 문제나 유전적인 문제가 일어날 것이라는 게 아니라 단순히 거룩해지기 때문에 성전에 들여놓아야 한다는 것뿐이다.

하나님의 규례를 지키라는 주제의 두 번째 명령은 주인이 다른 남자에게 해방시켜 주기로 약속하긴 했지만, 몸값이 치러지지 않아 아직 주인의 통제 아래에 있는 여자 노예와 성관계를 가진 상황에 관한 것이다(20–22절; cf. 출 21:7–8). 만일 두 남녀가 자유인이었다면 모두 사형당할 수 있는 상황이다(신 22:23–24). 본문은 노예 문제를 이슈화하고 타인의 재산권을 침해하는 관점에서 이 문제를 다루고 있다.

몸값이 아직 치러지지는 않았어도 해방을 약속받은 상태이기 때문에 여자 노예를 범한 사람은 성전에 가서 숫양 한 마리를 속건제로 드려야 한다(21절). 이처럼 상당한 가격의 짐승을 속건제로 드리라는 것은 혼외 성관계를 금한 하나님이 이런 행위로 인하여 대단한 상처를 받으셨다는 것을 암시한다(Hess). 신약은 자신의 몸을 하나님의 성전으로 여기라는, 더 강력한 성 윤리를 요구한다(고전 6:12–20).

저자는 두 남녀가 사형을 당하지는 않지만 벌/징계(בִּקֹּרֶת)를 받아야 한다고 한다(20절). 이 단어는 히브리어 성경에서 이곳에 한 번 나오지만, 아카디아어로 '보상'을 뜻하는 단어(baqāru)에서 비롯된 것을 보면, 여자 노예의 주인에게 적절한 경제적 보상을 해주어야 한다는 것을 의미한다(Wenham, Milgrom, Levine). 그래서 대부분 학자는 '책망을 받아야 한다/벌을 받아야 한다'라는 말씀을 '피해를 보상해야 한다'라는 의미로 해석한다(cf. Hess).

세 번째 명령은 과일나무를 심어 열매가 맺히기 시작하면 첫 3년 동안은 그 열매를 먹지 말고, 넷째 해에 소산물을 하나님께 바치고, 다섯째 해부터 먹으라는 것이다(23-25절). 첫 3년 동안 열린 과일을 '할례 받지 못한 것'(ערל)이라고 한다. 아마도 아직 제대로 발달이 된 것도 아니요, 맛도 제대로 나지 않아 사람이 먹기에 적합하지 않다는 것을 의미하는 듯하다. 저자는 또한 할례(ערל)와 포피(עָרְלָה)라는 자극적인 표현을 사용함으로써 이 시기의 과일을 먹지 말라는 메시지를 사람들의 마음에 각인시키고자 한다(Gane).

이 율법을 근거로 이스라엘 사람들은 과일나무를 심고 난 후 첫 3년 동안은 열매를 맺기 전에 꽃을 따 버렸다고 한다(Philo). 열매가 맺혀도 먹지 못할 것이므로 아예 먼저 제거한 것이다. 이렇게 함으로써 나무가 가장 크고 많은 열매를 맺을 수 있도록 했다(Milgrom). 과일을 먹지 말라고 하신 명령은 하나님이 아담에게 선악과를 먹지 말라고 하신 말씀을 상기시킨다(창 2장).

네 번째 해에 맺힌 과일은 하나님께 속한 것이다(출 23:19; 34:26; 레 2:14; 23:17; 20). 주께 감사하고 '찬양하기 위한'(הִלּוּלִים) 목적으로 제사장에게 가져다주라는 말씀이다(24절). 사람들은 다섯 번째 해부터 비로소 과일을 먹을 수 있다. 이 규례를 지키면 하나님이 복으로 주셔서 수확이 많아질 것이다.

이 율법의 근본 취지는 먹을 수도 있는 과일을 먹지 말라고 하시는 하나님의 말씀에 순종하여 앞으로 이스라엘이 차지하게 될 가나안 땅이 그들에게 주신 하나님의 선물임을 고백하라는 것이다(Rooker). 땅 주인(하나님)이 소작농(이스라엘)의 믿음과 신뢰를 시험해 보고자 하는 일이기 때문이다. 그러므로 자신이 하나님의 땅을 빌려 농사를 짓고 있다는 사실을 인정하는 사람이라면 이러한 율법들을 준수해야 한다.

네 번째 명령은 피를 먹지 말라는 것이다(26a절). 레위기 안에서 피를 먹지 말라는 경고는 이곳이 네 번째이다(3:17; 7:27; 17:10-14). 아마도 가나안 사람들을 포함한 이방인들이 종종 고기를 피째 먹던 것에서 비롯된 금지령일 것이다(Kaiser, cf. 삼상 14:32–34; 겔 33:25). 피의 금지령이 점술, 마술이 언급되는 구절에서도 등장하는 것을 보면, 피째 먹는 것이 이방인들이 행했던 예식이었기 때문일 가능성을 배제할 수 없다(Gane).

다음 네 가지는 모두 이방인들의 풍습을 따르지 말라는 명령들이다. (1) 점을 치지 말며(נחשׁ), (2) 술법을 행하지 말며(ענן)(26b절), (3) 머리 가를 둥글게 깎지 말며 수염 끝을 손상하지 말며(27절), (4) 죽은 자 때문에 너희의 살에 문신을 하지 말며 무늬를 놓지 말라(28절).

고대 근동 사람들이 점을 칠 때에 뱀 모양의 도구를 많이 사용했던 것에서 유래하여 '점치다'(נחשׁ)라는 동사는 명사 '뱀'(נָחָשׁ)에서 파생했다(Levine, Kaiser). '술법을 행하다'(ענן)는 구름의 모양을 보고 예언하는 것에서 유래했기 때문에 '구름'(עָנָן)이라는 명사로부터 파생했다(Kaiser, Levine). "관자놀이의 머리를 둥글게 깎거나 구레나룻을 미는 것"(새번역)은 이방인들의 장례 예식에서 비롯된 것이다(Levine, Kaiser, cf. 레 21:5; 신 14:1; 사 15:2; 22:12; 렘 16:6; 암 8:10). 또한 당시 이방인들은 악한 영이 시신을 건드리지 못하게 하기 위하여 장례식에서 자기 몸에 상처를 내 피를 흘리기도 했다(Kaiser, cf. 렘16:6; 41:5). 엘리야와 대결했던 바알의 선지자들도 바알을 자극하기 위하여 자해하며 부르짖었다(왕상 18장).

'문신을 하는 것'(כְּתֹבֶת קַעֲקַע)은 성경에서 이곳에서만 사용된 표현이다. 이 히브리어 문구에서 사용된 두 번째 단어(קַעֲקַע)의 의미가 정확하지 않다. 그러므로 일부 주석가들은 본문이 금하는 것은 문신이 아니라, 몸에 그림을 그리는 것(painting)이라고 주장한다(Hartley). 그러나 첫 번째 단어가 '기록하다/새기다'(כתב)에서 파생된 것을 보면 기본 의미는 분명하다. 하나님의 백성은 자신의 몸에 상처를 입혀서는 안 된다는 뜻이다.

일부 학자들은 이방인들이 죽은 자들을 위하여, 혹은 우상숭배를 위해 문신을 새겼다고 하지만, 그렇게 결론짓기에는 아직까지 역사적 증거가 불충분하다(Hess). 신약은 우리 몸이 하나님의 성전이라고 말한다

(고전 6:12-20). 이 한 가지 이유만으로도 문신은 바람직한 것이 아니다. 하나님의 성전에 낙서하는 행위이기 때문이다.

주의 백성은 딸을 '창녀질'(זנה)로 내몰아서는 안 된다(29절). 이 동사는 다양한 의미를 포함하고 있으며 길에서 몸을 파는 것만을 의미하지 않고 신전의 창녀들이 우상들 앞에서 남자 숭배자들과 성행위를 하는 것을 뜻하기도 한다(van der Toon, Milgrom, Lambert). 29절의 전체적인 내용을 감안할 때, 후자가 문맥에 더 맞다. 그러므로 이것은 딸을 우상숭배 하는 신전 창녀로 내주는 것을 금하는 법이다(Kaiser). 이 금지령은 하나님이 이스라엘에 가나안 땅을 선물로 주신 것과 연관이 있다. 이스라엘이 충분히 먹고살 수 있는 땅을 주신 분이 하나님이므로, 다른 신(들)을 숭배하지 말라는 권면이다(Hess).

이때까지 줄곧 '하지 말라'라는 명령이 주류였는데, 30절에서는 분위기를 바꿔서 '하라'는 명령을 내리신다. 하나님이 직접 정하여 주신 안식 절기들을 지키라는 것이다(26:2). 이방인들의 풍습과 종교를 따르지 말고, 거룩하신 하나님이 지정해 준 절기들을 따르라는 대안을 주신 것이다. 죄와 가증한 행위를 멈추는 것이 경건의 전부가 아니다. 건전한 대안이 실행될 때 경건이 뿌리를 내린다.

31절에서 '하지 말라'는 금지령이 다시 시작된다. 주의 백성은 '죽은 사람의 영을 불러내는 여자'(אבת)나 점쟁이를 찾으면 안 된다. '신접한 자'(אוֹב)의 의미와 기능은 확실하지 않다. 이 단어는 죽어서 지하에 가 있는 영혼이 살아있는 사람들이 있는 지상으로 올라올 수 있도록 땅에 파 놓은 구멍을 뜻한다는 풀이가 있다(Hoffner, Wenham, Kiuchi). 점을 치거나 죽은 자를 저세상에서 불러낼 때 사용하는 도구라는 것이다.

사울이 찾은 신접한 여인이 사무엘의 죽은 영을 땅에서 불러냈다고 하지만(삼상 28:7-11), 죽은 사람의 영혼이 누군가의 부름에 따라 이승과 저승을 넘나들 확률이 얼마나 되는가? 게다가 사무엘처럼 거룩한 사람이 신접한 점쟁이에 의해 끌려 나온다는 것은 더욱더 있을 수 없는 일이다. 이런 행위는 악령들의 사기극인 것이다.

저자는 이스라엘의 영적 생활에 대한 규례를 제시한 다음 32-37절에서 사회 전반적 분위기를 따뜻하고 아름답게 조성해 나갈 율법들을 제시한다. 먼저 노인들을 공경하라는 권면이 선포된다(32절; cf. 잠 16:31; 20:29). 젊은 사람들이 노인들을 따뜻하게 대하는 것은 어느 사회에서든 미풍양속에 속한다. 또한 그들이 젊었을 때 사회를 위하여 열심히 일하고 노력한 것에 대한 답례이기도 하다. 노인 공경은 하나님을 경외하는 일이며(Kaiser), 노인들을 존경하지 않는 사회는 위기에 처한 사회이다(Levine).

이스라엘은 그들 영토에 정착한 외국인들을 관대하게 대하며 차별해서는 안 된다(33-34절). 하나님은 한 걸음 더 나아가 이 외국인들을 "네 몸같이 사랑하라"(אָהַבְתָּ לוֹ כָּמוֹךָ)(새번역)라고 명령하신다(34절). 하나님이 객이 되어 이스라엘 중에 거하는 외국인들을 잘 보살피라고 명령하시는 것은 한때 그들도 이집트에서 객이었기 때문이다(34절). 올챙이 시절을 기억하는 개구리가 되라는 것이다.

구약은 외국인, 과부 그리고 고아에 대한 이스라엘의 책임과 의무를 최소한 36차례나 강조한다(Noordtzij). 은혜를 체험한 사람은 남에게 은혜를 베풀어야 한다. 특히 하나님의 은혜를 체험한 사람은 남을 섬기고 관대하게 대하는 일을 통해 하나님의 은혜에 답례할 수 있다.

마지막으로 저울과 되를 속여서는 안 된다고 말씀하신다(36절; cf. 신 25:14-15). 경건은 교회에서뿐만 아니라 우리가 일하는 직장과 시장에서도 요구되므로 어떤 속임수도 배제되어야 한다(Kaiser). 서로 믿고 신뢰할 수 있는, 믿음이 가는 사회로 만들어 가라는 권면이다. 지금까지 언급된 모든 규례와 법도를 지키라는 명령으로 이 섹션이 끝을 맺는다(37절).

거룩한 삶은 제사장 나라에 속한 사람이 선택해도 되고 안 해도 되는 옵션이 아니라 필수적으로 요구되는 가치관이며 세계관이다. "너희는 거룩하라 이는 나 여호와 너희 하나님이 거룩함이니라"(레 19:2)라는 말씀은 예수님의 말씀을 통해서도 반복된다. "하늘에 계신 너희 아버지의 온전하심과 같이 너희도 온전하라"(마 5:48).

거룩한 삶이 성도에게 얼마나 중요한지, 히브리서 기자는 거룩함이 없이는 그 누구도 하나님을 볼 수 없다고 말한다(히 12:14). 만약에 신앙생활이 진짜라면 윤리/도덕적인 결과로 표현되어야 하기 때문이다(Kaiser). 옛날 주의 백성들처럼 오늘날에도 그리스도인들은 그들이 사는 영토에 의해 정의되는 것이 아니라, 윤리적이고 거룩한 성품으로 정의된다(Rooker).

그렇다면 우리는 삶의 여러 영역 중 어떤 부분에서 거룩한 삶을 추구해야 하는가? 레위기 19장은 서슴없이 모든 영역에서 경건해야 한다고 한다. 예배뿐만 아니라 일터와 일상에서도 하나님의 거룩하심이 삶에 배어나야 한다. 이것이 제사장 나라에 속한 각 개인이 추구하는 제사장의 모습이어야 한다.

레위기 19장은 신약에서 직·간접적으로 상당히 넓게 반영되었다고 생각한다. 거룩과 사랑은 서로 뗄 수 없는 긴밀한 사이라는 본 장의 가르침이 베드로전서 곳곳에 간접적으로 배어 있다(Rooker). 한편 야고보 사도의 서신에서 레위기 19장의 가치와 원리가 직접적으로 사용되고 있다. 야고보는 레위기 19:12-18에 기록된 '사랑의 법'(law of love)을 '왕의 법'(Royal Law)(약 2:8)이자 '자유의 법'(Law of Liberty)(약 1:25; 2:12)으로 생각했으며, 그리스도인은 이 법에 따라 살아야 한다고 가르쳤다(Johnson). 다음을 참조하라(Johnson).

레위기 19장	야고보서
2절	5:12
13절	5:4
15절	2:1, 9

16절	4:11
17b절	5:20
18a절	5:9
18b절	2:8

V. 성결 법전(17:1–26:46)

E. 거룩한 예배(20:1–8)

[1] 여호와께서 모세에게 말씀하여 이르시되 [2] 너는 이스라엘 자손에게 또 이
르라 그가 이스라엘 자손이든지 이스라엘에 거류하는 거류민이든지 그의 자
식을 몰렉에게 주면 반드시 죽이되 그 지방 사람이 돌로 칠 것이요 [3] 나도
그 사람에게 진노하여 그를 그의 백성 중에서 끊으리니 이는 그가 그의 자
식을 몰렉에게 주어서 내 성소를 더럽히고 내 성호를 욕되게 하였음이라 [4]
그가 그의 자식을 몰렉에게 주는 것을 그 지방 사람이 못 본 체하고 그를 죽
이지 아니하면 [5] 내가 그 사람과 그의 권속에게 진노하여 그와 그를 본받아
몰렉을 음란하게 섬기는 모든 사람을 그들의 백성 중에서 끊으리라 [6] 접신한
자와 박수무당을 음란하게 따르는 자에게는 내가 진노하여 그를 그의 백성
중에서 끊으리니 [7] 너희는 스스로 깨끗하게 하여 거룩할지어다 나는 너희의
하나님 여호와이니라 [8] 너희는 내 규례를 지켜 행하라 나는 너희를 거룩하게
하는 여호와이니라

이 섹션을 포함한 20장은 앞서 18, 19장에 기록된 내용의 일부를 순서를 바꿔 다시 선포한다. 마치 15장이 12–14장의 내용을 되새김한 것처럼 말이다(Kiuchi). 그러나 20장은 앞부분과 내용은 비슷하지만, 스타일에서 한 가지 중요한 차이점을 보인다.

18-19장에서 선포된 율법들은 대체로 '…하면 안 된다, …하라' 형태의 정언(定言)적인 규례들(apodictic laws)인 것에 비해 20장의 율법들은 '[만일]…하면 … 하라, 이런 일이 있으면… 이렇게 하라'라는 식의 판례법(case law) 형태를 취한다. 그러므로 20장은 전반적인 권면뿐 아니라 어떤 경우에 사형을 적용해야 하는가까지 논한다. 이러한 관점에서 볼 때, 20장은 18-19장의 자연스러운 연장이다. 18-19장에서 선포된 율법을 어길 경우, 어떠한 처벌을 받게 되는가를 20장에서 밝히고 있는 것이다. 다음을 참조하라(Hess).

내용	20장	18-19장
몰렉에게 자식을 바치는 일	2-5절	18:21
점쟁이와 점술가	6절	19:31
거룩하라는 명령	7절	19:2
순종하라는 권면	8절	18:5, 26
부모 공경	9절	19:3
간음	10절	18:20
양어머니와 근친상간	11절	18:8
며느리와 근친상간	12절	18:15
동성애	13절	18:22
장모와 근친상간	14절	18:17
짐승과 교접	15-16절	18:23
누이와 근친상간	17절	18:9
월경 중 성관계	18절	18:19
이모나 고모와 근친상간	19-20절	18:12-13
제수와 근친상간	21절	18:18
세상의 풍습 답습	22-23절	18:26-30
땅 약속	24절	

정결한 짐승과 부정한 짐승	25절	11:47
거룩하라는 명령	26절	20:7
점쟁이와 점술가	27절	19:31

위에서 보는 바와 같이 20장에 기록된 내용 중에 18-19장의 내용과 연관이 없는 것은 땅 약속(24절)이 유일하다. 또한 성 윤리를 언급하는 10-21절이 중심을 이루고 있으며, 이것을 순종의 권면과 축복의 약속(7-9, 22-26절)이 감싸고 있음을 알 수 있다. 또한 이 장의 핵심 내용(10-21절)은 점쟁이와 점술가를 금하라는 두 개의 명령(6, 27절)이 감싸고 있다.

선지서에서도 명백하게 드러나지만, 성적(性的) 타락과 우상숭배는 같이 간다(Hartley). 하나님을 섬기는 사람은 성적 문란을 행하지 않는다는 사실을 강조하는 것이다. 20장에서 동사 '주다'(נתן)가 7차례 사용되면서 이 섹션에 통일성을 더하고 있다(Warning).[16]

20장은 몰렉 종교에 관한 금지령으로 시작된다. 몰렉에게 아이를 바치는 일을 금하는 것은 18:21에서 이미 선포된 바 있다. 이번에는 몰렉에게 자식을 바친 사람은 사형에 처하라고 지시한다(2절). 이런 가증한 행위는 하나님의 성소를 더럽히기 때문이다(3절). 우상숭배가 성소를

---

16 6절과 27절이 점쟁이와 점술가를 금한다는 사실을 바탕으로, 한 주석가는 다음과 같은 구조를 제시한다(Kiuchi). 이 제안이 지니고 있는 장점은 많은 학자가 위치가 잘못되었다고 주장하는(cf. Milgrom) 27절의 정당성을 확보해 준다는 점이다.

A. 몰렉에게 자식을 바치는 일 금지(2-5절)
  점술과 점쟁이질 금지(6절)
  B. 성결 요구(7절)
    C. 율법 준수(8절)
      D. 부모를 저주하는 자(9절)
        남편과 아내의 입장에서 본 간음과 근친상간(10-21절)
    C'. 율법 준수와 약속의 땅(22-24절)
  B'. 성결 요구(25-26절)
A'. 점술과 점쟁이질 금지(27절)

더럽힌다는 말씀은 오경에서 이곳이 처음이다(Milgrom, 렘 7:30; 32:34; 겔 5:11; 23:38). 이스라엘에 사는 외국인에게도 동일한 규칙이 적용된다.

사형 집행의 책임은 아이를 몰렉에게 바친 사람이 살고 있는 지방의 사람들(עַם הָאָרֶץ)에게 있다. 성경에서 '지방 사람'은 종종 원주민을 뜻하지만(Kaiser), 본문은 범죄자가 속한 공동체를 의미한다. 형을 집행할 수 있는 사람은 사회의 지도자들이기 때문에 본문에서 '지방 사람'은 소수의 지도층을 뜻한다는 해석이 있다(Levine). 그러나 공동체에 속한 모든 사람(Budd), 혹은 그들을 대표하는 소수(Joosten)로 해석하는 것이 바람직하다. 공동체 일원들은 모두 이런 일에 대하여 책임감을 느껴야 하며, 그가 속한 사회는 공동체의 이름으로 범죄자를 처단해야 한다.

처형 방법은 범죄자를 돌로 쳐 죽이는 것이다(2절). 돌로 치는 것은 구약에서 가장 널리 사용된 처형 방법이다(레 20:27; 24:16; 민 15:32-36; 신 13:6-10; 21:18-21; 22:21, 24). 이 방법이 가장 많이 사용되는 이유는 온 공동체가 범법자의 죽음에 대하여 책임을 함께 짐을 상징하며 동시에 범죄 억제 효과를 조성하기 위해서였던 것으로 생각된다(Wenham, Rooker). 죄인을 돌로 쳐서 처형할 때는 이스라엘의 진영 밖에서 하는 것이 일상적이었다(레 24:14; 신 22:24; 왕상 21:13). 예수님의 시대에도 돌로 치는 처형법이 계속 사용되었다(마 21:35; 23:37; 요 10:31; 행 14:5).

만일 지방 사람들이 사형을 집행하지 않으면, 하나님이 직접 나서서 자식을 몰렉에게 준 사람과 그의 집안 그리고 그와 동조한 사람들을 모두 벌하실 것이다(4-5절). 이때 일원이 지은 죄를 묵인했던 공동체에게 책임이 전가된다. 성경은 악한 일을 하는 것만 죄가 아니라, 죄를 묵인하는 것도 죄라고 한다. 이런 가증스러운 짓을 한 사람들은 당연히 이스라엘에서 끊어진다(5절).

하나님의 백성이 되기로 결심한 사람에게는 '종교의 자유'가 더 이상 없다. 오직 하나님만 섬기겠다고 하나님과 언약을 맺은 상황이기 때문에 온 마음을 다하여 하나님만 바라봐야 한다. 공동체는 순수성을 보존하기 위하여 때로는 오염 요인이 되는 구성원을 제거할 필요가 있다. 만일 방관하면 전체가 오염되기 때문이다.

교회는 분명 모든 유형의 죄인을 위해 존재한다. 그러나 자신의 죄를 회개하기는커녕 오히려 떳떳하게 여기며 나머지 지체들에게 부정적인 영향을 미치는 사람이 있다면, 사역자는 많은 기도를 드린 다음에 그 사람을 계속 방치할 것인지 아니면 내보낼 것인지에 대하여 결단을 내려야 한다. 그 사람이 언젠가는 하나님의 은혜로 변할 수도 있겠지만, 그날이 올 때까지 너무나 많은 사람이 그 사람으로 인하여 실족하는 것도 옳지 않기 때문이다. 사역자는 매우 어려운 결정이지만 직면하여 결단을 내려야 할 때가 있다.

죽은 사람의 영을 불러내는 여자나 점쟁이를 따라다니는 사람은 하나님의 백성 사이에서 끊어 내야 한다(6절). 예나 지금이나 사람들은 자신의 미래에 대하여 알고 싶어 하며 일부는 점쟁이들을 찾는다. 그러나 성경은 오직 하나님만이 미래를 알고 계신다고 말한다(사 41:20-29; 45:11-13; 약 4:13-15). 점쟁이들은 사기를 치고 있는 것이다. 따라서 점쟁이와 마술사는 남자든 여자든 사형에 처해야 한다(27절). 점성술의 수요자나 공급자가 함께 처벌되어야 한다.

주의 백성은 스스로 깨끗하게 하여 거룩해야 한다(7절). 그런데 8절에서는 "나는 너희를 거룩하게 하는 여호와이니라"라고 말씀하신다. 그렇다면 우리는 스스로 자신을 거룩하게 하는 것인가? 아니면, 하나님이 거룩하게 해 주시는 것인가? 우리는 하나님의 말씀을 전적으로 순종하고 실천하여 자신을 경건하게 지켜야 한다(Wenham, Hartley). 그러나 우리를 경건하게 할 수 있는 이는 오직 하나님뿐이시다. 그러므로 이 말씀은 "경건하라"라고 명령하신 하나님이 바로 이어서 "내가 너희를 거룩하게 해 주겠다"라고 선언하시는 것과 같다(Hess).

여호와께서 수많은 민족 중에 이스라엘을 택하여 특별히 구별하신 하신 것은 그들이 세상 민족들처럼 살지 않게 하기 위해서이다. 그러므로 주의 백성이 거룩한 삶을 추구하는 것은 하나님의 부르심에 순응하는 행위인 것이다. 우리가 거룩한 삶을 추구할 때, 하나님이 우리를 거룩하게 하실 것이다.

그런데 저자는 왜 몰렉 종교와 점성술을 함께 묶어 놓았을까? 무엇보다도 하나님이 가장 혐오스럽게 생각하시는 행위들이기 때문일 것이다. 몰렉 종교는 큰 우상 앞에서 행하는 영적 간음이고, 혼백을 불러내는 일은 은밀한 곳에서 비밀리에 행하는 영적 간음이다.

하나님은 두 가지를 예로 들면서 눈에 띄게 드러나는 우상숭배에서부터 비밀스럽고 은밀한 영적 간음까지 모두 묵인하지 않을 것을 경고하신다. 이스라엘은 함께 모여 드리는 예배에서 그리고 각 개인이 사적으로 드리는 예배에서도 순결해야 한다. 거룩은 구별됨과 순결/경건, 두 가지를 바탕으로 한 개념이다(Kaiser).

V. 성결 법전(17:1–26:46)

F. 거룩한 가족 관계(20:9–21)

**9 만일 누구든지 자기의 아버지나 어머니를 저주하는 자는 반드시 죽일지니
그가 자기의 아버지나 어머니를 저주하였은즉 그의 피가 자기에게로 돌아
가리라 10 누구든지 남의 아내와 간음하는 자 곧 그의 이웃의 아내와 간음하
는 자는 그 간부와 음부를 반드시 죽일지니라 11 누구든지 그의 아버지의 아
내와 동침하는 자는 그의 아버지의 하체를 범하였은즉 둘 다 반드시 죽일지
니 그들의 피가 자기들에게로 돌아가리라 12 누구든지 그의 며느리와 동침하
거든 둘 다 반드시 죽일지니 그들이 가증한 일을 행하였음이라 그들의 피가
자기들에게로 돌아가리라 13 누구든지 여인과 동침하듯 남자와 동침하면 둘
다 가증한 일을 행함인즉 반드시 죽일지니 자기의 피가 자기에게로 돌아가
리라 14 누구든지 아내와 자기의 장모를 함께 데리고 살면 악행인즉 그와 그**

들을 함께 불사를지니 이는 너희 중에 악행이 없게 하려 함이니라 15 남자가
짐승과 교합하면 반드시 죽이고 너희는 그 짐승도 죽일 것이며 16 여자가 짐
승에게 가까이 하여 교합하면 너는 여자와 짐승을 죽이되 그들을 반드시 죽
일지니 그들의 피가 자기들에게로 돌아가리라 17 누구든지 그의 자매 곧 그
의 아버지의 딸이나 그의 어머니의 딸을 데려다가 그 여자의 하체를 보고
여자는 그 남자의 하체를 보면 부끄러운 일이라 그들의 민족 앞에서 그들이
끊어질지니 그가 자기의 자매의 하체를 범하였은즉 그가 그의 죄를 담당하
리라 18 누구든지 월경 중의 여인과 동침하여 그의 하체를 범하면 남자는 그
여인의 근원을 드러냈고 여인은 자기의 피 근원을 드러내었음인즉 둘 다 백
성 중에서 끊어지리라 19 네 이모나 고모의 하체를 범하지 말지니 이는 살붙
이의 하체인즉 그들이 그들의 죄를 담당하리라 20 누구든지 그의 숙모와 동
침하면 그의 숙부의 하체를 범함이니 그들은 그들의 죄를 담당하여 자식이
없이 죽으리라 21 누구든지 그의 형제의 아내를 데리고 살면 더러운 일이라
그가 그의 형제의 하체를 범함이니 그들에게 자식이 없으리라

이 섹션은 대부분 18장에서 이미 언급된 내용들이다. 아버지나 어머니를 '저주하는'(קלל) 자는 반드시 사형에 처해야 한다(9절). 자식이 부모를 공경하는 것은 당연한 일이며 신약에서도 강조되는 믿음 행위이다(엡 6:1; 골 3:20). 더 나아가 자녀에게는 늙은 부모를 돌볼 책임이 있다(딤전 5:3, 9, 16; cf. 약 1:27).

자식이 부모를 공경해야 한다는 규례는 본 장(章)과 십계명에서 중간에 있으면서 주제의 변화를 암시한다(Milgrom, Hess). 히브리어 동사 '저주하다'(קלל)는 하나님이 아브라함에게 주신 약속에서도 사용되었다. "너를 축복하는 자에게는 내가 복을 내리고 너를 저주하는 자에게는 내가 저주하리니(קלל)"(창 12:3). 이 동사의 기본 뜻은 '가볍게 여기다'이다(HALOT). 하나님은 부모에게 불손하게 행하여 처형되는 사람은 자신의 죄 때문에 죽는 것이라고 말씀하신다. 심은 대로 거둔다는 뜻이

다.

이외에도 남자가 다른 남자의 아내와 간통하면 둘 다 사형에 처해야 한다(10절). 아버지의 첩과 간통한 경우에도 둘 다 처형해야 한다(11절). 시아버지와 며느리가 간통하면 둘 다 사형에 처해야 한다(12절). 동성애를 하는 자들도 사형에 처해야 한다(13절). 남자가 엄마와 딸을 아내로 취하면 셋 다 처형해야 한다(14절). 이 경우 셋을 불에 태워 처형하라고 한다.

레위기에서 화형이 언급되기는 이번이 처음이다. 이스라엘에서는 먼저 돌로 치고 난 후에 화형을 행했던 것으로 알려져 있다(Kaiser, cf. 수 7:25). 레위기 21:9은 창녀질을 한 제사장의 딸도 불에 태워 처형하라고 한다. 후일 유다가 과부가 된 그의 며느리 다말이 임신했다는 소식을 듣고 그녀를 불에 태우라고 한 일(창 38:24)과 연결해서 생각해 보면 화형식은 성적 범죄와 특별히 연관된 것으로 보인다. 사람이 짐승과 교접하면 남자든 여자든 상관없이 짐승과 함께 처형해야 한다(15-16절).

누이와 결혼하면 둘 다 백성에게서 끊어지게 해야 한다(17절). 남자가 월경하는 아내와 동침하면 둘 다 백성 중에서 끊어져야 한다(18절). 이것은 앞서 언급한 것처럼 두 사람 모두 여자가 월경 중이라는 사실을 알고도 성관계를 가졌을 경우에 적용된다. 고모, 이모, 숙모, 형수, 혹은 제수와 동침해도 벌을 피할 수 없다. 이 경우 사형에 처하라는 말은 없다. 숙모, 형수 혹은 제수와 동침했을 경우에는 둘 다 하나님의 벌을 받아 자손을 보지 못하고 죽을 것이라고 한다(20, 21절). 당시 자식을 남기지 못하고 죽는 것은 최고의 수치였을 뿐만 아니라 그가 속한 가정이 사형을 받았다는 뜻이 되었다(Calvin, Rooker).

저자는 “이 가증한 모든 일을 행하는 자는 그 백성 중에서 끊어지리라”(레 18:29)라고 강조했다. 이스라엘은 가증한 일을 행하는 자들과 거리를 두어야 한다. 다만 형제가 자녀가 없이 죽었을 경우에는 예외적으로 계대(繼代) 결혼이 행해졌다. 주의 백성은 가정에서부터 성결을 실천해야 한다.

V. 성결 법전(17:1-26:46)

G. 거룩한 땅의 소유(20:22-27)

[22] 너희는 나의 모든 규례와 법도를 지켜 행하라 그리하여야 내가 너희를 인
도하여 거주하게 하는 땅이 너희를 토하지 아니하리라 [23] 너희는 내가 너희
앞에서 쫓아내는 족속의 풍속을 따르지 말라 그들이 이 모든 일을 행하므로
내가 그들을 가증히 여기노라 [24] 내가 전에 너희에게 이르기를 너희가 그들
의 땅을 기업으로 받을 것이라 내가 그 땅 곧 젖과 꿀이 흐르는 땅을 너희에
게 주어 유업을 삼게 하리라 하였노라 나는 너희를 만민 중에서 구별한 너
희의 하나님 여호와이니라 [25] 너희는 짐승이 정하고 부정함과 새가 정하고
부정함을 구별하고 내가 너희를 위하여 부정한 것으로 구별한 짐승이나 새
나 땅에 기는 것들로 너희의 몸을 더럽히지 말라 [26] 너희는 나에게 거룩할지
어다 이는 나 여호와가 거룩하고 내가 또 너희를 나의 소유로 삼으려고 너
희를 만민 중에서 구별하였음이니라 [27] 남자나 여자가 접신하거나 박수무당
이 되거든 반드시 죽일지니 곧 돌로 그를 치라 그들의 피가 자기들에게로
돌아가리라

이스라엘은 지금까지 선포된 규례를 광야에서 일시적으로만 지킬 게 아니라 앞으로 입성할 가나안 땅에서도 지켜야 한다. 만일 그들이 율법을 준수하지 않으면, 그 땅이 가나안 사람들을 토해 내듯 이스라엘도 토해 낼 것이다(22절). 가나안 사람들이 그 땅에서 쫓겨나는 이유는 그들이 가증한 풍습을 따라 살았기 때문이다(23절).

그러므로 이스라엘이 젖과 꿀이 흐르는 땅에서 거하려면 하나님의

말씀에 순종해야 한다. 하나님은 가나안 사람들과 구별된 삶을 살게 하기 위하여 이스라엘을 구별하여 선택하셨다(26절). 하나님의 은혜에는 책임과 의무가 뒤따르는 것이다.

H. 거룩한 제사장직(21:1-22:16)

성결 법전이 온 이스라엘 백성을 대상으로 선포된 말씀인 것에 비해 이 섹션은 제사장들만을 대상으로 하고 있다. 그러므로 본문이 다루는 주제들도 제사장들과 직접적으로 연관되어 있다—제사장과 주검, 제사장의 결혼, 제사장의 건강, 제사장과 헌물. 이 섹션이 언급하는 '일반인(성도)—제사장—대제사장' 등 세 부류는 거룩성 측면에서 '성전뜰—성소—지성소'와 평행을 이룬다(Kaiser).

본 텍스트는 반복되는 "나는 너희를/그를 거룩하게 하는 여호와임이니라"라는 문장을 바탕으로 다음과 같이 다섯 부분으로 나눌 수 있다.

A. 일반 제사장의 장례식과 결혼 규례(21:1-9)
A'. 대제사장의 장례식과 결혼 규례(21:10-15)
  B. 제사장의 신체적 조건(21:16-24)
    C. 제사장의 음식(22:1-9)
    C'. 제사장의 음식과 일반인(22:10-16)

V. 성결 법전(17:1–26:46)
H. 거룩한 제사장직(21:1–22:16)

1. 일반 제사장을 위한 장례식과 결혼 규례(21:1–9)

**1 여호와께서 모세에게 이르시되 아론의 자손 제사장들에게 말하여 이르라
그의 백성 중에서 죽은 자를 만짐으로 말미암아 스스로를 더럽히지 말려니
와 2 그의 살붙이인 그의 어머니나 그의 아버지나 그의 아들이나 그의 딸이
나 그의 형제나 3 출가하지 아니한 처녀인 그의 자매로 말미암아서는 몸을
더럽힐 수 있느니라 4 제사장은 그의 백성의 어른인즉 자신을 더럽혀 속되게
하지 말지니라 5 제사장들은 머리털을 깎아 대머리 같게 하지 말며 자기의
수염 양쪽을 깎지 말며 살을 베지 말고 6 그들의 하나님께 대하여 거룩하고
그들의 하나님의 이름을 욕되게 하지 말 것이며 그들은 여호와의 화제 곧
그들의 하나님의 음식을 드리는 자인즉 거룩할 것이라 7 그들은 부정한 창녀
나 이혼 당한 여인을 취하지 말지니 이는 그가 여호와 하나님께 거룩함이니
라 8 너는 그를 거룩히 여기라 그는 네 하나님의 음식을 드림이니라 너는 그
를 거룩히 여기라 너희를 거룩하게 하는 나 여호와는 거룩함이니라 9 어떤
제사장의 딸이든지 행음하여 자신을 속되게 하면 그의 아버지를 속되게 함
이니 그를 불사를지니라**

제사장은 평생 사람의 주검을 만져서는 안 된다(1절). 제사장은 생명의 근원이신 하나님 앞에서 사역하는 사람이므로 죽음의 힘(power of death)으로 가득한 주검을 접하여 부정하게 되면 안 되기 때문이다(Gerstenberger, Hess). 하나님을 섬기는 제사장이 장례식에 참석하지 못한다는 것은, 고대 근동에서 흔히 행해졌던 죽음과 연관된 예식들의 정당성을 부정하는 의미이기도 하다(Levine). 유일하게 18장에서 정의한 혈육들의 장례는 예외가 된다. 어머니, 아버지, 아들, 딸, 형제, 결혼하지 않은 친누이. 가장 가까운 가족들의 장례식에는 참여할 수 있다.

여섯 가지 관계로 구성된 가까운 친족 목록은 본문을 반영하고 있는 에스겔 44:25에도 등장한다.

아내는 이 목록에 포함되지는 않았지만, 남자와 한 몸을 이루는 가장 가까운 관계이기 때문에 당연히 포함된다(Kaiser). 그러나 제사장이 참석할 수 있는 장례식은 모두 자기 쪽이지, 처가 쪽은 하나도 포함되지 않은 것으로 보아 아내의 장례식에도 참석할 수 없었을 것이라는 해석도 있다(Hess). 그러나 아내를 처가 식구들과 같이 취급할 수는 없다는 점을 감안하면, 첫 번째 해석이 옳다. 제사장의 소명은 가족의 도리를 금하지 않는다.

이외에 제사장이 다른 친척이나 일반인들의 주검을 만질 경우에는 부정하다(4절). 이스라엘의 주검에 대한 관점은, 주검을 거룩하고 신성하게 취급했던 이집트의 관점과는 대조적이다(Milgrom). 주의 백성은 주검을 대하는 자세에서도 세상 사람들과 달라야 한다는 것이다.

제사장은 "머리털을 깎아 대머리 같게 하지 말며 자기의 수염 양쪽을 깎지 말며 살을 베지" 말아야 한다(5절; cf. 레 19:27-28; 신 14:1). 이러한 행위는 이방 종교와 문화권에서 사용하던 장례 풍습이다(Rooker, Milgrom, cf. 사 3:24; 15:2; 렘 47:5; 48:37; 겔 7:18; 27:31). 그들은 머리를 미는 일을 통해 자신들이 속한 공동체에서 자기를 분리시키고 대신 죽은 사람과 함께하는 것으로 생각했다(Olyan).

몸에 칼자국을 내는 것은 근동 신 중에서 아버지 신 엘(El)이 아들 바알(Baal)이 죽었을 때 그의 죽음을 슬퍼하며 한 짓이다(ANET, 139). 훗날 갈멜 산 정상에서 엘리야와 다투던 바알 선지자들이 자해한 일이 성경에 기록되어 있다(왕상 18장). 하나님은 이스라엘 종교 예식을 이방 종교의 예식들과 섞어서는 안 된다고 경고하신다.

제사장은 세 부류의 여자와 결혼할 수 없다. 창녀(זֹנָה), 몸을 버린 여자(חֲלָלָה), 이혼한 여자(אִשָּׁה גְּרוּשָׁה מֵאִישָׁהּ)(7절). 많은 번역본이 창녀와 몸을 버린 여자를 언급하는 "אִשָּׁה זֹנָה וַחֲלָלָה"에서 접속사 ו의 기능을 수단

(instrumental)로 보아 이 둘을 동일한 여자로 간주하여 "창녀 짓을 하는 더러운 여인"으로 번역한다(NAS, NIV, TNK, NAB, cf. LXX, Kaiser). 그러나 14절은 "몸을 버린 여자"와 "창녀"의 순서를 바꾸어 이 둘을 구별하고 있다. 그러므로 제사장은 창녀, 몸을 버린 여자, 이혼한 여자 등 세 부류의 여자와 결혼할 수 없다고 해석하는 것이 바람직하다(Milgrom, Gane). 창녀—몸을 버린 여자—이혼한 여자의 순서는 부정의 정도에 따라 강에서 약 순으로 열거된 것으로 생각된다. 몸을 버린 여자를 강간당한 여자로 해석하는 사람들도 있다(Ehrlich, Kornfeld).

이혼한 여자나 몸을 버린 여자는 억울하게 당한 피해자일 수 있다. 그러므로 이처럼 예외가 없는 규정은 가혹하다고 할 수 있다. 그러나 제사장직 자체가 내면적인 경건뿐만 아니라 외형적인 경건도 요구하기 때문에 이러한 규칙이 준수되어야 했다.

저자는 제사장이 다른 사람처럼 주검을 만져서는 안 되고 부정한 여자와 결혼해서도 안 되는 이유를 두 차례나 반복한다. "그들의 하나님께 대하여 거룩하고 그들의 하나님의 이름을 욕되게 하지 말 것이며 그들은 여호와의 화제 곧 그들의 하나님의 음식을 드리는 자인즉 거룩할 것이라"(6절), "너는 그를 거룩히 여기라 그는 네 하나님의 음식을 드림이니라 너는 그를 거룩히 여기라 너희를 거룩하게 하는 나 여호와는 거룩함이니라"(8절).

두 구절은 제물을 드리는 것을 음식을 바치는 것에 비유하고 있다. 그러나 하나님이 제물을 제사장들에게 거의 다 하사하시는 것을 보면, 주님이 실제로 제물을 '잡수시는 것'은 아니다. 반면에 고대 근동의 우상들은 하루에 두 번씩 아침저녁으로 음식을 먹지 못하면 생존을 위협받았다(Ringgren). 고기, 생선, 과일, 꿀, 우유, 포도주 등이 신들에게 바쳐졌다. 신들이 식사하는 동안에는 주변에 커튼이 드리워졌다(Rooker).

하나님 앞에서 사역하는 사람은 몸가짐, 삶의 방식까지 속된 자들로부터 차별화되어야 한다. 또한 공동체에 속한 사람들도 제사장의 이러한 특별한 위치를 인정해야 한다. "너는 그[제사장]를 거룩히 여기라"(8절). 제사장인 친척이 장례식에 오지 않더라도 서운하게 생각하지 말라는 것이다.

제사장이 경건한 것처럼 그의 자녀들도 경건해야 한다. 만일 제사장의 딸이 창녀질을 하면 불에 태워 죽여야 한다(9절). 제사장의 딸이 몸을 파는 것은 종교적인 이유에서일 수 있다. 즉 이교도 예식과 관련된 것일 수 있다는 뜻이다(Hess). 화형이 가혹하다고 할 수 있겠지만, 제사장의 딸로서 남들보다 더 많은 영적 축복과 물질적 풍요로움을 누렸고, 율법이 요구하는 삶에 대해서 누구보다도 잘 아는 사람이 가증스러운 길을 택했으니 심판이 더 가혹할 수밖에 없다. 영적인 지도자들은 가정을 경건하게 잘 다스릴 책임이 있다.

V. 성결 법전(17:1–26:46)
H. 거룩한 제사장직(21:1–22:16)

2. 대제사장을 위한 장례식과 결혼 규례(21:10–15)

[10] 자기의 형제 중 관유로 부음을 받고 위임되어 그 예복을 입은 대제사장은 그의 머리를 풀지 말며 그의 옷을 찢지 말며 [11] 어떤 시체에든지 가까이 하지 말지니 그의 부모로 말미암아서도 더러워지게 하지 말며 [12] 그 성소에서 나오지 말며 그의 하나님의 성소를 속되게 하지 말라 이는 하나님께서 성별하신 관유가 그 위에 있음이니라 나는 여호와이니라 [13] 그는 처녀를 데려다가 아내를 삼을지니 [14] 과부나 이혼 당한 여자나 창녀 짓을 하는 더러운 여인을 취하지 말고 자기 백성 중에서 처녀를 취하여 아내를 삼아 [15] 그의 자손이 그의 백성 중에서 속되게 하지 말지니 나는 그를 거룩하게 하는 여호와임이니라

성경에서 '대제사장'(הַכֹּהֵן הַגָּדוֹל)(10절)이란 용어가 처음 쓰였으며 레위기에서 이곳이 유일하다. 제사장들은 기름 부음을 받기도 하고 받지 않기도 했다(Milgrom, cf. 출 29:9; 40:15). 그러나 대제사장은 레위기 8-9장에 기록된 대로 기름 부음을 받는 임직식을 반드시 거행해야 했다(Hess). 그러므로 "형제 중 관유로 부음을 받고 위임되어 그 예복을 입은"(10절) 자는 대제사장을 가리킨다.

대제사장에게 요구되는 기준은 일반 제사장에게보다 더 높다. 일반 제사장은 혈육의 장례식에 참석할 수 있는 데 반해, 대제사장은 어떠한 주검도 가까이해서는 안 된다. 심지어 애도의 뜻으로 머리를 풀고 옷을 찢어서도 안 된다. 오늘날도 유태인들은 죽은 사람과의 촌수에 따라 옷깃의 길이를 달리하여 찢는다. 그들의 장례 풍습인 것이다.

대제사장은 자기 부모가 죽었을 때에도 장례식에 참가할 수 없다(11절; cf. 민 19: 13). 대제사장으로 있는 한, 장례식 때문에 성소를 떠나는 일은 없어야 한다. 주검과의 접촉으로 인해 성소를 더럽혀서는 안 되기 때문이다(12절). 대제사장에게는 최고의 성결이 요구된다.

유태인들의 전승에 의하면 대제사장직은 종신직이 아니라 1년직이었다. 연임할 수는 있지만, 매년 절차에 따라 새로 임명되어야 했다. 중간사 시대(inter-testamental period)에, 특히 시리아의 셀리우쿠스 왕조가 이스라엘을 지배하고 있을 때에 대제사장직을 놓고 두 집안이 뇌물, 모함, 암살 등으로 수십 년 동안 갈등한 것이 외경의 〈제1마카비서〉에 기록되어 있다. 직분이 봉사직이 아닌 명예와 권력으로 변질될 때 이런 일이 생긴다.

대제사장은 '처녀'(בְּתוּלָה)와만 결혼할 수 있었다. 일부 주석가들은 오직 아론의 후손만이 제사장이 될 수 있다는 원칙을 보존하기 위하여 이 같은 율법이 주어졌다고 한다(Rooker). 그러나 처녀와 결혼해야 한다는 규례가 일반 제사장들에게는 적용되지 않은 점을 감안하면 설득력이 있는 해석은 아니다. 이 규정의 핵심은 '순결/순수성'이다. 하나님 앞에 가장 순수하고 순결해야 하는 대제사장은, 아내를 맞이하는 일에 있어서도 가장 순결하고 순수한 여자를 택해야 한다는 뜻이다.

대제사장은 과부, 이혼한 여자, 몸을 버린 여자, 창녀와 결혼해서도 안 된다(14절). 일반 제사장이 결혼할 수 없는 상대 목록에 과부가 추가되었다(7절). 또한 그가 아내를 "자기 백성 중에서"(מֵעַמָּיו)(14절) 취해야 한다는 것은 자기 족속, 즉 제사장 집안 여자하고만 결혼할 수 있다는 것을 의미한다(Levine, Gane). 대제사장의 아내는 집안 내력에 있어서도 순수 혈통이어야 하는 것이다.

반면에 에스겔 선지자가 꿈꾸었던 회복된 세상에서는 대제사장이 결혼할 수 있는 범위가 제사장 집안 사람들로 제한되지 않고, 온 이스라엘 사람들로 넓혀진다(겔 44:22). 나아가 예수님은 이방인과 유태인, 남자와 여자의 사이에 존재하는 모든 차별을 없애셨다.

V. 성결 법전(17:1-26:46)
H. 거룩한 제사장직(21:1-22:16)

3. 제사장의 신체적 조건(21:16-24)

16 여호와께서 모세에게 말씀하여 이르시되 17 아론에게 말하여 이르라 누구
든지 너의 자손 중 대대로 육체에 흠이 있는 자는 그 하나님의 음식을 드리
려고 가까이 오지 못할 것이니라 18 누구든지 흠이 있는 자는 가까이 하지
못할지니 곧 맹인이나 다리 저는 자나 코가 불완전한 자나 지체가 더한 자
나 19 발 부러진 자나 손 부러진 자나 20 등 굽은 자나 키 못 자란 자나 눈에
백막이 있는 자나 습진이나 버짐이 있는 자나 고환 상한 자나 21 제사장 아
론의 자손 중에 흠이 있는 자는 나와 여호와께 화제를 드리지 못할지니 그
는 흠이 있은즉 나와서 그의 하나님께 음식을 드리지 못하느니라 22 그는 그
의 하나님의 음식이 지성물이든지 성물이든지 먹을 것이나 23 휘장 안에 들
어가지 못할 것이요 제단에 가까이 하지 못할지니 이는 그가 흠이 있음이니
라 이와 같이 그가 내 성소를 더럽히지 못할 것은 나는 그들을 거룩하게 하
는 여호와임이니라 24 이와 같이 모세가 아론과 그의 아들들과 온 이스라엘

자손에게 말하였더라

제사장 가문이라도 신체적인 결함이 있는 사람은 제사장 사역을 할 수 없다. 그들도 제사장만이 먹을 수 있는 거룩한 음식을 먹을 수 있지만(22절), 성막에서 사역을 할 수는 없다. 아마도 제사장 사역에 육체노동이 큰 부분을 차지하므로 신체 장애가 있으면 사역하기에 적합하지 않아서 그랬을 것이다(Kiuchi, Hess). 또한 신체에 흠이 있으면 그가 만지는 물건과 제물을 모두 부정하게 하기 때문에 제사장으로 봉직할 수 없었을 것으로 생각된다(23절).

저자는 제사장 사역을 수행하지 못하게 하는 신체적 결함을 12가지로 정리한다(18-20절). 성경에서 발견되는 '결함 목록' 중 가장 자세하다(Rooker). 12가지 중 일부는 어떠한 결함인지 정확히 알려지지 않았다. 12가지 신체적 결함은 다음과 같다. 눈이 먼 사람, 다리를 저는 사람, 얼굴이 일그러진 사람, 몸의 어느 부위가 제대로 생기지 않은 사람, 팔다리가 상한 사람, 손발을 다쳐 장애인이 된 사람, 곱사등이, 난쟁이, 눈에 백태가 끼어 잘 보지 못하는 사람, 가려움증 환자, 종기를 앓는 환자, 고환이 상한 사람(새번역).

이 중에서 '얼굴이 일그러진 것'(חָרֻם)(18절)은 아마도 코가 둘로 갈라진 상태를 뜻하는 것으로 추정된다(Kaiser, cf. 개역개정; KJV). 몸의 어느 부위가 '제대로 생기지 않은 사람'(שָׂרוּעַ)을 칠십인역(LXX)은 '귀가 잘린 사람'(ὠτότμητος)으로 번역하는데, 일부 번역본들은 '태어날 때부터 기형을 지닌 사람'(NIV, NAB), 혹은 '다리 하나가 짧거나 긴 사람'으로 번역한다(NAS, NRS, TNK, cf. Hess).

'손발을 다쳐 장애인이 된 사람'(אִישׁ אֲשֶׁר־יִהְיֶה בוֹ שֶׁבֶר רָגֶל אוֹ שֶׁבֶר יָד)은 뼈가 부러졌는데 제대로 된 교정 치료를 받지 못하여 기형이 된 것을 뜻한다(Levine). '곱사등이'(גִבֵּן)는 성경에서 이곳에서만 사용된 단어로 칠십인역(LXX)과 라틴어 성경(Vulgate)에서 비롯된 번역이다. 고대 유태인들은 이 단어를 '잘못 형성된 눈썹'으로 이해했다(Kaiser).

'난쟁이'(דַּק)로 번역된 히브리어 단어는 이집트 왕이 꿈에서 보았던 말라비틀어진 이삭과 삐쩍 마른 소를 묘사할 때 사용된 것이다(창 41:3-4). 이곳에서는 '왜소한/작은 체구를 지닌 사람'을 뜻한다(Levine). '눈에 백태가 끼어 잘 보지 못하는 사람'(תְּבַלֻּל בְּעֵינוֹ)은 눈동자에 흰 줄이 형성된 사람을 의미하며, '가려움증 환자'(גָּרָב)는 일종의 습진 혹은 피부염을 앓고 있는 사람을 의미한다(Levine). '종기를 앓는 환자'(יַלֶּפֶת)는 살갗이 비듬처럼 벗겨지는 증상을 앓는 사람을 가리키며, 이집트에서 흔히 발견되던 증상으로 알려져 있다(Levine).

이처럼 12가지 결함 중 한 가지라도 가진 사람은 제사장 사역을 할 수 없다. 일부 질병은 치료하면 회복될 수도 있는 것을 감안할 때, 이 금지령이 영구적이지는 않았을 것으로 생각된다(Budd). 신체적 결함에서 벗어나면 언제든지 제사장 사역을 할 수 있다. 이런 결함을 지닌 사람들은 비록 제사장 사역을 할 수는 없지만, 동료 제사장들이 얻은 수입은 함께 누릴 수 있다. 그들의 신분이 의식주를 보장해 주는 것이다.

이 규례의 핵심 이슈는 균형이다(Hess). 경건과 신체적 온전함은 서로 연관되어 있으며, 신체적 온전함을 위협하는 장애는 문제가 된다. 이러한 균형감은 신체적인 것에만 적용되는 것이 아니라 사역자의 삶에서 공평과 정의와 도덕적 순수성 등이 균형을 이루어야 한다는 것을 의미하기도 한다.

신약은 사역자에게 이러한 균형을 유지할 것을 요구한다(딤전 3:1-12; 딛 1:6-9). 신체적 균형감과 영적·도덕적 균형감 중 어느 것이 더 중요한가는 사울의 이야기에서 명백하게 드러난다. 그는 신체적으로 '균형이 잘 잡힌' 사람이었다. 그러나 영적·도덕적 불균형 때문에 하나님께 버림을 받았다. 결국 영적 균형감이 더 중요한 것이다(Kiuchi).

우리의 완전하고 온전한 대제사장이신 예수님이 모든 요구를 채우셨다(히 7:26). 또한 자기 몸을 흠이 전혀 없는 제물로 내놓으셨다(벧전

1:19). 주님이 율법의 요구를 모두 채우신 것이다. 그러므로 오늘날 장애를 지닌 사람이 주님의 자녀가 되고, 더 나아가 사역자가 되는 일에 신학적 문제가 전혀 없다. 교회와 당사자 사이에 합의와 이해만 있으면 된다.

V. 성결 법전(17:1-26:46)
H. 거룩한 제사장직(21:1-22:16)

4. 제사장의 음식(22:1-9)

[1] 여호와께서 모세에게 말씀하여 이르시되 [2] 아론과 그의 아들들에게 말하여
그들로 이스라엘 자손이 내게 드리는 그 성물에 대하여 스스로 구별하여 내
성호를 욕되게 함이 없게 하라 나는 여호와이니라 [3] 그들에게 이르라 누구든
지 네 자손 중에 대대로 그의 몸이 부정하면서도 이스라엘 자손이 구별하여
여호와께 드리는 성물에 가까이 하는 자는 내 앞에서 끊어지리라 나는 여호
와이니라 [4] 아론의 자손 중 나병 환자나 유출병자는 그가 정결하기 전에는
그 성물을 먹지 말 것이요 시체의 부정에 접촉된 자나 설정한 자나 [5] 무릇
사람을 부정하게 하는 벌레에 접촉된 모든 사람과 무슨 부정이든지 사람을
더럽힐 만한 것에게 접촉된 자 [6] 곧 이런 것에 접촉된 자는 저녁까지 부정하
니 그의 몸을 물로 씻지 아니하면 그 성물을 먹지 못할지며 [7] 해 질 때에야
정하리니 그 후에야 그 성물을 먹을 것이니라 이는 자기의 음식이 됨이니라
[8] 시체나 찢겨 죽은 짐승을 먹음으로 자기를 더럽히지 말라 나는 여호와이니
라 [9] 그들은 내 명령을 지킬 것이니라 그것을 속되게 하면 그로 말미암아 죄
를 짓고 그 가운데에서 죽을까 하노라 나는 그들을 거룩하게 하는 여호와이
니라

제사장은 백성들이 드린 제사에서 얻은 몫을 정결할 때만 먹어야 한다. 이 규정을 어겨서 부정할 때 거룩한 음식을 먹으면 하나님의 거룩하신 이름을 욕되게 하는 일이 된다. 따라서 그에 따라 제사장직에서 면직되거나(Hartley, cf. 3절) 죽을 수도 있다(9절). 오늘날 성도와 사역자들이 이 원칙을 마음에 새겨야 한다.

성도들이 하나님께 제물로 드린 헌금은 거룩하다. 그러므로 교회가 헌금을 쓰는 것이나 사역자가 헌금을 사례로 받아 사용하는 것이나 교회 기물과 재산을 어떻게 대하는가에 대해 신중하고 경건해야 한다(고전 16:2; 딤전 3:3; 벧전 5:2). 성도가 하나님께 거룩하게 바친 예물을 경건하고 거룩하게 사용하지 않거나, 잘못 사용한다면 하나님이 사역자들에게 책임을 물으실 것이다.

제사장이 악성 피부병을 앓거나(13-14장), 성기에서 유출이 있는 경우(15장), 시체를 만지거나(11:39), 정액을 흘린 사람과 몸이 닿은 경우, 부정한 짐승에 닿아 부정하게 되거나, 부정한 사람에 닿은 경우에 부정하다(4-5절; cf. 학 2:10-19). 그는 부정한 동안 제사장의 음식을 먹을 수 없다. 제사장은 저절로 죽은 짐승과 맹수에게 찢겨 죽은 짐승의 고기도 먹지 못한다(8절). 이 금지사항은 온 이스라엘에게 이미 선포된 바 있다(17:15; cf. 신 14:21). 제사장에 대한 규정 중 하나라도 가볍게 여긴다면, 하나님께 죄를 범하여 불순종 때문에 죽을 수도 있다(9절). 왜냐하면 하나님의 이름을 욕되게 하는 것이기 때문이다(2절).

V. 성결 법전(17:1-26:46)
H. 거룩한 제사장직(21:1-22:16)

5. 제사장의 음식과 일반인(22:10-16)

10 일반인은 성물을 먹지 못할 것이며 제사장의 객이나 품꾼도 다 성물을 먹지 못할 것이니라 11 그러나 제사장이 그의 돈으로 어떤 사람을 샀으면 그는 그것을 먹을 것이며 그의 집에서 출생한 자도 그렇게 하여 그들이 제사장의 음식을 먹을 것이며 12 제사장의 딸이 일반인에게 출가하였으면 거제의 성물

을 먹지 못하되 13 만일 그가 과부가 되든지 이혼을 당하든지 자식이 없이 그 의 친정에 돌아와서 젊었을 때와 같으면 그는 그의 아버지 몫의 음식을 먹을 것이나 일반인은 먹지 못할 것이니라 14 만일 누가 부지중에 성물을 먹으면 그 성물에 그것의 오분의 일을 더하여 제사장에게 줄지니라 15 이스라엘 자손이 여호와께 드리는 성물을 그들은 속되게 하지 말지니 16 그들이 성물을 먹으면 그 죄로 인하여 형벌을 받게 할 것이니라 나는 그 음식을 거룩하게 하는 여호와이니라

앞 섹션에서 제사장이 제사를 집례하고 얻은 음식을 어떻게 먹어야 하는가를 언급했던 저자는 본문에서 제사 음식에 관한 두 가지 이슈에 대하여 답하고 있다. (1) 제사장들과 함께 사는 가족, 이방인, 고용된 일꾼 등이 먹을 수 있는 제사 고기와 음식의 범위(10-13절), (2) 일반인이 실수로 제사장들만 먹을 수 있는 고기와 음식을 먹었을 경우(14-16절).

일반인들은 제사 음식을 먹을 수 없다(10, 13절). 제사장의 집에 잠시 머무는 나그네나 제사장이 돈을 주고 고용한 일꾼들도 거룩한 음식을 먹을 수 없다. 성경에서 '나그네'(תּוֹשָׁב)는 찾아온 손님, 빚을 갚지 못해 강제로 끌려와 일하는 사람, 이스라엘 땅에 정착한 이방인 등 다양한 의미를 지니고 있다(Levine). 여기서는 제사장을 찾아온 손님으로 해석하는 것이 바람직하다(개역개정; 공동번역; 새번역). 제사 음식을 먹을 수 있는 사람은 제사장이 값을 지불하고 산 종과 그 종의 자녀로 태어난 사람들이다.

제사장의 딸이라도 제사장이 아닌 '일반인'(זָר)과 결혼했다면 거룩한 음식을 먹을 수 없다(12절). 개역한글은 이 히브리어 단어(זָר)를 '외국인'으로 번역하지만 사실 '평신도'(layman)를 뜻한다(TDOT, cf. 공동번역; 새번역; NAS, NRS, NIV, TNK). 만일 딸이 다른 제사장과 결혼한다면 남편과의 관계로 인하여 당연히 제사 음식을 먹을 수 있다.

일반인과 결혼했더라도 과부가 되거나 이혼하여 친정으로 돌아와 산다면 제사장만 먹을 수 있는 음식을 다시 먹을 수 있게 된다. 죽은 사람의 재산이 아들에게, 아들이 없으면 딸에게 상속되지만, 아내에게는 상속되지 않는 것이 근동의 관례였다(Levine). 당시 경제 구조가 자식이 없는 이혼녀나 과부에게는 너무나 혹독했으므로 이를 고려한 자비로운 율법이었던 것이다.

만일 일반인이 모르고 제사 음식을 먹었다면, 그는 음식값에 20%를 보태어 제사장에게 갚아야 한다(14절). 이 경우에 일반인이 하나님께 죄를 지은 것이라고 해석하는 주석가도 있지만(Hartley), 사실은 오직 제사장에게만 잘못한 것뿐이다. 그래서 본문은 제사장에게 보상하라고 할 뿐 속건제를 드리도록 요구하지는 않는다(Milgrom). 성경은 본의 아니게 저지른 죄와 의도적으로 지은 죄를 구분하기 때문이다. 그러나 고의성이 없더라도 보상의 책임을 피할 수는 없다.

V. 성결 법전(17:1-26:46)

I. 거룩한 제물(22:17-33)

모세가 주의 백성에게 어떤 짐승을 어떻게 제물로 드려야 하는가를 언급한다. 핵심 이슈는 흠이 없는 온전한 짐승을 드리는 것이다. 본 텍스트는 다음과 같이 두 파트로 구분된다.

A. 서원제와 자원제(22:17-25)
B. 그 외 제물(22:26-33)

V. 성결 법전(17:1-26:46)
I. 거룩한 제물(22:17-33)

1. 서원제와 자원제(22:17-25)

[17] 여호와께서 모세에게 말씀하여 이르시되 [18] 아론과 그의 아들들과 이스라엘 온 족속에게 말하여 이르라 이스라엘 자손이나 그 중에 거류하는 자가 서원제물이나 자원제물로 번제와 더불어 여호와께 예물로 드리려거든 [19] 기쁘게 받으심이 되도록 소나 양이나 염소의 흠 없는 수컷으로 드릴지니 [20] 흠 있는 것은 무엇이나 너희가 드리지 말 것은 그것이 기쁘게 받으심이 되지 못할 것임이니라 [21] 만일 누구든지 서원한 것을 갚으려 하든지 자의로 예물을 드리려 하여 소나 양으로 화목제물을 여호와께 드리는 자는 기쁘게 받으심이 되도록 아무 흠이 없는 온전한 것으로 할지니 [22] 너희는 눈 먼 것이나 상한 것이나 지체에 베임을 당한 것이나 종기 있는 것이나 습진 있는 것이나 비루먹은 것을 여호와께 드리지 말며 이런 것들은 제단 위에 화제물로 여호와께 드리지 말라 [23] 소나 양의 지체가 더하거나 덜하거나 한 것은 너희가 자원제물로는 쓰려니와 서원제물로 드리면 기쁘게 받으심이 되지 못하리라 [24] 너희는 고환이 상하였거나 치었거나 터졌거나 베임을 당한 것은 여호와께 드리지 말며 너희의 땅에서는 이런 일을 행하지도 말지며 [25] 너희는 외국인에게서도 이런 것을 받아 너희의 하나님의 음식으로 드리지 말라 이는 결점이 있고 흠이 있는 것인즉 너희를 위하여 기쁘게 받으심이 되지 못할 것임이니라

하나님은 오직 흠이 없는 짐승들만 제물로 바치라고 명령하신다. 이 규칙은 이스라엘 사람이나 함께 사는 '이방인'(גֵּר)들에게도 동일하게 적용된다(18절). 다신교를 믿었던 고대 근동 사람들에게는 그들이 방문한 지역의 신(들)에게 제물을 바치는 일이 당연시되었다. 그러므로 이 규칙은 여호와께 제물을 바치고자 하는 이방인 방문자들에게도 동일하

게 적용되었을 것이다(Gerstenberger, cf. 왕상 8:41-43).

'서원제'(נֶדֶר)나 '자원제/낙헌제'(נְדָבָה)로 번제(עֹלָה)를 드릴 때는 흠이 없는 수소, 숫양, 숫염소를 드려야 한다(19절; cf. 신 17:1). 들짐승은 안 되며 가축이어야 하고, 수놈이어야 한다. 번제는 이스라엘 종교의 가장 기본 제사였으며, 개인이 서원제와 자원제로 자주 드렸다(Levine, Hess).

자원제/낙헌제에는 작은 흠이 허락된다. 이 제물의 경우, 소나 양이 조그만 흠을 가졌어도 드릴 수 있다(23절). 일부 유태인 주석가들은 자원제물이 제단에 드려지지 않고 제사장들에게 사적으로 바쳐졌기 때문이라고 풀이했지만(Ramban), 그런 이유보다는 이 제사가 다른 것들처럼 어떠한 의무에서 강요된 것이 아니라 순전히 자원해서 드리는 것이었기 때문이라는 해석이 더 설득력 있어 보인다. 서원제의 경우, 의무가 수반되기 때문에 흠이 없는 것으로 드려야 한다. 서원제와 자원제에 대하여는 7:16에 대한 주해를 참조하라.

그렇다면 제물로 드릴 수 있는 '흠이 없음'(תָּמִים)의 조건은 어떤 것인가? 저자는 흠을 다음과 같이 정의하고 있다. 눈이 먼 것, 다리를 저는 것, 어떤 부위가 잘린 것, 고름을 흘리는 것, 옴이 난 것, 종기가 난 것, 고환이 터졌거나 으스러졌거나 빠지거나 잘린 것(22, 24절, 새번역). 모두 외형적으로 드러나는 흠이다. 온 우주의 왕이신 하나님께 제물을 드릴 때는 그분의 품위에 맞게 드려야지 싸구려로 대충 드려서는 안 된다는 뜻이다.

선지자 말라기의 시대에 이스라엘 사람들은 하나님께 흠이 있는 짐승을 제물로 드렸다가 선지자의 진노를 산 적이 있다. 일부 주석가들은 고환에 이상이 있는 짐승을 제물로 사용할 수 없다는 규례가 짐승들을 거세하는 일을 금하는 것으로 풀이하지만, 이 규정은 오직 제물에만 적용될 뿐 다른 용도에 대하여 언급하는 것이 아니다(Wenham, Milgrom). 실제로 당시 가나안에서는 경제적인 이유 때문에 거세된 짐승을 많이 사육했다(Hess). 이스라엘 주변 국가들에서는 거세된 짐승들도 제물로 사용되었다(Hartley, Budd).

흠이 있는 짐승을 제물로 바칠 수 없다는 것과 신체적 결함이 있는 사람은 제사장 사역을 할 수 없다는 규례는 주제뿐 아니라 구체적으로 지적하는 흠/결함에 있어서도 상당 부분 일맥상통한다. 다음 도표를 참조하라(Levine).

제사장	제물
맹인	눈이 먼 짐승
팔다리가 상한 사람; 손발을 다쳐 장애인이 된 사람	다친 짐승
고름을 흘리는 사람	고름을 흘리는 짐승
가려움증 환자; 종기를 앓는 환자	옴이 난 것; 종기가 난 짐승
다리를 저는 사람	다리를 저는 짐승
고환이 상한 사람	고환이 터지거나 으스러졌거나 빠진 짐승
눈에 백태가 낀 사람	혹/낭종

V. 성결 법전(17:1–26:46)
I. 거룩한 제물(22:17–33)

2. 그 외 제물(22:26–33)

**26 여호와께서 모세에게 말씀하여 이르시되 27 수소나 양이나 염소가 나거든
이레 동안 그것의 어미와 같이 있게 하라 여덟째 날 이후로는 여호와께 화
제로 예물을 드리면 기쁘게 받으심이 되리라 28 암소나 암양을 막론하고 어
미와 새끼를 같은 날에 잡지 말지니라 29 너희가 여호와께 감사제물을 드리
려거든 너희가 기쁘게 받으심이 되도록 드릴지며 30 그 제물은 그 날에 먹고
이튿날까지 두지 말라 나는 여호와이니라 31 너희는 내 계명을 지키며 행하**

라 나는 여호와이니라 [32] 너희는 내 성호를 속되게 하지 말라 나는 이스라엘
자손 중에서 거룩하게 함을 받을 것이니라 나는 너희를 거룩하게 하는 여호
와요 [33] 너희의 하나님이 되려고 너희를 애굽 땅에서 인도하여 낸 자니 나는
여호와이니라

이 외에도 제물로 사용할 가축은 태어난 지 최소한 8일은 되어야 한다(27절). 너무 어린 짐승은 식용으로 적합하지 않을 뿐만 아니라 제물로도 적합하지 않다는 것이다(Kaiser). 같은 날 어미와 새끼를 제물로 잡아서도 안 된다(28절). 대체로 제물로 드리는 짐승이 수놈이었다는 점을 감안할 때, 어미와 새끼를 같은 날 드리는 일은 흔치 않았을 것이다. 그럼에도 불구하고 이런 율법이 제정된 것은 이방 종교의 풍습을 비판하거나, 짐승에 대한 배려와 자비를 나타내기 위해서인 것으로 생각된다(Rashi).

제물을 바칠 때는 하나님을 먼저 생각하여, 하나님이 기쁘게 받으시도록 해야 한다(29절). 하나님이 원하시는 절차에 따라 조건에 맞는 제물을 드리라는 것이다. 제물을 받으시는 분이 하나님이기 때문에 당연한 요구이다. 또한 제물로 바쳤던 짐승의 고기는 다음 날 아침까지 남겨 두어서는 안 된다. 그러나 감사제의 경우는 예외이다(19:5-8).

이스라엘은 이 계명을 모두 지켜 행해야 한다(31절). 그렇게 하지 않으면 하나님을 욕되게 한다(32절). 여호와는 이스라엘의 하나님이 되려고 그들을 이집트에서 구원해 내셨다(33절). 하나님은 이스라엘을 이집트의 노예 생활에서 해방시키고 새 소망을 주신 분이기 때문에 이러한 요구를 할 자격이 있으신 것이다(19:36). 인상적인 것은 22장에서 '이다'(היה; to be) 동사가 정확하게 7차례 사용되는데(12, 13, 20, 21[2x], 27, 33절), 그중 7번째가 "[나는] 너희의 하나님이 되려고(היה) 너희를 애굽 땅에서 인도하여 낸 자"(33절)라는 말씀에서 사용되었다는 사실이다(Warning). 하나님과 이스라엘의 특별한 관계를 강조하는 말씀이다.

예수님이 자신을 제물로 드리면서까지 우리를 구원하신 이유가 무엇일까? 단지 우리를 천국에 데려가기 위해서일까? 성경은 그 이유를 그리스도와 성도의 관계 성립에서 찾는다. 마치 하나님이 이스라엘의 하나님이 되기 위하여 그들을 이집트에서 구원하셨던 것처럼, 예수님도 우리 삶의 주인이 되기 위하여 우리를 구원하신 것이다. 그렇다면 우리는 단지 구원을 누리려고만 해서는 안 될 것이다. 우리 삶을 주님의 주권 아래 복종시켜야 한다. 이렇게 하여 예수님이 우리 삶을 마음껏 다스리실 수 있도록 해야 한다. 이것이 하나님이 우리를 구원하신 목적이다.

J. 거룩한 절기(23:1–44)

이스라엘의 종교 절기를 나열하고 있는 23장은 새로운 차원에서 이스라엘이 지향해야 할 거룩한 삶을 논한다. 지금까지 저자는 거룩한 삶을 거룩한 사람(제사장, 거룩한 백성), 거룩한 물건들(성소에서 사용되는 집기, 제물) 그리고 거룩한 장소(성막)와 연결하여 논해 왔다.

이 섹션에서는 절기/시간을 통해 거룩한 삶을 정의한다. 시간과 절기는 거룩한 백성의 삶과 밀접한 관계가 있기 때문이다. 절기는 이스라엘의 정체성을 정의하는 데 큰 역할을 할 뿐만 아니라, 주의 백성의 연합과 통일성을 유지하는 데 매우 중요한 역할을 한다(Wolf). 종교 절기를 통해 하나님 앞에서 이스라엘은 한 민족, 곧 한 백성으로 연합하는 것이다.

이스라엘의 종교 절기는 완전수/만수라고 하는 숫자 7을 중심으로 제정되어 있다. 본문에서도 정확하게 7개의 절기가 언급된다. 태초에 하나님이 천지를 7일간 창조하신 것을 반영한 것이 확실하다. 다음을 생각해 보라(Archer).

> 종교 절기는 거룩한 숫자 7(하나님의 완전한 사역을 상징하는 수)를 중심으로 구성되어 있다. 첫째, 매 7일째 되는 날은 거룩한 안식일이다. 둘째, 매 7년째 되는 해는 1년 동안 땅을 쉬게 하는 안식년이다. 셋째, 7년씩 7번이 지난 50년째 되는 해가 희년(Jubilee)이다. 넷째, 유월절은 아빕월이 시작된 다음 7일 사이클이 두 번 지난 14일 저녁에 시작된다. 다섯째, 무교절은 유월절 다음날부터 7일 동안 진행된다. 여섯째, 오순절(칠칠절)은 첫 곡식을 바친 절기로부터 7일 사이클이 7번 지난 다음 날에 지켜진다. 일곱째, 달력에서 7번째 달인 티쉬레이월(오늘날의 9-10월)은 가장 거룩한 달이며 세 개의 절기가 이 달에 포함되어 있다. (1) 신년(나팔절), (2) 속죄일, (3) 초막절. 여덟째, 장막절은 7일 동안 지속되며, 8일째 되는 날에 마지막 성회가 열린다.

본문 외에도 오경 중에서 출애굽기 23:12-19; 34:17-26, 민수기 28-29장, 신명기 16:1-17 등이 이스라엘의 절기에 대하여 논하고 있다. 이 중 레위기 23장과 민수기 28-29장이 종교 절기들에 대하여 가장 자세히 기록하고 있다. 그러나 부림절과 하누카에 대한 언급은 없다. 이 절기들은 모세 시대로부터 먼 훗날, 포로기 이후 시대에 제정되었기 때문이다.

본문은 안식일과 봄철 절기들에 대한 규례를 담고 있는 1-22절과 가을철 절기들에 대한 규례를 담고 있는 23-43절로 나눌 수 있으며, 주제별로 구분하면 다음과 같다.

A. 안식일(23:1-3)
B. 유월절과 무교절(23:4-8)
C. 첫 번째 곡식 절기(23:9-14)

D. 두 번째 곡식 절기(23:15-22)

E. 칠월 초하루 안식(23:23-25)

F. 속죄일(23:26-32)

G. 초막절(23:33-44)

이 절기들을 이해하는 데 도움이 될 만한 정보가 있다. 바로 이스라엘의 달력이다. 이스라엘은 종교 달력과 일반 달력 두 가지를 사용했다. 출애굽 이후에는 종교 달력만 사용했었다. 유월절은 이스라엘의 정체성에 가장 중요한 사건이기 때문에 출애굽 사건이 있었던 달에 새해가 시작된다. 그러다가 셀리우쿠스(Seleucid) 왕조 시대에 이스라엘 종교 달력과 계절적으로 반(半) 년 정도 차이를 보이는 일반 달력이 사용되기 시작했다. 다음 도표를 참조하라(Walton)[17].

종교 달력	일반 달력	이름	그레고리력 (오늘날 달력)	농사	기후	특별한 날
1	7	Nisan	3–4월	보리 추수	늦은 비 (Malqosh)	14일 유월절 21일 첫 수확 절기
2	8	Iyyar	4–5월	전반적 추수		
3	9	Sivan	5–6월	밀 추수 포도나무 가꿈		
4	10	Tammuz	6–7월	첫 포도		
5	11	Ab	7–8월	포도, 무화과, 올리브	건기	9일 성전 파괴
6	12	Elul	8–9월	포도주		
7	1	Tishri	9–10월	밭갈이		1일 신년 10일 속죄일 15–21일 초막절

17 발굴된 고대 자료들에 따라 각 달을 부르는 이름에 현저한 차이가 있다. 여기에 반영된 이름들은 엘리판틴 파피루스(Elephantine Papyri)를 반영한 것이다(cf. ABD).

8	2	Marchesvan	10-11월	씨앗 파종		
9	3	Kislev	11-12월			25일 수전절
10	4	Tebet	12-1월	봄철 성장	이른 비 (Yoreh) 우기	
11	5	Shebat	1-2월	겨울 무화과		
12	6	Adar	2-3월	아마(亞麻) 수확		13-14일 부림절
		Adar Sheni	윤달			

V. 성결 법전(17:1-26:46)
J. 거룩한 절기(23:1-44)

1. 안식일(23:1-3)

[1] 여호와께서 모세에게 말씀하여 이르시되 [2] 이스라엘 자손에게 말하여 이르라 이것이 나의 절기들이니 너희가 성회로 공포할 여호와의 절기들이니라 [3] 엿새 동안은 일할 것이요 일곱째 날은 쉴 안식일이니 성회의 날이라 너희는 아무 일도 하지 말라 이는 너희가 거주하는 각처에서 지킬 여호와의 안식일이니라

하나님이 정하신 절기 중 이스라엘이 거룩한 모임/성회를 꼭 열어야 할 절기(מוֹעֵד)로 처음 언급되는 것이 안식일이다. 안식일이 처음 언급되기는 하지만, 전반적인 소개 부분인 1-2절과 이것과 비슷한 내용이 반복되는 4절 사이에 안식일(3절)이 위치하여 5절 이후의 연중 절기들을 언급하는 부분과 구분된다. 안식일은 일 년 주기로 찾아오는 절기가 아니라 매주 찾아오는 절기이기 때문이다. 엿새 동안 열심히 일하고 안식일에는 반드시 쉬어야 한다. 이때 이스라엘은 거룩한 모임을 열어야 하고, 어떤 일도 해서는 안 된다.

일 년 절기를 소개하는 23장이 안식일에 대한 규례로 시작하는 것은 당연한 일이다. 왜냐하면 거룩한 절기 모두가 숫자 7과 연관되어 있는

데, 안식일도 한 주의 일곱 번째 날이기 때문이다. 저자는 이스라엘이 매년 7개의 절기를 지켜야 한다고 말한다. 유월절, 무교절, 첫 곡식단을 바치는 절기, 두 번째 거둔 곡식을 바치는 절기, 나팔절, 속죄일, 초막절(4-44절).

무교절과 초막절은 각각 7일 동안 진행된다. 7월에는 3개의 절기가 있다. 1일은 나팔을 부는 나팔절, 10일은 속죄일이며 초막절이 15일부터 시작되어 1주일 동안 진행된다. 안식년은 매 7년째에 오며, 일곱 번째 안식년이 희년이다.

한때 많은 사람이 성경의 안식일이 고대 근동의 다른 문화권에서 비롯된 것이라고 주장했다. 바벨론 문화를 예로 들곤 했다. 기록에 의하면 바벨론 왕들, 점쟁이들 그리고 술객들은 매달 7, 14, 19, 21, 28일에는 일하거나 집무를 보는 것을 꺼려 했다. 악령의 세력이 활발한 날들이어서 집무를 보거나 점술을 치는 데 위험하다고 생각했기 때문이다(Milgrom). 그러나 성경에서 안식일은 좋은 날이며, 평안히 쉬는 날이다. 성경 어디에서도 악령의 활동과 연관된 부분을 찾아볼 수 없다. 그러므로 바벨론 사람들의 풍습과 성경의 안식일을 연관시키는 것은 설득력이 없다(Kaiser).

안식일에 관한 원리는 창세기 1장에 기록된 천지창조 이야기에서부터 강조되고 있다. 하나님이 6일 동안 세상을 창조하고 모든 일을 마친 후 7일째 되는 날에 쉬셨다(창 2:1-3). 이러한 원리가 십계명 중 안식일 규례에 반영되어 있는데(출 20장; 신 5장), 이곳에서는 전제할 뿐 구체적으로 언급하지는 않는다(Rooker). 이스라엘 백성들이 안식일을 준수해야 하는 이유는, 하나님의 백성으로서 주님을 닮아 언제 일하고 언제 쉬어야 하는지를 구분할 수 있어야 한다는 것과 속된 것(주 6일)과 거룩한 것(안식일)을 구분할 줄 알아야 한다는 기본 취지 때문인 듯하다.

인간은 무한정 일하기 위하여 창조된 존재가 아니다. 매주 하루는 휴식을 취하도록 창조되었다. 또한 안식일은 평소에 일하느라고 하지 못했던 공동체 예배 등 영적 행위를 하기 위한 날이기도 하다(왕하 4:23; 사 58:13–14). 매주 안식일에 주의 백성이 함께 모여 하나님을 예배함으로써 하나님과의 언약 관계를 재확인하는 의미도 지녔다.

'거룩한 모임/성회'(מִקְרָא קֹדֶשׁ)는 23장에서만 단수형과 복수형으로 11차례 사용된다. 이 섹션의 초점을 잘 보여 주는 현상이다. 절기(מוֹעֵד)는 동사 '정하다/세우다'(מעד)에서 비롯되었으며, 본문에서 언급되는 절기는 사람들이 협의해서 정한 것이 아니라 모두 하나님이 지정해 주신 것이라는 사실을 강조한다(Kaiser).

매주 찾아오는 안식일과 매년 찾아오는 여러 절기 때마다 성회로 모이라는 것은 이 모임의 성격이 꼭 한 곳, 즉 성막/성전에서 열리는 것으로 제한될 수 없음을 뜻한다. 출애굽기 34:23–24은 이스라엘 백성이 매년 3차례만 한 곳(성막/성전)에 모여 예배드리는 것을 규정한다. 세 절기란 무교절, 칠칠절/오순절, 초막절이다. 그 외 절기는 지역적으로 모여 드리는 예배들이다.

V. 성결 법전(17:1–26:46)
J. 거룩한 절기(23:1–44)

2. 유월절과 무교절(23:4–8)

4 이것이 너희가 그 정한 때에 성회로 공포할 여호와의 절기들이니라 5 첫째 달 열나흗날 저녁은 여호와의 유월절이요 6 이 달 열닷샛날은 여호와의 무교절이니 이레 동안 너희는 무교병을 먹을 것이요 7 그 첫 날에는 너희가 성회로 모이고 아무 노동도 하지 말지며 8 너희는 이레 동안 여호와께 화제를 드릴 것이요 일곱째 날에도 성회로 모이고 아무 노동도 하지 말지니라

유월절은 니산(Nisan)이라고 불리는 첫째 달 14일 저녁에 시작되는 절기이다(5절). '저녁'(בֵּין הָעַרְבָּיִם)이라는 표현이 애매하다. 이 히브리어 문구를 문자적으로 풀이하면 '두 [해와 달 등이] 지는 사이'(between the two settings)가 된다. 두 가지 해석이 주류를 이룬다. (1) 해 질 녘과 어두움이 깃드는 시간 사이(Delitzsch, Budd, Hess), (2) 해가 지기 시작하는 늦은 오후(5시경)와 해 질 녘 사이(Josephus, m. Pesahim 5:1). 어느 쪽을 따르든 해석에는 특별한 영향을 미치지 않는다.

니산 월은 오늘날 달력으로 3-4월이며 보리 수확이 시작할 때 즈음이다. 유월절 무렵은 보리가 아직 완전히 여물지는 않았지만, 볶으면 먹을 수 있을 정도는 되는 때이다. 무교절 때 이스라엘은 새로 추수한 보리를 먹지 않고 전년(前年)에 수확해 두었던 보리를 먹곤 했다(Hess).

유월절은 이스라엘이 하나님의 도움으로 이집트를 탈출했던 일을 기념하는 절기이며, 유월절 양을 먹는 날이다. 본문에는 유월절에 대한 규례가 모두 생략되어 있다. 유월절은 이스라엘이 한 국가로서 출범한 날이기도 하다. 오늘날로 말하자면, 유월절과 무교절은 이스라엘의 독립 기념일인 셈이다(Rooker). 신약은 예수님이 유월절 양이 되셨다고 한다(고전 5:7)

무교절은 유월절 다음 날인 15일에 시작한다(출 12-13장; 23:15; 34:18). 무교절은 7일 동안 진행되는데, 이때 사람들은 내내 누룩을 넣지 않은 빵을 먹어야 한다. 무교절의 첫날과 마지막 날은 거룩한 모임을 열고 생업을 돕는 일은 아무것도 해서는 안 된다(출 12:16). 먹을 음식을 준비하는 것 외에는 일을 하지 말라는 것이다(Gane).

V. 성결 법전(17:1-26:46)
J. 거룩한 절기(23:1-44)

3. 첫 번째 곡식 절기(23:9-14)

9 여호와께서 모세에게 말씀하여 이르시되 10 이스라엘 자손에게 말하여 이르라 너희는 내가 너희에게 주는 땅에 들어가서 너희의 곡물을 거둘 때에

**너희의 곡물의 첫 이삭 한 단을 제사장에게로 가져갈 것이요 11 제사장은 너
희를 위하여 그 단을 여호와 앞에 기쁘게 받으심이 되도록 흔들되 안식일
이튿날에 흔들 것이며 12 너희가 그 단을 흔드는 날에 일 년 되고 흠 없는 숫
양을 여호와께 번제로 드리고 13 그 소제로는 기름 섞은 고운 가루 십분의 이
에바를 여호와께 드려 화제로 삼아 향기로운 냄새가 되게 하고 전제로는 포
도주 사분의 일 힌을 쓸 것이며 14 너희는 너희 하나님께 예물을 가져오는 그
날까지 떡이든지 볶은 곡식이든지 생 이삭이든지 먹지 말지니 이는 너희가
거주하는 각처에서 대대로 지킬 영원한 규례니라**

이스라엘은 봄에 보리 수확을 시작하면서 거둔 첫 곡식단을 성막/성전으로 가져가 하나님께 제물로 드리기 전까지 햇곡식을 먹을 수 없다(14절). 제사장은 백성들이 가져온 첫 곡식단을 받아 주 앞에서 흔들어 바쳐야 한다. 제사장은 '안식일 다음 날에'(מִמָּחֳרַת הַשַּׁבָּת) 주 앞에서 이렇게 해야 한다(11절).

그런데 어느 안식일을 의미하는가? 학자들의 논쟁이 분분하다(Kaiser, Levine). 많은 사람이 유월절에서 8일째 되는 날, 즉 1주일 동안의 무교절이 끝나는 날로 이해한다(Hess). 성경에서 8일째 되는 날은 새로운 시작의 상징이기 때문이다(Kiuchi). 무교절이 끝난 다음 날에 하나님 앞에서 곡식단을 흔들어야 한다는 것이다. 훗날 이스라엘 사람들은 무교절이 시작되는 날 곡식단을 흔들었다(Gane).

곡식단과 함께 일 년 된 흠 없는 숫양 한 마리를 번제로 바쳐야 한다(12절). 함께 바칠 곡식 제물은 기름에 반죽한 고운 밀가루 10분의 1에바(2.2ℓ)이며, 포도주 4분의 1힌(0.9ℓ)도 함께 부어 바친다(13-14절). 앞서 언급된 안식일이나 유월절과 달리 첫 곡식 규례는 출애굽기 23:15, 34:18-20에 기록된 것보다 더 구체적이다(Wenham). 신약에서는 예수님이 죽은 자 중 첫 열매가 되셨다고 한다(고전 15:20-23).

V. 성결 법전(17:1–26:46)
J. 거룩한 절기(23:1–44)

4. 두 번째 곡식 절기(23:15–22)

**15 안식일 이튿날 곧 너희가 요제로 곡식단을 가져온 날부터 세어서 일곱 안
식일의 수효를 채우고 16 일곱 안식일 이튿날까지 합하여 오십 일을 계수하
여 새 소제를 여호와께 드리되 17 너희의 처소에서 십분의 이 에바로 만든
떡 두 개를 가져다가 흔들지니 이는 고운 가루에 누룩을 넣어서 구운 것이
요 이는 첫 요제로 여호와께 드리는 것이며 18 너희는 또 이 떡과 함께 일 년
된 흠 없는 어린 양 일곱 마리와 어린 수소 한 마리와 숫양 두 마리를 드리
되 이것들을 그 소제와 그 전제제물과 함께 여호와께 드려서 번제로 삼을지
니 이는 화제라 여호와께 향기로운 냄새며 19 또 숫염소 하나로 속죄제를 드
리며 일 년 된 어린 숫양 두 마리를 화목제물로 드릴 것이요 20 제사장은 그
첫 이삭의 떡과 함께 그 두 마리 어린 양을 여호와 앞에 흔들어서 요제를 삼
을 것이요 이것들은 여호와께 드리는 성물이니 제사장에게 돌릴 것이며 21
이 날에 너희는 너희 중에 성회를 공포하고 어떤 노동도 하지 말지니 이는
너희가 그 거주하는 각처에서 대대로 지킬 영원한 규례니라 22 너희 땅의 곡
물을 벨 때에 밭 모퉁이까지 다 베지 말며 떨어진 것을 줍지 말고 그것을 가
난한 자와 거류민을 위하여 남겨두라 나는 너희의 하나님 여호와이니라**

이스라엘 사람들은 보리 수확의 첫 곡식단을 바친 지 정확히 50일째 되는 날, 두 번째 햇곡식을 드려야 한다(15–16절). 보리보다 늦게 수확하는 밀을 드리는데, 밀은 수확의 마무리를 상징한다(Kaiser). 가나안 지역에서의 밀 추수는 4월 말에서 시작되어 6월 초까지 진행되었다. 하루 동안 축제가 벌어지는 이날을 훗날 '오순절'(Pentecost)이라 불렀는데, 이는 50번째를 뜻하는 헬라어 '펜테코스테'(πεντηκοστή)에서 유래한 것이다(행 2:1; 20:16; 고전 16:8). 유월절이 이스라엘의 독립 기념일이라면,

오순절은 교회의 '독립 기념일'인 셈이다. 오순절에 마가의 다락방에 임한 성령으로 인하여 본격적인 교회 시대가 열렸기 때문이다.

추수를 마무리하면서 보리 수확을 시작할 때 드렸던 첫 곡식단과 비슷한 양의 밀로 만든 빵 두 개를 소제로 드린다(17절). 밀가루 10분의 1 에바(2.2ℓ)에 누룩을 넣어 만들어야 한다. 빵과 함께 1년 된 양 일곱 마리, 수송아지 한 마리, 그리고 숫양 두 마리를 번제로 드려야 한다(18절). 부어 드리는 제물도 함께 드리라고 한다. 첫 곡식을 드릴 때 포도주 4분의 1힌(0.9ℓ)을 바쳤던 것을 감안하면, 이때도 동일한 양의 포도주를 드렸을 것으로 생각된다.

숫염소 한 마리를 속죄제물로, 1년 된 숫양 두 마리를 화목제물로 곁들여야 한다(19절). 기쁘고 즐거운 축제에서 왜 속죄제물을 드려야 했는지 그 이유는 확실하지 않다. 아마도 온 백성이 모이는 때이므로 죄의 심각성을 한 번 더 상기시키는 의미에서 이러한 요구를 하신 것이 아닌가 하는 생각이 든다. 제사장은 제물을 받아 첫 이삭의 떡과 함께 주 앞에서 흔들어 바친다.

이날 온 이스라엘은 성회를 열어야 하며, 일을 해서는 안 된다(21절). 일하지 말고 하나님의 선하심을 기념하면서 하루 종일 경건하게 지내라는 것이다.

오순절은 모든 수확이 하나님께로부터 온 축복임을 고백하는 절기이다. 여호와께서 주의 백성들의 필요를 채움으로써 생명을 유지하게 하심을 기념하는 절기인 것이다. 이 절기를 마지막으로 봄철 절기가 막을 내리며, 가을이 올 때까지 4개월 동안은 절기가 없다.

저자는 추수할 때 남김없이 하지 말고 가난한 자들과 어려운 이웃들을 위하여 조금씩 남겨 두라는 권면으로 이 섹션을 마무리한다(22절; cf. 19:9-10; 신 24:19). 하나님의 축복으로 풍요로움을 누리게 된 사람들이 어려운 이웃들에게 인색해서는 안 된다. 자신이 누리는 풍요로움이 하나님이 주신 것이라는 점을 인정한다면, 일부라도 남을 위해 사용해야 한다.

V. 성결 법전(17:1–26:46)
J. 거룩한 절기(23:1–44)

5. 칠월 초하루 안식(23:23–25)

23 여호와께서 모세에게 말씀하여 이르시되 24 이스라엘 자손에게 말하여 이
르라 일곱째 달 곧 그 달 첫 날은 너희에게 쉬는 날이 될지니 이는 나팔을
불어 기념할 날이요 성회라 25 어떤 노동도 하지 말고 여호와께 화제를 드릴
지니라

이스라엘 종교 달력에서 1년 중 가장 중요한 달은 일곱 번째 달이다. 오늘날 달력으로 9–10월에 해당하는 이달은 가을의 시작을 알리기도 하지만, 중요한 절기가 세 개나 몰려 있기 때문이다. 티쉬레이(Tishri) 월로 불리는 일곱 번째 달 1일은 나팔을 불어 달의 시작을 알리는 나팔절(Feast of Trumpets)이다. 이스라엘을 포함한 고대 근동에서 나팔은 여러 가지 기능을 했다. 전쟁을 고하거나, 적의 침입을 알릴 때 또는 종교 예식에서도 나팔이 연주되었다.

티쉬레이 월 1일에 나팔을 부는 것은 9일 후에 속죄일이, 2주 후에는 1주일 동안 진행될 순례 절기인 초막절이 오고 있음을 알리기 위함이었다(Levine). 달의 시작을 나팔로 알리는 것은 이달이 얼마나 중요하고 특별한 의미가 있는지를 암시한다(Kaiser).

이스라엘은 이날 나팔을 불어 기념일을 알리고, 일을 해서는 안 된다. 함께 모여 거룩한 달의 시작을 기념하며 예배를 드려야 한다. 훗날 셀리우쿠스(Seleucids) 시대 이후에는 이달 첫날이 곧 새해 첫날(רֹאשׁ הַשָּׁנָה)이 되었다.

V. 성결 법전(17:1–26:46)
J. 거룩한 절기(23:1–44)

6. 속죄일(23:26–32)

26 여호와께서 모세에게 말씀하여 이르시되 27 일곱째 달 열흘날은 속죄일이
니 너희는 성회를 열고 스스로 괴롭게 하며 여호와께 화제를 드리고 28 이
날에는 어떤 일도 하지 말 것은 너희를 위하여 너희 하나님 여호와 앞에 속
죄할 속죄일이 됨이니라 29 이 날에 스스로 괴롭게 하지 아니하는 자는 그
백성 중에서 끊어질 것이라 30 이 날에 누구든지 어떤 일이라도 하는 자는
내가 그의 백성 중에서 멸절시키리니 31 너희는 아무 일도 하지 말라 이는 너
희가 거주하는 각처에서 대대로 지킬 영원한 규례니라 32 이는 너희가 쉴 안
식일이라 너희는 스스로 괴롭게 하고 이 달 아흐렛날 저녁 곧 그 저녁부터
이튿날 저녁까지 안식을 지킬지니라

속죄일에 대한 상세한 규례는 16장에서 이미 제시된 바 있다. 본문은 속죄일을 다른 절기들과의 관계 차원에서 간략하게 언급하고 있다. 저자는 여기서 속죄일에 대한 추가 정보 두 가지를 제공한다. 첫째, 속죄일은 1년 중 언제 지켜져야 하는가, 곧 시간에 대한 정보이다. 속죄일은 티쉬레이 월 10일이다. 둘째, 속죄일에 일을 하거나 자기 반성('스스로 괴롭게 하는 것'으로 표현)을 하지 않는 사람들에 대한 벌을 밝힌다.

속죄일에 하나님은 죄와 부정으로 오염된 성막/성전을 정결하게 하실 뿐만 아니라, 이스라엘의 죄를 사하여 주신다. 죄 사함을 받는 이스라엘 백성들은 이날 금식해야 한다. 이스라엘의 절기 중 유일하게 금식하며 근신하는 날이다. 죄 사함은 자동적으로, 당연히 일어나는 일이 아니며, 죄를 용서받는 사람들은 아무 일도 하지 말고 자신을 돌아보며 반성해야 한다. 모세는 이날 모든 사람이 "스스로 괴롭게 해야 한다"라는 말을 세 차례나 반복하여(27, 29, 32절) 속죄일의 의미를 분명히 밝힌다. 이날은 하나님께 자기 죄를 고백하고 근신하는 날인 것이다. 또한 각 사람은 자기 죄를 생각하며 하나님의 용서가 얼마나 놀라운 것인가만을 묵상하며 하루를 보내야 한다. 속죄일에는 아무 일도 해서는 안 된다는 말이 계속 반복되는 이유이다(28, 30, 31, 32절).

이처럼 속죄일은 엄숙한 분위기에서 진행되는 절기이지만, 성전에서 대제사장이 집례하는 예식이 모두 끝나고 나면 더할 수 없는 감격과 즐거움으로 가득 찬 축제가 벌어졌다(m. Ta'anit 4:8; cf. 삿 21:19-23). 하나님이 주의 백성들의 죄를 용서하신 날이니 어찌 기쁘지 않겠는가!

V. 성결 법전(17:1-26:46)
J. 거룩한 절기(23:1-44)

7. 초막절(23:33-44)

33 여호와께서 모세에게 말씀하여 이르시되 34 이스라엘 자손에게 말하여 이
르라 일곱째 달 열닷샛날은 초막절이니 여호와를 위하여 이레 동안 지킬 것
이라 35 첫 날에는 성회로 모일지니 너희는 아무 노동도 하지 말지며 36 이레
동안에 너희는 여호와께 화제를 드릴 것이요 여덟째 날에도 너희는 성회로
모여서 여호와께 화제를 드릴지니 이는 거룩한 대회라 너희는 어떤 노동도
하지 말지니라 37 이것들은 여호와의 절기라 너희는 공포하여 성회를 열고
여호와께 화제를 드릴지니 번제와 소제와 희생제물과 전제를 각각 그 날에
드릴지니 38 이는 여호와의 안식일 외에, 너희의 헌물 외에, 너희의 모든 서
원제물 외에 또 너희의 모든 자원제물 외에 너희가 여호와께 드리는 것이니
라 39 너희가 토지 소산 거두기를 마치거든 일곱째 달 열닷샛날부터 이레 동
안 여호와의 절기를 지키되 첫 날에도 안식하고 여덟째 날에도 안식할 것이
요 40 첫 날에는 너희가 아름다운 나무 실과와 종려나무 가지와 무성한 나무
가지와 시내 버들을 취하여 너희의 하나님 여호와 앞에서 이레 동안 즐거워
할 것이라 41 너희는 매년 이레 동안 여호와께 이 절기를 지킬지니 너희 대대

의 영원한 규례라 너희는 일곱째 달에 이를 지킬지니라 42 너희는 이레 동안
초막에 거주하되 이스라엘에서 난 자는 다 초막에 거주할지니 43 이는 내가
이스라엘 자손을 애굽 땅에서 인도하여 내던 때에 초막에 거주하게 한 줄을
너희 대대로 알게 함이니라 나는 너희의 하나님 여호와이니라 44 모세는 이
와 같이 여호와의 절기를 이스라엘 자손에게 공포하였더라

종교 달력으로 7월(티쉬레이 월) 15일부터 7일간을 초막절이라 한다(34절). 이때는 포도 수확이 마무리될 때 즈음이다. 이 절기가 지나면 곧 우기가 시작된다(Hess). 다음 해 농사철이 초막절이 끝나자마자 바로 시작되는 것이다.

초막절 첫날과 초막절이 끝난 다음 날은 아무 일도 해서는 안 되며, 성회로 모여야 한다(35-36, 39절). 이 기간에 매일 번제를 드려야 한다(35-36절). 첫날에는 아름다운 나무 실과와 종려나무 가지와 무성한 나뭇가지와 시내 버들을 꺾어 들고 하나님 앞에서 즐거워하라고 한다(40절). '아름다운 나무'(עֵץ הָדָר)가 무엇을 뜻하는지는 알 수 없다. 일부 번역본들은 그다음에 이어 나오는 세 가지가 모두 푸른 잎사귀에 초점이 맞추어져 있는 것을 근거로 '아름다운 나무 실과'(פְּרִי עֵץ הָדָר)를 '아름다운 나무의 잎사귀'로 해석한다(NAS).

종려나무 가지, 무성한 나뭇가지, 시내 버들 등 초록 잎사귀들로 초막을 장식하는 이유는 이것들이 오아시스, 물의 풍부함, 이스라엘 땅의 아름다움 등을 상징하기 때문이다(Levine). 초막절은 매년 자손 대대로 지켜야 하는 절기이다(41절). 일주일의 절기 동안 사람들은 자신이 지은 초막 안에서 지내야 한다(42절). 오늘날 이 절기는 유태인들에 의하여 이스라엘 종교의 가장 기본 절기로 기념되고 있다(Rooker).

오늘날 유태인들은 초막절이 진행되는 동안 매일 종려나무 한 가지, 도금양(桃金孃)(myrtle) 세 가지, 시내 버들 한 가지를 한데 묶어 오른손에 들고, 왼손에는 열매가 달린 시트론(citron) 나뭇가지를 든 채 회당

(synagogue)으로 행렬한다(Kaiser). 그들은 여호수아가 백성들을 이끌고 여리고 성을 돌았던 일을 기념하며, 회당 안에 있는 책상들 주변을 돌며 호산나를 노래한다. 랍비들이 "위대한 호산나"(Great Hosannah)로 부르는 마지막 날에는 같은 지역을 7번 행렬한다. 역시 여리고 성 함락 사건의 마지막 날을 기념하는 것이다.

'초막절'(חַג הַסֻּכּוֹת)이라는 이름은 이 기간에 이스라엘 사람들이 초막 안에서(בַּסֻּכֹּת) 지내는 것에서 비롯되었다. 초막을 뜻하는 히브리어는 수콧(סֻכּוֹת)인데 수콧은 이스라엘 백성들이 이집트를 떠난 후 처음 머문 곳의 이름이다(출 12:37). 초막절이 지닌 가장 큰 의미는 하나님이 출애굽 때 베푸셨던 은혜와 이스라엘 사람들이 광야 생활을 하면서 초막에서 살았던 것을 기념하는 것에 있다(43절).

이 절기는 그리스도인이 기념하는 추수 감사절과 비슷하지만(Rooker), 한 해의 추수를 모두 마치고 하나님이 베풀어 주신 풍요로움을 감사하는 데만 목적이 있는 것이 아니다. 한 해의 추수를 감사하면서 이듬해에도 비를 충분히 주셔서 농사가 잘되게 해 주시길 기원했다(Milgrom). 그러나 가장 중요한 목적은, 노예로서 고통스럽게 살았던 이스라엘을 이집트에서 구원해 가나안으로 인도함으로써 추수의 풍성함을 누리게 해 주신 하나님께 감사를 드리는 데 있다. 즉 이스라엘의 역사 속에서 일하시는 하나님을 기념하는 일종의 '대하(大河; saga) 절기'인 것이다.

구약 종교는 과거에 베풀어 주신 하나님의 은혜를 기념하는 데 초점이 맞추어져 있다. 주의 백성들이 이미 체험한 하나님의 은혜를 기념하는 것은 당연한 일이다. 그러나 이스라엘은 한 걸음 더 나아가, 국가적인 위기를 맞을 때마다 출애굽의 하나님을 기념하며 다시 한번 그와 같은 구원의 역사가 임할 것을 확신했다. 과거의 기념은 하나님이 곤경에 처해 있는 백성과 함께하신다는 사실의 증거가 되고, 주의 백성에게 미래가 있음을 보장하는 역사적 근거가 된다. 오늘날도 곤경에 처한 성도가 자신들의 문제에서 눈을 돌려 과거에 베풀어 주신 하나님의 구원의 손길을 기념한다면, 미래에 대한 확신이 설 것이다.

이스라엘의 절기와 의미는 다음과 같다(Walton).

절기/기념일	히브리어 이름	날짜	성경 근거	성경 읽기	목적/기념
유월절 (무교절)	Pesach	Nisan 14	출 12장 (레 23:4-8)	아가서	출애굽
오순절	Shavuoth	Sivan 6	신 16:9-12 (레 23:9-14)	룻기	추수
아빕 9일	Tish'ah be'ab	Ab 9		애가	성전 파괴
속죄일	Yom Kippur	Tishri 10	레 16장 (레 23:26-32)		온 백성들의 죄 사함
초막절	Succoth	Tishri 15-21	느 8장 (레 23:33-36)	전도서	광야 생활
수전절	Chanukah	Kislev 25	요 10:22		성전 재헌당 (주전 164년)
부림절	Purim	Adar 13-14	에 9장	에스더서	하만의 몰락과 이스라엘의 보존

V. 성결 법전(17:1-26:46)

K. 거룩한 불과 떡(24:1-9)

[1] 여호와께서 모세에게 말씀하여 이르시되 [2] 이스라엘 자손에게 명령하여 불
을 켜기 위하여 감람을 찧어낸 순결한 기름을 네게로 가져오게 하여 계속해
서 등잔불을 켜 둘지며 [3] 아론은 회막안 증거궤 휘장 밖에서 저녁부터 아침
까지 여호와 앞에 항상 등잔불을 정리할지니 이는 너희 대대로 지킬 영원한
규례라 [4] 그는 여호와 앞에서 순결한 등잔대 위의 등잔들을 항상 정리할지니
라 [5] 너는 고운 가루를 가져다가 떡 열두 개를 굽되 각 덩이를 십분의 이 에
바로 하여 [6] 여호와 앞 순결한 상 위에 두 줄로 한 줄에 여섯씩 진설하고 [7] 너
는 또 정결한 유향을 그 각 줄 위에 두어 기념물로 여호와께 화제를 삼을 것

이며 [8] 안식일마다 이 떡을 여호와 앞에 항상 진설할지니 이는 이스라엘 자손을 위한 것이요 영원한 언약이니라 [9] 이 떡은 아론과 그의 자손에게 돌리고 그들은 그것을 거룩한 곳에서 먹을지니 이는 여호와의 화제 중 그에게 돌리는 것으로서 지극히 거룩함이니라 이는 영원한 규례니라

본 섹션이 앞의 23장, 뒤따르는 25장과 어떤 관계에 있는가가 학자들 사이에 종종 논란이 되고 있다(Kaiser). 성소에 대한 규례를 선포하다가(1-9절) 갑자기 하나님께 망언한 사람의 판례(case law)(10-16절)가 등장하는 것도 문맥의 흐름을 이해하는 데 어려움으로 작용한다(Rooker). 지금까지 레위기에서 문단을 나누는 데 효과적인 역할을 했던 "나는 여호와, 너희의 하나님이다"와 같은 반복구가 본문에는 사용되지 않은 것도 학자들의 호기심을 자극한다.

24장이 성전에서 어두움을 밝히는 등잔불을 켜는 데 쓰이는 올리브유를 언급함으로써 시작하는 것은 23장의 가을 축제 때 올리브를 포함한 열매들을 수확의 기쁨으로 드린 것과 연관성이 있어 보인다(Wenham). 이스라엘은 올리브유를 성전에 바침으로써 그들이 즐겨 사용하는 올리브유가 하나님께로부터 온 축복이라는 사실을 고백하는 것이다(Hess).

또한 뒤이어 나오는 망언한 사람에 대한 판례가 반(半) 이스라엘인의 사례라는 점은 지금까지 제시된 모든 율법이 이스라엘 영토에 정착하게 될 이방인들에게도 적용되어야 함을 강조하는 듯하다. 이처럼 24장은 앞뒤 장과 문맥상 매끄럽게 연결되지는 않지만, 주제에 있어서는 일관된 흐름을 갖고 있다.

하나님은 등잔불을 '늘'(תָּמִיד)(2절) 켜 두라고 말씀하시는데 어떤 경우를 말씀하시는가? 하루 24시간인가, 아니면 정기적으로 지정된 시간마다 켜라는 뜻인가? 성경은 이 불을 '저녁부터 아침까지'(3절) 항상 켜 두라고 했다. 출애굽기도 '저녁부터 아침까지'로 등불을 켜 두라고 규정한 것으로 보아(출 27:21), 하루 24시간이 아니라 매일 저녁부터 아침까지 정기적으로 켜 두는 것을 의미하는 것으로 이해할 수 있다(삼상 3:3).

그러나 요세푸스는 성전 안에 낮이나 밤이나 항상 타는 등불이 있었다고 기록하고 있다(Against Apion 1.22). 람반은 본문이 언급하는 '늘 켜져 있는 등불'(נֵר תָּמִיד)은 성전 안에 있는 등잔에 불을 붙일 때 쓰이는 불씨를 제공하는 것이므로 영구적으로 타는 것으로 해석했다. 훗날 등잔대는 세상을 지켜보시는 하나님의 일곱 눈의 상징과(슥 4:2-7) 교회의 상징으로 표현된다(계 1:12; 20:2). 영원히 꺼지지 않는 등불은 생명의 불로 세상을 밝히는 그리스도의 사역 모형으로 해석되기도 한다(Calvin). 영원히 꺼지지 않는 등불은 하나님이 주시는 영생을 상징하기 때문이다(Milgrom, Gerstenberger).

등잔에 쓸 기름은 올리브유 중에서도 '순결한 것'(זַךְ)이다(2절). 이것은 동사 '깨끗하다/순수하다'(זכה)에서 파생한 것이며 향의 순도를 뜻하거나(출 30:34; 레 24:7), 성도의 의로운 삶과 믿음을 묘사하는 데 사용된다(욥 8:6; 11:4; 16:17; 잠 16:2; 20:11). 그러므로 성전에서 사용되는 순결한 올리브유는 성전을 찾는 주의 백성의 의를 상징한다(Hess, cf. 잠 13:9; 20:27; 24:20).

올리브를 갈아서 만든 기름은 찌꺼기가 섞여 있어 투명하지 않다. 맑은 올리브유를 얻기 위해서는 올리브를 방아로 찧어야 한다. 그러고는 흘러나온 기름을 걸러 내야 한다. 하나님은 이러한 방식으로 생산된 기름만을 사용하라고 명령하신다.

맑은 올리브유는 일반인들이 사용하던 혼탁한 기름보다 훨씬 더 밝게 타오르며 그을음도 거의 나지 않았다(Sarna). 불순물이 없기 때문에 기름 통로가 막혀 불이 꺼지는 일도 없었다(Hess). 성경은 성막의 등잔불과 연관해서만 맑은 올리브유를 언급하고 있다. 그러나 일반인들은 맑은 기름은 요리용으로, 혼탁한 기름은 등잔용으로 사용했던 것으로 알려졌다(Levine).

진설병은 항상 12개씩 만들어야 하며, 각 덩이를 5분의 1에바(4.5ℓ)의 가장 고운 밀가루로 빚어야 한다(5절). 매주 안식일마다 대제사장이 빵을 새로 만들어 일주일 동안 전시되었던 빵과 바꾸어야 한다(8절). 이스라엘은 일주일에 한 번씩 빵을 바꾸었지만, 주변 민족들은 훨씬 더 자주 바꾸었다. 헷 족속(Hittite)은 신들에게 매일 새로운 빵을 바쳤다(Hess). 하루라도 빵을 거르면 신들이 허기가 져 곤경에 빠졌기 때문이다.

그러나 이스라엘 종교에서 빵은 하나님께 드린 기도를 상징할 뿐, 하나님이 실제로 드시는 것으로 묘사되지는 않는다(Milgrom). 오히려 하나님이 자기 백성에게 빵을 주어 그들을 보존하심을 상징한다.

12개 빵은 6개씩 두 줄로 나누어 쌓아 전시되었으며(Hartley), 오래된 빵은 제사장들만이 거룩한 장소(예, 성소)에서 먹었다(9절). 사울에게 쫓기던 다윗이 놉에서 부하들과 함께 이 빵을 얻어 먹은 적이 있다(삼상 21:2-7). 다윗이 제사장들만 먹을 수 있는 빵을 먹은 사건은 율법의 기능을 잘 설명해 준다. 율법은 주의 백성이 지켜야 할 지침임에 분명하다. 그러나 경우에 따라 더 중요한 일이 율법 준수를 제한할 수 있다. 사람이 율법을 위해 존재하는 것이 아니라 율법이 사람을 위해 존재하기 때문이다. 같은 맥락에서, 안식일의 주인인 예수님도 안식일 규례에는 항상 예외가 있다고 하셨다(마 12:1-8).

요세푸스에 의하면 진설병은 누룩을 넣지 않고 만들었다(Hartley). 진설병은 하나님과 이스라엘 사이에 세워진 영원한 언약의 상징이자(8절), 하나님과 이스라엘의 교통의 상징이었다(Gerstenberger). 신약은 예수님을 생명의 떡으로 묘사한다(요 6:35, 48, cf. 8:12; 9:5).

출애굽기 25:23-30에 의하면 '진설병'(לֶחֶם פָּנִים)(lit., 얼굴[어전] 빵)을 전시해 놓는 상은 법궤처럼 조각목(아카시아 나무)으로 만들고 그 위에 금을 씌운 것이다. 규격은 가로 1 규빗, 세로 2 규빗, 높이 1.5 규빗(45㎝

×90㎝×67㎝)이며 다리가 네 개이다. 우리말 번역본에는 정확하게 드러나지 않지만, 진설병을 전시하기 위해 만들어진 이 상은 단순히 '어전 상'(שֻׁלְחַן הַפָּנִים)(민 4:7; 'the table of presence')으로 불리기도 하고, '[빵] 줄 상'(שֻׁלְחַן הַמַּעֲרֶכֶת)(대하 29:18; 'the table of the row [of breads]')이라 불리기도 한다.

본문은 진설병 상을 '순결한 상'(הַשֻּׁלְחָן הַטָּהֹר)이라고 부른다(6절). 상 위에 빵과 함께 순금으로 만든 네 가지 도구들이 전시되었다. 대접, 숟가락, 병, 붓는 잔(출 25:29). 이 도구들은 '봉사하는 데 쓰는 기구들'(민 3:31) 또는 '제사드리는 그릇'(대하 24:14)으로 불리기도 한다. 이 도구들의 기능은 확실하지 않다.

진설병의 상징성과 중요성에 대하여 다른 해석이 제시되어 왔다. 하나님 앞에 영구적으로 전시되는 것이므로 '어전 빵'이라는 해석이 있는가 하면(Ibn Ezra), '왕처럼 귀한 사람이 먹기에 적절한 빵'이라는 해석도 있고(Rashi), 빵의 윗면/얼굴이 모두 보여야 하기 때문에 '표면/얼굴(פָּנִים) 빵'이라는 해석도 있다(m. Menahot).

V. 성결 법전(17:1–26:46)

L. 거룩한 이름(24:10–23)

10 이스라엘 자손 중에 그의 어머니가 이스라엘 여인이요 그의 아버지는 애굽
사람인 어떤 사람이 나가서 한 이스라엘 사람과 진영 중에서 싸우다가 11 그
이스라엘 여인의 아들이 여호와의 이름을 모독하며 저주하므로 무리가 끌고
모세에게로 가니라 그의 어머니의 이름은 슬로밋이요 단 지파 디브리의 딸
이었더라 12 그들이 그를 가두고 여호와의 명령을 기다리더니 13 여호와께서
모세에게 말씀하여 이르시되 14 그 저주한 사람을 진영 밖으로 끌어내어 그
것을 들은 모든 사람이 그들의 손을 그의 머리에 얹게 하고 온 회중이 돌로

그를 칠지니라 15 너는 이스라엘 자손에게 말하여 이르라 누구든지 그의 하나님을 저주하면 죄를 담당할 것이요 16 여호와의 이름을 모독하면 그를 반드시 죽일지니 온 회중이 돌로 그를 칠 것이니라 거류민이든지 본토인이든지 여호와의 이름을 모독하면 그를 죽일지니라 17 사람을 쳐죽인 자는 반드시 죽일 것이요 18 짐승을 쳐죽인 자는 짐승으로 짐승을 갚을 것이며 19 사람이 만일 그의 이웃에게 상해를 입혔으면 그가 행한 대로 그에게 행할 것이니 20 상처에는 상처로, 눈에는 눈으로, 이에는 이로 갚을지라 남에게 상해를 입힌 그대로 그에게 그렇게 할 것이며 21 짐승을 죽인 자는 그것을 물어 줄 것이요 사람을 죽인 자는 죽일지니 22 거류민에게든지 본토인에게든지 그 법을 동일하게 할 것은 나는 너희의 하나님 여호와임이니라 23 모세가 이스라엘 자손에게 말하니 그들이 그 저주한 자를 진영 밖으로 끌어내어 돌로 쳤더라 이스라엘 자손이 여호와께서 모세에게 명령하신 대로 행하였더라

지금까지 모세는 이스라엘 백성들이 지켜야 할 여러 가지 율법을 주었다. 하나님을 믿지 않는 이방 민족들에게도 이 율법들을 강요하기는 현실적으로 어렵다. 그러나 이스라엘 영토에 거주하는 이방인들의 경우는 어떻게 해야 하는가? 그들에게도 율법을 적용해야 하는가 아니면 적용할 수 없는가?

본문은 한 사건을 예로 들어 적용해야 한다고 말한다. 이방인이라 할지라도 이스라엘 땅에서 사는 한, 이스라엘의 율법을 준수하도록 하라는 것이다. 오늘날 어느 나라를 가든지 이 원칙이 적용된다. 로마에 가면 로마법을 따라야 한다. 이것이 각 나라 법의 기본 취지가 된 것이다.

사건은 이러했다. 이집트 남자와 이스라엘 여자 사이에 태어난 혼혈아가 있었다. 이 사람이 이스라엘 진영 안에서 다른 사람과 다투다가 '여호와의 이름'으로 번역된 히브리어 '그 이름'(הַשֵּׁם)을 모독한(קלל) 것이다(11절). 백성들이 어찌할 바를 몰라 그를 모세에게 끌고 왔다. 모세도 어떻게 재판해야 할 줄을 몰라 하나님께 여쭀다.

여호와께서 그를 진영 바깥으로 끌고 가서 그가 '그 이름'을 저주한 것을 들은 사람들이 그의 머리 위에 손을 얹은 다음에 온 회중이 돌로 쳐 죽이라고 하셨다(14절). 돌로 쳐 죽이는 것은 당시 처형 방법 중 가장 자비로운 방법 중 하나에 속했다(Hess). 죽음이 신속하게 왔기 때문이다.

공동체가 하나님의 이름을 모독한 사람을 처형해야 하는 것은, 범죄자의 죽음으로 공동체와 범죄자의 죄를 속죄할 수 있기 때문이라는 해석이 있다(Wenham, Rooker). 그러나 단순히 공동체가 그의 망언에 대한 증인임을 확인하며(Kiuchi), 이런 일이 결코 용납되어서는 안 된다는 사실을 확인하는 행위이다. 주전 12세기 문헌에도 비슷한 사건이 기록되어 있다. 한 궁녀가 싸우는 도중에 신을 저주했다가 처형되었다(Milgrom).

하나님은 몇 가지 율법을 추가로 밝히며 율법에 저촉되는 죄를 저지른 사람은 이스라엘 사람이든 그들 중에 사는 이방인이든 동일한 처벌을 받게 하라고 하신다. 이스라엘의 율법을 상징하는 죄는 살인(17절), 재물 피해(18절), 상해(19절) 등이다(21-22절). 이스라엘 땅에 사는 모든 사람에게 적용될 원리는 "상처에는 상처로, 눈에는 눈으로, 이에는 이로 갚을지라"(20절)이다. 이 원리를 동해법(同害法)(lex talionis)이라 한다. '이에는 이'를 요구하는 법이 너무 가혹하게 느껴질 수 있지만, 사실상 하나님이 창조하신 모든 피조물의 존엄성을 바탕으로 한 율법이다(Hess).

하나님의 아름답고 귀한 피조물을 의도적으로 훼손하면, 그에 상응하는 응징을 받아야 한다. 훗날 예수님이 이 율법을 언급하시는데, 이때에도 이것의 타당성을 부인한 것이 아니라 믿음 공동체에서 이것을 적용할 때 자비와 긍휼을 더하라고 하셨다(마 5:38-42).

동해법을 중심축으로 한 이 섹션은 다음과 같은 교차대구법적 구조

를 지니고 있다(cf. Wenham, Milgrom, Gane).[18]

A. 살인(17절)
  B. 재산 피해(18절)
    C. 상해(19절)
      D. "상처에는 상처로, 눈에는 눈으로, 이에는 이로 갚을지라"(20a절)
    C'. 상해(20b절)
  B'. 재산 피해(21a절)
A'. 살인(21b절)

어떤 사람들은, 본문이 하나님의 이름을 모독한 사람의 어머니가 단 지파 디브리의 딸 슬로밋임을 밝힌 것에 대해 의미 부여를 지나치게 한다(Hess). 사사기에서 단 지파가 우상을 가지고 이동한 사건과 더불어 이 이야기가 이스라엘 역사에서 단 지파를 매우 부정적으로 묘사한다는 것이다(Sherwood). 그러나 이러한 해석은 훗날의 역사를 이미 일어난 일에 투영하는 것에 불과하며, 여기서는 단순히 사건의 구체성과 실질성을 드러내기 위하여 세부 사항을 기록하고 있을 뿐이다.

신성 모독죄는 기준이 애매모호하다. 이세벨은 이 애매모호함을 악용하여 포도밭을 팔기를 거부한 나봇에게 신성 모독죄를 씌워 처형하고 포도원을 빼앗아 남편 아합에게 선물로 주었다(왕상 21장). 정작 이세벨 자신은 바알을 숭배하면서도 말이다.

---

18 비슷한 맥락에서 키우치(Kiuchi)는 17-21절의 구조를 다음과 같이 제시한다.

A. 사람을 죽였을 때(17절).
  B. 이웃의 짐승을 죽였을 때(18절)
    C. 사람이 다쳤을 때(19-20절)
  B'. 짐승을 죽였을 때(21a절)
A'. 사람을 죽였을 때(21b절)

신약에서는 예수님과 스데반에게 이 죄가 적용되었다(마 9:3; 26:63–65; 막 2:7; 14:61–64; 행 7장). 기독교는 모함당하고 처형당한 순교자들의 피 위에 세워진 종교이다. 그러므로 한 학자는 이렇게 말한다. "복음을 훼방하는 사람들(딤전 1:13; 행 26:11)과 기독교를 무시하는 사람들(롬 2:24; 딤전 6:1; 딛 2:5; 약 2:7; 벧후 2:2)은 자신들의 행동으로 하나님을 모독한다"(de Vries).

V. 성결 법전(17:1–26:46)

M. 거룩한 땅의 경작(25:1–38)

머지않아 하나님이 젖과 꿀이 흐르는 가나안 땅을 이스라엘에게 선물로 주실 것이다. 하나님은 가나안에 정착한 후에 땅을 어떻게 경작해야 할지에 대한 경작 원리를 먼저 제시하신다. 소작농 이스라엘은 지주되시는 하나님의 요구에 따라야 한다.

하나님의 명령은 무리하지도 혹독하지도 않다. 이스라엘이 하나님의 명령을 따른다면, 부자나 가난한 사람이나 땅이 있는 사람이나 없는 사람이나 땅의 소산을 즐기며 살 수 있다. 하나님이 이곳에서 제시하시는 경작법은 모든 사람에게 윈윈(win–win)이 될 것이다.

이 섹션은 다음과 같이 세 파트로 구분된다.

A. 안식년(25:1–7)
B. 희년(25:8–22)
C. 소유권(25:23–38)

V. 성결 법전(17:1-26:46)
M. 거룩한 땅의 경작(25:1-38)

1. 안식년(25:1-7)

[1] 여호와께서 시내 산에서 모세에게 말씀하여 이르시되 [2] 이스라엘 자손에게
말하여 이르라 너희는 내가 너희에게 주는 땅에 들어간 후에 그 땅으로 여
호와 앞에 안식하게 하라 [3] 너는 육 년 동안 그 밭에 파종하며 육 년 동안 그
포도원을 가꾸어 그 소출을 거둘 것이나 [4] 일곱째 해에는 그 땅이 쉬어 안식
하게 할지니 여호와께 대한 안식이라 너는 그 밭에 파종하거나 포도원을 가
꾸지 말며 [5] 네가 거둔 후에 자라난 것을 거두지 말고 가꾸지 아니한 포도나
무가 맺은 열매를 거두지 말라 이는 땅의 안식년임이니라 [6] 안식년의 소출은
너희가 먹을 것이니 너와 네 남종과 네 여종과 네 품꾼과 너와 함께 거류하
는 자들과 [7] 네 가축과 네 땅에 있는 들짐승들이 다 그 소출로 먹을 것을 삼
을지니라

안식일에 대한 규례가 23장에서 선포될 때 이스라엘이 일하지 않고 안식해야 할 여러 절기도 알려졌다. 본 섹션은 매주 그리고 몇몇 절기 때 찾아오던 안식일 개념을 안식년으로 확장하여 이스라엘이 경작하게 될 땅에 적용시킨다(출 23:10-11). 어느 땅이든 6년 동안 경작한 후에 7년째 되는 해에는 땅을 쉬게 하라는 것이다. 6년째 되는 해에 수확하고 난 후에 새로 자라는 것은 거두지 말고 가난한 자들을 위하여 남겨 두어야 한다(Milgrom). 씨를 뿌려서도 안 되고, 저절로 떨어진 씨앗의 소산물을 거두거나 가꾸지 않은 포도나무의 열매를 따서도 안 된다(4-5절).

하나님이 이스라엘에게 엄청난 희생을 요구하시는 것처럼 보일 수 있다. 7년 중 1년치 농사를 포기하라는 것은 총 수확의 15%를 포기하라는 뜻이기 때문이다. 하나님이 이스라엘에게 땅을 선물로 주실 것이기 때문에 이스라엘이 땅의 주인인 하나님의 요구를 따라야 함은 당연하다. 그러나 이스라엘의 입장에서는 큰 믿음이 요구되는 규례인 것이다.

그러므로 하나님은 그들이 안식년을 잘 지키기만 한다면 축복을 내릴 것을 약속하신다. "땅을 이렇게 쉬게 해야만, 땅도 너희에게 먹거리를 내어 줄 것이다. 너뿐만 아니라, 남종과 여종과 품꾼과 너와 함께 사는 나그네에게도, 먹거리를 줄 것이다. 또한 너의 가축도, 너의 땅에서 사는 짐승까지도, 땅에서 나는 모든 것을 먹이로 얻게 될 것이다."(6-7절, 새번역). 안식년 규례는 모든 사람과 짐승에게 복을 주기 위해 제정된 것이다.

안식일 율법은 이스라엘 사람들을 믿음의 기로에 세운다. 인간적인 계산에 의하면 매 7년마다 농사를 짓지 않을 이유가 없다. 그러나 하나님은 이스라엘에게 하나님의 말씀을 믿고 순종하여 안식년 규례를 지킬 것을 요구하신다. 그렇게 하면 그들뿐 아니라 주변 모든 사람과, 심지어 가축들과 그들 땅에 거하는 들짐승들까지 모두 풍요롭게 살게 될 것이라고 약속하신다. 하나님의 말씀은 때로 인간적인 계산을 모두 포기하고 말씀을 믿고 따를 것을 우리에게 권고한다.

농사를 짓는 사람들이 증언하듯, 땅을 놀리지 않고 계속 경작할 경우에 땅의 양분이 모두 빠져나가 수확량이 줄어든다. 따라서 주기적으로 땅을 놀리는 것은 땅뿐만 아니라 농부에게도 좋은 일이다. 그러나 안식년 규례의 근본 목적은 가난한 사람들에 대한 배려에 있다. 일구지 않은 땅에서 자라난 것은 가난한 자들로 먹게 하고 나머지는 짐승들이 먹을 수 있도록, 주인은 손을 전혀 대지 말라는 것이다(출 23:11).

포도나 올리브같이 다년생 과실들의 경우에도 이 원리가 적용된다. 7년째 되는 해에는 이들 나무들을 관리하지 말고 스스로 자라게 하여 가난한 자들과 들짐승들이 그 열매를 누릴 수 있도록 배려해야 한다. 안식년에 대한 규례는 신명기 15:1-3에도 언급되어 있다. 신명기는 안식년에 빚도 탕감해 주라고 권고한다.

V. 성결 법전(17:1–26:46)
M. 거룩한 땅의 경작(25:1–38)

2. 희년(25:8–22)

[8] 너는 일곱 안식년을 계수할지니 이는 칠 년이 일곱 번인즉 안식년 일곱 번
동안 곧 사십구 년이라 [9] 일곱째 달 열흘날은 속죄일이니 너는 뿔나팔 소리
를 내되 전국에서 뿔나팔을 크게 불지며 [10] 너희는 오십 년째 해를 거룩하게
하여 그 땅에 있는 모든 주민을 위하여 자유를 공포하라 이 해는 너희에게
희년이니 너희는 각각 자기의 소유지로 돌아가며 각각 자기의 가족에게로
돌아갈지며 [11] 그 오십 년째 해는 너희의 희년이니 너희는 파종하지 말며 스
스로 난 것을 거두지 말며 가꾸지 아니한 포도를 거두지 말라 [12] 이는 희년이
니 너희에게 거룩함이니라 너희는 밭의 소출을 먹으리라 [13] 이 희년에는 너
희가 각기 자기의 소유지로 돌아갈지라 [14] 네 이웃에게 팔든지 네 이웃의 손
에서 사거든 너희 각 사람은 그의 형제를 속이지 말라 [15] 그 희년 후의 연수
를 따라서 너는 이웃에게서 살 것이요 그도 소출을 얻을 연수를 따라서 네
게 팔 것인즉 [16] 연수가 많으면 너는 그것의 값을 많이 매기고 연수가 적으면
너는 그것의 값을 적게 매길지니 곧 그가 소출의 다소를 따라서 네게 팔 것
이라 [17] 너희 각 사람은 자기 이웃을 속이지 말고 네 하나님을 경외하라 나는
너희의 하나님 여호와이니라 [18] 너희는 내 규례를 행하며 내 법도를 지켜 행
하라 그리하면 너희가 그 땅에 안전하게 거주할 것이라 [19] 땅은 그것의 열매
를 내리니 너희가 배불리 먹고 거기 안전하게 거주하리라 [20] 만일 너희가 말
하기를 우리가 만일 일곱째 해에 심지도 못하고 소출을 거두지도 못하면 우
리가 무엇을 먹으리요 하겠으나 [21] 내가 명령하여 여섯째 해에 내 복을 너희
에게 주어 그 소출이 삼 년 동안 쓰기에 족하게 하리라 [22] 너희가 여덟째 해
에는 파종하려니와 묵은 소출을 먹을 것이며 아홉째 해에 그 땅에 소출이
들어오기까지 너희는 묵은 것을 먹으리라

안식년이 7번 지나 49년째 되는 해의 7번째 달인 티쉬레이(Tishri) 월 10일에 희년(יוֹבֵל)의 시작을 알리는 나팔(שׁוֹפָר)을 불어야 한다(9절). 희년을 히브리어로 '요벨'(יוֹבֵל)이라 하는데, 희년의 시작을 알리기 위해 부는 나팔이 바로 숫양의 뿔인 '요벨'(יוֹבֵל)이기 때문이다(Levine, Kaiser).

희년은 49년째 되는 안식년이 반쯤 지난 티쉬레이 월 10일, 속죄일에 시작된다. 하나님이 이스라엘의 죄를 용서하시는 것처럼, 이스라엘 사람들은 서로의 빚을 탕감해 주고 노예들에게 자유를 주어야 한다(10절). 주님의 용서와 은혜를 경험한 사람들이 자기가 입은 은혜에 따라 서로에게 베풀기를 요구하시는 것이다.

만일 빚 때문에 남에게 땅을 판 적이 있다면 이때 돌려받을 수 있다. 자신을 노예로 팔았어도 이때 자유인이 될 수 있다. 또한 희년에는 농사를 짓거나 저절로 자란 곡식을 거두어서도 안 된다(11절). 그러므로 만일 희년과 바로 전에 찾아오는 안식년이 서로 다른 해라면, 이스라엘은 연이은 안식년과 희년으로 말미암아 2년 동안 농사를 지을 수 없게 된다.

현실적으로 생각할 때 2년 동안 농사를 짓지 않고 산다는 것은 매우 어려운 일이다. 만일 49년째 찾아온 안식년의 이듬해인 50년째 되는 해가 희년이라면, 희년 때문에 49년째 찾아온 안식년과 다음 안식년 사이의 기간은 7년이 아니라 8년이 된다. 그러나 율법은 예외 없이 매 7년마다 반복되는 것을 전제로 한다(3-4절; cf. 출 23:10-12). 희년이 그 해 초에 시작하지 않고 6개월이 지난 다음에 시작하는 것도 어려움을 가중시킨다.

이 혼돈에 대하여 어떤 주석가들은 매우 복잡한 해결책을 내놓지만(Gane, Milgrom) 답은 생각보다 간단할 수 있다. 주전 200년경에 저작된 희년서(Book of Jubilees)는 49년째 찾아온 안식년과 희년을 겹치게 하여 이 모든 어려움을 극복했다(Noordtzij). 물론 본문의 내용을 문자적으로 해석하면 이러한 결론에 도달하기 어렵지만(20-22절), 언제부터인가 이스라엘은 희년서가 기록한 방식대로 희년을 이해한 것이다. 그렇다면 일부 주석가들(Rooker)의 해석과 달리, 이스라엘은 2년 동안 농사를 짓지 못한 것이 아니라 한 해 동안 농사를 짓지 않은 것이 된다.

안식년과 희년은 왜 49년째 되는 해의 1월이 아닌 48년째 되는 해의 7월에 시작되는가? 희년과 안식년의 핵심은 농사를 짓지 않는 데 있다. 근동의 농사력에서 1년은 가을에 이른 비가 오는 때에 맞추어 파종하는 것으로 시작된다. 그러므로 희년과 안식년은 가을에 찾아오는 티쉬레이 월에 시작되는 것이 당연하다.

만일 희년마다 땅과 밭을 원주인에게 돌려주어야 한다면, 밭을 거래할 때 고려해야 할 것은 다음 희년이 언제 찾아오는가이다. 희년까지 몇 년이 남았느냐에 따라 가격을 정해야 한다(15절). 왜냐하면 이스라엘에서 땅을 사고파는 일은 영구적인 소유권 이전이 아니라 단순히 다음 희년이 올 때까지 그 땅의 소출을 파는 행위에 불과하기 때문이다(16절). 이 과정에서 강조되는 것은 합당한 가격이다. 지나치게 많이 받거나 적게 주면 착취와 다를 바가 없기 때문이다.

이스라엘 백성들이 세상의 계산법과 달리 이처럼 서로에게 긍휼로 계산해 준다면, 하나님은 두 가지를 보장하신다. 첫째, 그들은 하나님이 허락하실 땅에서 안전하게(בֶּטַח) 살 수 있다(18-19절). 모든 원수와 질병, 기근 등에서 보호해 주실 것을 의미한다.

둘째, 하나님이 그들의 모든 필요를 채워 주실 것이다(20-22절). 구체적으로 3년 동안 묵은 것을 먹을 수 있게 해 주겠다고 하신다. 그러나 당시 올리브유는 보존 기간이 1년밖에 되지 않았다. 하지만 밀가루와 섞으면 3년까지 보존이 가능했다고 한다(Milgrom). 이스라엘은 무엇을 먹고 살 것인가를 걱정할 필요가 없다. 그들이 염려할 유일한 일은 하나님의 말씀에 대한 순종이다. 그들이 순종만 한다면 하나님이 모든 것을 채워 주실 것이다. 이것이 하나님의 약속이다.

V. 성결 법전(17:1–26:46)
M. 거룩한 땅의 경작(25:1–38)

3. 소유권(25:23–38)

[23] 토지를 영구히 팔지 말 것은 토지는 다 내 것임이니라 너희는 거류민이요
동거하는 자로서 나와 함께 있느니라 [24] 너희 기업의 온 땅에서 그 토지 무
르기를 허락할지니 [25] 만일 네 형제가 가난하여 그의 기업 중에서 얼마를 팔
았으면 그에게 가까운 기업 무를 자가 와서 그의 형제가 판 것을 무를 것이
요 [26] 만일 그것을 무를 사람이 없고 자기가 부유하게 되어 무를 힘이 있으
면 [27] 그 판 해를 계수하여 그 남은 값을 산 자에게 주고 자기의 소유지로 돌
릴 것이니라 [28] 그러나 자기가 무를 힘이 없으면 그 판 것이 희년에 이르기
까지 산 자의 손에 있다가 희년에 이르러 돌아올지니 그것이 곧 그의 기업
으로 돌아갈 것이니라 [29] 성벽 있는 성 내의 가옥을 팔았으면 판 지 만 일 년
안에는 무를 수 있나니 곧 그 기한 안에 무르려니와 [30] 일 년 안에 무르지 못
하면 그 성 안의 가옥은 산 자의 소유로 확정되어 대대로 영구히 그에게 속
하고 희년에라도 돌려보내지 아니할 것이니라 [31] 그러나 성벽이 둘리지 아니
한 촌락의 가옥은 나라의 전토와 같이 물러 주기도 할 것이요 희년에 돌려
보내기도 할 것이니라 [32] 레위 족속의 성읍 곧 그들의 소유의 성읍의 가옥은
레위 사람이 언제든지 무를 수 있으나 [33] 만일 레위 사람이 무르지 아니하면
그의 소유 성읍의 판 가옥은 희년에 돌려 보낼지니 이는 레위 사람의 성읍
의 가옥은 이스라엘 자손 중에서 받은 그들의 기업이 됨이니라 [34] 그러나 그
들의 성읍 주위에 있는 들판은 그들의 영원한 소유지이니 팔지 못할지니라
[35] 네 형제가 가난하게 되어 빈 손으로 네 곁에 있거든 너는 그를 도와 거류
민이나 동거인처럼 너와 함께 생활하게 하되 [36] 너는 그에게 이자를 받지 말
고 네 하나님을 경외하여 네 형제로 너와 함께 생활하게 할 것인즉 [37] 너는
그에게 이자를 위하여 돈을 꾸어 주지 말고 이익을 위하여 네 양식을 꾸어
주지 말라 [38] 나는 너희의 하나님이 되며 또 가나안 땅을 너희에게 주려고

애굽 땅에서 너희를 인도하여 낸 너희의 하나님 여호와이니라

하나님은 밭을 사고팔 때 매매 시점부터 희년까지 얼마나 남았는가를 계산하여 값을 정하라고 하셨다(15-16절). 왜냐하면 밭을 사고파는 것이 땅의 소유권 매매가 아닌 희년까지의 경작권 매매이기 때문이다.

이스라엘은 왜 땅의 소유권을 매매할 수 없는가? 땅의 소유권에 관한 신학적 핵심 원리를 이렇게 말씀하신다. "땅을 아주 팔지는 못한다. 땅은 나의 것이다. 너희는 다만 나그네이며, 나에게 와서 사는 임시 거주자일 뿐이다. 너희는 유산으로 받은 땅 어디에서나, 땅 무르는 것을 허락하여야 한다"(23-24절, 새번역). 이스라엘 땅의 주인이신 하나님이 백성들에게 땅의 소유권이 아닌 사용권을 주셨기 때문이다.[19]

그러므로 이스라엘이 땅을 거래할 때는 사용권만을 염두에 두고 가격을 정해야 하며, 땅을 판 사람의 형편이 나아지면 언제든지 무를 수 있어야 한다(24절). 또한, 누구든 땅을 팔면 그의 친척이 대신 무를 수 있어야(גאל) 하고, 형편이 어려우면 희년까지 기다렸다가 원주인이 아무런 대가를 치르지 않고 돌려받을 수 있어야 한다. 원래부터 희년까지의 기간을 계산해서 사용권만을 거래하는 것이기 때문이다(28절). 이스라엘 백성들은 매 49년마다 반복되는 희년을 기대하며 살 이유가 있고, 아무리 가난한 사람들이라도 희년을 삶의 새로운 출발점으로 삼을 수 있다.

이 같은 부동산 법에는 두 가지 예외가 있다. 첫째, 성안에 있는 집을 팔았을 경우이다. 성안에 있는 집을 판 사람은 1년 내에 무를 수 있다(29절). 그러나 만일 1년 내에 무르지 않으면 그 집은 산 사람의 영구적인 소유가 된다. 희년이 되어도 되돌려줄 필요가 없다는 뜻이다(30

---

19 당시 조상들의 묘가 대부분의 자손이 경작하는 땅에 있었으므로 땅을 팔면 조상들의 묘도 함께 팔리는, 현실적인 문제가 있었다. 이런 이유에서 이스라엘의 이웃 중 일부도 땅을 파는 것을 금했다(Milgrom).

절). 반면에 성 밖 마을에 있는 집을 판 사람은 언제든지 무를 수 있고, 희년이 되면 돌려받는다(31절). 성 밖에 있는 집은 농경지로 취급되기 때문이다.

두 번째 예외는, 레위 사람의 성읍 안에 있는 집들이다. 훗날 여호수아는 레위 사람들에게 48개 성읍을 준다. 레위 사람들은 성안에 있는 집을 팔아도 언제든지 무를 수 있다(32절). 만일 무르지 않더라도 희년이 되면 돌려주어야 한다. 레위 사람의 성읍에 딸린 땅에도 동일한 원리가 적용된다. 그러므로 일반인들은 레위 사람의 집이나 땅을 살 때는 희년까지의 사용권을 계산해서 가격을 결정해야 한다.

거룩한 백성인 이스라엘은 사회적 약자들에 대한 배려에서도 남달라야 한다(35절). 이스라엘 공동체는 스스로 살아갈 수 없을 정도로 가난하거나 연약한 지체들을 보살펴 주어야 한다. 그들을 상대로 어떠한 이익을 남겨서도 안 되고, 돈을 빌려 주면 이자를 받아서도 안 된다(36절). 이익(מַרְבִּית)과 이자(נֶשֶׁךְ)의 차이에 대하여 랍비들은 금전적인 거래에서 발생하는 것을 이자(נֶשֶׁךְ), 곡식 거래에서 발생하는 대가를 이익(מַרְבִּית)으로 풀이했다(Levine).

당시 주변 국가들에서 이자가 연 60% 이상이었던 점을 감안하면(Milgrom), 이 규정은 돈을 빌려준 사람에게 큰 희생을 요구하는 것으로 생각될 수 있다(Kaiser). 그러나 '이자'(נֶשֶׁךְ)를 뜻하는 단어가 '[뱀이] 물다'(נשך)라는 동사에서 파생한 점이 이자, 특히 높은 이자를 요구하는 것은 '뱀이 무는 것과 같다'라고 풀이되기도 한다. 공동체에 속한 지체 간의 금전 거래는 최대한 피하는 것이 좋고, 어쩔 수 없는 경우에도 이자를 받지 않는 것이 좋다. 기독교 역사를 보면 칼빈(Calvin) 시대에 이르러서야 성도 사이에 이자를 받으며 돈을 빌려주는 일이 허락되었다. 그전까지는 모두 무이자로 돈을 빌려주었다.

V. 성결 법전(17:1-26:46)

N. 거룩한 주-종 관계(25:39-55)

39 너와 함께 있는 네 형제가 가난하게 되어 네게 몸이 팔리거든 너는 그를
종으로 부리지 말고 40 품꾼이나 동거인과 같이 함께 있게 하여 희년까지 너
를 섬기게 하라 41 그 때에는 그와 그의 자녀가 함께 네게서 떠나 그의 가족
과 그의 조상의 기업으로 돌아가게 하라 42 그들은 내가 애굽 땅에서 인도
하여 낸 내 종들이니 종으로 팔지 말 것이라 43 너는 그를 엄하게 부리지 말
고 네 하나님을 경외하라 44 네 종은 남녀를 막론하고 네 사방 이방인 중에
서 취할지니 남녀 종은 이런 자 중에서 사올 것이며 45 또 너희 중에 거류
하는 동거인들의 자녀 중에서도 너희가 사올 수 있고 또 그들이 너희와 함
께 있어서 너희 땅에서 가정을 이룬 자들 중에서도 그리 할 수 있은즉 그들
이 너희의 소유가 될지니라 46 너희는 그들을 너희 후손에게 기업으로 주어
소유가 되게 할 것이라 이방인 중에서는 너희가 영원한 종을 삼으려니와 너
희 동족 이스라엘 자손은 너희가 피차 엄하게 부리지 말지니라 47 만일 너
와 함께 있는 거류민이나 동거인은 부유하게 되고 그와 함께 있는 네 형제
는 가난하게 되므로 그가 너와 함께 있는 거류민이나 동거인 또는 거류민의
가족의 후손에게 팔리면 48 그가 팔린 후에 그에게는 속량 받을 권리가 있
나니 그의 형제 중 하나가 그를 속량하거나 49 또는 그의 삼촌이나 그의 삼
촌의 아들이 그를 속량하거나 그의 가족 중 그의 살붙이 중에서 그를 속량
할 것이요 그가 부유하게 되면 스스로 속량하되 50 자기 몸이 팔린 해로부터
희년까지를 그 산 자와 계산하여 그 연수를 따라서 그 몸의 값을 정할 때에
그 사람을 섬긴 날을 그 사람에게 고용된 날로 여길 것이라 51 만일 남은 해
가 많으면 그 연수대로 팔린 값에서 속량하는 값을 그 사람에게 도로 주고
52 만일 희년까지 남은 해가 적으면 그 사람과 계산하여 그 연수대로 속량하
는 그 값을 그에게 도로 줄지며 53 주인은 그를 매년의 삯꾼과 같이 여기고

네 목전에서 엄하게 부리지 말지니라 [54] 그가 이같이 속량되지 못하면 희년에 이르러는 그와 그의 자녀가 자유하리니 [55] 이스라엘 자손은 나의 종들이 됨이라 그들은 내가 애굽 땅에서 인도하여 낸 내 종이요 나는 너희의 하나님 여호와이니라

이스라엘 사람들이 경제적인 어려움에 처한 동족을 노예로 사게 될 경우, 그를 종 부리듯 부려서는 안 된다. 그는 빚을 갚기 위하여 노동력을 판 사람이며 노예이기 전에 같은 공동체에 속한 형제이기 때문에 최대한 인격적으로 대우해야 한다.

하나님은 이스라엘 사람들을 "내가 애굽 땅에서 인도하여 낸 내 종들"이라고 하신다(42절). 그러므로 하나님의 품꾼들을 엄하게 부릴 수 없다(43절; cf. 46절). '엄하게'(פֶּרֶךְ)의 기본 의미는 맷돌 등으로 가는 행위이다. 여기서는 '사람의 몸과 영혼을 갈아 버리는 혹독한 노동'을 의미한다(Hartley).

이스라엘 사람들은 하나님께만 속하였으므로 누구도 그들을 소유할 수 없다. 그러므로 희년이 되면 그를 놓아주어야 한다(41절). 노예 제도에는 창조주의 의도에 역행하는 본질적인 문제가 있다는 것을 암시하는 듯하다(Budd, cf. Wenham). 또한 희년 제도는 사람(소유주)의 욕심과 억압을 제한하는 인도주의적인 법이다(Demarest).

그가 팔려 와서 가정을 갖게 되었다면, 그의 가족도 함께 보내야 한다. 그러나 이스라엘 사람이 아닌 종은 영구히 소유할 수 있다. 만일 이스라엘 사람이 그 땅에 사는 이방인에게 팔렸을 경우에 그 사람의 친척들은 값을 지불하고 그를 데려오도록 노력해야 한다(47-49절). 종으로 팔린 사람의 형편이 나아지면 그는 자신의 자유를 살 수 있다. 그동안 일한 삯을 제하는 것은 이스라엘 사람이 그 땅에 사는 이방인에게 팔렸을 때는 일정한 기간의 노동력을 판 것일 뿐 생명을 판 것이 아니라는 뜻이다(53절). 또한 값을 계산할 때, 희년까지 남은 햇수를 감안하는 것은 이스라엘 땅에서 사는 이방인들도 희년법을 준수해야 한다는 것을 의미한다(52절).

이방인에게 팔린 이스라엘 사람과 그가 그 집에서 꾸린 가정은 희년이 되면 자유하게 된다(54절). 하나님이 그들의 유일한 주인이시기 때문이다. 신약에서는 예수님이 자신의 사역을 희년에 비교하셨다(눅 4:18-19). 이러한 차원에서 희년의 시작을 알리는 나팔소리는 예수님의 재림을 알릴 나팔소리와 맥을 같이한다(마 24:31; 고전 15:52; 살전 4:16). 또한 희년 개념은 사도행전에도 반영되어 있다(행 1:6; 3:21; 4:34 등)(Rooker).

25장에서 매우 중요하게 부각되는 희년은 우리에게 몇 가지 교훈을 준다. 첫째, 경제적인 관점에서 볼 때, 희년은 부(富)가 소수에게 집중되는 것을 제한하는 목적이 있다(North). 이스라엘 사람은 평생 최소한 한 번쯤은 50년 만에 찾아오는 희년을 통해 부모나 자신이 빚으로 잃었던 땅과 집 등 재산을 돌려받아 새 출발의 기회를 가지게 된다. 온 공동체가 땅은 하나님의 소유라는 것을 인정했기 때문에 가능한 일이다.

둘째, 이웃에 대한 배려가 희년 법의 핵심 요지이다. 사람은 누구나 이 땅에 잠시 머물다가 떠날 뿐이라면, 결국 땅은 소유하는 것이 아니라 땅의 주인이신 하나님으로부터 얼마간 빌려 쓰는 것이 된다(히 11:10). 그렇다면 빌려 쓰는 사람들끼리 너무 매정하게 할 필요가 없지 않겠는가? 신약은 하나님이 기꺼이 드리는 자를 기뻐하신다고 말한다. 우리는 하나님께만 제물을 드릴 것이 아니라 자신이 가진 것을 이웃과도 나누어야 한다. 이웃이 주님 안에서 한 형제자매임을 생각하면 더욱더 나누어야 한다.

셋째, 희년이 얽매인 사람들에게 자유를 주는 것처럼(10절) 예수님은 죄에 속박당한 사람들에게 자유를 주신다. 메시아의 사역은 희년과 연관이 있다(사 60:1; 눅 4:16-21). 우리는 메시아가 주신 자유를 잘 사용하고 있는가에 대하여 생각해 보아야 한다.

V. 성결 법전(17:1–26:46)

O. 거룩한 언약(26:1–46)

지금까지 레위기는 이스라엘이 지켜야 할 다양한 규례들을 제시해 왔다. 이제 막바지에 접어들면서 앞서 제시한 모든 규례를 지키면 그들에게 임할 하나님의 축복과 지키지 않으면 내려질 저주를 나열한다. 언약(계약)의 내용(준수 사항, 레위기의 경우에는 율법)을 구체적으로 언급한 다음, 마지막에 이 언약을 준수할 때 축복이 임하고, 준수하지 않을 때 저주가 임한다는 내용을 더하는 것은 고대 근동 계약 양식에서 흔히 발견되는 일이다(Hillers, Budd, Hess). 모세는 이스라엘에게 율법을 제시한 다음에 생명의 길과 죽음의 길 중에서 하나를 택하라고 권면한다.

논리적으로 생각할 때 이스라엘이 모든 율법을 준수하여 하나님의 축복을 누리며 사는 것은 당연한 일이다. 그러나 26장에는 하나님의 안타까움이 서려 있다(Kaiser). 하나님은 불순종하는 이스라엘을 심판해야 할 날이 다가오고 있음을 알고 계시기 때문이다. 각각 여섯 개의 축복과 여섯 개의 저주로 구성되어 있는 이 섹션은 오경 중에서 신명기 28–31장과 함께 선지자들이 직·간접적으로 가장 많이 인용하는 본문이다.

일부 주석가들과 번역본들은 26:1–2을 25장과 연결시켜 앞부분의 결론으로 취급한다(새번역; Cassuto, North, Levine). 그러나 1–2절은 26장 전체 내용에 대한 서론의 기능을 할 뿐이다. 또한 44–46절과 짝을 이루며 본문 내용을 앞뒤에서 감싸고 있다(Wenham, Hartley, Kiuchi). 이 섹션은 다음과 같이 구분될 수 있다.

A. 서론: 네 가지 명령(26:1-2)
B. 여섯 가지 축복(26:3-13)
B′. 여섯 가지 저주(26:14-39)
A′. 결론: 회복 약속(26:40-46)

1. 네 가지 명령(26:1-2)

[1] 너희는 자기를 위하여 우상을 만들지 말지니 조각한 것이나 주상을 세우지 말며 너희 땅에 조각한 석상을 세우고 그에게 경배하지 말라 나는 너희의 하나님 여호와임이니라 [2] 너희는 내 안식일을 지키며 내 성소를 경외하라 나는 여호와이니라

하나님은 이스라엘이 지켜야 할 네 개의 명령으로 26장을 시작하신다. 이 중 두 개는 긍정적이고('하라'), 두 개는 부정적이다('하지 말라'). 네 가지 명령은 십계명의 첫 네 계명의 요약문이기도 하다(Kaiser). 즉 이 명령문들이 주의 백성의 하나님에 대한 의무를 정의하고 있다고 해석할 수 있다. 위의 두 구절이 모든 율법을 요약하는 것으로 이해하는 학자들도 있다.

이스라엘은 우상(אֱלִילִם)을 만들지 말아야 하며 신상(פֶּסֶל)이나 돌기둥(מַצֵּבָה)을 세워서도 안 된다(1절). 우상(אֱלִילִם)은 이방신들을 뜻하는 '헛된 것'(object of naught)이라는 뜻이다(HALOT, cf. 레 19:4). 이런 것들은 아무리 숭배해 봤자 삶과 신앙에 도움이 되지 않는다. 신상(פֶּסֶל)은 신의 모습이나 이미지를 조각한 것이다(Levine, cf. HALOT). 근동 사람들은 금속, 나무, 진흙, 돌 등을 사용하여 신상을 조각했다. 돌기둥(מַצֵּבָה)은 대체로 다듬지 않은 돌기둥이나 비문을 새긴 비석을 가리킨다(Levine, cf.

HALOT). 야곱이 벧엘에서 세운 돌기둥도 이런 종류에 속한다.

이스라엘은 이러한 조잡한 것들에게 절을 해서는 안 된다(1절). '절을 한다'(חוה)라는 것은 신으로 숭배한다는 뜻이다. 그들이 절할 대상은 오직 여호와 하나님 외에는 아무도 없다. 만든 사람이 그가 만든 물건보다 더 능력 있는 법이다. 그런데 사람은 어리석게도 자신이 만든 물건을 우상으로 세워 놓고 자기를 구원해 달라며 그 앞에 절을 한다! 이처럼 우상숭배는 논리적으로 앞뒤가 맞지 않는다. 또한 하나님은 질투하는 분이기 때문에 우상숭배를 결코 용납하지 않으신다. 우상숭배는 그야말로 하나님의 화를 자처하는 행위인 것이다.

이스라엘은 하나님이 정해 주신 안식일들(שַׁבְּתוֹת)을 지켜야 한다(2절). 여기서 명사의 단수가 아닌 복수가 사용되는 것은 매주 7일마다 찾아오는 안식일뿐 아니라 안식이 선포되는 모든 종교 절기를 포함하고 있기 때문이다. 그러므로 새번역의 '안식의 절기들'이 본문의 의미를 더 확실히 전달한다.

안식의 절기들에는 안식년과 희년이 포함된다. 앞서 안식년과 희년에 대해 설명할 때 언급한 것처럼, 안식일 규례는 이스라엘 사람들이 가장 순종하기 어려워하는 율법 중 하나이다. 표면상 경제적으로 제법 큰 손실을 요구하기 때문이다. 한마디로 하나님에 대한 철저한 믿음이 없으면 안식일 율법을 지키는 것은 거의 불가능하다. 그러므로 이곳에서 언급되는 안식일 절기는 하나님이 요구하시는 순종의 상징이 된다.

이스라엘은 하나님께 예배드리는 성소를 경외해야(ירא) 한다(2절). 일부 주석가들은 바로 앞 구절이 안식의 절기들에 대해 말하고 있음을 고려하여 '내 성소'(מִקְדָּשִׁי)를 '내 거룩한 절기들'(מִקְדָשַׁי)로 바꾸기를 제안한다(cf. Levine). 그러나 이때까지 레위기는 정한[거룩한] 것/곳과 부정한[속된] 것/곳을 구분해 왔기 때문에 이곳에서는 성막을 거룩하게 대하라는 권면으로 보는 것이 문맥에 어울린다. 안식의 절기들을 잘 준수하라는 명령이 믿음을 요구한다면, 성소를 경외하라는 명령은 거룩한 것과 속된 것을 구분하라는 요구이다. 레위기의 의식(儀式)적인 문맥에도 잘 어울리는 명령이다.

V. 성결 법전(17:1–26:46)
O. 거룩한 언약(26:1–46)

2. 여섯 가지 축복(26:3–13)

3 너희가 내 규례와 계명을 준행하면 4 내가 너희에게 철따라 비를 주리니
땅은 그 산물을 내고 밭의 나무는 열매를 맺으리라 5 너희의 타작은 포도 딸
때까지 미치며 너희의 포도 따는 것은 파종할 때까지 미치리니 너희가 음식
을 배불리 먹고 너희의 땅에 안전하게 거주하리라 6 내가 그 땅에 평화를 줄
것인즉 너희가 누울 때 너희를 두렵게 할 자가 없을 것이며 내가 사나운 짐
승을 그 땅에서 제할 것이요 칼이 너희의 땅에 두루 행하지 아니할 것이며
7 너희의 원수들을 쫓으리니 그들이 너희 앞에서 칼에 엎드러질 것이라 8 또
너희 다섯이 백을 쫓고 너희 백이 만을 쫓으리니 너희 대적들이 너희 앞에
서 칼에 엎드러질 것이며 9 내가 너희를 돌보아 너희를 번성하게 하고 너희
를 창대하게 할 것이며 내가 너희와 함께 한 내 언약을 이행하리라 10 너희
는 오래 두었던 묵은 곡식을 먹다가 새 곡식으로 말미암아 묵은 곡식을 치
우게 될 것이며 11 내가 내 성막을 너희 중에 세우리니 내 마음이 너희를 싫
어하지 아니할 것이며 12 나는 너희 중에 행하여 너희의 하나님이 되고 너희
는 내 백성이 될 것이니라 13 나는 너희를 애굽 땅에서 인도해 내어 그들에게
종된 것을 면하게 한 너희의 하나님 여호와이니라 내가 너희의 멍에의 빗장
을 부수고 너희를 바로 서서 걷게 하였느니라

본문에서 선포되는 여섯 가지 축복은 한결같이 이스라엘의 순종을 전제로 한다. 하나님의 명령과 말씀에 순종할 때 누리게 되는 축복들이다. 나열된 축복들을 살펴보면 모두 한시적인 것들이다. 이스라엘이

신실한 동안에는 축복이 그들에게 임하지만, 그들이 하나님께 등을 돌리면 언제든지 회수될 수 있다. 따라서 이 축복 섹션은 '만일'(אִם)이라는 조건으로 시작된다(3절).

첫 번째 축복은 철따라 내리는 비이다(4절). 비가 '철따라'(בְּעִתָּם) 내린다는 것은 이른 비와 늦은 비를 제때 주신다는 것이다. 건기와 우기가 뚜렷이 구분되는 이스라엘에서는 10월에서 이듬해 4월까지의 우기에 곡식이 자랐다가 건기가 시작되면 익는다. 이른 비와 늦은 비가 그해 농사를 결정짓는다. 하나님은 이스라엘이 순종하면, 철 따라 적절한 비를 축복으로 주시겠다고 약속하신다. 물이 귀했던 가나안의 기후를 감안하면 이것은 사람의 생존을 결정할 수 있는 가장 중요한 축복이라고 할 수 있다.

두 번째 축복은 땅에 주시는 평화이다(6a절). '땅에 평화가 깃든다'(שָׁלוֹם בָּאָרֶץ)는 것은 전쟁이 멈추는 것을 뜻한다. 또한 주의 백성의 생존을 위협할 수 있는 모든 요소를 제거해 주시겠다는 의미이다. 어떤 것도 이스라엘을 공포에 떨게 하거나 위협할 수 없다. 하나님이 그러한 것들을 모두 제거하실 것이기 때문이다. 적들의 침입을 막아 전쟁도 없게 하실 것이다.

세 번째 축복은 그들이 사는 땅에서 사나운 짐승들을 제거하시는 것이다(6b절). 이스라엘 사람들이 입성하고 난 후에도 가나안 지역에는 사자나 곰 같은 사나운 짐승들이 있었다(출 23:29; 삿 14:5; 왕하 2:24). 양을 치거나 밭을 일구다가도 종종 들짐승들로부터 위협을 받곤 했다. 그러나 이스라엘이 하나님께 순종하면 사나운 짐승들을 두려워할 이유가 없다. 짐승들이 사람들을 해치지 못하도록 하나님이 조치를 취하실 것이기 때문이다.

네 번째 축복은 전쟁에서 승리하는 것이다(7-8절). 이스라엘이 하나님께 순종하기만 하면, 그들이 원수들을 대적해서 싸울 때 다섯 명이 백 명과 싸워 이길 것이며, 백 명이 만 명을 상대로 승리할 것이다. 성경은 전쟁이 여호와께 속한 것이라는 진리를 끊임없이 선포한다.

그러므로 만일 주의 백성이 자신의 힘이 아니라 하나님의 능력을 빌어 싸운다면 대항할 자가 어디 있겠는가! 다윗의 용장 중 두 명이 적군을 800명이나 제거한 적이 있고, 또 다른 사람은 홀로 300명을 죽인 적이 있다(삼하 23:8, 18; 대상 11:11). 기드온도 300명으로 13만 5,000명의 적을 물리친 적이 있다(삿 7:1-8:12). 전쟁은 여호와께 속한 것이다.

다섯 번째 축복은 번성하는 자손과 풍요로움이다(9-10절). 이스라엘이 가나안 땅에서 한 민족과 국가로 정착하려면 한동안 인구가 꾸준히 성장해야 한다. 하나님은 그들이 순종하면 많은 자손을 주실 것이라고 약속하신다. 그뿐만 아니라 그들은 매우 풍요로운 삶을 살게 될 것이다. 전년에 추수한 곡식을 미처 다 먹지 못했는데 햇곡식을 들일 창고를 만들어야 할 것이다! 농부의 꿈이란 이런 게 아니겠는가! 이스라엘이 순종만 한다면 이런 일들이 그들에게 현실로 나타날 것이다. 하나님이 보장하시기 때문이다. "내가 너희와 함께 한 내 언약을 이행하리라"(9절). 법적인 용어를 사용한 이 문구는 하나님이 약속하신 것은 꼭 지키실 것을 강조한다(Kaiser).

여섯 번째 축복은 하나님의 임재이다(11-13절). 이스라엘이 말씀에 순종하고 언약을 잘 준수하면 하나님이 그들 중에 거하실 것이다. 하나님의 임재를 상징하는 성막이 이스라엘 회중에 세워질 것이며, 하나님이 그곳에서 머무실 것이다. 또한 이스라엘 회중과 함께 거니실 것을 약속한다(12절, 새번역). 이스라엘 회중에 하나님이 거하시는 한, 그들은 진정으로 하나님의 백성이 되고, 여호와는 그들의 하나님이 될 것이다(12절). 하나님의 임재는 이스라엘이 갈망할 수 있는 가장 큰 축복이요 영광인 것이다.

V. 성결 법전(17:1-26:46)
O. 거룩한 언약(26:1-46)

3. 여섯 가지 저주(26:14-39)

[14] 그러나 너희가 내게 청종하지 아니하여 이 모든 명령을 준행하지 아니하
며 [15] 내 규례를 멸시하며 마음에 내 법도를 싫어하여 내 모든 계명을 준행
하지 아니하며 내 언약을 배반할진대 [16] 내가 이같이 너희에게 행하리니 곧
내가 너희에게 놀라운 재앙을 내려 폐병과 열병으로 눈이 어둡고 생명이 쇠
약하게 할 것이요 너희가 파종한 것은 헛되리니 너희의 대적이 그것을 먹을
것임이며 [17] 내가 너희를 치리니 너희가 너희의 대적에게 패할 것이요 너희
를 미워하는 자가 너희를 다스릴 것이며 너희는 쫓는 자가 없어도 도망하리
라 [18] 또 만일 너희가 그렇게까지 되어도 내게 청종하지 아니하면 너희의 죄
로 말미암아 내가 너희를 일곱 배나 더 징벌하리라 [19] 내가 너희의 세력으로
말미암은 교만을 꺾고 너희의 하늘을 철과 같게 하며 너희 땅을 놋과 같게
하리니 [20] 너희의 수고가 헛될지라 땅은 그 산물을 내지 아니하고 땅의 나무
는 그 열매를 맺지 아니하리라 [21] 너희가 나를 거슬러 내게 청종하지 아니할
진대 내가 너희의 죄대로 너희에게 일곱 배나 더 재앙을 내릴 것이라 [22] 내
가 들짐승을 너희 중에 보내리니 그것들이 너희의 자녀를 움키고 너희 가축
을 멸하며 너희의 수효를 줄이리니 너희의 길들이 황폐하리라 [23] 일을 당하
여도 너희가 내게로 돌아오지 아니하고 내게 대항할진대 [24] 나 곧 나도 너희
에게 대항하여 너희 죄로 말미암아 너희를 칠 배나 더 치리라 [25] 내가 칼을
너희에게로 가져다가 언약을 어긴 원수를 갚을 것이며 너희가 성읍에 모일지
라도 너희 중에 염병을 보내고 너희를 대적의 손에 넘길 것이며 [26] 내가 너희
가 의뢰하는 양식을 끊을 때에 열 여인이 한 화덕에서 너희 떡을 구워 저울
에 달아 주리니 너희가 먹어도 배부르지 아니하리라 [27] 너희가 이같이 될지
라도 내게 청종하지 아니하고 내게 대항할진대 [28] 내가 진노로 너희에게 대
항하되 너희의 죄로 말미암아 칠 배나 더 징벌하리니 [29] 너희가 아들의 살

을 먹을 것이요 딸의 살을 먹을 것이며 [30] 내가 너희의 산당들을 헐며 너희
의 분향단들을 부수고 너희의 시체들을 부숴진 우상들 위에 던지고 내 마음
이 너희를 싫어할 것이며 [31] 내가 너희의 성읍을 황폐하게 하고 너희의 성소
들을 황량하게 할 것이요 너희의 향기로운 냄새를 내가 흠향하지 아니하고
[32] 그 땅을 황무하게 하리니 거기 거주하는 너희의 원수들이 그것으로 말미
암아 놀랄 것이며 [33] 내가 너희를 여러 민족 중에 흩을 것이요 내가 칼을 빼
어 너희를 따르게 하리니 너희의 땅이 황무하며 너희의 성읍이 황폐하리라
[34] 너희가 원수의 땅에 살 동안에 너희의 본토가 황무할 것이므로 땅이 안식
을 누릴 것이라 그 때에 땅이 안식을 누리리니 [35] 너희가 그 땅에 거주하는
동안 너희가 안식할 때에 땅은 쉬지 못하였으나 그 땅이 황무할 동안에는
쉬게 되리라 [36] 너희 남은 자에게는 그 원수들의 땅에서 내가 그들의 마음을
약하게 하리니 그들은 바람에 불린 잎사귀 소리에도 놀라 도망하기를 칼을
피하여 도망하듯 할 것이요 쫓는 자가 없어도 엎드러질 것이라 [37] 그들은 쫓
는 자가 없어도 칼 앞에 있음 같이 서로 짓밟혀 넘어지리니 너희가 원수들
을 맞설 힘이 없을 것이요 [38] 너희가 여러 민족 중에서 망하리니 너희의 원
수들의 땅이 너희를 삼킬 것이라 [39] 너희 남은 자가 너희의 원수들의 땅에서
자기의 죄로 말미암아 쇠잔하며 그 조상의 죄로 말미암아 그 조상 같이 쇠
잔하리라

모세는 하나님 말씀에 순종하는 이스라엘에게 임할 여섯 가지 축복을 언급한 다음, 불순종하는 이스라엘에게 임할 여섯 가지 저주에 대하여 경고한다. 앞 섹션이 순차적으로 더 큰 축복을 나열했던 것처럼, 본 섹션은 순차적으로 강도가 높아지는 저주를 나열한다. 여섯 번째 저주는 이스라엘이 약속의 땅에서 쫓겨나 이방 나라로 끌려갈 것을 경고한다. 머지않아 하나님이 가나안 사람들을 몰아내고 이스라엘에게 축복으로 허락하실 젖과 꿀이 흐르는 땅에서, 그들이 불순종하면 그들도 쫓겨날 수 있다는 것이다.

첫 번째 저주는 갑작스럽게 찾아오는 재앙이다(14-17절). '놀라운 재앙'(개역개정), '몹쓸 재앙'(공동번역)으로 번역되기도 한 '갑작스러운 재앙'(בֶּהָלָה)의 기본 의미는 규모나 강렬함에 있는 것이 아니라 시간(timing)에 있다(새번역; NAS, NIV, NLT, ESV). 곤경에 처한 사람들이 그들을 엄습한 재앙이 어디서 왔는지, 무슨 일이 일어나고 있는지 생각할 겨를도 없이 순식간에 당하는 것을 의미한다(Kaiser).

사람들은 폐병(שַׁחֶפֶת)과 열병(קַדַּחַת)으로 눈이 어둡게 되고(מְכַלּוֹת עֵינַיִם) 생명에도 위협을 느끼게 된다(16절; cf. 신 28:22). 폐병으로 번역된 히브리어 단어(שַׁחֶפֶת)는 기본적으로 사람을 쇠약하게 하는 질병을 뜻한다(Levine, HALOT). 그래서 종종 폐결핵으로 번역되기도 한다(Kaiser). 열병으로 번역된 히브리어 단어(קַדַּחַת)는 '태우다, 타오르다'(קדח)라는 동사에서 파생한 것이다(HALOT). '눈이 어둡고'(מְכַלּוֹת עֵינַיִם)는 시력을 약간 잃은 것을 뜻하는 것이 아니라 아예 볼 수 없게 되었다는 뜻이다(Levine).

그뿐만 아니라 이스라엘 사람들이 농사지은 것을 그들이 보는 앞에서 원수들이 가져갈 것이다. 원수들은 곡식을 빼앗아 가는 것에 만족하지 않고 그들을 억압하고 다스릴 것이다(17절). 얼마나 혼이 났는지 이스라엘 사람들은 쫓는 사람이 없어도 스스로 도망자가 될 것이다. 한때 다섯 명이 100명을 쫓고, 100명으로 만 명을 쫓던 사람들이 쫓는 사람이 없는데도 쫓겨 다니는 신세가 되는 것이다. 하나님이 그들에게 진노하셨기 때문이다(17절).

두 번째 저주는 기근이다(18-20절). 처음 재앙이 이스라엘을 쳤는데도 그들이 계속 하나님을 거역하면, 하나님은 그들의 죄에 비해 일곱 배나 강한 재앙을 그들에게 내려 죄를 확실하게 응징하신다(18절). 숫자 '7'을 문자적으로 보기보다 처음 것보다 훨씬 더 강한 심판이 임할 것을 의미한다고 봐야 한다.

하늘을 쇠처럼, 땅을 놋쇠처럼 단단하게 하셔서 그들의 교만을 꺾으실 것이다(19절). 하나님이 약속하신 축복 중 하나가 철따라 제때 내리는 비인데(4절), 불순종으로 인해 단비의 축복이 거두어지는 것이다. 하늘에서 땅을 부드럽게 할 비가 내리지 않으니 땅이 놋쇠처럼 변한다. 밭갈이를 할 수도 없고, 밭갈이를 하고 곡식을 심어도 자랄 리가 없다. 결국 사람이 아무리 노력해도 힘과 노력만 낭비할 뿐 흉년이 들 것이다(20절).

세 번째 저주는 사나운 짐승들의 공격이다(21-22절). 축복 중 하나가 사나운 짐승들이 주의 백성들을 위협하지 못하도록 하나님이 조치를 취해 주시는 것이었다(6절). 그 축복이 거두어지니 들짐승들이 사람들과 가축들을 해칠 것이다.

피해가 얼마나 심한지 인구 수에도 영향을 미쳐 길이 한산해질 것이다(22절). 에스겔도 불순종하는 백성은 들짐승에게 괴롭힘을 당할 것이라고 예언한다(겔 5:17; 14:15, 21). 들짐승들이 자연의 거처인 산과 숲을 떠나 사람과 가축을 공격한다는 것은 들짐승들의 먹이가 부족함을 뜻한다. 기근이 지속된다는 것이다.

네 번째 저주는 전쟁이다(23-26절). 하나님은 이스라엘이 말씀과 율법에 잘 순종하기만 하면 아무리 많은 적을 만나더라도 승리할 것이라는 축복을 주셨다(7-8절). 그러나 만일 그들이 하나님께 등을 돌리면 완전히 상반되는 결과를 맞이할 것이다. 그것도 하나님이 직접 이스라엘을 징벌하실 것이다. 이스라엘을 참담하게 하는 전쟁이 하나님의 주관하에 있음을 강조하기 위하여 '나'(אֲנִי)라는 일인칭 대명사가 24절에서 두 차례나 사용된다.

처음 세 가지 저주는 백성들이 회개하도록 유도하기 위한 징계적인 성격이 있다. 그러나 이 저주들은 백성들을 회개시키기보다 오히려 더 강퍅하게 만들어 갔다. 네 번째 저주부터는 징계적인 성격을 초월하여 공동체의 생존을 위협하게 된다. 또한 이제부터 선포되는 저주는 처음 세 가지 저주(질병, 기근, 들짐승의 공격)에 네 번째 저주를 동반하거나 전제로 한다(암 4:10). 징계의 수위가 한층 높아지는 것이다.

다섯 번째 저주는 극심한 기근이다(27-31절). 두 번째 저주에서 기근에 대해 이미 말씀하셨지만, 이것과는 비교가 되지 않는다. 이 재앙이 임하면 사람들은 자식들의 살코기까지 먹게 될 것이다(29절; cf. 신 28:53-57). 실제로 이런 끔찍한 일이 이스라엘 역사에 기록되어 있다. 사마리아 성읍이 포위된 상태에서 두 여인이 이런 일을 저질렀다(왕하 6:28-29; cf. 렘 19:9; 애 2:20; 4:10; 겔 5:10).

그들이 우상숭배하던 산당들에 시체가 가득하게 될 것이다(30절). 여기서 쓰인 '우상들'(גִּלּוּלִים)은 매우 강력한 인상을 심어 주는 단어이다. 에스겔은 이 단어를 사람의 변(便)에 비교하면서 39차례나 사용한다. 히브리어에서 가장 경멸적이고 모욕적인 단어인 것이다(Kaiser). 이것이 성경 저자들의 관점에서 본 우상의 실체이다. 우상은 인간의 배설물에 불과하다는 것이다.

이스라엘 사람들이 우상을 숭배하는 이유는 비와 풍요로운 수확을 위해서였다. 그러나 날씨를 주관하는 하나님이 비를 내리지 않으시니 대책이 없다. 하나님이 재앙을 내리시는 날, 마치 이스라엘 사람들의 어리석음을 비웃기라도 하듯 우상 숭배자의 시체가 다산과 풍요로움을 준다던 우상의 제단에 가득 쌓이게 될 것이다(30절). 풍요로움은 오직 여호와만이 주실 수 있으며 하나님은 우상 숭배자들에게 자비를 베풀 의향이 없으시다.

마지막 여섯 번째이자 가장 극단적인 저주는 포로가 되어 타국으로 끌려가는 것이다(31-39절). 이 단계에 접어들면 사람들이 살던 마을들은 이미 폐허로 변해 있고 그들이 드나들던 성소들(מִקְדָּשִׁים)도 황량해져 있을 것이다(31, 32절). 여기서 예배 장소가 복수형으로 쓰인 것은 사람들이 우상을 숭배하던 곳들을 나타내기 위함이지 성막을 뜻하는 것이 아니다. 우상숭배는 여러 곳에서 행해지지만, 하나님을 예배하는 성막은 한 곳뿐이다.

이스라엘 땅이 얼마나 황폐해졌는지, 이스라엘을 미워하여 침략해 온 원수 국가들이 놀랄 지경이 된다(32절). 도대체 이스라엘이 자신들의 신 여호와께 어떻게 했길래 이런 벌을 받았을까 하고 놀란다. 또한 침략자들은 이스라엘이 너무 빈곤하여 약탈할 것도 없음에 또 한 번 놀랄 것이다.

하나님은 이스라엘이 드리는 예배를 거부하실 것이다(31절). 이스라엘과의 관계를 단절하시는 것이다. 기근과 전쟁에서 살아남은 사람들을 온 열방으로 흩어 버린 후에도 분이 풀리지 않아 칼이 그들의 뒤를 좇게 하실 것이다(33절).

이스라엘이 죄를 짓고 우상숭배를 위해 분주하게 왕래했던 땅이 드디어 안식을 찾을 텐데(34절), 거주민이 없기 때문이다. 평소에 이스라엘은 7년마다 땅에 안식을 주어야 하는데, 그들이 이 규례를 지키지 않으면 하나님은 이런 방법을 통해서라도 땅에 안식을 주실 것이다(36절).

하나님이 버린 이스라엘은 바람에 나뭇잎 떨어지는 소리만 들어도 공포에 휩싸여 기겁하며 도망할 것이다(36절). 한때는 100명으로 만 명을 대적하는(8절) 힘을 자랑하던 사람들이(18, 19절) 처참하게 몰락한다. 이런 상황에서 어떻게 적을 상대로 싸울 수 있겠는가? 설령 싸운다 해도 절대 이길 수 없다(37절). 하나님이 하신 일이기 때문이다. 이스라엘의 생존자들은 오랜 세월 동안 끌려간 나라에서 더욱 쇠약해질 뿐이다(39절). 끝까지 하나님께 돌아오기를 거부한 민족의 비참한 종말이다. 예수님이 율법을 완성하신 덕분에 우리는 이 같은 저주와 거리를 두게 되었다.

26장에서 언급하고 있는 여섯 가지 축복과 여섯 가지 저주를 비교해 보면, 축복과 저주가 서로 평행을 이루고 있음을 알 수 있다. 다음을 참조하라(Rooker).

축복	저주
생산하는 땅(4–5, 10절)	생산하지 못하는 땅(16, 19–20, 26절)
안전한 삶(5절)	타국에서 삶(33절)
들짐승 제거(6절)	들짐승의 위협(22절)
무기(전쟁) 없음(6절)	무기 휘두름(전쟁)(25절)
승리(7절)	패배(17, 25절)
하나님의 보살핌(9절)	하나님의 냉대(17절)

4. 회복 약속(26:40–46)

40 그들이 나를 거스른 잘못으로 자기의 죄악과 그들의 조상의 죄악을 자복
하고 또 그들이 내게 대항하므로 41 나도 그들에게 대항하여 내가 그들을 그
들의 원수들의 땅으로 끌어 갔음을 깨닫고 그 할례 받지 아니한 그들의 마
음이 낮아져서 그들의 죄악의 형벌을 기쁘게 받으면 42 내가 야곱과 맺은 내
언약과 이삭과 맺은 내 언약을 기억하며 아브라함과 맺은 내 언약을 기억하
고 그 땅을 기억하리라 43 그들이 내 법도를 싫어하며 내 규례를 멸시하였으
므로 그 땅을 떠나서 사람이 없을 때에 그 땅은 황폐하여 안식을 누릴 것이
요 그들은 자기 죄악의 형벌을 기쁘게 받으리라 44 그런즉 그들이 그들의 원
수들의 땅에 있을 때에 내가 그들을 내버리지 아니하며 미워하지 아니하며
아주 멸하지 아니하고 그들과 맺은 내 언약을 폐하지 아니하리니 나는 여호
와 그들의 하나님이 됨이니라 45 내가 그들의 하나님이 되기 위하여 민족들
이 보는 앞에서 애굽 땅으로부터 그들을 인도하여 낸 그들의 조상과의 언약
을 그들을 위하여 기억하리라 나는 여호와이니라 46 이것은 여호와께서 시내
산에서 자기와 이스라엘 자손 사이에 모세를 통하여 세우신 규례와 법도와
율법이니라

앞 섹션에서 다루었듯이 불순종하는 이스라엘의 최후는 저주이다. 그러나 모든 것이 끝난 것은 아니다. 비록 이스라엘이 자신들의 죄 때문에 열방에 흩어지지만, 그들을 이집트에서 이끌어 내신 여호와는 아직도 그들의 하나님이시다. 여기에 소망이 있다.

하나님이 백성들을 타국으로 내쳤다고 해서 그들과의 관계를 단절하신 것은 아니다. 그들이 늦게라도 회개하고 자기 죄를 고백하면 하나님은 아브라함과 이삭과 야곱과 맺은 언약을 기억하고, 그들에게 약속한 땅도 기억하실 것이다(42절). 신약에서는 성찬으로 하나님의 구원 사역을 기념한다(Hess, cf. 눅 22:19; 고전 11:24).

42절을 문자적으로 해석하면 “내가 내 언약을 기억할 것이다, 오 야곱아! 또한 내 언약, 오 이삭아! 또한 내 언약, 오 아브라함아!”(וְזָכַרְתִּי אֶת־בְּרִיתִי יַעֲקוֹב וְאַף אֶת־בְּרִיתִי יִצְחָק וְאַף אֶת־בְּרִיתִי אַבְרָהָם)이다. 하나님이 포로로 끌려간 이스라엘에게 구원의 손길을 베푸시는 근본 이유가 그들의 선조 때부터 맺으신 언약 때문임을 강조하는 것이다. 언약이 이스라엘에게 은혜를 베푸시도록 하나님을 묶은 것이다.

구약에서 하나님이 ‘기억하신다’(זכר)라는 표현은 곧 ‘사역하신다’라는 뜻이다(Kaiser). 더욱이 ‘언약을 기억하다’에서는 항상 하나님이 주어가 되신다. “내가 너희와의 언약을 기억한다”(Hartley, Hess). 하나님이 이스라엘을 기억한다는 것은 곧 그들에게 은혜를 베푸신다는 의미이다. 그러므로 하나님이 포로로 끌려간 이스라엘 사람들에게 긍휼을 베푸실 것이다.

포로로 끌려간 이스라엘에게 무엇이 하나님의 긍휼일까? 다시 약속의 땅으로 돌아와 살게 되는 것이 아니겠는가! 그러므로 본문에 그들이 약속의 땅으로 다시 돌아올 것이라는 구체적인 언급은 없지만 귀향을 전제로 하고 있다.

또한 출애굽 사건을 언급하는 것은 때가 되면 포로로 끌려가 타국에서 살고 있는 주의 백성들에게 제2의 새로운 출애굽이 임할 것을 암시한다(45절). 무엇이 이것을 보장하는가? 하나님이 자신의 명예를 걸고 보장하신다.

여섯 가지 축복과 여섯 가지 저주에 대한 말씀을 마치면서 하나님이 "나는 여호와이니라"(אֲנִי יְהוָה)라고 서명하신다(45절). 이 표현은 레위기 안에서 49차례 등장하는데, 이곳이 바로 49번째이다. 저자가 희년이 49년마다 찾아오는 것과 연관시켜 쓴 듯하다(Gane).

비록 죄로 인해 타국에 끌려가 살지라도 주의 백성이 진정으로 회개하고 하나님을 찾으면, 분명 희년이 다시 그들을 찾을 것이다. 그리스도인은 어떠한 상황에 처하더라도 좌절할 필요가 없다. 어느 곳에서든지 하나님만 바란다면 희년의 은총이 그들에게 임할 것이기 때문이다.

하나님의 약속과 축복은 주의 백성들의 순종을 배제하지 않고, 오히려 전제로 한다. 하나님의 약속과 축복은 순종할 때 유효하며 적절한 효과를 발휘한다. 순종이 없으면 축복도 없는 것이다. 그러므로 우리는 축복을 바라기 전에 먼저 순종하는 삶을 살도록 노력해야 한다. 현실적으로 생각할 때, 순종은 많은 희생과 각오를 감수하는 믿음이 필요하다. 하나님이 안식의 절기들을 특별히 준수하라고 요구하신 것은 인간적인 계산법을 버리고 믿음의 계산법에 따라 하나님을 믿고 따르라는 권고이다.

우리는 거룩한 것과 속된 것을 구분할 줄 알아야 한다. 레위기의 핵심이 여기에 있다. 거룩한 백성은 예배뿐 아니라 심지어 먹는 것에서부터 달라야 한다. 이 세상에 살면서 하나님의 백성이라는 정체성을 잃기 쉬우므로 끊임없이 노력해야 하는 것이다. 그리고 거룩하신 하나님을 믿는 백성답게 자신의 말과 행동을 잘 다스려야 한다. 아울러 하나님께 속한 영역과 인간의 영역을 구분할 줄 알아야 한다. 하나님의 영역을 침범하는 것은 교만이기 때문이다.

하나님의 심판은 우리를 망하게 하는 데 목적이 있지 않다. 하나님은 항상 회복을 염두에 두고 자신의 백성을 심판하신다. 그러므로 상황이 아무리 절망적이라 할지라도 소망을 접을 필요는 없다. 근신하는 마음으로 하나님을 바라는 한, 하나님은 분명 구원의 손을 내미실 것이기 때문이다. 징계는 우리를 더 정결하게 하기 위한 용광로인 것이다.

VI. 하나님과의 만남: 축복과 저주
(27:1-34)

제사장들이 성막/성전을 운영하기 위해서는 많은 돈이 필요했다. 매일 아침저녁으로 드리는 제물만 해도 만만치 않은 비용을 요구했다. 그러므로 백성들이 종종 드리는 제물로는 운영이 어려울 수밖에 없다. 저자는 책을 마무리하는 27장에서 성막/성전을 운영하는 데 필요한 비용을 어떻게 충당할 것인가를 지시한다.

성결 법전 서론에서 언급했던 것처럼, 27장이 성결 법전에 속하는지 아닌지에 대해 아직도 의견이 분분하다. 성결 법전에 속하지 않으며 훗날 첨부된 것이라고 주장하는 사람들이 제시하는 가장 큰 증거는, 26장이 레위기 전체에 대한 말문(epilogue) 역할을 잘 수행하고 있으며, "이것은 여호와께서 시내 산에서 자기와 이스라엘 자손 사이에 모세를 통하여 세우신 규례와 법도와 율법이니라"(26:46)라는 말씀이 지금까지 레위기에서 선포된 말씀 전체를 돌아보며 결말을 짓는 것으로 보인다는 것이다. 그러므로 이 말씀 다음에 등장하는 것은 후에 첨부된 것이라고 주장한다.

26:46이 레위기 전체 혹은 일부에 대한 마무리 기능을 한다는 것은 옳은 말이다. 그러나 27장이 훗날 다른 사람에 의해 저작되어 첨부되

었다는 결론은 옳지 않다. 왜냐하면, 위와 같은 견해는 하나님이 모세를 통해 이스라엘에게 율법을 주실 때 모든 율법을 시내 산에서만 주셨다는 것을 전제하기 때문이다.

하나님이 율법의 대부분을 시내 산에서 주셨지만, 일부는 광야 생활 중에 주신 것이 확실하다. 훗날 모세가 모압 평지에서 가나안 입성을 앞둔 백성들에게 지난날을 돌아보며 설교한 내용을 기록한 신명기가 출애굽기—민수기에 기록되지 않은 율법들을 포함하고 있다는 사실에서 분명히 드러난다. 이러한 사실을 감안할 때, 27장은 레위기 나머지 부분과 함께 시내 산에서 모세를 통해 주신 것이 아니라고 할지라도, 광야의 여정 중에 모세에게 주신 것을 그가 문서화하여 레위기에 첨부했을 가능성을 배제할 수 없다.

모세는 왜 27장을 민수기에 포함시키지 않고 레위기에 넣었을까? 그럴 만한 이유가 있었다. 레위기는 지금까지 거룩한 것과 부정한 것을 구분하고, 성막을 어떻게 유지하며, 그곳에서 얼마나 자주 제물을 드려야 하며 어떤 제물을 드려야 하는가를 제시해 왔다. 레위기에 기록된 율법들은, 백성들의 제물은 그들의 죄를 용서받기 위해서나 감사할 만한 일이 생겼을 때 드리는 것이며 가져온 그날 바쳐져야 한다고 가르친다.

그렇게 하면 드려진 제물을 먹고 사는 제사장들과 가족들의 생계는 해결되지만, 매일 아침저녁으로 제사장들이 드려야 하는 제물과 필요한 땔감, 그 외 성막/성전을 유지하는 데 필요한 비용은 어떻게 할 것인가? 제사장들의 몫으로 할당된 고기가 아무리 많아도 거룩한 것이기 때문에 이웃과 나눌 수는 없었다. 시장에 내다 파는 것은 더욱 안 되는 일이며 오직 그들과 그들의 가족들만 먹어야 한다. 그러므로 지금까지 레위기에 기록된 율법을 경청해 오던 사람들에게 성전 유지비 조달은 큰 문제로 부각될 수밖에 없다.

27장은 바로 이 문제에 대한 해법을 제시하고 있는 것이다. 백성들이 성전에 들여놓을 수 있는 것에는 제사장과 그의 가족들만이 먹을 수 있는 짐승들과 곡식들뿐 아니라, 헌금도 포함된 것이다. 제사장들은 드려진 헌금으로 성전을 유지할 수 있었다(Levine). 지금까지 레위기는 이스라엘 사람들이 의무적으로 드려야 하는 제사들에 대하여 언급했다(감사제만 예외이다). 그러나 27장은 의무감에서 드리는 것이 아니라 자원하고 서원해서 드리는 예물에 초점을 맞춘다.

주제적으로 생각할 때에 27장은 의무적으로 드려야 하는 제사와 제물의 종류에 초점을 맞추고 있는 앞부분과 어우러져 1-26장에서 제시한 제물에 대한 가르침이 전부가 아님을 강조하고 있다. 1-26장이 제물(祭物)에 대하여 가르치고 있다면, 27장은 제물관(祭物觀)에 대해 가르치고 있다.

성전을 유지하는 데 필요한 비용을 어떻게 충당할 수 있는가에 대한 규례를 담고 있는 27장은 다음과 같이 나뉠 수 있다.

A. 사람 서원(27:1-8)
B. 짐승 서원(27:9-13)
C. 집 서원(27:14-15)
D. 밭 서원(27:16-25)
E. 첫 짐승(27:26-27)
F. 온전히 바친 물건들(27:28-29)
G. 십일조(27:30-34)

VI. 하나님과의 만남: 축복과 저주(27:1-34)

A. 사람 서원(27:1-8)

[1] 여호와께서 모세에게 말씀하여 이르시되 [2] 이스라엘 자손에게 말하여 이르

라 만일 어떤 사람이 사람의 값을 여호와께 드리기로 분명히 서원하였으면
너는 그 값을 정할지니 3 네가 정한 값은 스무 살로부터 예순 살까지는 남자
면 성소의 세겔로 은 오십 세겔로 하고 4 여자면 그 값을 삼십 세겔로 하며
5 다섯 살로부터 스무 살까지는 남자면 그 값을 이십 세겔로 하고 여자면 열
세겔로 하며 6 일 개월로부터 다섯 살까지는 남자면 그 값을 은 다섯 세겔로
하고 여자면 그 값을 은 삼 세겔로 하며 7 예순 살 이상은 남자면 그 값을 십
오 세겔로 하고 여자는 열 세겔로 하라 8 그러나 서원자가 가난하여 네가 정
한 값을 감당하지 못하겠으면 그를 제사장 앞으로 데리고 갈 것이요 제사장
은 그 값을 정하되 그 서원자의 형편대로 값을 정할지니라

주의 백성이 사람을 하나님께 드리기로 서원(민 6:2)하는 것은 그의 생명을 제물로 바치는 것이 아니다(삿 11:30-31, 35-36, 39). 평생 성전/성막에서 일하거나(삼상 1:11, 24-28; 2:11), 조건에 따라 '적절한/대등한 금액'(עֵרֶךְ)(equivalent)을 성소에 내는 것이었다. 나실인의 서원에도 이 원리가 적용되었다(Budd). 나실인의 서원을 지킬 수 없을 경우에, 그 사람의 나이와 성별에 따라 값을 정하여 성전에 금전으로 드렸다(Hess).

이 섹션에 제시된 제도를 이해하려면 요아스 왕이 성전 보수에 필요한 돈을 마련하기 위해 활용했던 제도를 염두에 두어야 한다. "요아스가 제사장들에게 이르되 여호와의 성전에 거룩하게 하여 드리는 모든 은 곧 사람이 통용하는 은이나 각 '사람의 몸값으로 드리는 은'(עֶרְכּוֹ כֶּסֶף נַפְשׁוֹת)이나 자원하여 여호와의 성전에 드리는 모든 은을 제사장들이 각각 아는 자에게서 받아들여 성전의 어느 곳이든지 파손된 것을 보거든 그것으로 수리하라 하였으나"(왕하 12:4-5).

하나님은 인간 번제물을 원하시는 분이 아니다. 그러므로 사람을 서원한다는 것은 그의 몸값을 성전에 들여놓는 것을 뜻한다. 본문에 표기된 값은 당시 노예의 몸값을 근거로 형평성을 맞추었을 가능성이 있고(Wenham), 성전에서 일하는 것을 전제로 노동력의 가치를 돈으로 환산한 것일 수도 있다(Kiuchi).

노예의 몸값을 정할 때처럼 하나님이 서원한 사람의 조건에 따라 정하신 액수를 살펴보면 몸값을 결정하는 데에 성(性)과 나이 두 가지 요인이 작용했다. 두 조건이 중요한 것은 성차별이나 나이 차별 때문이 아니라 노동력 때문이다(Levine, Rooker). 생산성이 가장 높은 노동력을 가진 성인 남자가 가장 높은 값으로 정해진다. 당시 성인 남자 노동자의 월급이 한 세겔 미만이었던 점을 감안하면 여기에 제시된 액수는 결코 만만치 않다(de Vaux).

사람들이 감정과 분위기에 휩쓸려 쉽게 자신이나 자식들을 서원하는 일을 막기 위해서 이렇게 높은 가격을 정한 것으로 생각된다(Kaiser). 하나님은 즉흥적인 순종과 헌신이 아니라, 신중한 헌신을 기뻐하시기 때문이다.

3-7절의 내용을 정리하면 다음과 같다.

나이	남자	여자
20-60세	50세겔	30세겔
5-20세	20세겔	10세겔
1개월-5세	5세겔	3세겔
60세 이상	15세겔	10세겔

개역개정이 “만일 어떤 사람이 사람의 값을 여호와께 드리기로 분명히 서원하였으면 너는 그 값을 정할지니”로 번역하고, 새번역이 “어느 누구든지, 주에게 사람을 드리기로 서약하고, 그 사람에 해당되는 값을 돈으로 환산하여 드리기로 하였으면”으로 번역한 히브리어 문구(אִישׁ כִּי יַפְלִא נֶדֶר בְּעֶרְכְּךָ נְפָשֹׁת לַיהוָה)를 정확하게 번역하기란 쉽지 않다. 거의 모든 번역본이 이 문구의 주 동사인 ‘יַפְלִא’를 ‘놀랍다/어렵다’(פלא)에서 비롯된 것으로 간주한다. 그러나 이 동사가 ‘구분하다/따로 떼

놓다'(set aside)의 뜻을 지닌 히브리어 동사 'פלה'의 변형이라는 해석도 많은 학자로부터 지지를 받고 있다(HALOT, cf. Rashi, Ramban). 그리고 서원(נֶדֶר)은 사람이 하나님께 서원하면서 한 말 자체보다는 그 내용(substance)이 중요하다(Levine, Kaiser). 두 가지를 종합해서 본문을 해석하면 "사람이 여호와께 서원제를 따로 구분하여 드리기로 서원하면 그는 사람의 가치에 대등한 금액을 [드려야 한다]"(when a person vows to set aside a votary offering to the LORD the equivalent for a human being)가 된다. 이렇게 해석할 경우에 2절의 초점은 '사람을 서원하는 것'이 아닌 '서원/서원제'에 맞추어지게 된다.

하나님께 자식이나 자신을 서원하고 싶은데 가난해서 그만한 금액을 낼 수 없는 사람은 어떻게 해야 하는가? 자칫 잘못하면 이 문제는 가난한 사람에 대한 차별로 확대될 수 있다. 다행히 하나님은 이 문제를 해결해 주신다(8절). 서원한 사람이 너무 가난해서 몸값을 낼 수 없다면, 서원된 사람(자식)을 제사장에 보이면 제사장이 그의 형편에 따라 감당할 수 있는 범위 내에서 값을 정해 주는 것이다. 레위기에서 수차례 접했던 가난한 자에 대한 배려가 서원 규례에서도 적용되는 것이다(5:7-13; 12:8; 14:21-32).

VI. 하나님과의 만남: 축복과 저주(27:1-34)

B. 짐승 서원(27:9-13)

[9] 사람이 서원하는 예물로 여호와께 드리는 것이 가축이면 여호와께 드릴 때는 다 거룩하니 [10] 그것을 변경하여 우열간 바꾸지 못할 것이요 혹 가축으로 가축을 바꾸면 둘 다 거룩할 것이며 [11] 부정하여 여호와께 예물로 드리지 못할 가축이면 그 가축을 제사장 앞으로 끌어갈 것이요 [12] 제사장은 우열간에 값을 정할지니 그 값이 제사장의 정한 대로 될 것이며 [13] 만일 그가 그것을

무르려면 네가 정한 값에 그 오분의 일을 더할지니라

사람이 가축(제물로 사용할 수 있는 소, 양, 염소)을 서원하면, 그 짐승은 거룩하게 된다. 거룩하게 된 짐승은 성전으로 끌고 가 필요에 따라 제물로 드려야 한다. 성막에서 매일 아침저녁으로 제물을 드렸던 것을 생각하면 많은 가축이 필요했을 것이다.

한 번 서원한 짐승은 다른 것으로 바꾸지 못한다. 서원한 후 아까운 생각이 들어 다른 짐승과 바꿔치기했다가 발각되면, 두 짐승을 모두 드려야 한다(10절). 나쁜 짐승을 서원했다가 좋은 것으로 바꿔 드리려다 발각되어도 같은 원칙이 적용된다. 한 번 드리면 그 짐승은 더 이상 서원한 사람의 소유가 아닌 하나님의 소유이기 때문에 사람이 마음대로 처분할 수 없다.

만일 서원한 짐승이 부정한 짐승 혹은 제물로 사용할 수 없는 짐승이라면, 그 짐승을 제사장에게 보이고 제사장이 정한 값이 그 짐승의 값이 된다(12절). 제사장은 이 짐승을 성전과 연관된 일에 사용할 수 있고, 아니면 같은 가격에 팔 수도 있다. 그러나 만일 어떤 이유에서든지 서원한 사람이 이 부정한 짐승을 계속 소유하고 싶다면, 제사장이 정한 가격에 20%를 더하여 값을 치르면 된다.

20%는 요셉이 이집트에서 모은 곡물을 팔면서 원가에 더했던 수익 마진에서 유래한 것이다(Milgrom, cf. 창 47:23-26). 제사장이 정하는 가격은 당시 짐승의 시장 가격이었다(Budd, Rooker). 사람이 분위기와 감정에 휩싸여 깊이 생각해 보지 않고 서원했다가 나중에서야 그 부정한 짐승이 꼭 필요하다는 것을 깨닫게 될 경우에 대한 배려이다(Kaiser).

C. 집 서원(27:14-15)

[14] 만일 어떤 사람이 자기 집을 성별하여 여호와께 드리려하면 제사장이 그 우열간에 값을 정할지니 그 값은 제사장이 정한 대로 될 것이며 [15] 만일 그 사람이 자기 집을 무르려면 네가 값을 정한 돈에 그 오분의 일을 더할지니 그리하면 자기 소유가 되리라

사람이 자기 집을 서원하여 주께 드리면 제사장은 그 집을 보고 시장 가격에 따라 값을 정한다(14절)(Rooker). 누구든지 그 집을 정해진 값에 살 수 있으며, 수입은 당연히 성막에 들여놓는다. 만일 서원한 사람이 그 집을 계속 소유하기를 원하면 제사장에게 정한 값에 20%를 더해서 지불해야 한다(15절).

25장에서 성안에 있는 집을 팔았을 경우에 1년 내에 무르지 않으면 소유권이 영원히 넘어가지만, 성 밖에 있는 집들은 희년이 되면 주인에게 돌려주어야 한다고 했다. 그러나 본 텍스트에서는 헌납된 집이 희년에 주인에게 돌아갈 것을 배제하는 것으로 보아 이 규례는 성안에 있는 집을 서원하는 경우에 적용되는 법이다(Kaiser, cf. Levine, Wenham). 성안에 있는 집을 팔 경우에는 1년의 유예기간이 있지만, 서원한 경우는 유예기간이 없다. 다만 무르고 싶으면 가격에 20%를 더 내야 한다.

VI. 하나님과의 만남: 축복과 저주(27:1–34)

D. 밭 서원(27:16–25)

16 만일 어떤 사람이 자기 기업된 밭 얼마를 성별하여 여호와께 드리려하면
마지기 수대로 네가 값을 정하되 보리 한 호멜지기에는 은 오십 세겔로 계
산할지며 17 만일 그가 그 밭을 희년부터 성별하여 드렸으면 그 값을 네가 정
한 대로 할 것이요 18 만일 그 밭을 희년 후에 성별하여 드렸으면 제사장이
다음 희년까지 남은 연수를 따라 그 값을 계산하고 정한 값에서 그 값에 상
당하게 감할 것이며 19 만일 밭을 성별하여 드린 자가 그것을 무르려면 네가
값을 정한 돈에 그 오분의 일을 더할지니 그리하면 그것이 자기 소유가 될
것이요 20 만일 그가 그 밭을 무르지 아니하려거나 타인에게 팔았으면 다시
는 무르지 못하고 21 희년이 되어서 그 밭이 돌아오게 될 때에는 여호와께 바
친 성물이 되어 영영히 드린 땅과 같이 제사장의 기업이 될 것이며 22 만일
사람에게 샀고 자기 기업이 아닌 밭을 여호와께 성별하여 드렸으면 23 너는
값을 정하고 제사장은 그를 위하여 희년까지 계산하고 그는 네가 값을 정한
돈을 그 날에 여호와께 드려 성물로 삼을지며 24 그가 판 밭은 희년에 그 판
사람 곧 그 땅의 원주인에게로 되돌아갈지니라 25 또 네가 정한 모든 값은
성소의 세겔로 하되 이십 게라를 한 세겔로 할지니라

밭을 드리기로 서원한 경우에 적용되는 규례는 상당히 복잡하다. 본문은 두 종류의 땅에 대한 서원을 논하고 있다. 첫 번째 경우는 조상으로부터 물려받은 땅을 서원할 때 적용하는 율법이며(16–21절), 두 번째 경우는 남에게서 산 땅을 서원할 경우에 적용하는 규례이다(22–25절). 첫 번째 경우가 두 번째 경우보다 훨씬 복잡하다.

조상 대대로 물려받은 땅을 서원하면 그 밭의 값은 농사를 짓기 위해 뿌리는 씨앗의 양에 따라 가격이 정해진다(16절). 일부 주석가들은 한

호멜의 씨앗을 파종하는 땅이 아니라 수확량이 한 호멜임을 뜻하는 것으로 해석하지만(Wenham, de Vaux, Budd), 호멜이 많은 양의 곡식이 아니라는 점을 감안할 때, 파종하는 씨앗의 양으로 이해하는 것이 더 바람직하다. 원래 호멜(חֹמֶר)은 당나귀 한 마리가 질 수 있는 양의 기준으로 호멜(חֹמֶר)과 나귀(חֲמוֹר)는 동일한 자음을 사용한다(Kaiser, cf. Levine).

호멜은 시대와 지역에 따라 110-240ℓ에 달하는 양이었는데, 통상적으로 220ℓ로 계산되었다(Rattray). 이 정도 양의 씨앗을 파종할 수 있는 땅의 값은 50세겔이며, 희년이 얼마나 근접해 있느냐에 따라 값이 내려간다(18절). 1년에 1세겔의 계산법을 사용하는 것이 가장 합리적으로 생각된다. 희년이 30년 후라면, 이 땅의 값은 30세겔로 계산하면 되는 것이다.

밭을 바친 사람이 무르고 싶으면 20%를 더하여 값을 치러야 한다. 그러나 만일 무르지 않을 경우, 그 밭은 다른 사람에게 팔리고 다시는 무를 수 없다. 그뿐만 아니라 희년이 와도 원래 주인에게로 돌아가지 않고 제사장에게 돌아간다(21절). 밭을 산 사람이 서원할 경우에 희년에는 원래 주인에게 돌아가는데, 왜 이 경우에는 제사장에게 돌아가는 것일까? 이 문제에 대해 다양한 해석이 제시되어 왔다.

먼저, 서원한 사람이 그 밭을 다른 사람에게 팔았을 경우에 희년이 되면 땅이 원주인에게 돌아가지 않고 제사장에게 돌아감으로써 제사장의 영구적인 소유가 되는 벌을 준다는 것이다. 땅을 서원한 사람이 그 밭을 무르지 않았기 때문에 제사장이 그 땅을 다른 사람에게 경작하도록 팔았고, 희년이 되니 자연히 제사장에게 돌아간다는 해석이다. 이 해석은 땅의 소유주가 희년이 되면 땅을 돌려받을 수 있는 권한이 서원한 땅에는 적용되지 않음을 전제한다. 마지막으로 땅을 서원한 사람이 제사장에게 사용료를 내고 그 땅을 경작하여 책정된 값을 갚아나가는 상황에서 다른 사람에게 경작하도록 빌려준 경우에 희년이 되어도 원주인이 제사장이 정한 값을 다 갚지 못했기 때문에 소유권이 주인이 아닌 제사장에게 돌아가는 것이라는 해석이 있다.

가장 설득력이 있는 해석은 20절의 '팔다'(מָכַר)를 과거 완료형으로 간주하여 땅 주인이 남에게 땅을 판 후에 희년이 되어 그 땅을 돌려받기 전에 다시 서원한 것으로 이해하는 것이다(Gane, cf. Houston, Haran). 그러므로 희년에 땅은 주인에게 돌아가는 것이 아니라 제사장의 소유가 된다.

두 번째 경우는 원래 가지고 있던 밭이 아닌 남에게서 산 밭을 서원하는 경우이다. 제사장은 희년까지 남은 햇수를 계산하여 값을 책정해야 하며, 희년이 되면 그 땅은 본래의 소유자에게로 돌아간다(22-24절). 사람, 짐승, 땅 값을 계산할 때 사용되는 세겔(שֶׁקֶל)은 성소에서 사용하는 세겔(שֶׁקֶל הַקֹּדֶשׁ)이어야 하는데, 성소에서 사용하는 세겔은 20게라(גֵּרָה)에 달한다(25절). 게라는 구약에서 사용되는 무게 단위 중에 가장 작은 단위이며, 1세겔(11g)의 20분의 1이므로 약 0.5g에 불과하다(Milgrom). '성소 세겔'(שֶׁקֶל הַקֹּדֶשׁ)은 이스라엘이 사용한 무게 단위의 기준이다.

VI. 하나님과의 만남: 축복과 저주(27:1-34)

E. 첫 짐승(27:26-27)

[26] 오직 가축 중의 처음 난 것은 여호와께 드릴 첫 것이라 소나 양은 여호와의 것이니 누구든지 그것으로는 성별하여 드리지 못할 것이며 [27] 만일 부정한 짐승이면 네가 정한 값에 그 오분의 일을 더하여 무를 것이요 만일 무르지 아니하려면 네가 정한 값대로 팔지니라

율법이 짐승의 맏배는 하나님께 속한 것이라고 이미 선포했기 때문에(출 13:2, 15; 34:19) 따로 서원할 필요가 없다. 그러나 제물로 드릴 수 없는 부정한 짐승의 경우, 예를 들어 나귀나 말 같은 짐승은 제사장이 정한 값에 20%(1/5)를 더하면 무를 수 있다. 만일 무르지 않으면 제사장이 정한 값에 짐승을 팔아 성소에 들여놓아야 한다.

VI. 하나님과의 만남: 축복과 저주(27:1–34)

F. 온전히 바친 물건들(27:28–29)

28 어떤 사람이 자기 소유 중에서 오직 여호와께 온전히 바친 모든 것은 사
람이든지 가축이든지 기업의 밭이든지 팔지도 못하고 무르지도 못하나니 바
친 것은 다 여호와께 지극히 거룩함이며 29 온전히 바쳐진 그 사람은 다시
무르지 못하나니 반드시 죽일지니라

지금까지 언급한 바대로 이스라엘은 사람, 짐승, 땅 등 서원한 모든 것을 무를 수 있다. 그러나 예외가 있다. '온전히 바친 것'(חֵרֶם)은 무를 수 없다. 이 히브리어 단어(חֵרֶם)는 두 가지 의미를 지녔다. 첫 번째는 성막에서 쓰기 위해 특별히 준비해 놓은 것이라는 뜻이다(Milgrom, Levine). 이 경우에 서원한 사람도 무를 수 없다. 밭의 소유권도 다시 주인에게 돌아가지 않는다. 하나님이 쓰실 거룩한 것이기 때문이다.

두 번째 경우는 '진멸'(חֵרֶם)이 선포된 정황이다. 진멸이 선포되면 사람이든 짐승이든 모두 죽여야 한다. 진멸이 선포된 짐승/사람은 하나님께 가장 거룩한 것으로(קֹדֶשׁ־קָדָשִׁים) 바쳐졌기 때문이다. 진멸(חֵרֶם)은 전쟁에서 자주 사용되는 개념이다(수 6장; 삼상 15장). 출애굽기 22:20은 여호와 외에 다른 신을 숭배하는 사람들을 진멸(חֵרֶם)하라고 한다. 살인자도 진멸(חֵרֶם)해야 한다(민 35:31–34). 훗날 에스라는 성회에 참석하기를 거부한 사람들의 집을 압류할 때 이 용어를 사용했다(스 10:8).

하나님은 주의 백성들에게 서원을 강요하지 않으신다(신 23:22). 다만 서원할 경우에는 그 서원이 지켜지기를 원하신다. 그러므로 즉흥적으로 감정에 휩쓸려 서원하면 안 된다. 남이 강요해서도 안 된다. 본인이 신중하게 생각하고 기도하면서 결정해야 한다. 그리고 서원한 것은 지키는 것이 좋다.

VI. 하나님과의 만남: 축복과 저주(27:1–34)

G. 십일조(27:30–34)

30 그리고 그 땅의 십분의 일 곧 그 땅의 곡식이나 나무의 열매는 그 십분의
일은 여호와의 것이니 여호와의 성물이라 31 또 만일 어떤 사람이 그의 십일
조를 무르려면 그것에 오분의 일을 더할 것이요 32 모든 소나 양의 십일조는
목자의 지팡이 아래로 통과하는 것의 열 번째의 것마다 여호와의 성물이 되
리라 33 그 우열을 가리거나 바꾸거나 하지 말라 바꾸면 둘 다 거룩하리니
무르지 못하리라 34 이것은 여호와께서 시내 산에서 이스라엘 자손을 위하여
모세에게 명령하신 계명이니라

이스라엘은 곡식, 과일, 열매, 가축 등 모든 소산의 10분의 1을 하나님께 드려야 한다. 십일조를 드리는 이유는 주의 백성이 소유하고 누리는 모든 것이 주께서 주신 축복임을 고백하는 것이기 때문이다 (Milgrom, Hess). 그러나 십일조는 이미 하나님께 속한 것이기 때문에 따로 서원할 필요는 없다(민 18:21). 만일 십일조로 드리는 물건을 무르고자 하면 20%를 추가하여야 한다.

짐승의 십일조를 드리기 위하여 고를 때에는 나쁜 것을 고르면 절대로 안 된다. 임의로 10분의 1을 구분하여 드려야 한다(32절). 지정된 짐승을 바꾸어서도 안 된다. 바꾸면 두 짐승 모두 거룩하게 되어 무를 수 없게 된다. 이 짐승들은 성전에서 제물로 사용되어야 한다.

오늘날에도 십일조를 드려야 하는가에 대하여 논란이 많다. 그러나 간단하게 생각하면 된다. 그리스도께서 모든 율법을 완성하신 상황에서 십일조를 율법으로 강요하면 문제가 되겠지만, 십일조를 성도가 하나님께 드릴 수 있는 최소한의 헌금으로 생각하는 것은 바람직하다.

구약 시대에 비해 우리는 훨씬 더 큰 은혜를 경험하며 살고 있다. 그러므로 우리가 그들보다 더 많은 헌물을 드리는 것은 당연한 일이다. 신약의 헌금 원칙은 최소한을 드리는 게 아니라 최대한을 드리는 것이다(Kaiser, Rooker). 신약에서 헌금은 하나님과 이웃에 대한 우리의 사랑의 표현이다(행 4:34-35; 11:30; 고전 16:2; 빌 4:17).

이 모든 말씀은 하나님이 시내 산에서 모세에게 이스라엘 백성에게 전하라고 주신 말씀이다(34절). 이 말씀은 레위기에 기록된 모든 말씀의 성향을 잘 표현하고 있다. 그러므로 레위기를 마무리하는 최종 말씀으로 따로 취급할 수도 있지만, 이 섹션에 포함했다.

또한, 34절은 비슷한 내용을 담고 있는 25:1과 쌍을 이루며 25-27장을 감싸고 있다. 26:46도 거의 비슷한 내용으로 구성되어 있다. 모세는 레위기가 자신이 하나님께 받은 말씀을 그대로 전한 것 뿐이라는 사실을 누누이 강조하고 있는 것이다.